KB274808

고려대학교 민족문화연구원 사전과 언어학 총서 4

한국학 사전 편찬 방법론의 모색

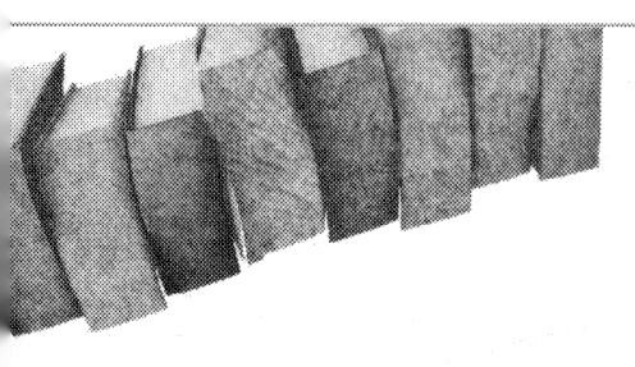

고려대학교 민족문화연구원
사전과 언어학 총서 4

한국학 사전 편찬 방법론의 모색

강용중·김기혁·김종혁·김 현·도원영·박승범·박재연
박찬규·신상현·양창진·윤승준·장선우·정명현·정 철

지식과교양

발간사

　민족문화연구원은 1957년 고려대학교 산하 한국고전국역위원회로 시작하여 지난 50여 년 동안 비약적인 발전을 거듭하면서 한국학 연구의 핵심 기관으로 성장해 왔다. 그동안 민족문화연구원에서 이룩한 여러 가지 사업 중에서 사전 편찬은 학계의 주목을 받고 있는 중요한 성과의 하나이다. 1972년부터 기획을 시작한 중국어 사전 편찬의 원대한 사업은 〈中韓辭典〉과 〈中韓大辭典〉, 〈韓中辭典〉 등으로 연속 간행되었고, 1992년 시작된 한국어 사전 편찬 사업 계획은 방대한 규모의 〈고려대 한국어대사전〉으로 완성되었다. 앞으로도 이러한 성과를 바탕으로 다양한 종류의 사전 편찬을 기획하고 있다.

　민족문화연구원에서 그동안 축적해 온 연구 성과들은 여러 가지 연속 기획물로 출간되어 왔다. 이제 새로 시작하는 《사전과 언어학 총서》는 지난 40년간 본 연구원에서 진행해 온 사전학적 연구의 성과물을 단행본으로 엮어서 학계에 보고하고자 기획한 새로운 총서이다. 40만 표제어 규모의 〈고려대 한국어대사전〉에 담긴 다양한 언어 정보들이 학문적 언어로 재해석될 때 한국어와 한국의 언어문화에 대한 연구가 새로운 단계에 진입할 수 있을 것이며 30만 표제어 규모의 〈中韓大辭典〉에 실린 중국어와 중국의 언어문화에 대한 다양한 안내

를 통해 국내의 중국학 연구가 미래의 지향점을 찾아갈 수 있게 될 것
이다. 뿐만 아니라 《사전과 언어학 총서》에는 사전과 연계된 국어학,
중국어학, 일본어학 등을 비롯한 외국어학, 코퍼스 언어학, 정보 처
리, 언어 교육 등 다양한 분야의 연구 결과를 담아내려고 한다.

　본 총서의 출간이 향후 한국학과 중국학, 나아가 동아시아학의 발
전을 이끌어 낼 것임을 믿어 의심치 않는다. 학계 전문가의 깊은 관
심과 애정 어린 지도를 기대하는 바이다.

2011년 5월
고려대학교 민족문화연구원
원장 최용철

머리말

민족문화연구원 사전학센터는 한국학의 다양한 언어 자원을 통합하고 이를 통해 사전학 연구의 외연을 넓히고자 2013년 3월에 설립되었다.

사전학센터는 사전학 연구 프로젝트와 사전 편찬 사업의 기획 및 추진에 관한 업무를 수행하고 디지털 어휘 자원을 기초로 한 연구 활동을 좀더 체계화하고 전문화하는 데 목표를 두고 있다. 그동안 사전학센터에서는 워크숍, 초청 강연회, 학술회의 등을 개최하여 사전학 연구 성과를 확산하고 사전학 연구 네트워크를 형성해 왔다.

사전학센터의 이러한 연구 활동의 결과물을 오롯이 담아내는 사전과 언어학 총서는 사전학, 사전편찬학, 어휘론, 정보학 분야의 국내외 연구자들과 소통하면서 논의한 학술 성과물을 관련 학계에 소개하는 징검다리가 될 것이다.

이번에 출간되는 사전과 언어학 총서 「한국학 사전 편찬의 현황」(총서 3)과 「한국학 사전 편찬 방법론의 모색」(총서 4)는 한국학의 제반 분야에서 추진하였거나 추진하고 있는 사전들에 대해 새롭게 이해하는 계기가 될 것이며, 사전 개개의 목적과 성격에 따라 선택한 편찬 방법론을 소개하고 있기 때문에 다양한 사전학적 쟁점을 발굴

할 수 있어 그 의의가 크다 하겠다.

사전학센터에서는 사전학, 사전편찬학, 나아가 한국학의 발전을 도모하는 학술 서적의 발간을 지속적으로 지원할 것이다. 이번에 출간되는 총서를 통해 사전학의 관점에서 바라본 한국학의 연구 주제에 대해서도 관련 전공자의 학문적 안내서는 물론 국내외 한국학 사전 편찬의 안내서가 되기를 간절히 바라는 바이다.

2013년 11월
고려대학교 민족문화연구원 사전학센터
센터장 최호철

저자 서문

「한국학 사전 편찬 방법론의 모색」은 '한국학 사전 및 공구서 모임'을 통해 한국학의 각 영역에서 사전 편찬을 위한 방법론을 제시한 글을 묶은 책이다. 언어 사전, 전문 분야 사전, 그리고 사전의 정보 처리 등 다양한 주제에 관한 글들이 실렸다.

'한국학 사전 및 공구서 모임'은 2009년 12월 예비 모임에서 결성되었다. 2010년 2월 제1회 모임을 시작으로 2013년 현재(8월 기준) 총 13회의 모임을 개최하였다. 2012년부터는 고려대학교 민족문화연구원으로부터 공식적으로 후원을 받고 있다.

본 모임은 "한국학 연구의 기반이 되는 사전과 공구서가 현재에도 여전히 부족하며 사전의 편찬과 연구도 어휘 사전에 집중되고 있어, 한국학 연구자들이 함께 모여 이에 대해 논의할 필요가 있다."라는 문제의식에서 출발하였다. 모임의 취지는 다양한 분야에서 각기 고군분투하며 진행하고 있는 편찬 작업에 대해 소개하고, 작업 노하우와 학문적 성과를 공유하고자 하는 데에 있다. 매년 서너 차례 모임을 개최하고 있으며, 이를 통해 서로의 작업 과정을 이해하고 의견을 나누는 장을 마련하고 있다.

이 책은 본 모임의 성과를 하나로 묶은 것이다. 한국학의 제반 분야에서 제각기 다른 대상을 연구하고 있지만, 사전 편찬의 방법론적 측면을 다루는 점에서 주제는 동일하다. 사전학 총서 4권인 「한국학 사전 편찬 방법론의 모색」은 총 3부로 구성되어 있다.

1부에는 근대중국어 사전, 고어사전, 한중사전 등 언어사전 편찬에 관한 방법론을 모색한 논문을 실었다.

강용중의 「조선시대 유해류 사전의 현대적 해석」은 중한 분류 대역사서인 『역어유해』에 수록된 어휘의 분류와 풀이를 통해 언어학적 성격을 조망한 글이다. 『역어유해』의 상업 어휘류에 해당하는 매매문(買賣門)의 어휘를 개괄하고 그 분류 체계를 고찰한 뒤 사전학적 풀이, 어휘학적 풀이 및 사회언어학적 풀이 등으로 나누어 특징적인 언어 현상을 해석하였다.

박재연의 「한글 필사 고문헌에 나타난 어휘 고찰」은 그간 발굴, 정리된 한글 필사 문헌들에서 나타난 어휘들이 『필사본 고어대사전』에 어떻게 반영되었는지 살펴보는 것을 목적으로 한 글이다. 한글 필사 고문헌 자료에서 그간 발견되지 않았던 희귀어나 난해어, 사어와 잔존어들을 살펴볼 수 있고, 개별 단어의 의미 변화 모습도 살펴볼 수 있어 기존 고어 사전을 양적·질적으로 확장할 수 있었음을 강조하고 있다.

신상현의 「조선후기 문자언어학 연구 흐름과 자서 편찬」은 조선후기의 문자언어학 연구 흐름을 살펴보고, 조선후기에 편찬된 자서가 일정한 수준에 도달한 문자언어학 연구의 성과를 바탕으로 이루어졌음을 고찰하였다.

장선우의 「한중사전에서 대역어의 등가성에 대한 고찰」은 한중사전의 대역어를 효율적으로 제시하기 위해 기존 한중사전의 뜻풀이를 분석하여 문제점을 밝히고 대역어를 문법적 등가성, 의미적 등가성, 화용적 등가성 등으로 나누어 특징을 살피고 있다.

2부에는 지명 유래집, 역사지도, '임원경제지' 번역 등 전문 분야에서 필요한 사전 및 공구서의 편찬 방법론에 관한 글을 모았다.

김기혁의 「북한의 지명관리 정책과 연구 동향 분석」에서는 분단 이후 북한의 지명 정책과 관리 내용을 살펴보고, 북한 학계의 지명 연구 동향을 분석함으로써 사회주의 체제 안에서 정치 이념의 변화에 따라 지명이 어떻게 변하고 해석되는가를 살핀 글이다. 연구의 결과는 미래 통일에 대비한 지명 정책 수립의 기초 자료로 사용될 수 있음을 강조하고 있다.

김종혁의 「한국 역사지도 제작을 위한 역사지리환경 복원의 문제」에서는 역사지도의 표출 대상이 되는 역사지리환경의 개념과 특성을 정리하고, 역사지도에 수록될 정보들 중에서도 기본이 되는 정보, 즉 시대와 주제를 초월하여 마치 밑바탕 그림처럼 표현되어야 하는 정보에 대해서 논의하였다. 또한 역사지리정보의 표출과 관리 방안에 대해서도 제안하고 있다.

정명현의 「조선 최대의 실용백과사전『임원경제지』번역과 현대적 활용」에서는 백과사전으로서의『임원경제지』성격을 설명하고, 『임원경제지』번역과 출간의 과정을 순차적으로 소개하였다. 또한 번역에 나타나는 난점과 이를 극복하기 위한 방안을 제시한 뒤 조선의 실용 문헌이 현대에 유용하게 활용될 수 있는 방안에 대해서도 사례를 통해 소개하고 있다.

3부에는 사전의 정보 처리에 관한 논문을 실었다. 현대는 다매체를 통한 정보 생산과 유통이 보편화되고 있다. 이러한 사회의 변화와 요구에 발맞춘 정보 처리 기술의 방안을 주제로 한 논문을 모았다.

김현의 「디지털 인문학: 인문학과 문화콘텐츠의 상생 구도에 관한 구상」에서는 디지털 인문학의 연구 범위와 주제 등에 대해 소개하였다. 디지털 인문학이란 정보기술의 도움을 받아 새로운 방식으로 수행하는 인문학 연구와 교육, 그리고 이와 관계된 창조적인 저작 활동을 일컫는다. 이와 관련하여 디지털 인문학의 연구개발 사례, 인문정보학, 문화콘텐츠와 인문지식, 인문콘텐츠학이 디지털 인문학을 수용하기 위한 과제 등을 논하였다.

도원영의 「다매체 시대의 사전 편찬과 편집기」에서는 〈고려대 한국어대사전〉 편찬의 기반이 된 사전 편집기에 대해 그 구조와 기능을 소개하고 한계점을 짚었다. 이어 향후 새로운 사전의 편찬에 쓰일 편집기는 최대 수용성, 최대 분절성, 최소 잉여성, 편집 유용성, 작업 효율성 등을 갖추어야 함을 강조하였다.

양창진의 「온-오프라인 연계형 인물사전 연구」에서는 기존에 편찬된 인물사전들의 현황을 분석하고 지식정보 시대라는 현재적 관점에서 인물사전 편찬 방향과 구체적 방법을 제시하고, 특히 인터넷 온라인 환경과의 접목을 통한 인물사전 편찬 방안에 대해 제안하고 있다.

윤승준·박찬규·박승범의 「『통합디지털한한대사전』 DB구축과 웹서비스」에서는 지금까지 진행된 단국대학교 동양학연구원의『통합디지털한한대사전』 편찬 사업의 경과와 내용을 소개하고, 앞으로 시행될 한자 사전의 웹 서비스에 따른 기대효과, 향후 과제 등을 전망하였다.

정철의 「내가 만들고 싶은 웹 사전」에서는 검색이 사전을 어떻게 바꿔나갔는가를 간략히 돌아보고, 웹 사전의 만족도를 분석하였으며, 저자가 만들고 싶은 '변화하는 사전'에 대해 소개하였다.

여기에 실린 원고들이 한국학 각 영역에서 연구 성과를 집대성하여 각종 사전과 공구서를 편찬하고자 하는 여러 전공자에게도 도움이 되었으면 한다. 나아가 이 책에 실린 글을 계기로 관련 기관의 지원이 활성화되기를 소망한다.

　마지막으로 총서의 기획부터 출간까지 성원해 주신 여러 선생님께 감사의 마음을 전한다. 그리고 기꺼이 발표하고 또 다듬은 원고를 보내주신 필자들께 감사드린다. 언제나 한결같은 마음으로 출판에 임해 주시는 지식과 교양사의 윤석원 사장님께도 감사드린다.

2013년 11월
저자 대표 이동철

목차

1부

조선시대 유해류 사전의 현대적 해석 | 강용중

한글 필사 고문헌에 나타난 어휘 고찰 | 박재연

1부

한국학 사전 편찬 방법론의 모색

조선시대 유해류 사전의 현대적 해석[*]
— 『역어유해(譯語類解)』'매매'문
상업어휘('買賣'門 商業語彙)를 중심으로 —

강용중[**]

Ⅰ. 서론

　『譯語類解』는 조선시대 사역원(司譯院)에서 간행한 中韓 分類 對
譯辭書로 1690년에 간행되었다. 상권과 하권의 62개 類門[1] 아래에
4,800여 개의 중국어 구어 어휘가 수록되어 있다. 『譯語類解』의 체
재 상의 특징으로는 각 類門 아래 중국어 어휘가 실려 있고 각 한자
의 옆에는 좌음과 우음이 표기되어 있다는 것이다. 이 음들은 당시
중국어의 현실음으로 『老乞大』나 『朴通事』 등의 회화류 역학서(譯

---

* 이 논문은 「『譯語類解』'買賣'門 상업어휘의 분류와 풀이」라는 제목으로 한국중
　문학회, 『중국문학연구』, 2010년 제12호에 게재한 글이다.
** 성균관대학교 현대중국연구소 책임연구원
1) 일부 학자는 이를 '部類'라고도 한다.

學書)에 보이는 것과 유사한 성격을 지닌다. 그 아래에는 우리말 어휘로 대역되어 있다.

기존에 행해진 국내의『譯語類解』연구는 주로 국어사의 입장에서 전개된 것들이 대부분이다. 본고는『譯語類解』를 대상으로 중국어, 특히 근대중국어 어휘학의 입장에서 '買賣'門에 수록된 전체 어휘를 대상으로 분류와 풀이를 진행할 것이다. 중국어사와 관련한 기존의 연구 중 심소희(1992)에서 좌음과 우음의 성격 규정을 통한『譯語類解』의 언어학적 의미를 밝혔다면, 본고에서는 수록 어휘를 대상으로 분류와 풀이를 통해 언어학적 성격을 조망하고자 한다.

'買賣'門에 수록된 어휘는 상거래에 관련된 것으로 '상업어휘(Business Terms)'로 지칭할 수 있다. 중국 상업사에서 "명청 시대는 과거 어떤 시대에 비해서도 상품경제가 비약적으로 발전한 시기이고 이에 따라 상업이 공전의 번영을 이루었고 상인집단이 놀랍도록 확대된 시기이다. 10대 商幇이니 會館이니 公所라는 개념과 조직도 이 시기에 폭발적으로 출현하였다. '工商皆本論' 같은 경제사상이 출현하고 상인의 윤리의식도 형성되었다. 심지어 자본주의 맹아가 출현하였다고 하지 않는가."[2]『譯語類解』에 반영된 상업어휘는 바로 이 명청 시기의 구어 어휘이므로 중국 상업사에서 황금기에 해당하는 언어 성분을 반영하고 있다고 해도 과언이 아니다. 상업은 사회 활동 중에서 매우 활발한 영역이며, 이와 관련한 어휘 또한 생생한 구어로 이러한 변화를 반영하고 있다고 생각한다.

한편『譯語類解』는 현존하는 조선시대 유해류(類解類) 역학서(譯學書)[3]의 비조(鼻祖)로 이후 19세기 말까지 간행된 8종 이상의 유해

---

2) 박기수,『중국 전통상인과 근현대적 전개』, 한국학술정보(주), 2010, 15쪽.
3) 유해류 역학서란 회화류 역학서와는 다른 분류(類)하여 풀이(解)한 유형의 사전, 즉 분류사전을 말한다.

류 역학서에 체재나 수록어휘의 방면에서 막대한 영향을 끼쳤다.

그러므로『譯語類解』에 반영된 상업어휘를 연구하는 것은 중국어사나 중국 상업사의 연구에서 상당한 의의를 가진다고 하겠다. 즉 사회적 변화상을 가장 적극적으로 반영하고 있는 상업어휘를 대상으로 조선시대 유해류 역학서에 반영된 제반 특성을 살펴보는 것은 흥미롭고 의미 있는 작업이 될 수 있다.

II. **연구범위와 방법**

본 연구의 범위는『譯語類解』의 '買賣'門에 수록된 상업어휘에 국한한다. 우선 상업어휘는 사회상을 잘 반영하고 있다고 판단되며, 사회의 변화와 밀접한 어휘의 속성을 감안할 때 어휘 연구의 대상으로 적절하다고 할 수 있다. 그리고 '買賣'門의 총 어휘 수는 62개로, 한 논문에서 풀이까지 한다는 점을 감안한다면 결코 적은 수가 아니다. 나아가 본 연구가 조선시대 유해류 역학서 9종의 모든 어휘 풀이에 관한 첫 논문이라는 점에서 연구 범위를 적절히 설정하는 것은 중요한 의의가 있다고 본다.[4]

연구방법은 크게 세 가지로 대별된다.

첫째,『譯語類解』의 '買賣'門에 수록된 전체 상업어휘를 소개한다. 아울러『譯語類解』의 전체 분류체계인 類門의 구성도 살펴볼 것이다. 이어서『譯語類解』의 상업어휘가 이후 8종의 유해류 역학서에 어떤 영향을 끼쳤는지를 수록어휘의 전승관계의 대비를 통해 살펴볼 것이다. 이러한 대비는 분류사전인『譯語類解』의 수록어휘가 어

---

[4] 필자는 향후 유해류 역학서의 상업어휘를 각 자료별로 정밀 연구할 구상을 가지고 있다.

떤 시대적 속성을 가지고 있는지와 어휘의 시대적 변화를 우리들에게 알려줄 것이다.

둘째, 『譯語類解』의 '買賣'門은 전체 62개 類門의 한 부분이다. 그렇다면 '買賣'門 내부의 어휘들도 각각의 의미에 따라 세분할 수 있을 것이다. 이러한 접근은 우선 同義 및 反義 관계를 드러내 줄 수 있다. 다음으로 그 시대 사람들이 생각하는 상업의 범주와 영역을 언어적으로 재구성해 줄 수 있다. 이러한 방법은 분류어휘의 특성을 살린 것으로 『譯語類解』의 대분류 아래의 소분류를 시도할 수 있다는 점에서 의의가 있다.

셋째, 수록어휘를 대상으로 풀이를 진행한다. 여기서 말하는 풀이란 단순한 해석이 아니라 언어학의 여러 방법을 동원한 다차원의 풀이이다. (1)우선 사전학적 풀이를 진행할 것이다. 사전학적 풀이란 사전을 이용해 共時的 歷時的 관계를 파악하는 동시에, 수록 여부를 통해 특정 어료의 연구를 통한 사전의 문제점을 밝히는 방법이다. 본고에서는 분류 결과에 따라 수록어휘를 순차적으로 배열하고 현대 중국어 사전의 대표작인 『現代漢語規範詞典』(2004)에 반영된 결과를 보이며, 중국 최대의 사전인 『漢語大詞典』에 수록된 것도 살펴보고 해당 어휘가 어느 시대에 처음 출현했는지도 밝힐 것이다. 물론 『漢語大詞典』에서 인용한 용례가 다 최초의 것이 아니므로 보조적으로 'CCL(北京大學 漢語語言學研究中心) 고대중국어 데이터베이스'[5]를 활용해 더 이른 용례가 있으면 소개할 것이다. 이러한 방법은 언어자료의 성질을 구명하는 데 상당한 도움을 줄 수 있을 것이다. (2)다음으로 어휘학적 풀이를 진행할 것이다. 중국어 역사 어휘학의 주요한 영역 중의 하나인 어휘 풀이는 시간적·지역적 차이를 언어학

---

5) http://ccl.pku.edu.cn:8080/ccl_corpus/index.jsp?dir=gudai 참조.

적 방법으로 극복하게 해 줄 뿐만 아니라 생생한 의미 변화 관계를 史的으로 펼쳐 보여 줄 것이다. (3)마지막으로 상업 활동을 반영한 어휘가 비록 언어학적 특성을 가지고 있으나 사회적 특성이 강하게 나타나므로 몇 가지 어휘를 대상으로 사회언어학적 해석을 시도할 것이다.

본고에서 사용한 『譯語類解』는 1974년 亞細亞文化社에서 영인한 1690년 刊本임을 밝혀둔다. 그리고 국내에서는 비교적 생소한 CCL의 자료 목록을 부록('부록2')으로 실었다. 한편『譯語類解』의 상업 어휘 모두를 풀이한다는 것은 의미가 크지 않으므로 본 논문의 풀이와 별개로 사전의 형식으로 부록했다('부록1').

Ⅲ.『譯語類解』상업어휘의 구성과 영향

조선시대 유해류 역학서의 비조인 『譯語類解』는 회화류(會話類) 역학서의 어휘 부족을 보충해 줄 수 있었던 유용하고 중요한 분류어휘 대역사전이다. 『譯語類解』에서 다루고 있는 어휘는 분류체계인 類門을 통해 살펴 볼 수 있는바, 이를 소개하면 아래와 같다.

[卷上] 天文 時令 氣候 地理 宮闕 官府 公式 官職 祭祀 城郭 橋梁 學校 科
　　　舉 屋宅 教閱 軍器 田漁 館驛 倉庫 寺觀 尊卑 人品 敬重 罵辱 身體
　　　孕産 氣息 動靜 禮度 婚娶 喪葬 服飾 梳洗 食餌 親屬 宴享 疾病 醫
　　　藥 卜筮 算數 爭訟 刑獄 買賣
[卷下] 珍寶 蠶桑 織造 裁縫 田農 禾穀 菜蔬 器具 鞍轡 舟船 車輛 技戱 飛
　　　禽 走獸 昆蟲 水族 花草 樹木 瑣說

卷上의 天文에서부터 卷下의 瑣說에 이르기까지 고대 사회의 세계

관과 사회, 자연, 인간생활, 언어 등의 제 방면이 망라되어 있다. 본 고에서 다루는 상업어휘는 卷上의 마지막인 '買賣'에 수록된 어휘를 말한다.

그렇다면 『譯語類解』의 '買賣'門에 수록된 표제어에는 어떤 것들이 있는가? 아래는 '買賣'門에 들어있는 모든 상업관련 어휘들이다.[6]

買主	賣主	夥計	牙子	大市	街上	角頭
東館裡	西館裡	集	赶集(或云'看場')	鋪子	雜貨鋪　店房	
飯店	酒店	油房	糖房	開鋪	肉案	青帘(一云'酒望子')
幌子	貨車	利家(一云'鋪家')	老杭家	老江湖	搖貨郎	
倡價	講價	照市價	照行市	發賣	收買	成交
對換	將就	一倒兩斷	拖欠	轉錢	折本	虧了
不肯	打倒(一云'悔交')	退換(一云'倒裝')	不濟事	地頭的		
真的	假的	絶高	常行的	稀罕	不稀罕	廣(或云'廣多')
稅契	稅錢	牙錢				

우선 괄호 안의 것을 제외한 표제어가 56개이고, 각 단어의 풀이 부분에 '或云' 또는 '一云'이라 하여 동의어를 부기한 것이 6개이므로 총 어휘 수는 62개가 된다.

한편 『譯語類解』가 1690년에 간행된 이래로 조선시대 말기까지 총 8종의 유해류 역학서가 출현하였다. 이 8종의 유해류 역학서를

---

6) 이들 어휘 중 현대 우리말에 전승된 것도 적지 않다. 예를 들면 '雜貨', '店房', '飯店', '酒店', '市價', '發賣', '收買', '稀罕' 등이 있다. 그리고 '장보러 가다'라는 말과 직접적인 관련이 있는 '看場'도 성격은 다르지만 중국어의 영향을 받았다고 보아도 무방할 것이다. 이러한 사실로 미루어 볼 때 이 단어들이 18세기 이후에나 우리말에 쓰였다는 것을 알 수 있다. 다만 이 문제는 본고의 토론 범위에 들지 않으므로 더 상세히 다루지 않는다.

시대별로 나열하면 아래와 같다.[7]

    1. 『同文類解』(1748년 간행, ‘同文’이라 줄여 부름)

    2. 『蒙語類解』(1768년 간행, ‘蒙語’라 줄여 부름)

    3. 『譯語類解 · 補』(1775년 간행, ‘譯補’이라 줄여 부름)

    4. 『方言類釋』(1778년 간행, ‘方言’이라 줄여 부름)

    5. 『漢淸文鑒』(1779년 간행, ‘漢淸’이라 줄여 부름)

    6. 『倭語類解』(1783년 이후 간행, ‘倭語’이라 줄여 부름)

    7. 『蒙語類解 · 補編』(1790년 간행, ‘蒙補’이라 줄여 부름)

    8. 『華語類抄』(1883년 간행, ‘華語’이라 줄여 부름)

  유형적으로 보면 『譯語類解』는 3. 『譯語類解 · 補』, 4.『方言類釋』과 8.『華語類抄』와 한 부류에 속한다. 이 네 책은 중국어의 구어 학습을 위해 만들어진 것들이다. 나머지 1, 2, 5, 6, 7 등은 만주어나 몽골어 또는 일본어를 풀이한 유해류 역학서이다. 다만 이들의 표제어가 중국어로 되어 있다는 측면에서 전자의 그것과 동일한 속성을 가진다고 하겠다. 아래에서는 『譯語類解』에 수록된 상업어휘가 이들 8종의 분류사전의 수록 어휘와 중복되는 것을 살펴보기로 하자.[8]

  (1) **譯語**[1690]와 **方言**[1778]에만 같이 출현하는 어휘들(13개)

    假的: (譯語139) ; (方言-買賣20-2)

    開鋪: (譯語138) ; (方言-買賣20-2)

    對換: (譯語138) ; (方言-買賣21-1)

---

7) 졸고 「朝鮮時代 類解類 譯學書 商業語彙 收錄樣相과 對比」(2009) 참조.
8) 각 항의 첫 줄은 동일한 어휘가 출현하는 책들의 이름이다. 그리고 각 단어 뒤의 숫자는 해당 자료의 페이지 수이다.

發賣:　　(譯語138) ; (方言-買賣20-2)

稅錢:　　(譯語139) ; (方言-買賣21-2)

照市價: (譯語138) ; (方言-買賣20-2)

地頭的: (譯語139) ; (方言-買賣20-2)

集:　　　(譯語137) ; (方言-買賣20-1)[9]

靑帘:　　(譯語138) ; (方言-買賣20-1)

退換:　　(譯語139) ; (方言-買賣21-1)

稀罕:　　(譯語139) ; (方言-買賣20-2)[10]

眞的:　　(譯語139) ; (方言-買賣20-2)

絶高:　　(譯語139) ; (方言-買賣20-2)

(2) 譯語[1690]와 華語[1883]에만 같이 출현하는 어휘들(11개)

街上:　　　(譯語137) ; (華語39-1)

糖房:　　　(譯語137) ; (華語39-1)

大市:　　　(譯語137) ; (華語39-1)

老杭家:　　(譯語138) ; (華語40-1)

一倒兩斷: (譯語138) ; (華語40-1)

將就:　　　(譯語138) ; (華語40-2)

轉錢:　　　(譯語139) ; (華語40-2)

照行市:　　(譯語138) ; (華語40-1)

倡價:　　　(譯語138) ; (華語40-1)

打倒:　　　(譯語139) ; (華語40-2)

拖欠:　　　(譯語138) ; (華語40-2)

---

9) (華語39-1)에는 '集上'으로 되어 있다.

10) (華語40-2)에는 '稀罕的'으로 되어 있다.

(3) 譯語[1690], 方言[1778], 華語[1883]에 같이 출현하는 어휘들(9개)

    趕集:　　(譯語137) ; (方言-買賣20-1) ; (華語39-1)

    買主:　　(譯語137) ; (方言-買賣20-1) ; (華語39-1)

    賣主:　　(譯語137) ; (方言-買賣20-1) ; (華語39-1)

    飯店:　　(譯語137) ; (方言-買賣20-1) ; (華語39-1)

    牙子:　　(譯語137) ; (方言-買賣20-1) ; (華語39-1)

    牙錢:　　(譯語139) ; (方言-買賣21-2) ; (華語40-2)

    搖貨郎: (譯語138) ; (方言-買賣20-2) ; (華語40-1)

    油房:　　(譯語137) ; (方言-買賣20-1) ; (華語39-1)

    雜貨鋪: (譯語137) ; (方言-買賣20-1) ; (華語39-1)

앞의 대비에서 볼 수 있듯 중국어를 학습 대상으로 했던『譯語類解』,『方言類釋』및『華語類抄』이 세 책[11]의 어휘 수록의 전승관계는 시사하는 바가 크다. 즉 앞에서 든 세 유형의 중복어휘 33개는 전체『譯語類解』상업어휘의 60%에 육박한다는 것이다. 아울러 이들 어휘는 전승되어 지속적으로 쓰였다는 반증이 되기도 한다.

계속해서 다른 중복유형을 살펴보자.

(4) 譯語[1690], 方言[1778], 倭語[1783], 華語[1883]에

    같이 출현하는 것(1개)

    講價: (譯語138) ; (方言-買賣20-2) ; (倭語55-2);(華語40-1)

(5) 譯語[1690], 蒙語[1768], 方言[1778], 華語[1883]에

    같이 출현하는 것(1개)

    夥計: (譯語137) ; (蒙語151) ; (方言-買賣20-1) ; (華語39-1)

---

11) 여기서『譯語類解·補』가 배제된 이유는 이 책이『譯語類解』의 補編이므로『譯語類解』와 중복이 되는 단어가 있을 수 없기 때문이다.

(6) 譯語[1690], 方言[1778], 漢淸[1779], 華語[1883]에

　　같이 출현하는 것(1개)

　幌子: (譯語138) ; (方言-買賣20-1) ; (漢淸-貿易-則二18A) ; (華語40-1)

(7) 譯語[1690], 同文[1748], 蒙語[1768], 漢淸[1779], 華語[1883]에

　　같이 출현하는 것(1개)

　店房: (譯語137) ; (同文184) ; (蒙語151) ; (漢淸-貿易-則二17B) ;

　　　(華語39-1)

(8) 譯語[1690], 同文[1748], 蒙語[1768], 方言[1778], 華語[1883]에

　　같이 출현하는 것(1개)

　鋪子: (譯語137) ; (同文184) ; (蒙語151) ; (方言-買賣20-1) ;

　　　(華語39-1)

　앞의 (4)부터 (8)까지는 중국어 이외의 語種을 학습하기 위한 분류 사전이 하나 이상씩 들어간 것으로, 그 특징은 예외 없이 하나의 예 밖에 없다는 것이다.

　마지막으로 후대의 8종에 보이지 않는, 즉 『譯語類解』에만 보이는 어휘들을 살펴보기로 하자.

(9) 譯語[1690]에만 보이는 어휘(18개)

角頭(譯語137)	廣(譯語139)	東館裡(譯語137)
西館裡(譯語137)	老江湖(譯語138)	利家(譯語138)
不肯(譯語139)	不濟事(譯語139)	不稀罕(譯語139)
常行的(譯語139)	稅契(譯語139)	成交(譯語138)
收買(譯語138)	肉案(譯語138)	酒店(譯語137)
折本(譯語139)	貨車(譯語138)	虧了(譯語139)

앞의 어휘 중 死語가 된 것도 있고(東館裡, 西館裡), 보편적으로 사용되지 못한 것들도 있으며(角頭, 利家, 廣), 일반 어휘와 큰 구별이 없는 것도 있을 수 있다(不肯, 常行的, 不濟事). 그리고 '成交'나 '酒店'과 같이 후대에 어휘의 형식이 바뀐 것도 있을 수 있다.[12]

이상의 유해류 역학서 내부의 어휘비교를 통해 상업어휘의 전승관계 및 유해류 역학서 내부의 서로 다른 유형과 수록어휘의 중복상의 특징을 알 수 있었다.

IV.『譯語類解』'買賣'門의 상업어휘와 분류체계

『譯語類解』에 수록한 62개의 상업어휘를 의미관계와 상업행위 자체의 구성으로 더 분류할 수 있다. 우선 수록 어휘를 순서대로 의미적 연관에 따라 분류하기로 하자. 여기에서 사용하는 방법은 類義語를 활용할 것이다.

A1 買主	賣主	夥計	牙子
A2 利家(一云'鋪家')	老杭家	老江湖	搖貨郎

A는 상업행위에 종사하는 사람을 지칭하는 어휘들이다. 그중 A1은 '사는 사람, 파는 사람, 동업자, 중개인' 등을 나타내므로 일반적인 상업 거래의 주체로 볼 수 있다. A2는 각각 '홍정바치(노련하지 못한 장사치), 노련한 상인(老江湖), 행상' 등을 의미한다.

---

12) '成交'를 (華語40-1)에서는 '交成'이라 하고, '酒店'을(方言-買賣20-1)에서는 '酒鋪'라 했다.

B1　大市　　街上　　　角頭　　　集
B2　赶集(或云'看場')

　　B는 시장과 관계된 어휘들이다. 그중 B1은 공간과 관련이 있다.
B2의 '赶集'와 '看場'은 동의어로 시장에 간다라는 의미이다.

C1　鋪子　雜貨鋪　店房　飯店　酒店　油房　糖房　肉案
C2　東館裡　西館裡

　　C에서 C1 어휘들은 점포의 유형들을 나타내며, C2는 客商이 묵는
숙소를 가리킨다.

D　青帘(一云'酒望子')　幌子

　　'青帘'과 '酒望子'는 술집을 표시하는 깃발로 만든 표지이며, '望子'
와 '幌子'는 동의어로 상업 장소를 알리거나 선전을 하는 표식이다.
현대어로 '간판'에 해당한다.

E　貨車

　　'貨車'는 상업용 운반 수레를 가리킨다.

> F 倡價　講價　照市價　照行市

F에 나타난 어휘들은 가격과 관련이 있다. '倡價'는 가격을 부르는 것이고, '講價'는 흥정한다는 뜻이다. '市價'와 '行市'는 시세를 말하며, '照市價'란 시세에 따르거나 근거한다는 의미가 된다.

> G 開鋪　發賣　收買　對換

G의 어휘들은 상거래와 관련이 있다. 우선 '開鋪'는 영업을 시작한다는 의미이며, '發賣'와 '收買'는 사고파는 방식을 지칭한다. '對換'은 맞바꾼다는 의미이다.

> H 轉錢　折本　虧了　拖欠

H는 금전 또는 이윤과 관련이 있다. '轉錢'은 '돈을 벌다'라는 의미이고, '折本'은 '손해를 보다'는 말이다. '虧了'는 '밑지다', '拖欠'은 '지불 기일을 끌다'라는 의미이다.

> I 成交　一倒兩斷　將就　打倒(一云'悔交')
> 退換(一云'倒裝')　不肯　不濟事

I의 어휘들은 거래와 관련이 있다. '成交'는 거래가 성사된 것이고,

'一倒兩斷'은 상호 간의 이해를 맞추어 거래를 결정한다는 의미이다. '將就'는 만족하지는 않지만 그런 대로 거래를 한다는 의미이다. '打倒', '悔交', '退換', '倒裝'은 동의어로 거래를 취소한다는 뜻이다. '不肯'은 거래의 의사가 없다는 뜻이다. '不濟事'는 거래가 도움이 되지 않는다는 의미이다.

J　地頭的

J는 상품의 산지와 관련이 있다. '地頭'는 현지(現地)라는 의미이므로 '地頭的'는 '現地産'이라는 말이다.

K　真的　假的　絶高　常行的　稀罕　不稀罕　廣(或云'廣多')

K는 주로 상품에 대한 평가를 나타내는 어휘들이다. 그중 '絶高'는 최상등품이라는 의미이고, '常行的'란 일반적인 보통의 상품을 가리킨다. '廣', '廣多'는 흔하다는 말이다.

L　稅契　稅錢　牙錢

L은 세금이나 중계료에 관련된 어휘들이다.

위에서는 『譯語類解』 '買賣'門의 어휘를 상업 활동과 관련된 하위 범주를 유의어에 따라 간단하게 분류했다. 그 분류체계는 아래와 같았다.

A: 상업행위에 종사하는 사람

B: 시장

C: 점포의 유형과 客商이 묵는 숙소

D: 상업 장소를 알리거나 선전을 하는 표식

E: 상업용 운반 수레

F: 가격

G: 상거래

H: 금전 이윤

I: 거래

J: 상품의 산지

K: 상품에 대한 평가

L: 세금이나 중계료

  상업과 관련된 어휘를 이상의 62개에 국한한다는 것은 논리적으로도 무리가 따른다. 그러나 당시 『譯語類解』의 편찬자들의 언어적 배경에서 선정하고 수록한 한에 있어서 그 자체로 자료적 의미나 언어학적 의미는 충분히 인정될 수 있을 것이다. 이후의 기타 유해류 역학서의 상업어휘 연구에서 이 점은 충분히 보충될 것이다.[13]

---

13) 다음은 현대 중국어의 分類辭典인 『同義詞詞林』(1983)에 나타난 상업 경제 관련 어휘체계이다. 부분적으로 이것과 비교할 수도 있다. 여기에서 H와 He 및 He1~16은 각각 대분류, 중분류, 소분류이다.
H 活動
He 活動
He1.貿易 輸出 輸入 投資   He2.招攬 標價 講價 成交
He3.買 賣   He4.出租 租用
He5.營利 分紅 翻本   He6.兌換 兌現
He7.放債 借債   He8.欠債 討債 還債
He9.典當 抵押 賠償 贖回   He10.征收 交納 支付
He11.撥款 劃撥   He12.記帳 盤點

V. 『譯語類解』 '買賣'門의 상업어휘 풀이

앞에서 본 대로 『譯語類解』의 '買賣'門에 수록된 표제어는 56개이고 함께 수록한 동의어 6개를 더하면 62개가 된다. 그러나 『譯語類解』의 결정적인 단점은 해당 표제어에 예문이 없다는 것이다. 그러므로 적어도 『譯語類解』가 세상에 나오기 이전의 문헌에서 이들 예문을 찾아 보충해 넣는다면 사전으로 발전할 수도 있다.

또한 기존에 학계에서 피상적으로 명청 시대의 구어를 반영했다는 선험적인 규정만 있었지, 이를 증명하지는 못했다. 그러므로 이상의 문제들을 해결하기 위해서는 많은 문헌자료를 검색하고 각종 사전과 대비해야 하며, 아울러 언제 생겨난 어휘인지를 확정할 필요가 있다. 그리고 난해한 어휘에 대해서는 적절한 풀이의 과정이 필요하다.

이에 본 장에서는 『譯語類解』의 '買賣'門에 실린 단어를 사전학적 풀이, 어휘학적 풀이 및 사회언어학적 풀이 등으로 나누어 살펴보기로 한다. 논의의 편의를 위해 필자는 62개의 어휘를 현대중국어사전과 『漢語大詞典』 및 고대중국어 말뭉치를 이용하여 아래의 표를 작성했다.

번호	단어	분류	規範詞典	漢語大詞典	가장 이른 용례의 출전
1	買主	A1	874B	10-162B	[CCL]元 老乞大新釋
2	賣主	A1	877B	10-224B	[CCL]北宋 太平廣記
3	夥計	A1	596B	11-279A	元 『硃砂擔』
4	牙子	A1	1493B	5-275A	[CCL]元 老乞大新釋
5	利家	A2	*	*	#元刊本 『老乞大』
5-1	'鋪家'	A2	*	*	[CCL]元 老乞大新釋

He13. 積累 花費 浪費 節省　　He14. 足夠 相抵 剩餘 結存 虧欠
He15. 缺少 遺漏　　He16. 合計

번호	단어	분류	規範詞典	漢語大詞典	가장 이른 용례의 출전
6	老杭家	A2	*	*	(行家 3-906A)
7	老江湖	A2	788B	8-610A	『二十年目睹之怪現狀』
8	搖貨郎	A2	*	*	(貨郎 10-97B)
9	大市	B1	*	2-1333A	『周禮・地官・司市』
10	街上	B1	*	*	[CCL]北宋 話本選集 碾玉觀音
11	角頭	B1	*	*	10-1353B(角落, 偏僻的地方)
12	集	B1	612A	11-798	唐杜甫『述古』
13	赶集	B2	424B	9-1140A	明 謝肇淛『五雜俎・地部一』
13-1	'看場'	B2	*	7-1185A	唐常非月『咏谈容娘』
14	鋪子	C1	1014A	11-1287B	宋 張齊賢『洛陽搢紳舊聞記』
15	雜貨鋪	C1	1625B	11-875A	雜貨: 『南史・梁臨川靖惠王宏傳』
16	店房	C1	*	3-1213A	[CCL]元 老乞大新釋
17	飯店	C1	368A	12-500B	[CCL]北宋 太平廣記
18	酒店	C1	704A	*	[CCL]世說新語
19	油房	C1	1583B	5-1074B	[CCL]全元曲 雜劇
20	糖房	C1	*	*	[CCL]糖坊 明 小說 英烈傳
21	肉案	C1	1108B	8-1063A	宋 孟元老 『東京夢華錄・肉行』
22	東館裡	C2	*	*	*
23	西館裡	C2	*	*	*
24	靑帘	D	*	11-528A	唐 鄭縠『旅寓洛陽村舍』
24-1	'酒望子'	D	704B	9-1382A	宋 朱翌『猗覺寮雜記』
25	幌子	D	557B	3-*	[CCL]明 小說 金瓶梅崇禎本
26	貨車	E	587A	10-97A	[CCL]明 小說 金瓶梅崇禎本
27	倡價	F	*	*	*
28	講價	F	647B	11-368A	[CCL]明 小說 東漢秘史
29	照市價	F	1190A (市價)	3-691A (市價)	[CCL]東漢 史論 論衡(市價)
30	照行市	F	515B (行市)	3-891B (行市)	宋 孟元老『東京夢華錄』
31	開鋪	G	*	*	[CCL]明 小說 醒世姻緣傳

번호	단어	분류	規範詞典	漢語大詞典	가장 이른 용례의 출전
32	發賣	G	*	8-571A	元 馬致遠『靑衫淚』
33	收買	G	1199A	5-387B	[CCL]北宋 史書 舊五代史
34	對換	G	*	2-1299B	『宋史·孝宗紀』
35	轉錢	H	*	9-1326B	『金甁梅詞話』
36	折本	H	6-376B	1151A	『朱子語類』
37	虧了	H	767B	8-851	[CCL]元 老乞大新釋
38	拖欠	H	1329B	6-463B	宋 張綱『乞放婺州見欠內庫綾羅狀』
39	成交	I	164B	5-196A	宋 周密『癸辛雜識續集·海井』
40	一倒兩斷	I	1531A	1-5A	『朱子語類』
41	將就	I	646B	7-811A	[CCL]元 老乞大新釋
42	打倒	I	*	6-321A	『醒世姻緣傳』
42-1	'悔交'	I	*	*	[CCL]淸 小說 東度記
43	退換	I	1326A	10-841A	[CCL]北宋 小說 靖康紀聞
43-1	'倒裝'	I	*	*	*
44	不肯	I	*	1-420A	『穀梁傳·宣公四年』
45	不濟事	I	104B	1-476A	『北齊書·高昂傳』
46	地頭的	J	*	2-1035B	[CCL]元 老乞大諺解
47	眞的	K	*	2-143B	『三國志·魏志·崔林傳』
48	假的	K	*	*	[CCL]元 老乞大新釋
49	絶高	K	*	*	[CCL]元 老乞大諺解
50	常行的	K	*	*	[CCL]淸 小說俠女奇緣
51	稀罕	K	1391A	8-90B	[CCL]全元曲 散曲
52	不稀罕	K	*	*	*
53	廣	K	*	*	*
53-1	'廣多'	K	*	*	*
54	稅契	L	*	*	[CCL]元 老乞大諺解
55	稅錢	L	*	8-95A	宋 趙彦衛『雲麓漫鈔』
56	牙錢	L	*	5-280A	宋 蘇轍『論蜀茶五害狀』

[번호]는 출현 어휘의 일련번호이며, 이는 앞 절의 분류체계 순서에 따랐다. 5-1, 13-1, 24-1, 42-1, 43-1, 53-1 등은 비록 표제어는 아니지만 해당 표제어 아래에 수록된 同義語들이다. [단어]는 수록 어휘이며, 작은따옴표를 쓴 것은 앞서 말한 표제의 아래에 실린 어휘들이다. [분류]는 앞 절에서 다룬 분류체계이다. [규범사전]은 현대중국어의 대표적인 사전인 『現代漢語規範詞典』(2004)이다. [漢語大詞典]은 『漢語大詞典』을 가리킨다. [가장 이른 용례의 출전]은 『漢語大詞典』과 'CCL(北京大學 漢語語言學研究中心) 고대중국어 데이터베이스[14]의 검색결과를 비교하여 상대적으로 이른 작품을 적시한 것이다. 그리고 각 항의 '＊'는 '해당 사항 없음'을 가리킨다.

5.1. 사전학적 풀이

『譯語類解』는 17세기 말 중국어 구어에 근거한 분류사전이다. 이 말은 다른 한편으로 여기에 수록된 어휘들이 17세기 말 이전의 공시적인 언어 정보를 제공하고 있다는 점이다. 그렇다면 시간적으로 300년이 지난 현대 중국어와 대비하면 어떤 결과를 얻을 수 있을까? 만약 相似性을 보인다면 또 어떤 해석을 할 수 있을까? 만약 이러한 문제에 답할 수 있다면 『譯語類解』의 언어 자료적 성질에 대해서도 적절한 해석을 가할 수 있을 것이라고 생각한다. 아래는 이러한 물음에 답하기 위해 현대중국어 어휘와 비교한 결과로 『譯語類解』의 62개 어휘 중 아직도 쓰이고 있는 것들이다.[15]

---

14) 이하에서는 [CCL]로 표기한다.
15) 이는 『現代漢語規範詞典』과 직접 비교한 결과이다.

買主	賣主	夥計	牙子	老江湖
集	赶集	鋪子	雜貨鋪	飯店
酒店	油房	肉案	酒望子	幌子
貨車	講價	照市價	照行市	收買
折本	虧了	拖欠	成交	一倒兩斷
將就	退換	不濟事	稀罕	

앞의 29개의 어휘 중 일부는 현대중국어의 고어로 문학 언어 등의 서면어에 쓰이는 것들이다. 예들 들면 '牙子', '酒望子', '幌子' 등이 그러하다. 그리고 일부 어휘는 현대 중국어의 의미와 다르거나 방언에서나 쓰이는 것들이다. 예를 들면 현대 중국어의 '鋪家'는 '상점, 점포'를 뜻하지만, 『譯語類解』에서는 '장사치'를 뜻한다. '地頭'의 '현지'라는 의미는 武漢이나 丹陽 방언에 남아있다.[16] 그 밖의 대부분의 어휘들은 현대 중국어에 그대로 쓰이고 있다. 그러므로 『譯語類解』의 상당수의 어휘가 매우 구어적임을 알 수 있다.

주의할 것은 '街上'과 '角頭' 등은 비록 현대중국어에 사용되고 있으나 전자는 단어가 아닌 구이며 전자와 후자 둘 다 상업어휘와 관련이 없다. 즉 현대 중국어에서의 계승 여부는 의미항(중국어로는 '義位' 또는 '義項'라 함)의 일치 여부로 판단한 것이다. 그리고 '發賣'의 경우는 『現代漢語規範詞典』에서 잘못 누락된 것으로 판단한다.

다음으로 살펴볼 것은 『譯語類解』가 명말 청조의 언어를 반영하고 있지만 중국 최대의 종합사전 『漢語大詞典』에 누락된 어휘를 살펴보기로 하자.

---

16) 『현대한어방언대사전』, 강소교육출판사(1245쪽). 이 두 어휘(鋪家, 地頭)는 『現代漢語規範詞典』에 보이지 않지만 현대 중국어 방언에 보이므로 함께 다룬다.

利家	鋪家	老杭家	搖貨郎	街上
角頭	酒店	糖房	東館裡	西館裡
倡價	開鋪	悔交	倒裝	假的
絶高	常行的	不稀罕	廣	廣多
稅契				

이 예들 중에서 '街上', '常行的', '不稀罕' '假的' '絶高'등은 엄밀히 말해 단어가 아니므로 수록되지 않은 것을 이해할 수 있다. 그러나 '利家', '鋪家', '搖貨郎', '酒店', '糖房', '倡價' 등 확실한 상업 관련 어휘를 수록하지 않은 것은 명백한 누락으로밖에 볼 수가 없다.[17) 한편 '開鋪', '倒裝', '廣', '廣多' 등의 경우는 좀 특수하다. 우선 이 단어들은 『漢語大詞典』에 수록되어 있다. 그러나 이 사전에 수록한 의미들은 상업어휘와 관련이 없는 다른 뜻만 수록하고 있다. 그래서 필자는 이 경우도 누락으로 간주한다.[18) '東館裡'나 '西館裡'는 특수한 경우로 필자 또한 아직까지 해당 예문을 찾지 못했다. 일반적으로 상인이 묵는 숙박시설로 '東舍', '西舍'라고도 한다.

한편 『漢語大詞典』에서 인용한 용례의 시기가 실제 사용되기 시작한 것보다 늦은 경우도 있다. 이러한 단어를 찾아내는 방법은 『漢語大詞典』의 용례와 [CCL]에서 검색한 용례 중 가장 이른 것을 비교하는 것이다. 위의 표 중 [가장 이른 용례의 출전]은 『漢語大詞典』의 용례를 든 것이나 [CCL]이라고 한 항목은 [CCL]의 그것이 『漢語大詞典』의 그것보다 이른 시기의 것임을 나타낸다. 그러므로 이 경우에 해당하는 '買主', '賣主', '牙子', '大市', '店房', '飯店', '油房', '貨車', '講價', '市

---

17) 중국 사전학 용어로는 '詞目失收'라고 한다. 표제어를 누락했다는 말로 풀이할 수 있다.

18) 중국 사전학 용어로는 '義位失收'라고 한다. 의미항을 누락했다는 뜻이다.

價’, ‘收買’, ‘虧’, ‘將就’, ‘退換’, ‘地頭’, ‘稀罕’ 등의 16개 어휘의『漢語大詞典』용례는 시간적으로 부합하지 않는다. 즉『漢語大詞典』에서 인용한 예보다 더 이른 시기에 사용된 예가 있다는 것이다.[19]

앞에서 살펴본『漢語大詞典』과의 비교는『漢語大詞典』의 부분적인 오류를 수정할 수 있게 해 준다는 점에서 의의가 있다 하겠다.

『漢語大詞典』과 [CCL]을 종합해 볼 때『譯語類解』의 ‘買賣’門의 어휘들은 시대적으로 ‘大市’, ‘不肯’(이상 先秦), ‘(照)市價’(東漢), ‘真的’, ‘酒店’(이상 위진남북조) 등을 제외하고는 대부분 당송 이래에 생겨난 구어 어휘들이다. 이로써 기존에 막연하게『譯語類解』등의 유해류 역학서가 반영한 언어성분이 구어라고만 언급한 것을 실증적으로 증명할 수 있었다.

5.2. 어휘학적 풀이(考釋)

고대 언어 중 어휘는 고립적으로 풀이할 수 없다. 반드시 상관 예문이 있어야 하고 생생한 문맥 속에서 이해되어야 한다. 그리고 어휘 의미의 속성과 의미들 간의 연관성에도 주목할 필요가 있다. 한 단어의 의미 변화도 주의해야 하고 단어들 간의 의미관계도 밝혀내야 한다. 그러나 중국의 고대 문헌은 ‘浩如煙海’라는 말이 있듯 너무나도 방대하고 서로 다른 게다가 소리 정보의 표시능력이 현저히 결핍된 한자를 대상으로 역사 시기의 어휘를 풀이하는 것은 쉬운 일이 아니다. 이러한 작업에는 적절한 방법이 필요하다.

본고에서 수행하려는『譯語類解』의 상업어휘 풀이에도 상응하는 방법이 필요하다. 우선 고대 중국어 어휘의 풀이에 사용되는 전통적

---

19) 중국 사전학 용어로는 ‘書證過晚’이라고 한다. 즉 예로든 문장의 출현시기가 실제 발견된 예보다 늦다는 것이다.

인 훈고방법을 들 수 있다. 글자를 구분하고 음을 분별하는 과정을
위주로 하는 훈고적인 방법은 이러저러한 한계에도 불구하고 여전히
유효하다고 볼 수 있다.

다음으로 문헌 고증법을 들 수 있다. 『譯語類解』가 17세기 말 이
전의 언어를 수록하고 있으므로 상응하는 중국 문헌을 이용할 수 있
으며, 이 분류사전이 사역원에서 편찬되었으므로 응당 동시기 역학
서를 參證해야 한다.

다른 한편으로 정보화 시대의 도래로 말뭉치를 이용한 방법을 쓴
다면 더 효율적이고도 '과학적'으로 대처할 수 있다.

그리고 『譯語類解』가 근대중국어 시기의 문헌이므로 근대 시기의
字書나 현대에 간행된 『漢語大詞典』과 같은 대형 辭書를 이용할 수
있다.

물론 한 단어의 풀이에 이상에서 열거한 방법 중 한 가지만 사용할
수는 없다. 즉 이상의 방법은 상당한 연관성이 있다고 볼 수 있다.

아래에서는 『譯語類解』의 상업어휘를 위에서 제시한 방법으로 몇
몇 어휘를 풀이할 것이다. 여기에서 풀이 방법의 제시와 그 결과 자
체가 동시에 목적이 된다고 할 수 있다. 그러므로 방법과 관련된 전
형적인 사례를 중심으로 풀이를 진행할 것이다.

(1) 『譯語類解』의 '利家'條의 주석에는 '홍정바치○一云鋪家'로 되
어있다. 그러나 『漢語大詞典』에는 수록되지 않았고 '鋪家'는 "店家,
商店。李劼人『天魔舞』第十章 : "兩面應該拆卸退讓人行道的鋪家, 大
概爲了很多原因, 有的照規定尺寸退進去了。""로 되어 있어 『譯語類解』
의 한글 풀이 '홍정바치'('장사치'라는 의미)와 부합하지 않는다. 역대
문헌을 검색해도 '利家'의 '장사치'라는 의미는 『老乞大』에만 보인다.

你休這般胡索, 倒隔了你買賣。 我不是利家, 這段子價錢我都知道。
(원간본『老乞大』)

你休這般胡討, 倒悮了你買賣。 我不是利家, 這段子價錢我都知道。
(『老乞大諺解』)

離胡啊! 你不要這般胡討價錢。 我不是外行, 這段子價錢我都知道。
(『老乞大新釋』)

離胡啊! 這樣的價錢倒悮了你的買賣。 我不是外行, 這段子價錢我都知道。(『重刊老乞大諺解』)

우선 상관 문헌(『老乞大』)의 대비를 통해 알 수 있는 것은 '利家'가 '外行'과 대응한다는 점이다. 그러나 우리말 풀이 '홍정바치'와의 관련성을 찾기 힘들다. 그렇다면 다른 자료는 없는가?『老朴集覽』의 '利家'條에는 "『音義』云:不會買賣的, 會買賣的便叫'杭家'。 今按:'利家' 亦是'市行之人'。 '杭'作'行', 是 °漢俗呼'市廛'曰:'鋪', '行'曰:'行市', '行'音 '杭'."(『音義』에 따르면 [利家는] 장사를 할 줄 모르는 사람을 가리킨다. 장사를 잘하는 사람을 '杭家'라고 부른다고 했다. 지금 보건대 '利家' 역시 '장사에 능통한 사람'이다. '杭'이 '行'으로 되어있는 것은 옳다. 중국어의 입말에서는 '市廛'을 '鋪'라하고, '行'을 '行市'라 하는데 '行'은 '杭'과 음이 같다.)이라고 하였다. 이 기록에 근거하면 '利家'가 '市行之人'('홍정바치' 즉 장사치)의 의미도 있지만 '不會買賣的'의 의미도 있다는 의미이다. 그렇다면『老乞大』에 보이는 '外行'의 의미와 유사하게 되며 당시 사람들의 의식에는 흔한 장사치는 '外行'과도 같으며 그것보다 더 높은 경지는 '老江湖'라는 것을 보여준다. 이렇듯 『漢語大詞典』이나 대형 말뭉치에 보이지 않는 '利家'의 정보가 동시대 상관 문헌에 적실히 보이고 있어 이들을 잘 활용하지 않으면 안 된다는 점을 보여준다.

(2) '店房'條에는 '外方흥정하러 오는데'라고 풀이되어 있다. 그러나 현대 우리말 '점방'은 '가게, 점포'의 의미이다. 중국어의 역사에서 '店房'의 의미는 어떻게 변화되었는가? 이 질문에 답하기 위해서는 방대한 자료가 필요하다. 현재 비교적 쉽게 접근해서 이러한 자료를 구할 수 있는 곳은 CCL(北京大學漢語語言學硏究中心) 고대중국어 데이터베이스이다. 이 말뭉치는 방대한 양의 언어자료를 보유하고 있으며 특히 唐代 이래의 구어 작품이 집중적으로 수록되어 고대중국어뿐만 아니라 근대중국어의 검색에도 매우 유효하다.[20] 비록 간화자로 되어 있기는 하나 상당한 유효성이 있다고 사료된다. 이 말뭉치를 이용해 '店房'을 검색해 166개의 결과를 얻었고 그중 흥미로운 사실을 발견했다. 원곡과 『老乞大』 이래로 민국 시대의 소설에 이르기까지 '店房'은 '여관'의 의미로 쓰이고 있다. 그중 일부 용례를 검색한 상태 그대로 보이면 다음과 같다.[21]

1: 寻个好乾净[店房]住下。【₩12元₩口语₩老乞大新释老乞大新释】

2: 却说闻氏在[店房]里面听得差人声音, 慌忙移步出来, 问道：【₩12元₩小说₩话本选集2沈小霞相会出师表】

3: 行了一日, 天色已晚, 沈洪寻了一座[店房], 排合★美酒, 指望洞房欢乐。【₩12元₩小说₩话本选集2玉堂春落难逢夫】

4:官人要下呵,　俺这里有干净[店房]。【₩12元₩戏剧₩西厢记杂剧西厢记杂剧】

5:【清江引】呆答孩[店房]儿里没话说,　闷对如年夜。【₩12元₩戏剧₩西厢记杂剧】

---

20) 본고의 말미에 부록으로 총 서목을 부기한다.
21) [CCL]의 검색결과는 간화자이므로 그대로 둔다.

고대의 '店房'은 숙박이 주된 기능이고 그곳에서 상업적 거래도 있었음을 알 수 있다. 한편『漢語大詞典』에는 다음과 같이 기록하고 있다.

> ⅰ. 旅店。『古今小說·裴晉公義還原配』：“雇人挑了行李, 就裴相國府中左近處, 下箇店房。”『紅樓夢』第四八回：“店房有個主人, 廟裏有個住持。”
>
> ⅱ. 指一般店鋪。 蕭紅『手』：“他說連小店房進去喝一碗水也多少得賞點錢, 何況學堂呢！”

점포 가게의 의미인 '店房'은『漢語大詞典』에서도 현대의 예를 들었다. 이상을 통해 알 수 있듯 근대중국어의 어휘 연구에서 대형 말뭉치의 효용은 과거에는 상상도 할 수 없었던 일로 매우 유용한 방법으로 간주 될 수 있다.

(3) '廣'과 '廣多'는『譯語類解』에 '흔타'라고 풀이 되어있어 '상품이 귀하지 않고 많아서 흔하다'라는 의미로 쓰였다고 추측할 수 있다. 그러나 중국의 각종 사전에는 '多(많다)'라는 의미는 수록하고 있으나 '흔하다'라는 의미의 용례를 찾을 수 없었다. 다행히도 현대중국어의 방언에서 동일한 용법을 발견하였다. 西安 방언에서는 '廣'의 뜻 중에 '(상품의) 분포 범위가 넓다; 보편적이다'라는 용법이 있어 완전히 일치한다고 볼 수 있다.[22] '廣多' 는 同義聯合式 複音節語이다. 상업어휘로서의 '廣' 또는 '廣多'는 단순한 '많다'의 의미가 아니라 '상품을 쉽게 구할 수 있는, 흔한'의 의미를 가진다.

---

22) 『現代漢語方言大詞典』5-5220A: 西安:(貨物)分布範圍大; 普遍:“呠 東西廣的很, 阿搭都能買下。”

(4) 音義관계를 이용한 어휘 풀이는 淸代 고증학의 혁신적 방법이다. 『譯語類解』의 상업어휘의 풀이에 적용될 수 있는 사례는 아래의 세 가지이다.

(a) ‘轉錢’: 『漢語大詞典』에서는 “賺錢。『金瓶梅詞話』第八六回 : ‘十個九個媒人, 都是如此轉錢養家。’”(열에 아홉의 중매인은 다 이와 같이 돈을 벌어 가족을 부양한다.) 라고 했다. ‘轉’과 ‘賺’은 독음이 매우 유사한 疊韻관계이다. 그러므로 ‘賺錢’이라고 통일해서 쓰기 이전에 ‘轉錢’이라고도 했으며, 이는 方音의 영향이라고 보아도 무방할 것이다.

(b) ‘老杭家’: 앞에서도 소개한 대로 『老朴集覽』의 ‘利家’條에서는 “『音義』云:不會買賣的。 會買賣的便叫‘杭家’。今按: ‘利家’亦是‘市行之人’。‘杭’作‘行’, 是。漢俗呼‘市廛’曰:‘鋪’, ‘行’曰:‘行市’, ‘行’音‘杭’。”이라는 기록이 보인다. ‘杭’과 ‘行’의 관계에 대해서는 이미 당시에 지적되었다. 그러므로 ‘杭家’는 바로 ‘行家’이다.

(c) ‘酒望子’의 ‘望子’와 ‘幌子’에서 ‘望’과 ‘幌’에도 疊韻관계가 있다. 이 두 어휘가 同義語가 된 것 또한 方音의 영향으로 볼 수 있다.

5.3. 사회언어학적 해석

언어의 사회적 측면을 연구하는 학문으로서의 사회언어학은 응용언어학의 한 갈래로 채 50~60년도 안 되는 역사를 가지고 있다. 그럼에도 불구하고 언어 자체의 사회적 변이와 그것의 탐구라는 주제는 일찍부터 언어학 연구자의 주의를 끌고 있다.23) 『譯語類解』‘買

賣'門의 상업어휘는 다른 어떤 것보다 적극적으로 사회적인 관계를 반영하고 있다. 그러므로 부분적이기는 하지만 『譯語類解』의 상업 어휘에 대한 사회언어학적 해석을 시도하고자 한다.

우선 이론적 견지에서 먼저 고려되어야 할 점은 『譯語類解』의 상업어휘가 공시 평면의 살아있는 언어가 아니라 실험이나 조사를 통해서 사회적 맥락에 천착하여 구명(究明)하기에는 객관적인 한계가 있을 수밖에 없는 死言語라는 점이다. 게다가 수록한 내용이 겨우 62개의 어휘에 지나지 않는다. 이런 점을 염두에 둔다면 고대 중국어를 대상으로 사회언어학 연구를 진행할 수 있는지는 재론의 여지가 있다 하겠다. 다만 중국에서는 焦冬梅(2005)와 武小軍(2006) 등에서 부분적으로 시도한 적이 있으므로[24] 제한된 범위에서 시도할 수도

---

23) 국내의 경우에도 최근 사회언어학 연구 성과가 양산되고 있으며 중국어 연구자들도 이미 상당한 정도의 연구 성과를 확보하고 있다. 다음은 국내 중국어를 대상으로 하는 사회언어학 연구 저작들이다. 홍민표, 「한국, 일본, 중국, 미국인의 신체언어에 관한 대조사회언어학적 연구」, 『일어일문학연구』, Vol.61, 2007. 김우진, 「중국 카작족 존댓말에 대한 사회언어학적 분석」, 『비교문화연구』, Vol.12, 2006. 남궁양석, 「중국어 채팅언어의 사회언어학적 연구」, 『중국어문논총』, Vol.22, 2002. 이아명 류경남, 「20세기 중국 문화언어학 저작 일람」, 『중국어문학』, Vol.26 1995. 정진강, 「중국문화언어학의 동향과 전망 중국문학연구」, 『중국문학연구』, Vol.17, 1998. 정진강, 「중국사회언어학의 내용과 특질(1)」, 『중국문학연구』, Vol.21, 2000. 정진강, 「중국사회언어학의 내용과 특질(2)-과경언어」, 『중국어문논역총간』, Vol.12, 2004.1. 鄭鎭椌, 「中國社會語言學的根基」, 『중국어문논역총간』, Vol.16(특집호), 2005.8. 박홍수, 「사회언어학적 관점에서 본 중국 호칭어의 변화」, 『중국학연구』, Vol.34 2005. 박홍수, 「사회언어학적 관점에서 본 중국의 지명」, 『中國學硏究』 Vol.26, 2003.12. 강윤옥, 「韓·中·日 IT 관련 외래어의 사회언어학적 특징 비교 연구 - 일간신문 용어를 중심으로」, 『중어중문학』, Vol.38, 2006.6. 그밖에도 중국의 광고 브랜드네이밍 등을 주제로 연작 연구를 수행한 박종한, 『광고속의 중국어 연구』, 학고방, 2009가 있다.

24) 아래 武小軍, 「古語詞分析硏究的當代社會語言學意義—以古語詞"耙"、"瞄"爲例」, 『求索』, 2006年 02期; 焦冬梅, 「從社會語言學的角度看元曲語言的變化」, 『廣西社會科學』, 2005年 12期 등 참조.

있다고 생각한다.

이 글에서 주목하는 것은 『譯語類解』 상업어휘의 언어적 형식과 각 단어의 출현 시기, 나아가 출현하는 문헌 자료의 특성이다.

먼저 언어적 형식의 문제를 살펴보기로 하자. '地頭的', '真的', '假的', '常行的' 등은 형용사 뒤에 지칭화 접미어 '的'이 부가된 형식을 취하고 있다. 만약 정보나 정론(政論) 전달이 위주인 서면어에서는 아무리 구어로 전달하려 하더라도 이러한 어법형식을 전면적으로 취하기 힘들 것이다. 게다가 앞의 네 단어는 거래 물건의 상태나 특성을 한마디로 평가하고 규정짓는 표현이므로 사회언어학적으로 계층언어의 변이 형식으로 봐도 무방할 듯하다. 그리고 '街上', '角頭'와 같은 추상적인 공간의 의미를 '시장'이라는 전문용어로 전환시킬 수 있는 근거는 이러한 단어를 특정한 집단이나 배경에서 이해하기 때문에 가능해 지는 것이다.

두 번째로 주의할 것은 『譯語類解』 각 상업어휘의 가장 이른 출현 시기이다. 앞에서도 살펴보았듯 90% 정도가 당송 이래에 출현했다. 즉 17세기(『譯語類解』의 간행시기) 후반 조선에서 편집한 구어 위주의 중국어 상업어휘는 근대중국어 시기의 어휘들이 주류를 이루었다고 보아야 할 것이다. 통속적이고 구체적인 상거래에서 소용되었던 상업어휘는 결국 사회적으로 볼 때 상인집단 내부 혹은 상인과 소비자 간의 소통을 위한 언어 재료이다. 이러한 언어 재료는 사회적 효용성이나 계층적 기반을 떠나 생각할 수 없다.

마지막으로 2/3 이상의 어휘가 통속적인 문학작품에서 출현하고 있다. 물론 『老乞大』의 용례가 가장 먼저인 경우도 이 범주에 포함시킬 수 있다. 사회언어학적 측면에서 보자면 이러한 특징들은 통속적이고 극도로 구어화된 상황 속에서 사용된 언어 성분으로 개괄할 수 있을 것이다.

이로써 알 수 있는 사실은 『譯語類解』의 다수의 상업어휘들은 통속적인 문학작품이나 회화교재 등에 집중적으로 발견되고 있는바, 사회언어학적 견지에서 통속적이고 극도로 구어화된 형태를 가지고 있다는 것이다.[25]

VI. 결어

『譯語類解』는 조선시대에 간행된 현전하는 最古의 근대중국어 구어 대역사서이다. 『譯語類解』 출간 이후 조선시대 후기에는 8종 이상의 대역사서가 출간되었다. 그러므로 『譯語類解』를 적절히 분석하고 제대로 평가하는 일은 중요한 일이라고 할 수 있다. 이에 본고는 『譯語類解』의 상업어휘를 대상으로 그 구성과 영향관계를 소개하고, 분류어휘의 방법으로 초보적인 분석을 시도했다. 그 결과 『譯語類解』의 어휘가 상당 부분 현대중국어에 계승되고 있다는 사실을 발견하였다. 이는 『譯語類解』의 언어학적 속성의 규명에 일조할 것이라 생각한다.

다음으로 『譯語類解』의 어휘의 진면목을 살펴보기 위해 몇몇 어휘들에 대한 풀이를 방법과 아울러 소개했다. 우선 사전학적 풀이에서는 현대중국어와 고대중국어의 용례를 사전을 통해 비교하고 대형 말뭉치도 활용하여 보충하였다. 이어서 어휘학적 풀이를 몇몇 단어에 한정하여 진행했다. 끝으로 사회언어학적 관점에서 통속적이고 구어적인 속성에 근거해 특징적 언어현상을 해석했다.

---

[25] 물론 '將就', '倒裝', '不肯' 등과 같은 일반적 의미의 어휘들이 상업적 관계에 충당되어 새로운 의미를 파생하여 상업어휘로 전화하였다는 화용론적 해석도 적용 가능하다.

　아울러 본 논문의 이해를 위하여 『譯語類解』의 시용본 사전과 [CCL] 서목을 부록으로 실었다.

참고문헌

아시아문화사(1974), 『譯語類解』, 아시아문화사.

羅竹風主編(1992), 『漢語大詞典』, 漢語大詞典出版社.

李榮主編(2002), 『現代漢語方言大詞典』, 江蘇敎育出版社.

곽재용(1995), 「類解類 譯學書의 '身體'部 語彙 硏究」, 『한글』228.

김영일(2003), 「『譯語類解』 속의 우리말 難解語」, 『語文學』80.

김은정·강순제(2006), 「朝鮮時代 外國語學習書를 中心으로 본 服食名稱 硏究」, 『服食』56(6).

박찬식(2008), 「類解類 譯學書 '性情'部 語彙의 考察」, 『한말연구』23.

______(2006), 「類解類 譯學書의 '宮室'部 語彙의 考察」, 『한말연구』18.

______(2006), 「類解類 譯學書 '人品'部 語彙의 考察」, 『겨레어문학』36.

심소희(1992), 「『譯語類解』小考」, 『中國語文學論集』4.

양오진(2004), 「早期 中國語辭典의 種類와 特徵에 對하여」, 『中國學報』50.

연규동(2001), 「近代國語의 낱말밭(Semantic Field) - 類解類 譯學書의 部類排列順序를 中心으로 -」, 『言語學』28.

______(1997), 「漢字 特殊 字形 硏究 - 類解類 譯學書를 中心으로-」, 『言語硏究』15.

______(1995), 「譯語類解 現存本에 대한 一考察」, 『國語學』26.

______(1996), 『近代國語 語彙集 硏究』, 서울大學校 博士學位 論文.

정 광(1978), 「類解類 譯學書에 對하여」, 『國語學』7.

王洪湧(2006), 『先秦兩漢商業詞彙、 語義系統硏究』, 華中師範大學 博士論文.

蔣紹愚(2005), 『近代漢語硏究槪要』, 北京大學出版社.

梅家駒等編(1983), 『同義詞詞林』, 上海辭書出版社.

李泰洙(2003), 『「老乞大」四種版本語言硏究』, 語文出版社.

姜勇仲(2006), 『「朱子語類」詞彙硏究』, 中國 北京大學 博士論文.

______(a)(2008), 「釋"塵糟"」, 『周口師範學院學報』1.

______(b)(2008), 「語彙系統 硏究와 中國歷代 商業語彙 硏究方法」, 『中國文學硏究』36.

______(a)(2009), 「朝鮮時代 類解類 譯學書 商業語彙 收錄樣相과 對比」, 『中國言語硏究』30.

______(b)(2009), 「朝鮮時期『譯語類解』所見的明淸時期商業詞彙硏究」, 『第四屆漢語史硏討會暨第七屆中古漢語國際學術硏討會論文集』, 北京語言文化大學.

부록1: 『譯語類解』 상업어휘사전(試用本)

범례

(1) 원문의 순서에 따라 배열한다.

(2) 매 단어에 한어병음을 부기한다.

(3) 원문의 풀이와 용례에 근거해 풀이한다.

(4) 예문은 『大詞典』과 [CCL] 중 시기적으로 이른 것을 제시한다. 이 두 자료에 실린 내용은 원문을 철저히 대조한 것이 아니므로 참고용으로만 활용할 수 있다. 그리고 [CCL]의 각종 부호들은 편의상 검색 상태 그대로 둔다.

(5) 한자는 일률적으로 번체로 전환한다.

(6) 해설이 필요한 경우 각주로 처리한다.

(7) 『大詞典』이나 [CCL]에서 발견하지 못한 것은 '미발견'으로 처리한다. '미수록'이라고 한 것은 쉽게 알 수 있지만 하나의 단어가 아닌 경우 이다.

1. 【買主】 mǎizhǔ 사는 사람[CCL]:也不肯單向著買主。文件名:￦12元￦口語￦老乞大新釋/水滸全傳, 醒世姻緣傳 등

2. 【賣主】 màizhǔ 파는 사람 [CCL]:遂訪其賣主而還之。文件名:￦10北宋￦小說￦太平廣記//老乞大新釋, 醒世恒言 등.

3. 【夥計】 huǒjì 동업자; 동업『大詞典』11-279A:1.謂合夥謀生。元·無名氏『碌砂擔』第一折："你是個貨郎兒, 我也是個撚靶兒的。 我和你合個夥計, 一搭裏做買賣去。"

4. 【牙子】yázǐ 중개인; 거간꾼[CCL]:敎牙子先看了。文件名:₩12元₩口語
   ₩老乞大新釋//水滸全傳, 醒世姻緣傳 등.

5. 【大市】dàshì 큰 시장[CCL]:大市日昃而市, 百族力主；朝市朝時而市, 商
   賈力主。文件名:₩03戰國₩周禮//話本選集, 今古奇觀, 喻世明言 등.

6. 【街上】jiēshàng 시장이 있는 거리모퉁이; 번화가[CCL]:回來, 人得錢
   塘門, 在一個酒肆與三四個相知方才吃得數杯, 則聽得街上鬧吵吵, 連忙推
   開樓窗看時, 見亂烘烘道：文件名:₩10北宋₩小說₩話本選集 碾玉觀音
   //東漢秘史, 二刻拍案驚奇 등.

7. 【角頭】26) jiǎotóu 시장이 있는 거리모퉁이; 번화가[CCL]:往羊市角頭去
   了。文件名:₩12元₩口語₩老乞大新釋//水滸全傳, 金瓶梅崇禎本 등.

8. 【東館裡】미발견.

9. 【西館裡】미발견.

10. 【集】jí 정기적으로 열리는 시장『大詞典』11-798:7. 定期聚會交易 ゚唐·
    杜甫『述古』詩之一：“市人日中集, 於利競錐刀 ”゚

11. 【赶集】27) gǎnjí (5일장 따위의)장보러 가다[CCL]:凡是小鵶兒趕集不
    回來, 唐氏就在家裏邊同晁住娘子三個廝混。 文件名:₩13明₩小說₩醒世
    姻緣傳//七俠五義, 三俠劍

11-1 【看場】미발견.

12. 【鋪子】pùzi 점포『大詞典』11-1287B:店鋪。宋·張齊賢 『洛陽搢紳舊
    聞記·水中照見王者服冕』：“試往水北小淸化內路某人鋪子內問之, 合有

---

26) 『大詞典』10-1353B에서는 元·無名氏『謝金吾』第三折：“我就自做監斬官, 來到
   這角頭上鬧市中, 左右那裏, 喚劊子手, 將那兩箇賊犯綁將過來 ”의 ‘角頭’를 ‘角落
   (구석), 偏僻的地方(외진 곳)’으로 잘못 풀이했으나 예문에서는 오히려 번화한
   골목이라는 의미로 쓰였다.

27) 다음의 『大詞典』9-1140A에 보이는 예문은 ‘赶集’의 유래나 어원을 알려주고 있
   다. 明·謝肇淛『五雜俎·地部一』：“嶺南之市謂之虛……山東人謂之集。每集則百
   貨俱陳, 四遠競湊, 大至騾 ゚馬 ゚牛 ゚羊 ゚奴婢 ゚妻子, 小至鬥粟 ゚尺布, 必於其日
   聚焉, 謂之‘赶集’。”

此藥。"

13. 【雜貨鋪】záhuòpù 잡화점 [CCL]:石頭是真金鋪, 江西是雜貨鋪。文件名:₩09五代₩祖堂集//老乞大新釋, 喻世明言 등.

14. 【店房】[28]diànfáng 여관; 숙박과 식사를 제공하는 곳[CCL]:尋個好乾淨店房住下。文件名:₩12元₩口語₩老乞大新釋//西廂記雜劇, 三寶太監西洋記, 今古奇觀 등.

15. 【飯店】fàndiàn 식당; 밥집 [CCL]:至山下, 州縣陳設一店, 具飯店中, 所有行客, 悉令移之。文件名:₩10北宋₩小說₩太平廣記//老乞大新釋, 二刻拍案驚奇 등.

16. 【酒店】jiǔdiàn 술집[CCL]: 阮宣子常步行, 以百錢掛杖頭, 至酒店, 便獨酣暢。文件名:₩06六朝₩小說₩世說新//話本選集, 老乞大新釋 등.

17. 【油房】yóufáng 기름가게[CCL]:我有那稻地池塘, 魚泊蘆場, 旅店油房, 酒肆茶坊, 錦片也似方廊畫堂, 我富絕那一地方。文件名:₩全元曲₩全元曲――雜劇//今古奇觀, 初刻拍案驚奇 등.

18. 【糖房】[29] tángfáng 설탕가게[CCL]:糖之利甚溥, 粵人開糖房者多以致富。蓋番禺東莞增城糖居十之四, 陽春糖居十之六, 而蔗田 文件名:₩筆記₩南越筆記·清·李調元//廣東新語.

19. 【開鋪】kāipù 영업을 개시하다[CCL]:薛教授道:"或是賣不行, 怎麼沒個開鋪的？ 文件名:₩13明₩小說₩醒世姻緣傳//醒世恒言, 金瓶梅崇禎本 등.

20. 【肉案】[30] ròuàn 푸줏간; 정육점『大詞典』8-1063A:宋·孟元老『東京夢華錄·肉行』:"坊巷橋市, 皆有肉案, 列三五人操刀, 生熟肉從便

---

28) 우리말의 '점방(가게)'를 나타내는 용례는 현대에 보인다. 蕭紅『手』:"他說連小店房進去喝一碗水也多少得賞點錢, 何況學堂呢！"

29) '糖坊'이라고도 한다. 裝著糙犧、大麥, 把五人扮做鄉間大戶人家, 糴來秕麥, 挑進城內糖坊裏用。後面即著兩個挑了糖擔, 一頭辦有搖鼓兒、引線兒、紙糊小匣 文件名:₩13明₩小說₩英烈傳

30) '案兒', '案頭', '案子'라고도 한다.

索喚。"

21. 【青帘】qīnglián 술집에 내거는 걸개 간판『大詞典』11-528A:(1).舊
時酒店門口掛的幌子。多用青布制成。唐·鄭穀『旅寓洛陽村舍』詩:"白鳥
窺魚網, 青帘認酒家。"(2).借指酒家。宋·辛棄疾『鷓鴣天·春日即事題毛村
酒爐』詞:"多情白髮春無奈, 晚日青帘酒易賒。"

21-1.【酒望子】[31] jiǔwàngzi 술집을 표시하는 걸개; 간판『大詞典』9-1382A:『新
編五代史平話·梁史上』:"見那酒店前掛著一個酒望兒。"宋·朱翌『猗覺寮
雜記』卷下:"酒家揭簾, 俗謂之酒望子。"

22. 【幌子】huǎngzi 가게를 표시하는 걸개; 간판[CCL]:朱紅小櫃, 油漆牌匾,
吊著幌子, 甚是熱鬧。文件名:₩13明₩小說₩金瓶梅崇禎本//三俠劍 등.

23. 【貨車】huòchē 짐수레[CCL]:貨車到了不曾？文件名:₩13明₩小說₩
金瓶梅崇禎本//留東外史(民國)

24-1【鋪家】pùjiā 상인[CCL]:你可引幾個鋪家來。 文件名:₩12元₩口語₩
老乞大新釋//二十年目睹之怪現狀 등.

25. 【老杭家】[32]미발견.

26. 【老江湖】lǎojiānghú 노련한 사람(상인)[CCL]:鳴皋等雖則英雄, 究竟
不是老江湖, 若遇了一枝梅, 徐慶等輩, 便無此事。文件名:₩14清₩小說
₩七劍十三俠//二十年目睹之怪現狀 등.

27. 【搖貨郎】yáohuòláng 돌아다니며 잡화를 파는 상인; 행상『大詞典』
10-97B: 宋周密『武林舊事·舞隊』:"大小全棚傀儡：……散錢行, 貨郎。"

28. 【倡價】[33] 미발견.

---

31) '酒帘'이라고도 한다.『大詞典』9-1378B:南唐·李中『江邊吟』:"閃閃酒帘招醉客, 深深
綠樹隱啼鶯。"宋·陸遊『雨中出門閑望有作』詩:"説梅古謂能蠲渴, 戲出街頭望酒帘。"

32) '老行家'의 용례는 [CCL]에 보인다. (1)文琴想了一想, 大笑道:"好, 好！好個肥
合！原來閣下是個老行家。"文件名:₩14清₩小說₩二十年目睹之怪現狀 (2)他
道:"老爺子, 你老也得看破著些兒。方才聽你老那套交代, 是位老行家。你老瞧, 作
賊的落到這個場中, 算撒臉窩心到那頭兒了！ 文件名:₩14清₩小說₩兒女英雄傳

29. 【講價】jiǎngjià 가격을 부르다[CCL]:其人挑柴直至胡陽城內叫賣, 買者
正與講價, 言不賤賣。文件名:₩13明₩小說₩東漢秘史//今古奇觀, 初刻拍
案驚奇 등.

30. 【照市價】zhàoshìjià 시가에 따르다[CCL]:言男女不相幹、市價不相欺,
可也；言其異路、無二價, 褒之也。 文件名:₩05東漢₩史論₩論衡//靖康
紀聞(북송), 醒世姻緣傳 등.

31. 【照行市】zhàohángshì 시세에 따르다[CCL]:有利無利, 莫離行市。文
件名:₩11南宋₩佛語錄₩五燈會元//紅樓夢 등.

32. 【發賣】fāmài 내다 팔다[CCL]:要拿去發賣的。 文件名:₩12元₩口語
₩老乞大新釋//話本選集(元), 喻世明言 등.

33. 【收買】shōumǎi 수매하다[CCL]:先許百姓造麴, 不來官場收買。 文件
名:₩10北宋₩史書₩舊五代史//全元曲, 水滸全傳 등.

34. 【成交】chéngjiāo 거래가 성사되다[CCL]:價高的俺便成交。 文件名:
₩全元曲₩全元曲――散曲//老乞大新釋, 二刻拍案驚奇 등.

35. 【對換】duìhuàn 맞바꾸다[CCL]:待等明日午刻, 見了銀兩, 再將衣服對
換, 豈不是好 。文件名:₩14清₩小說₩七俠五義

36. 【將就】jiāngjiù 그럭저럭[CCL]:將就吃些罷。文件名:₩12元₩口語₩老
乞大新釋//三寶太監西洋記(명대) 등.

37. 【一刀兩斷】[34) yīdāoliǎngduàn 한 번에 들어맞다[CCL]:可見『克己』者
是從根源上一刀兩斷, 便斬絕了, 更不複萌 文件名:₩10北宋₩語錄₩朱子
語類//喻世明言, 今古奇觀 등.

38. 【拖欠】tuōqiàn 지불기일을 미루다『大詞典』6-463B:宋 張綱『乞放婺州

---

33) '倡價'는 용례가 보이지 않는다. 필자가 발견한 것은 현대 중국어의 예이다. "今
年5月28日卡羅拉和花冠GLX正式上市,我們會在7月15號,擧辦一期卡羅拉全色系
的新車發表會,在29號會有卡羅拉的新車倡價會,如果網友有時間可以去看一下,熱線
是:67862866。" http://autos.cn.yahoo.com/07-07-/321/27qwo.html 참조.

34) 『譯語類解』에서는 '刀'가 '倒'로 되어 있으나 '刀'로 보는 것이 타당하다.

見欠內庫綾羅狀』：“前官失於催理, 遂至積漸拖欠, 經涉歲久, 實難追催。”

39. 【轉錢】 zhuǎnqián 돈 벌다; 이문을 남기다[CCL]:別人折本, 我兄弟二人轉錢。文件名:ｗ13明ｗ小說ｗ三寶太監西洋記(3회)但憑著意思買些甚麼, 就是轉錢的。不瞞佛爺爺說, 每番是這等做買賣, 每番是這等轉錢, 每番是這等笑。『大詞典』9-1326B:『金瓶梅詞話』第八六回：“十個九個媒人, 都是如此轉錢養家。”

40. 【摺本】 shéběn 밑지다 『大詞典』6-376B:『朱子語類』卷二六：“雲我不當得貧賤, 有汲汲求去之心, 譬如人作折本經紀相似。”

41. 【虧了】 kuīle 손해보다[CCL]:卻教我吃虧了。文件名:ｗ12元ｗ口語ｗ老乞大新釋//二刻拍案驚奇 등.

42. 【不肯】 bù kěn 하려 하지 않다『大詞典』1-420A:『穀梁傳·宣公四年』：“公及齊侯平莒及郯, 莒人不肯。”

43. 【打倒】 dǎdǎo 물건을 물르다; 돈을 돌려주다『大詞典』6-321A:方言。退貨還錢。『醒世姻緣傳』第七十回：“一般也還是先年的銅貨, 偏偏的嫌生道冷起來, 生意比往日十分少了九分。這一分之中換了去的, 十個有九個來打倒。” 亦指討還已付的錢。『醒世姻緣傳』第七六回：“那瞎子最是伶俐, 料得是 素姐 與他打倒, 站住了不肯進去。素姐 說他魘鎮不效, 瞎長瞎短的罵他, 又要剝他的衣裳, 準那一兩銀子。”

43-1 【悔交】 [35] huǐjiāo 흥정을 무르다[CCL]:此, 悔交遲矣。文件名:ｗ14清ｗ小說ｗ東度記

44. 【退換】 tuìhuàn 흥정을 무르다[CCL]:是日, 納馬, 金使督責甚峻, 又退換羸瘦者。文件名:ｗ10北宋ｗ小說ｗ靖康紀聞//出門卻不管退換的。 文件

---

35) ‘悔’에 대해서는 『漢語大詞典』참조. ‘悔’의 셋째 의미항에서 ‘翻悔’(번복하다), ‘悔賴’(무르다)로 풀고 예문으로 元·關漢卿『四春園』第一折：“我心中欲要悔了這門親事, 姆姆, 你意下如何？”와 『紅樓夢』第九二回：“如今讓他兩個子兒, 他又輸了, 時常還要悔幾著, 不叫他悔, 他就急了”를 제시하고 있다.

名:₩12元₩口語₩老乞大新釋, 二十年目睹之怪現狀 등.

44-1 【倒裝】 미발견.

45. 【不濟事】 bùjìshì 도움이 안 되다; 유익하지 못하다 『大詞典』1-476A:
『北齊書·高昂傳』：“高祖曰：‘高都督純將漢兒, 恐不濟事, 今當割鮮卑兵
千餘人共相參雜, 於意如何？’”

46. 【地頭的】 dìtóude 현지산; 원산지[CCL]:(1)這段子地頭是那裏的 °文件
名:₩12元₩口語₩老乞大諺解//(2)這布都是地頭織來的 °文件名:₩12元
₩口語₩老乞大諺解//二刻拍案驚奇 등.

47. 【真的】 zhēnde 진짜 『大詞典』2-143B:『三國志·魏志·崔林傳』：“餘國
各遣子來朝, 閒使連屬, 林恐所遣或非真的, 權取疏屬賈胡, 因通使命, 利得
印綬。”

48. 【假的】 jiǎde 가짜 [CCL]:真的假的。文件名:₩12元₩口語₩老乞大新釋
//話本選集, 三寶太監西洋記(명) 등.

49. 【絶高】 juégāo 최상등품[CCL]:這參絶高。文件名:₩12元₩口語₩老乞大諺

50. 【常行的】 36) chángxíngde 예사로운 물건[CCL]:真要去, 那常行牲口
倒不必愁。文件名:₩14清₩小說₩俠女奇緣

51. 【稀罕】 xīhǎn 상품이 귀함[CCL]:那的是從來最稀罕, 單出落著廢寢忘
餐。文件名:₩全元曲₩全元曲－－散曲//西遊記 등.

52. 【不稀罕】 미수록.

53. 【廣】 guǎng 흔하다 『現代漢語方言大詞典』5-5220A:西安:(貨物)分布範
圍大; 普遍:“咻東西廣的很, 阿搭都能買下 ”

53-1 【廣多】 미수록.

54. 【稅契】 shìqì 계약서를 작성하다 37)[CCL]:我稅契去 °文件名:₩12元₩口

---

36) 다음(www.daum.net) 중국어사전의 다음 용례 참조.
常行兒人。　　　　　　　　보통 사람.
常行兒是怎麽個利息。　　　일반적으로 얼마의 이자입니까?

語ｗ老乞大諺解//

55. 【稅錢】 shuìqián 상업거래에서 관청에 내는 돈『大詞典』8-95A: 宋·
    趙彦衛『雲麓漫鈔』卷二 : "俟三兩日再煎成碎銀, 每五十三兩爲一包, 與坑
    戶三七分之, 官收三分, 坑戶得七分, 鉛從官賣, 又納稅錢, 不啻半取矣。"
    『宋史·食貨志上二』: "先是,　諸州人戶典賣田宅契稅錢所收寠名,　七分隸
    經、 總制, 三分屬係省。"

56. 【牙錢】 yáqián 중개료『大詞典』5-280A:宋·蘇轍『論蜀茶五害狀』: "賣
    茶本法止許收息二分, 今多作名目, 如牙錢、 打角錢之類, 已收五分以上。"

---

37) 『譯語類解』에서는 '글월벗기다'라 했고 [CCL]의 예문에서도 동사로 쓰여 주의
    할 필요가 있다. 한편 명사로 쓰인 용례는 아래의 것을 들 수 있다.『大詞典』
    8-93B:清·趙翼『陔餘叢考·稅契』: "市易田宅既立文券, 必投驗官府, 輸納稅錢, 給
    以印憑謂之稅契。"

부록2: CCL(北京大學漢語語言學硏究中心) 고대중국어 데이터베이스 목록

(http://ccl.pku.edu.cn:8080/ccl_corpus/index.jsp?dir=gudai)

- 01周

  春秋/今文尚书/诗经/周易/

- 02春秋

  国语/老子/论语/墨子/孙子/左传/

- 03战国

  楚辞/楚辭補注/大学/公羊传/谷梁传/管子/鬼谷子/韩非子/禮记/吕氏春秋/

  孟子/商君书/孝经/荀子/晏子春秋/仪禮/逸周书/中庸/周禮/庄子/纵横家书/

- 04西汉

  ¶[史书]史记/战国策/¶[诸子]法言/淮南子/贾谊新书/

- 05东汉

  ¶[佛经]佛经选/佛说般舟三昧经/佛说四十二章经/¶ [古诗]古诗十九首/孔雀

  东南/¶ [史论]风俗通义/论衡/太平经/新论/¶ [小说]献帝春秋/赵飞燕外传/

- 06六朝

  ¶[道论]抱朴子/¶ [佛经]北凉译经/北魏译经/东晋译经/鸠摩译经/刘宋译经/

  西晋译经/西秦译经/支谦译经/¶ [佛语錄]宝藏论/¶ [诗文]曹操诗/陶渊明集

  /¶ [史书]三国志/三国志裴注/¶ [小说]百喻经/九州春秋/穆天子传/山海经/

  世说新语/搜神后记/魏晋世语/西京杂记/¶ [议论]文列子/文心雕龙/

- 07隋

  信心铭/

- 08唐

  ¶ [佛经]禅源诠序/地藏本愿/佛说譬喻/华严经唐/楞伽师资/疗痔病经/入唐求法/首楞严经/心经法成/心经法月/心经共利/心经玄奘/心经智慧/原人论/¶ [佛语錄]黄檗山断际禅师传心法要/筠州洞山悟本禅师语錄/六祖坛经/马祖语錄/神会语錄/小止观/镇州临济慧照禅师语錄/¶ [史书]北齐书/¶ [唐诗]白居易诗/陈子昂诗/崔颢诗/杜甫诗/杜审言诗/寒山诗/李白诗/李贺诗/李商隐诗/拾得诗/唐诗三百首/王梵志诗/王维诗/薛涛诗/¶ [小说]大唐创业起居注/大唐新语/霍小玉传/明皇杂錄/南岳小錄/隋唐嘉话/唐国史补/五代新说/野朝金载/游仙窟/

- 09五代

  敦煌变文集新书/十六国春秋别本/祖堂集/

- 10北宋

  ¶ [佛语錄]禅林僧宝传/¶ [史书]旧五代史/新五代史/资治通鉴/¶ [宋词]李煜词/柳永词/欧阳修词/秦观词/苏轼词/晏几道词/晏殊词/¶ [宋诗]宋诗一百首/¶ [小说]大金吊伐錄/大宋宣和遗事/话本选集1/江南野史/靖康传信錄/靖康纪闻/辽志/梦溪笔谈/南北朝杂记/南迁錄/南征錄汇/三国杂事/宋朝事实/太平广记/五代春秋/五代史阙文/五国故事/西夏事略/湘山野錄/¶ [语錄]朱子语类/

- 11南宋

  ¶ [佛语錄]古尊宿语錄/无门关/五灯会元/¶ [诗词]李清照词/辛弃疾词/元好问词/朱敦儒词/朱淑真词/

- 12元

  ¶[口语]老乞大新释/老乞大谚解/¶ [戏剧]倩女离魂/西厢记杂剧/¶[小令散曲]元人小令/元散曲/¶ [小说]话本选集2/

- 13明

  [小说]包公案/初刻拍案惊奇(上)/初刻拍案惊奇(下)/大同纪事/东汉秘史/

二刻拍案惊奇(上)/二刻拍案惊奇(下)/封神演义(上)/封神演义(下)/封神演义(中)/皇明本纪/皇明纪略/皇明奇事述/皇明盛事述/皇明异典述/姜氏秘史/今古奇观(上)/今古奇观(下)/金瓶梅崇祯本/警世通言(上)/警世通言(下)/两晋秘史/清暑笔谈/三宝太监西洋记(二)/三宝太监西洋记(三)/三宝太监西洋记(四)/三宝太监西洋记(一)/三国演义(上)/三国演义(下)/三国演义(中)/蜀王本纪/水浒全传(上)/水浒全传(下)/水浒全传(中)/隋唐野史/万历野获编/五代秘史/西游记(上)/西游记(下)/西游记(中)/夏商野史/醒世恒言(上)/醒世恒言(下)/醒世姻缘传(上)/醒世姻缘传(下)/醒世姻缘传(中)/续英烈传/野记/英烈传/喻世明言(上)/喻世明言(下)/云中纪变/云中事记/周朝秘史/

- 14清

¶ [诗词]纳兰词/¶ [小说]八仙得道(上)/八仙得道(下)/狄公案/狄青演义/东度记(上)/东度记(下)/东南纪事/东周列国志(上)/东周列国志(下)/东周列国志(中)/儿女英雄传(上)/儿女英雄传(下)/二十年目睹之怪现状(上)/二十年目睹之怪现状(下)/二十年目睹之怪现状(中)/官场现形记(上)/官场现形记(下)/海公大红袍传/海公小红袍传/海国春秋(上)/海国春秋(下)/红楼梦(上)/红楼梦(下)/红楼梦(中)/呼家将/济公全传(二)/济公全传(三)/济公全传(四)/济公全传(一)/镜花缘(上)/镜花缘(下)/九尾龟(二)/九尾龟(三)/九尾龟(四)/九尾龟(一)/康熙侠义传(上)/康熙侠义传(下)/康雍乾间文字之狱/老残游记/老残游记续/聊斋志异(上)/聊斋志异(下)/绿野仙踪(上)/绿野仙踪(下)/绿野仙踪(中)/满清外史/木兰奇女传/南朝秘史/孽海花(上)/孽海花(下)/彭公案(二)/彭公案(三)/彭公案(四)/彭公案(一)/七剑十三侠(上)/七剑十三侠(下)/七侠五义(上)/七侠五义(下)/乾隆南巡记(上)/乾隆南巡记(下)/清代野记/清宫禁二年记/儒林外史(上)/儒林外史(下)/三侠剑(上)/三侠剑(下)/三侠剑(中)/施公案(二)/施公案(三)/施公案(四)/施公案(一)/说唐全传(上)/说唐全传(下)/说唐全传(中)/说岳全传(上)/说岳全传(下)/隋唐

演义(上)/隋唐演义(下)/太平天国战记/外交小史/文明小史/西夏书事/西巡回銮始末/熙朝新语/侠女奇缘(上)/侠女奇缘(下)/湘军志/小八义(上)/小八义(下)/小五义(上)/小五义(下)/小五义(中)/绣云阁(上)/绣云阁(下)/续济公传(上)/续济公传(下)/续济公传(中)/薛刚反唐/鸦片事略/杨家将/阅微草堂笔记(上)/阅微草堂笔记(下)/张文襄公事略/赵太祖三下南唐/

- 15民国

  ¶ [小说]大清三杰(上)/大清三杰(下)/大清三杰(中)/貂蝉艳史演义/古今情海/贵妃艳史演义/汉代宫廷艳史/洪宪宫闱艳史演义/后汉演义/两晋演义/留东外史/留东外史续集/满清兴亡史/民国演义/民国野史/明代宫闱史/明史演义/南北史演义/奴才小史/乾隆休妻/秦朝野史/秦汉演义/清朝秘史/清朝前纪/清朝三百年艳史演义/清代宫廷艳史/清史演义/上古秘史/十叶野闻/顺治出家/宋代宫闱史/宋代十八朝宫廷艳史/宋史演义/隋代宫闱史/唐史演义/同治嫖院/五代史演义/武宗逸史/西汉野史/西施艳史演义/西太后艳史演义/雍正剑侠图(上)/雍正剑侠图(下)/雍正剑侠图(中)/元代宫廷艳史/元代野史/元史演义/昭君艳史演义/

- [大藏經]第01~12卷/

- [全宋词]全宋词(第一册)~(第七册)/

- [全宋词]全宋词/

- [全唐诗]全唐诗1~5/

- [全元曲]散曲, 戏文, 杂剧/

- [诸子百家-兵家]——八阵总述/百战奇略/翠微先生北征錄/何博士备论/虎钤经/纪效新书/将苑/历代兵制/六韬/三略/三十六计/神机制敌太白阴经/守城錄/司马法/素书/唐太宗李卫公问对/卫公兵法辑本/尉缭子/握奇经/吴子兵法/曾胡治兵语錄/

- [诸子百家-道家]——测字秘牒/纯阳演正孚佑帝君既济真经/洞天福地记/关尹子/海内十洲三岛记/鹖冠子/黄帝阴符经/黄庭经/六十甲子本命元辰历/人伦大统赋/悟真篇/阴骘文/玉皇经/月波洞中记/云笈七签(第二部)/云笈七签(第三部)/云笈七签(第四部)/云笈七签(第一部)/
- [诸子百家-法家]邓析子/慎子/
- [诸子百家-蒙学]百家姓/鉴略妥注/了凡四训/列女传/千字文/三字经/声律启蒙/围炉夜话/小学诗/训蒙骈句/颜氏家训/幼学琼林/增广贤文/朱子家训/
- [诸子百家-儒家]传习録/春秋繁露/大学章句/大学章句集注/贾谊新书/孔子家语/刘向说苑/论语集注/孟子集注/盐铁论/中鉴/中庸集注/
- [诸子百家-十三经]尔雅/仪禮/周禮/
- [诸子百家-史类]大唐传载/归田録/国语/金楼子/陆贾新语/史通通释/一贯问答/
- [诸子百家-医家]百家针灸歌赋/黄帝八十一难经/黄帝内经灵枢/黄帝内经素问/神农本草经/

한국학 사전 편찬 방법론의 모색

한글 필사 고문헌에 나타난 어휘 고찰[*]

─ 『필사본 고어대사전』의 어휘를 중심으로 ─

박재연[**]

Ⅰ. 머리말

기존의 고어사전인 『교학 고어사전』, 『우리말 큰사전4(옛말과 이두)』, 『이조어사전』 3종의 인용 문헌 수를 살펴보면, 『교학 고어사전』이 326종, 『우리말 큰사전4(옛말과 이두)』는 207종, 『이조어사전』은 159종이며 인용된 문헌의 대부분이 15~17세기에 집중되어 있다. 기존 고어사전의 출판 시기는 『이조어사전』이 1964년, 『우리말 큰사전4(옛말과 이두)』가 1992년, 『교학 고어사전(개정·증보)』은 1997년에 간행되었고, 세기별 사전으로 『17세기 국어사전』이 1995

---

* 이 논문은 2011년 11월 11일 제52차 한국언어문학회 정기학술발표대회(한국 언어문학 새 자료의 발굴과 공유)에서 "한글필사문헌의 활용과 고어대사전 편찬"이라는 제목으로 발표한 내용을 바탕으로 수정하여 『한국언어문학』 제8집(2012년 9월)에 게재되었던 것임을 밝힌다.
** 선문대학교 중어중국학과 교수

년에 나왔다. 2001년에는 낙선재본 소설을 중심으로 편찬한 『고어사전』이 나왔고, 이 사전을 확대 개편한 것이 『필사본 고어대사전』[1]이다. 이 사전은 한글 필사 고문헌만을 대상으로 한 것으로 17~20세기 중반까지의 자료가 주류를 이루고 있어 근대국어 사전의 성격이 짙다.

『필사본 고어대사전』은 200여 종 2,000여 책, 한글간찰·한글고문서 1,000여 점의 문헌 자료에서 어휘를 채록한 사전이다. 특히 기존의 고어사전에서 거의 다루지 않았던 필사본 고소설류, 한글 고문서류, 중국어 회화서류 등 차별화된 문헌들이 기반을 이룬다. 또한, 문헌 자료의 특성상 부족하였던 근대국어의 다양한 정보를 보여주고 있다.

따라서 본고에서는 발굴 정리된 한글 필사 문헌들에서 나타난 어휘들이 『필사본 고어대사전』에 어떻게 반영되었는지 살펴보고자 한다. 그중에서도 지금까지의 고어사전에서는 잘 보이지 않았던 어휘, 표제어의 뜻풀이가 불분명하였던 어휘, 사용 시기의 하한선이 가늠되는 어휘, 시기별로 다양한 의미 변화가 확인되는 어휘 등으로 세분하여 논하고자 한다.[2]

---

1) 한국연구재단지원 중점연구소지원사업 '한중 어문학 자료 활용을 통한 사전편찬 연구'의 중간 결과로 2단계에 출간한 『필사본 고어대사전』(전7책)은 표제어 수가 7만여 개, 예문이 18만여 개, 5,700여 쪽(글자 크기 8 point, 4×6배판)이다.

2) 향후 2016년에 간행할 계획인 『고어대사전』은 기존의 필사자료는 물론 간본(목판본, 활자본) 자료를 모두 망라한 것으로서, 표제어 수 15만여 개, 예문 57만여 개를 수록한 10,000여 쪽(글자 크기 8 point, 4×6배판) 정도의 사전이 될 것이다.

II. 한글 필사 고문헌 속 어휘 양상

모든 언어 연구의 기본은 어휘에서 시작한다고 말할 수 있다. 특히 통시적으로 그 변화 양상이 무쌍한 한국어의 경우에는 시대를 아우르는 연구 작업이 필수적이다. 그동안 기존의 고어사전들은 해당 사전 자체가 가지고 있는 양적인 불충분함과 시간적인 단절로 인해 사전에 수록된 개개 어휘들이 변화해 온 모습을 온전히 관찰하기가 어려웠다. 한글 필사 고문헌의 활용을 통한 사전 편찬은 그 어휘를 양적·질적으로 확장할 수 있다. 실제로 아래와 같은 어휘들이 이들 필사 문헌에서 발굴되고 있다.

2.1. 희귀어

『고어대사전』에서는 기존 '고어사전'들에서는 상당히 빈약했던 근대국어 어휘와 용례들을 폭넓게 수록하게 될 것이다. 다른 시대에 비해 필사본 자료가 훨씬 더 풍부했던 근대국어 시기 자료들 중에는 한문의 원문을 언해한 번역소설들도 상당하다. 이러한 번역소설은 때로 그 분량이 방대하고 글씨체를 알아보기도 어려워 연구 자료로 삼기에는 어려움이 많았다. 그러나 번역소설은 당시 구어체를 확인할 수 있는 소중한 자료들로, 이들 자료에 나타난 어휘와 용례들에서는 지금까지 학계에 보고되지 않은 경우들을 발견할 수 있다.

예를 들면, "손실분"이라는 뜻의 '실오리/실올'이라는 단어는 각각 번역고소설 『슈스유문』(18c중엽)에서 처음 나타나는 것을 확인할 수 있다.[3] '실오리/실올'의 대역어 '折耗'는 『後漢書』·『東堂老』·

---

3) 박재연·김영·손지봉(2004), 『슈스유문隋史遺文』, 이회, 39쪽.
　박재연(2010), 「『필사본 고어대사전』 편찬에 대하여─번역고소설 활용을 중심

『聖武記』 등에 그 용례가 보인다.[4]

【실오리】 명 손실분.¶折耗∥쥬인 왈 여긔 쏘 실오리를 덜라 슉뵈 골오듸 쇠 우히 근은 혜디 말려니와 므슴 실올이 이시리오 (叔寶道："銅上金子也不算, 有甚麼折耗？" 主人道："這不過是金子的光兒, 那裏作得帳？")〈隋史遺文 2:21〉 ⇒ 실올

【실올】 명 손실분.¶折耗∥슉뵈 골오듸 쇠 우히 근은 혜디 말려니와 므슴 실올이 이시리오 (叔寶道："銅上金子也不算, 有甚麼折耗？"主人道："這不過是金子的光兒, 那裏作得帳？")〈隋史遺文 2:21〉 ⇒ 실오리

'어리쇠/어르쇠'라는 단어는 각각 번역고소설 『녹목단』(19c초)에서 처음 나타나는 것을 확인할 수 있다.[5] 이에 대응하는 근대중국어 "悶子火 /火悶子"는 중국의 기존 사전에도 등재되어 있지 않다.[6]

【어르 -쇠】 명 ((기물)) 성냥. 부싯돌. 불씨.¶悶子火∥문 안에 드러셔서 회즁으로 어르쇠를 늬여 둘너보니 다힝히 문 안 디판 우에 잇고 냥편은 겹벽이니 다른 죄슈는 다 겹벽 안에 잇고 임정천 혼 스람만 홀노 디판 상에 거흥되 (進得門來, 懷中取出悶子火一照, 幸喜就在門裏邊地板上睡着. 兩邊盡是暖間, 其餘的罪囚盡在暖間之裏, 獨任正千一人睡居于此.)〈綠牡 2:129〉 ⇒ 어리쇠

【어리 -쇠】 명 ((기물)) 성냥. 부싯돌. 불씨.¶火悶子∥다시 어리쇠를 비

으로」『한국사전학』16, 한국사전학회, 175쪽.

4) "前後所遣將帥, 宦官輒陷以折耗軍資, 往往抵罪."（後漢書 馮緄傳）"叔叔, 我買將那會小米兒來, 又不敢舂, 恐怕折耗了."（東堂老 3）"又贖苗質民田萬餘畝, 曰官贖田, 以補助折耗."（魏源 聖武記 7）

5) 박재연(1998), 『녹목단綠牧丹』, 선문대 중한번역문헌연구소, 73, 74, 12, 134쪽.

6) 위의 논문, 175쪽.

러 간부와 음부를 보라 ᄒ니 화뢰 회즁으로서 어리쇠를 ᄂᆡ여 비최이
거늘 임정쳔 왈 그릇되얏도다 간부 음부의 머리 아니로다 (再借火悶一
照, 看看這奸夫淫婦. 花老懷中取出了火悶一照, 任正千道聲 :"錯了! 這不
是奸夫淫婦之首.") 〈綠牡 2:136〉 ᄂᆞ진 후 ᄉ안이 밤옷을 밧고아 입고
응용ᄒᄂᆞᆫ 믈건을 가져 회즁에 갈무니 어리쇠와 단혼향 등 믈건이오
두 ᄌᆞ로 니도ᄂᆞᆫ 다리에 ᄭᅩᆺ고 (臨晚, 鮑自安將夜行衣服換上, 應用之物俱
揣入懷中,　亦不過火悶子幷鷄鳴奪魂香 `解藥等類,　兩口順刀挿入腿中.)
〈綠牡 3:174〉 ᄉ안이 노ᄭᅳᆫ 믠 상ᄌᆞ 안에 안져 ᄂᆡ려가 어리쇠로 빗초
여 보니 뎡북 벽 가에 일기 목통이 노엿거날 ᄉ싱아 담은 것임을 헤아
리고 들고 노상ᄌᆞ에 이르러 노를 흔드니 집 우헤 ᄉ름이 연망히 당기
여 올니거날 (鮑賜安坐在繩兜之中, 着人繫下, 將火悶一照, 見東北墻角倚
靠一個竹桶, 料必是私娃子; 用手拿過, 走至繩兜邊, 仍坐其中, 將繩一扯,
上邊人卽知事已做妥, 連忙几提提將上來.) 〈綠牡 3:182〉 ⇒ 어르쇠

그런데 이 '어리쇠 /어르쇠'가 바로 성냥임을 알 수 있는 용례가 있
다. 같은 문헌에 '火悶子'를 '셩냥'이라 번역한 것이다.7)

【셩냥】 명 ((기물)) 성냥. 석류황(石硫黃). 마찰에 의하여 불을 일으키
는 물건. 작은 나뭇개비의 한쪽 끝에 황 따위의 연소성 물질을 입혀 만
듦.¶ 火悶子‖게교를 뎡ᄒᄆᆡ 셩냥을 ᄂᆡ여 향에 당길식 불이 크면 ᄉ
름이 말가 져허ᄒ며 불 당긴 향으로 다른 향에 당기여 입으로 나즉나
즉 부니 (算計已定, 取出火悶子來, 暗暗點着香頭. 又恐火悶子火大被人看
見, 想又收起, 用那點着之香暗來, 那未着者用口底上吹去.) 〈綠牡 3:185〉
☞ 어르쇠, 어리쇠

---

7) 위의 논문, 175쪽.

또 다른 희귀어의 예로는 '문'을 들 수 있다. '문'은 조선후기 한어 회화서인 阿川文庫 『中華正音』(20c초),[8] 濯足文庫 『騎着一匹』(20c초),[9] 『學淸』(20c초)에서[10] "번"의 의미로 쓰였다. 아래의 예문에서 보듯 '지난번'을 '웃문'으로, '다음번'을 '아르문' 또는 '아릇문'으로 표기한 것이다.

【문】명의 번(番). 일의 차례를 나타내는 말.¶塘‖닉 너를 한 장 단즈를 써 쥬마 이디암 문 네의 은즈를 갑푸미 올으야 아니 오른야 (我給你寫一个回單子, 赶下塘還你銀子, 是得是不得?) 〈學淸 7a〉 ▼輷‖ 말을 들으니 일년에 일쳔 오빅 짝은 뎡한 뉴례라난듸 써덧 한 문이여던 쏘젹게 오미 이슬야 (聽說一年一千五百包是一定的留例, 一輷否咧也有小來的麼?) 〈中華 阿川 13a〉 ▼季子‖방에 일 볼 사람이 업기로 밍양 한 문에 한나 쟈근 동무를 보닉노라 (舖子裡沒有人管照, 每一季子打派一个小夥計去咧.) 〈中華 阿川 13b〉 다시 한두 문을 기듸려서 만일 제가 오디 안으면 닉 너를 죠고만 쥬의를 지여줄 거시니 가이은 근본 억지로 제게 팔앗더니 제가 네게 간구하야 가져가기시냐 (再等一兩季子, 若是他的不來咧, 我給你作一点主意來, 狗是底根悖道賣給他的麼, 他一个懇求你拿去的麼?) 〈中華 阿川 9b〉

【웃-문】명 지난번. 지나간 차례나 때.¶上輷‖웃문에 닉 부탁한 물건을 가져왓너냐 (上輷我托的東西拿來咧麼?) 〈中華 阿川 1a〉 웃문에 제가 네 말을 니르고 셔른 아들 뚀 자리 싀냥가이를 가져가며 말하기를 이 문에 네가 와 문다 하더라 (上輷他的提你的話, 三十八吊錢的戲狗拿

---

8) 朴在淵·竹越孝 編編(2010), 『中華正音(阿川文庫)』, 선문대 중한번역문헌연구소, 1-104쪽. ‖ 박재연(2009), 「조선후기 필사본 漢語會話書 阿川文庫 『中華正音』에 대하여」, 『중국어문학지』 31, 중국어문학회.
9) 朴在淵 編譯(2010), 『騎着一匹(濯足文庫)』, 선문대 중한번역문헌연구소, 1-59쪽.
10) 朴在淵·周發祥(2002), 『你呢貴姓·學淸』, 선문대 중한번역문헌연구소, 1-212쪽.

去說是, 這次你來開付啊.)〈中華 阿川 8b〉 수여던 웃 문보담 좀 적으니
라 (數兒否咧, 比上輞小一点子.)〈中華 阿川 33b〉▼上塘∥웃문의 ᄉ간
것 즙물건은 도무지 심양으로 실닌 것시 상긔 거긔셔 덤엿난듸 (上塘
販去的雜貨是, 都發得瀋陽, 咳在那裡堆着.)〈騎着匹 上8b〉 져의가 남의
게 갑플 여수 은이 가쟝 쳔여 량은 되는듸 웃문의 사간 잡물건은 다 심
양으로 실녀셔 도로 거긔 덤여두고 (他們貴人家的票銀子, 好千數兒來的
銀子. 上塘販去的雜貨是, 都發得瀋陽, 還在那裡堆着.)〈中華 濯足 16ㅁ〉
☞ 아르문, 아룻문

【아르 -문】 몡 다음번.¶ 下輞∥왕형아 네 그 감투 은은 아르문에 밋쳐
늬가 올디 안이 올디 뎡티 못하가시니 만일 오디 안올 ᄢ여 동부동 동
무는 올 터이니 (王大哥, 你那个帽銀子是, 赶下輞却不定我來不來, 若不
來的時候乙, 小不得夥計來.)〈中華 阿川 4b〉⇒ 아룻문, 아룻번, 아룻변
⇔ 웃문

【아룻 -문】 몡 ❶ 다음번.¶ 下次∥그러면 아룻문에 담빅를 반하여 오
면 반드시 니를 보갓다 (那麼赶下次販烟草來的必見光啊!)〈中華 阿川
3b〉 네 억지로 하여셔은 아룻문의 뉘 즐계 널과 맛잡갓너니 우리드류
하던지 마던지 (你要罷道作咧, 赶下次誰肯惹你嗎, 咱們長作不作罷.)〈你
呢貴姓 19b〉 엇젼 말인고 하니 다못 아룻문의 나을 물니칠가 하여 인
역이 노실한 쳐하야 더옥 노형을 속이가시니 말이 이스되 입의로 하여
늬지 못하갓다 (怎嗎說呢? 只怕下次躱着我. 各人粧老實些罷, 越發欺付老
哥ᄼ. 有話說不出口來!)〈騎着匹 下36a〉▼下輞∥네 나를 열 싹 감투를
맛티면 아룻문예 네 인을 갑넌 거시 올으니 안이 올으니 (你的賒我十包
帽子咧, 赶下[輞]還你銀子是得是不得?)〈中華 阿川 2a〉 이 묘리를 네 사
로 아디 못한다 비겨 말하랑이면 이번에 몟 싹이 들 오면 아룻 문에 몟
싹을 더 가져오나니 (這个妙理你咳不懂得. 比方說是, 這次小來幾包, 下輞
多帶幾包來呢.)〈中華 阿川 13a〉 ❷ 다음철.¶ 下季子∥늬 도라가셔는

다른 곳으로 물건 반하러 가ᄒᆞ시니 아릇문에 밋츨디 못 밋츨디 뎡티 못하갓다 (我的赶回去咧, 你別處販貨去, 赶下季子未定赶上赶不上.) 〈中華 阿川 4b〉 ⇒ 아르문 ☞ 아릇번, 아릇변 ⇔ 웃문

'문'이 한어 회화서에 집중적으로 나타나는 것으로 미루어 '번'의 서북방언이 아닐까 추측되나, 실제로 서북방언의 영향을 가장 많이 받은 것으로 알려진 六堂文庫『騎着匹』(20c初)에서는 '아릇번' 또는 '아릇변'으로 나타나며 '문'은 쓰이지 않았다.[11]

【아릇-번】 명 다음 번.¶ 下次 ‖ 이런 후의 ᄂᆡ가 무어슬 속이지 아지 못하리라 네싼은 나을 속이지 못하고 ᄂᆡ싼은 너의을 무슴 심도 허비치 안커 속이리라 이것슨 노실한 말리로다 아릇번의 너의을 달니 속이리라 (你却是揹坑不着我, 我却是揹坑着你們不費甚嗎力. 這个老実的話, 赶下次欺哄你們別的咧.) 〈騎着匹 下40a〉 일노부터 써 후의 우리 져의을 덜 맛잡쟈 노적아 너 헛 시염하엿다 아릇번의 너을 도라보고 ᄉᆞ람이 업스면 올타 우리 아직 긔롱읫말 멋초고 노적을 ᄃᆡ하여 반일이나 말하여도 종시 노여장만 말하지 못한다 고만두고 고만두어라 (起這以後, 咱們小惹他罷. 老賊你呢白試ᄒᆞ, 赶下次沒有人照顧你就是咧. 咱們先止住頑笑話罷. 對着老賊說个一半天的話, 終是說不過老業章. 拉倒拉倒罷.) 〈騎着匹 下41a〉 ⇒ 아릇변 ☞ 아르문, 아릇문 ⇔ 웃문

【아릇-변】 명 다음 번.¶ 下次 ‖ 긔라도 이 졈이 긔닷 니악치 안타 여들 돈 멋 닙을 잇것 얼마 의사기여 이 젹은 의ᄉᆞ을 위하여 너의을 낫츨 주지 아니면 아릇변의 나을 좃타 하라 (恒竪這店不大狠利咧, 八百幾十錢多大意思. 爲這个小意思, 你們不給臉下次不離我啊.) 〈騎着匹 下57b〉

11) 박재연·김영(2011), 『騎着匹(六堂文庫)·中華正音(華峰文庫)』, 學古房, 108, 109, 123쪽.

⇒ 아릇번 ☞ 아르문, 아릇문 ⇔ 웃문

　다음 예문은 '봄문', '츈문'의 형태로 쓰였는데, 모두 '春季子'의 대역
어로 쓰였다. '次'가 일의 횟수를 나타낸다면, '塘 / 餹'은 갔다 돌아오
는 왕복의 횟수를 나타낸다. 반면 '季子'는 한해를 봄, 여름, 가을, 겨
울의 네 시기로 나눈 가운데 한 시기로, '철' 또는 '계절'에 가깝다.

【봄 -문】 명 봄철.¶ 春季子 ‖ 먼져번 봄문에 닉 오습여 량 은을 바다두
　　더니 어디 둔디 아디 못하가시니 너과 깅가락하미 업더냐 (昨个春季子
　　受下我的五十多兩銀子, 却不知擱得那裡呢, 勾你言語些咧沒有啊?) 〈中華
　　阿川 4a〉 ☞ 츈문
【츈 -문】 명 봄철.¶ 春季子 ‖ 닉년 츈문에 다시 와 노쟈 (過年春季子再來
　　打惱罷.) 〈中華 阿川 20a〉 ☞ 봄문

　현대국어에서 '한탕'은 '한바탕'이라는 뜻으로, '한 번의 일거리'를
속되게 이르는 말로 쓰이고 있다. 원래는 '무엇을 실어 나를 때 한 번
나르는 것'을 가리키는 말이었다. 그런데 '한탕'에 대응되는 근대중국
어 '一餹 yītàng'에서 보듯 우리말 '탕'은 중국음 'táng'과 발음이 같
아서 중국어 양사에서 온 차용어일 가능성이 있다. 왜냐하면 '餹'과
'塘'은 통용자인데 '餹', '塘' 모두 『集韻』에 '徒郎切'로 나와 있어 우리
한자음은 '당'이다. 현대중국어에서는 위 두 글자는 중국어 양사(量
詞, 단위명사)로는 더 이상 쓰이지 않으며 현재는 모두 '趟 tàng' 자
로 통일되어 쓰인다. 참고로 '趟'자는 『廣韻』에는 '豬孟切[쟁zhēng]',
『集韻』에는 '除庚切[정chéng]'로 나와 있으며, 'tàng'이라는 중국음은
근대에 이르러 양사로 쓰일 때의 발음이다.

【탕】² 명의 당(趟). 왕복 한 차례. 무엇을 실어 나르거나 일정한 곳까지 다녀오는 횟수를 세는 단위. (중국어 직접 차용어).¶ 趟‖ 잇ᄯᅮ나 황노듸야 네 한 탕을 신고하엿구나 어니 ᄢᅦ여 셩에 낫기 달기 울가야 니르러 왓너냐 (噯呀, 黃老大, 你的辛苦一趟咧. 幾時出城的鷄叫纔到來咧?) 〈中華 阿川 26a〉 ☞ 문, 번

그런가 하면 『朴通事新釋諺解』(1765)에서 '운'은 '몫'의 뜻으로 쓰였으나, 서울대본 『튱의슈호뎐』(18c말)이나[12] 영남대본 『튱의슈호뎐』(18c말),[13] 이화여대 소장 『슈허지』(20c초),[14] 『수호지어록해』(20c초)에서는 '떼, 무리'의 뜻으로 쓰였음이 확인된다. 특이하게도 이 어휘는 아래에서 보듯 '수호지' 번역본에서만 나타난다.

【운】¹ 명 ❶ 몫.¶停‖秋收홀 ᄲᅢ에 다ᄃᆞ라 제 시믄 벼와 슈슈와 기장과 보리와 밀과 모밀과 콩과 풋과 菉豆와 광쟝이 거믄 콩 춤ᄢᅢ와 듧ᄢᅢ 여러 가지 곡식을 삐를 더론 밧씌 세 운에서 맛당이 主人을 두 운을 ᄂᆞᆫ화 주어야 올커ᄂᆞᆯ 뎨 다만 ᄒᆞᆫ 운을다가 主人을 주고 그 남아 폴 것 폴고 (到了秋收的時候, 他種的稻子、膏粱、黍子、大麥、小麥、蕎麥、黃豆、小豆、菉豆、豌豆、黑豆、芝麻、蘇子, 諸般粮食, 除了種子之外, 三停裡該分與主人二停纔是, 他只交一停與主人, 其餘賣的賣了.) 〈朴新 3:38b〉 ❷ 떼. 무리.¶ ᄒᆞᆫ 운 (一夥) 〈水滸 愚山 2b〉 ▼夥‖ 도적에 운의 드다 (落草) 〈語覽 水滸 24a〉 도적의 운의 드다 (落草) 〈水滸 2:10〉 운에 드다 (落草) 〈水滸 延世 41b〉 냥산박 이 운을 됴뎡이 여러 번 잡으려 ᄒᆞ듸

---

12) 유춘동·박재연(2007), 『튱의슈호뎐忠義水滸傳(서울대본)』, 선문대 중한번역문헌연구소, 48, 68쪽.

13) 유춘동·박재연(2008), 『튱의슈호뎐忠義水滸傳(영남대본)』, 선문대 중한번역문헌연구소, 7, 24쪽.

14) 이윤석·박재연·유춘동(2007), 『슈허지水滸誌』, 학고방, 64쪽.

잡디 못ᄒ거든 우리 ᄒ 고을 힘을 엇디ᄒ리잇가 (梁山泊這一夥, 朝廷幾次尚且收捕他不得, 何況我這裏孤城小處?) 〈忠義水滸 서울대 22: 17b〉 송강의 운이 다 인의ᄅ 젼쥬ᄒ야 가난ᄒ 사름을 구졔ᄒ야 늙은 사름을 업슈이 넉이ᄂ니 만일 뎌ᄅ 어더 오면 여긔 빅셩이 탐남ᄒ 관원의게 보채이디 아니ᄒᆯ다 사라나리로다 (宋江這夥端的仁義, 只是救貧濟老, 那裏似我這裏草賊. 若待他來這裏, 百姓都快活, 不喫這夥濫污官吏蒿惱.) 〈忠義水滸 서울대 22:40b〉 셔쥐 패현 짜 망당산의 새 도적 ᄒ 운이 인 마ᄅ 모화 이시니 웃듬 션ᄉ힝의 셩은 번이오 일홈은 셰오 별호ᄂ 혼세마왕이라 ᄒ고 (徐州、沛縣芒碭山中, 新有一夥强人, 聚集着三千人馬. 爲頭一個先生, 姓樊, 名瑞, 綽號混世魔王.) 〈忠義水滸 영남대 21:8a -59〉 요ᄉ이 송강의 강도 운이 게셔 도적질 ᄒᄃ 구의셔도 잡디 못ᄒᄂ니 (近年泊內是宋江一夥强人在那裏打家劫舍, 官兵捕盜近他不得.) 〈忠義水滸 영남대 21:29a -61〉 냥산박 도적의 운이 다 관겨티 아니ᄒ니 내 혼자 가도 저히ᄅ 잡아올 거시니 (梁山泊那夥的男女打甚麼緊, 我觀他如同草芥, 兀自要去特地捉他.) 〈忠義水滸 영남대 21:29a -61〉 냥임다려 보의 ᄲᆫ 은 녈 냥을 니여 셕슈ᄅ 쥬어 미쳔 ᄒ라 ᄒ니 셕쉬 여러 번 ᄉ양ᄒ다가 밧고 피ᄎ 마음의 말ᄒ며 운의 들 닐을 의논ᄒ더니 (叫楊林身邊包袱內取一錠十兩銀子送與石秀做本錢. 石秀不敢受, 再三謙讓, 方纔收了, …說些心腹之話, 投托入夥.) 〈水滸 이대 40:2a〉

‘믜몰ᄒ-/믜믈ᄒ-/믜믈ᄒ-’는 번역고소설 이대 소장본 『슈허지』,[15] 낙선재본 『삼국지통쇽연의』(18c중엽),[16] 『형셰언』(18c중엽)에서[17] 각각 ‘貌拙 /猥瑣’의 대역어로 쓰였다. 『님화뎡연긔봉』(19c초)과[18]

---

15) 위의 책, 111쪽.
16) 박재연(1998), 『삼국지통쇽연의三國志通俗演義2』, 학고방, 503쪽.
17) 박재연(1995), 『형셰언型世言』, 학고방, 46, 85쪽.

『옥기린』(18c중엽),[19] 『엄씨효문츙의록』, 『삼강명힝녹』에 "못생기다, 오종종하다, 형편없다"의 의미로 사용된 단어인데 다음과 같은 용례에서 그 의미와 용법을 확인할 수 있다.[20]

【미몰-ᄒ-】² 형 못생기다. 오종종하다. 형편없다.¶ 貌拙 ‖ 숑강은 형체 검고 져거 풍신이 미몰ᄒ딕 원의ᄂ 신치 비범ᄒ니 귀인의 상뫼 이시니 (宋江身材黑矮, 貌拙才疎 ; 員外堂堂一表, 凜凜一軀, 有貴人之相.) 〈水滸 이대 56:22b〉 형이 스스로 용녈ᄒ여 장부의 체를 일흐미여늘 엇지 우리 져져를 나모라며 스스로 풍치 미몰ᄒ여 희쳡이 ᄯ로리 업슨 줄 모로고 도로혀 이런 졈즉ᄒ 말을 들츄ᄂ뇨 〈엄효 9:57〉 연이나 님낭의 거동이 미몰ᄒ 지 아니라 안치 호방ᄒ니 쳐쳡이 만흘 긔상이오 녀식을 디닉볼 지 아니라 〈님화 16:28〉 ⇒ 미물ᄒ-, 미믈ᄒ-

【미물-ᄒ-】 형 못생기다. 오종종하다. 형편없다.¶ 킈 젹고 몸이 ᄀ늘고 눈망울이 동글고 양지 붉고 쌤이 ᄇ라디고 특이 쌘고 얼골이 졀너 풍치 미물ᄒ딕 졍신이 돌올ᄒ고 영매 짝이 업더라 〈삼명 4:39〉 ⇒ 미몰ᄒ-, 미믈ᄒ-

【미믈-ᄒ-】² 형 못생기다. 오종종하다. 형편없다.¶ 猥瑣 ‖ 죄 몬져 댱숑의 인믈을 보니 풍치 ᄀ장 미믈ᄒ더라 오분이나 깃거 아니ᄒ더니 (操先見張松人物猥瑣, 五分不喜.) 〈三國 19:79〉 나로시 노르고 몸이 젹으며 소릭 ᄀ늘고 풍치 미믈ᄒ더니 (他生得禿頸、黃鬚、聲啞、身小, 做人極好.) 〈型世 4:51〉 다만 뎡가의 집이 가난ᄒ야 쥬식도 쟝만ᄒ 거시 업스니 ᄀ장 미믈ᄒ더라 (但只是鄭家也只是箇窮人家, 將餅卷肉, 也

---

18) 중한번역문헌연구소(2004), 『님화뎡연긔봉林花鄭延奇逢』6, 학고방, 274쪽.
19) 박재연·양승민(2004), 『옥기린玉麒麟』, 다운샘, 181쪽.
20) 박재연(2010), 「『필사본 고어대사전』 편찬에 대하여─번역고소설 활용을 중심으로」 『한국사전학』 16, 한국사전학회, 177~178쪽.

不曾賠得.)〈型世 3:28〉 뎌의 나히 만코 얼골이 미믈ᄒᆞ며 ᄯᅩ 술을 즐겨 샹시 ᄆᆞ양 취코 ᄃᆞ니믈 보고 (只是年紀大了婦人十多歲, 三十餘了, "酒"字緊了些, "酒"字下便懈了些.)〈型世 4:52〉 우형 등은 ᄌᆡ죄 소로ᄒᆞ고 풍치 미믈ᄒᆞ니 규듕옥화ᄂᆞᆫ 브라디 못ᄒᆞ나 쟝듸뉴화ᄂᆞᆫ ᄯᅳ르리 업더니 샤뎨의 복은 측냥티 못ᄒᆞ리로다〈옥긔린 4:24〉 댱부의 풍치 미믈ᄒᆞᆯ 배 아니로ᄃᆡ 셕ᄉᆞ를 싱각ᄒᆞ니 참괴ᄒᆞ야 이녀를 멀리 거절ᄒᆞ엿더니 다시 싱각ᄒᆞ니 너모 미믈ᄒᆞᆫ디라〈뉴삼 박순호 1:21〉⇒ 미몰ᄒᆞ-, 미믈ᄒᆞ-

'배밧- /배싸- /배뼈-'는 '打破'의 대역어로 "훼방놓다, 깨다"의 의미로 사용된 단어인데 연세대 소장 번역고소설 『옥지긔』(18c중엽)와[21] 『서유긔』(18c초),[22] 낙선재본 『형셰언』[23] 등과 고소설 『옥호빙심』(19c초)에 나오는 용례에서 그 의미와 용법을 확인할 수 있다.

【배 -밧-】 ⑧ 망치다. 방해하다. 훼방놓다.¶ 打破‖ 뎌의 흑관을 앗고져 ᄒᆞᆯ딘대 몬져 이 혼인을 배밧ᄂᆞᆫ 후의야 가히 일을 일우리니 므슴 계교로 희지으리오 (他處館旣爲選婚, 若要奪他之館, 除非先打破他的婚姻.)〈玉支 1:44〉 내 이 촌듕의 가음 열기 읏듬이오 ᄯᅩᄒᆞᆫ 어룬 사름이어늘 이제 요가의 형뎨 날을 업슈이 너겨 슈욕ᄒᆞᆷ을 이러ᄐᆞ시 ᄒᆞ고 ᄯᅩ 나의 친ᄉᆞ를 배밧니 엇디ᄒᆞ여야 이 분을 플리오 (我在這裏, 是村中皇帝, 連被他兩番凌辱, 也做人不成, 定要狠擺布他纔好!)〈型世 3:49〉⇒ 배싸-, 베뼈-

【배 -싸-】 ⑧ 망치다. 방해하다. 훼방놓다.¶ 이거시 뇌음신 거슬 못쁠

---

21) 김장환·박재연(2003),『옥지긔玉支璣』, 이회, 13쪽.
22) 김장환·박재연·김영(2009),『서유긔』, 학고방, 345쪽.
23) 박재연(1995),『형셰언型世言』, 학고방, 53쪽.

호손이 날을 소겨 발원을 배싸려 ᄒᆞ닷다 (潑猢猻! 害殺我也! 現是雷音寺, 還哄我哩!) 〈西遊 延世 9:76〉 ⇒ 배삣-, 베뻐-

【베-뻐-】 동 망치다. 방해하다. 훼방놓다.¶ 이 비록 도로의 긔롱과 친척의 우슴이라도 도라보디 못ᄒᆞᆯ 배 잇고 ᄯᅩᄒᆞᆫ 혜디 못ᄒᆞ려니와 일이 진실노 가히 아디 못ᄒᆞᆯ 배 이시니 이제 공지 ᄆᆞᄋᆞᆷ을 슈골니 ᄒᆞ고 ᄯᅳᆺ을 ᄂᆞᆺ초와 못쁠 방의를 베뻐고 뎌의게 구ᄒᆞ며 블의 ᄯᅩᄒᆞᆫ 혀를 달히고 입을 ᄒᆞ여ᄇᆞ려 힘ᄭᅵ지 방의를 다래여 방의 혼연히 허락ᄒᆞ매 일이 만의 ᄒᆞ나토 의심되미 업슬 디라 〈옥호 1:56〉 ⇒ 배삣-, 배싸-

이 어휘는 중세국어의 '배-'와 관련이 있다.

【배-】' 동 ❶ 뒤집다.¶ 覆 ‖ 두 버디 빅 배야마ᄅᆞᆫ ᄇᆞᄅᆞ미 하ᄂᆞᆯ 계우니 (兩朋舟覆, 風靡勝天.) 〈龍歌 9:43〉 밧 벽장윗 것도 다 안희 드러 다락의 ᄌᆞᄆᆞ고 벼로란 둘만 배여 ᄣᅡ셔 어듸 무티고 〈柳時定諺簡36 요ᄉᆞ이 긔운이나〉 ❷ 망치다. 없애다.¶ 褫 ‖ 陰을 헐며 魔를 배야 (破陰褫魔) 〈楞嚴 10:92〉 ▼喪 ‖ 涅槃은 …배야 업슨 號ㅣ 아니라 (涅槃…非喪亡之號也.) 〈法華 1:109〉 ▼亡 ‖ 萬一에 :ᄒᆡ여·곰 나·라히 :배디 아·니터·든 : 엇뎨 ·큰 唐·이 :두미 ᄃᆞ외·리오 (向使國不亡, 焉爲巨唐有.) 〈杜初 6:2b〉 크면 지블 ᄒᆞ야 ᄇᆞ리고 져그면 모ᄆᆞᆯ 배리니 (大則破家, 小則亡己.) 〈內訓 初2 上15〉 ▼隙 ‖ 어딘 사ᄅᆞᆷ을 믜오ᄃᆡ 원슈ᄀᆞ티 ᄒᆞ고 죄를 지수ᄃᆡ 음식ᄀᆞ티 ᄒᆞ야 져그면 모ᄆᆞᆯ 배아 목수믈 망멸ᄒᆞ고 크면 宗族을 업더리뎌 조샹 니수믈 긋게 ᄒᆞᄂᆞ니 (疾良善如讐隙, 犯刑憲如飮食, 小則隕身滅性, 大則覆宗絶嗣.) 〈飜小 6:30b〉 ▼滅 ‖ 耿弇 賈復·이 王室·을 扶持ᄒᆞ·고 蕭何 曹參·이 :님·긊 돗·글 拱向·ᄒᆞ놋·다 威嚴:을 자·바셔 蜂蠆·를 :배오 ·힘·뻐 鷹鸇·을 본받·놋다 (耿賈扶王室, 蕭曹拱御筵, 秉威滅蜂蠆, 戮力效鷹鸇.) 〈杜初 20:4b〉 勇猛ᄒᆞᆫ 士卒·은 :되 배·요ᄆᆞᆯ ᄉᆞ랑ᄒᆞ·고 將帥·ᄂᆞᆫ

三台ㅅ 벼·슬 ·호믈 ·브라더·라 (猛士思滅胡, 將師望三台.) 〈杜初 21:36b〉
·ㅎ 믈·며 :되 :배디 아·니·ㅎ야시·니 控帶·ㅎ야·쇼미 ·아ᅀᆞ라·히 :머도·다
(況乃胡未滅, 控帶莽悠悠.) 〈杜初 22:37b〉 ᄠᅳ·데 犬戎·이 배·요믈 기·들
워 :사ᄅᆞ·미 서근 조·ᄒᆞᆯ 갈마 ᄀᆞᄃᆞ기 두·게 코져 ㅎ·더니·라 (意待犬戎
滅, 人藏紅腐盈.) 〈杜初 24:22a〉 내 네 나라ᄒᆞᆯ 배요리라 〈月釋 7:46〉 涅
槃은 …배야 업슨 號ㅣ 아니라 (涅槃…非喪亡之號也.) 〈法華 1:109〉 나
라히 배야 업고 〈南明 下57〉 그 죵이 우연ᄒᆞᆫ 죵인가 그옷 주그면 우리
이리 배ᄂᆞᆫ 쟈기니 요ᄉᆞ이ᄂᆞᆫ 글로 더 분별ᄒᆞ뇌 〈순천김씨51 근사니〉
엇디ᄒᆞᆫ 時運이 일락 배락 ㅎ얏ᄂᆞᆫ고 〈송강-이 16, 성산별곡〉 ☞ 배디-,
배아-, 석배-, 섯배-, 죽배-

【배아-】 동 없애다. 망치다. 탕진하다.¶破∥器物을 석고 히여딘 거슬
가지며 닐오ᄃᆡ 내 아래브터 쓰며 먹던 거시라 내 몸과 입에 편안ㅎ예
라 ㅎ더라 그 후에 아ᅀᆞ ᄒᆞ미 동ᄉᆡᆼ의 ᄌᆞ식들히 ᄌᆞ조 세간을 배아ᄂᆞᆯ
믄득 다시 주어 거느리치더라 (器物取其朽敗者曰 : 我素所服食. 身口所
安也. 弟子數破其産, 輒復賑給.) 〈飜小 9:22b〉 器物을 그 석고 히여딘
거슬 가지며 골오ᄃᆡ 내 본ᄃᆡ 쓰며 먹던 배라 몸과 입에 편안히 너기
ᄂᆞ 배라 ㅎ더니 아ᅌᆞ와 동ᄉᆡᆼ의 ᄌᆞ식들히 ᄌᆞ조 그 세간을 배아거ᄂᆞᆯ
믄득 ᄯᅩ 주어 쥬죡게 ㅎ더라 (器物取其朽敗者曰 : 我素所服食. 身口所
安也. 弟子數破其産, 輒復賑給.) 〈小學 6:20a〉

【석 -배-】 동 썩고 망하다.¶衰朽∥對揚·ㅎ야 特別·히 通達·호믈 期望·ㅎ
노·니 늘·거 석:밴 게 다시 옷곳·ㅎ·리로·다 (對揚期特達, 衰朽再芳菲[言盧
侍御ㅣ 對揚於天子而特達於世, 則甫之衰老ㅣ 亦有光矣라].) 〈杜初 24:50〉

【섯 -배-】 동 섞여 망하다.¶交喪∥法이 滅호려 홀 쪈 世와 道왜 섯배며 邪
와 暴왜 섯니러 (法欲滅時, 世道交喪, 邪暴交作.) 〈法華 5:43〉

【죽 -배-】 동 죽어 망하다.¶喪亡∥魯·와 衛·왜 더·욱 尊重·ㅎ시·니 徐·와 陳·
괘 :져기 죽:배도·다 (魯衛彌尊重, 徐陳略喪亡.) 〈杜初 8:14a〉

위에서 보듯 중세 국어의 '배-'는 '뒤집다', '망치다', '없애다'의 뜻으로, '覆 /襆 /喪 /亡 /隕 /滅' 등의 대역어로 쓰였다. 중세 국어에서 '석배-(衰朽)', '섯배-(交喪)', '죽배-(喪亡)' 등의 합성동사가 되었던 것처럼 근대 중국어에서는 '망치다'의 뜻을 나타내는 '배-'와 '에워싸다(圍)'의 뜻을 가지는 '뽓-/싸-/뼈-'가 합성된 것으로 추정된다.

중국어 한어 회화서인 六堂文庫 『騎着匹』(20c초)에는 희귀어들이 많이 출현한다. 학회에서 발표한 것 중 일부만 소개하면 아래와 같다.[24]

'깅가락하-'는 "말하다"라는 뜻으로, '言語'의 대역어로 쓰였다. 조선시대 필사본 한어 회화서의 하나인 阿川文庫 『中華正音』(20c초)과[25] 육당문고 『騎着匹』에 똑같은 예가 보인다.[26]

【깅가락 -하-】 동 말하다.¶ 言語 ‖ 먼져번 봄 문에 닉 오습여 량 은을 바다두더니 어디 둔디 아디 못하가시니 너과 깅가락하미 업더냐 (昨个春季子受下我的五十多兩銀子，　却不知擱得那裡呢，　勾你言語些咧沒有啊?) 〈中華 阿川 4a〉 다시 한가지은 나무 덜기을 도모하여 조용이 져의을 깅가락하여 불ㅅ르지 안커 하미요 쳑 불ㅅ르지 아니한면 솟 안의 닥이 져졀노 무류닉여니라 (再着一層是圖省柴火, 瞧[悄]沒聲兒的合他們言語些, 不敎燒火呢, 一不燒火咧, 鍋裡的鷄自己个兒熟爛嗎?) 〈騎着匹 下 32b〉

---

24) 박재연(2012), 「조선 후기 필사본 漢語會話書 六堂文庫 『騎着匹』에 보이는 稀貴語와 借用語에 대하여」, 『역학과 역학서』 제3호, 역학서학회, 75쪽.
25) 朴在淵・竹越孝 編譯(2010), 『中華正音』, 선문대 중한번역문헌연구소, 7쪽.
26) 박재연・김영(2011), 『騎着匹(六堂文庫)・中華正音(華峰文庫)』, 학고방, 101쪽.

‘돈길가-’는 “값나가다, 끌리다”의 뜻으로 ‘値錢’의 대역어로 쓰였다. 濯足文庫『騎着一匹』(20c초)과27) 六堂文庫『騎着匹』에도 한 예가 보인다. 다른 한어 회화서에서는 ‘갑쓰-’로 번역되었다.

【돈길 -가-】 툉 값나가다. 끌리다.¶ 値錢 ‖ 이편이 여러 가지 돈길가는 물건이 잇스나 그는 직은을 변통치 못허 혈슈가 업서 그저 마음이 죠급허여서 전여 아무 일을 간섭 아니허고 (各人有些箇値錢的東西, 却是變不過現銀子來, 左右正沒有變法, 只是心裡糟起帽.) 〈中華 濯足 18a〉 인역이 여러 가지 돈길가넌 물건이 이스나 쏘한 직은을 변통하여 닉지 못하고 자우로 변통할 수 업스니 다못 마음의 조민하여 (各人有些个値錢的東西, 却是變不過現銀子來. 左右正沒有變法, 只是心裡嘈起査.) 〈騎着匹 上9b〉 우리 이 넉 냥 큰 차 한 냥 적근 챠 안의 도시 돈길가넌 보물이 잇스니 사람 시계 명빅키 살펴보와라 (我們這四輛大車、一輛小車, 裡頭都有値錢的貨物, 敎人明白查看.) 〈騎着匹 下7ab〉

‘즘음ㅎ-’는 ‘不記聲兒’의 대역어로 쓰였다. 같은 문헌에 ‘不記聲兒’을 ‘잠잠하-’ 또는 ‘아지 안니하-’로 번역한 예가 있어 “잠자코 있다”, “모르는 체하다”의 뜻 정도로 해석된다. 이는 부정사 ‘不’ 없이 ‘記聲兒’로 나오는 예문에 ‘잠잠하-’의 반의어인 ‘지거리-’로 번역된 데에서도 확인된다.

【즘음 -ㅎ-】 툉 잠자코 있다. 모르는 체하다.¶ 不記聲兒 ‖ 이리로 하여도 합실치 안코 져리로 반하여도 쏘 맛지 아니하니 인역이 즘음코져 하되 이은 핏치 못할 것시기 셔둘고져 하되 조곰도 몸딕로 못하니 가이 엇

---

27) 박재연(2010),『騎着一匹』, 선문대 중한번역문헌연구소, 11쪽.

지하갓너니 (辨[辨]到這頭不合實, 辨到那頭又不對盡. 各人要不記聲兒罷, 這是小不得的；要撋挪些罷, 一点不隨身, 該怎嗎着.) 〈騎着匹 下25b〉

2.2. 난해어

'어흐로'는 순천김씨묘 출토 언간(16c초)에서 발견된 어휘로, 조항범(1998)은 이를 미상으로 처리하고 그 의미를 '수단, 방법' 정도로 추정하였다.[28] 『필사본 고어대사전』(2010)에서는 조항범의 해석을 따랐으나[29] 배영환(2011)의 「조선시대 한글 편지 어휘 사전을 통해 본 어휘의 특징」에서 "문맥상으로 보면 '어ᄒ'으로 판단되지만 그 구체적인 의미나 형태 분석이 쉽지 않은 어형임"을 지적함에[30] 따라 다시 살펴보게 되었다.

【어ᄒ】 명 ❶ 방법.¶ 면화ᄂᆞᆫ 아ᄆᆞ리 잇다 엇디 보내리 보낼 길히 업거든 어ᄂᆡ 어흐로 보내리 〈순천김씨9 아기내게 답〉 이리사 ᄒᆞ마 어니와 져믄 사ᄅᆞ미 그리 가ᄅᆞ 쓰더 어ᄂᆡ 어흐로나 죵이 올홀 것고 〈순천김씨70 이리사 ᄒᆞ마〉 이실 겨규ᄂᆞᆫ 숨도 아니코 가라 ᄒᆞ면 져믄 사름도 몯 견듸ᄂᆞᆫ 거시 내 가 어ᄂᆡ 어흐로 이시리 ᄒᆞ니 몯 보내거니와 그 녀니 안ᄌᆞ 와시니 누겨 현마 엇디리 〈순천김씨71 채서방 집 답〉 ❷ 얼. 정신. 낯짝.¶ 이 쳔ᄒᆞᆫ 계집년은 목숨 살미 죡ᄒᆞ거든 어내 어흐로 부채 추즐 계교ᄅᆞᆯ ᄒᆞᄂᆞᆫ다 (潑賤人, 不知高低！饒了你的性命, 就殼了, 還要討

---

28) 조항범(1998), 『註解순천김씨묘 출토 간찰』, 태학사, 71, 363, 368쪽.

29) 박재연 주편(2010), 『필사본 고어대사전』 권5, 선문대 중한번역문헌연구소, 학고방, 162, 163쪽.

30) 배영환(2011), 「조선시대 한글편지 어휘 사전을 통해 본 어휘의 특징」, 『조선시대 한글편지의 학제간 연구와 사전편찬』 발표집, 한국학중앙연구원 어문생활사연구소, 129쪽.

甚麽扇子.)〈西遊 延世 9:28〉 네 임의 방어와 슈어의 정녕이면 장국의
무로녹게 잘 슬혀 이 절의 익미히 굿기던 즁을 ᄂᆞ화 먹여야 올커든
어내 어흐로 살거지라 ᄒᆞᄂᆞ다 (那怪只叫 : "饒命!" 八戒道 : "正要你鮎
魚、黑魚做些鮮湯, 與那負寃屈的和尙吃哩!")〈西遊 延世 9:39〉 네 ᄀᆞ장
무례ᄒᆞ여 내 묘당의 작난ᄒᆞ고 날을 샹히와시니 네 죽을 죄를 디어 두
고 션토 아냐 어내 어흐로 스승을 달난 말을 ᄒᆞᄂᆞ다 〈西遊 延世 7:41〉

필사본 번역고소설인 연세대 소장 『서유긔』(18c초)에 보이는 다
수의 용례와[31] 비교 대조해 보건대 '어ᅘ'은 '얼'과 관련이 있는 것으
로 보인다. 한문 원문에서는 '어흐로'에 직접적으로 대응되는 한자
또는 한자어는 찾을 수 없지만 앞뒤 문맥상 '敢'과 대응되는 다음의
예가 있어[32] '어내(ᄂᆡ) 어흐로'를 '무슨 정신으로 감히' 정도로 해석
할 수 있다.

  네 가졋ᄂᆞ 병긔를 보니 블과 졀고쇠로소니 어ᄂᆞ 어흐로 노손을 대
적ᄒᆞ려 ᄒᆞᄂᆞ다 (見那短棍兒一頭壯, 一頭細, 却似春碓臼的杵頭模樣, 叱
咤一聲, 喝道 : "孽畜! 你拿的是甚麽器械, 敢與老孫抵敵!")〈西遊 延世
13:24〉

기존의 문헌 『金剛經三家解』(1482)나 『翻譯老乞大』(1517), 진주
유씨묘 출토 『柳時定諺簡』(17c중엽)에서는[33] '어머리'는 '현격하게'
의 뜻이었다.

---

31) 위의 책, 323, 327쪽 참조.
32) 위의 책, 432쪽 참조.
33) 박재연·양승민 탈초·주해(2008), 「晉州柳氏家 墓 出土 柳時定諺簡」, 『京畿東
    部地域의 古文獻』, 강남대학교 인문과학연구소, 420쪽.

【어머리】𝇋 ❶ 훨씬. 현격하게.¶ 터럭만 글우미 이시면 하늘과 짜쾌 어머리 隔ᄒ리라 (毫釐有差, 天地懸隔.)〈金三 2:43〉頓과 漸괘 어머리 달아 優와 劣왜 묽도다 (頓漸懸殊, 愚劣皎然.)〈金三 4:49〉▼爭(多) ‖ 네 몸 큰 사ᄅᆞᆷ 흔 발도 눕과 견조면 어머리 너므리라 (你身材大的人, 一托比別人爭多.)〈飜老 下29a〉인심풍속은 그대ᄃᆞ록 듣던 말과 ᄀᆞᆺᆮ 아니오되 환자로 ᄒᆞ여 구향가기 쳡경이오니 공ᄉᆞ는 비록 평양의셔 어머리 져그나 긔 대시오니 됴병 몯홀 만은 슬ᄀᆞᆺᄒᆞ고 근심이 만ᄉᆞ오니 온 일을 ᄒᆞᄒᆞᆸ〈柳時定諺簡40 여산와〉……

연세대 소장 필사본 번역고소설 『셔유긔』(18c초)에서 '하찮게, 시원찮게'의 뜻이 더 있음을 확인할 수 있다.[34]

【어머리】𝇋 …… ❷ 하찮게. 시원찮게.¶ 네 나 쓰는 동쵀를 은 두드리던 거시라 ᄒᆞ고 어머리 보거니와 이거슨 블가의 쳔만 겁 디난 보비니 엇지 병긔와 비기리오 (這不是打銀之錘. 你看 : …原來不比凡間物.)〈西遊 延世 7:42〉

'티ᄌᆞ'는 '볼모, 인질(人質)'의 뜻이다. '티ᄌᆞ'는 기존의 고어사전에는 등재되어 있지 않다. 이 어휘는 18세기 한글 필사본 번역역사서인 『ᄌᆞ티통감』(18c중엽)과[35] 번역고소설 『후슈호뎐』(18c중엽)에[36] 다수의 예가 보인다.[37]

---

34) 위의 책, 228쪽 참조.
35) 이현희·박재연·김민지(2010),『ᄌᆞ티통감資治通鑑』, 학고방, 14, 15, 119쪽.
36) 박재연(1996),『후슈호뎐後水滸傳』, 학고방, 155, 178, 252쪽.
37) 박재연(2010),「『필사본 고어대사전』편찬에 대하여─번역고소설 활용을 중심으로」『한국사전학』16, 한국사전학회, 175~176쪽.

【티즈】² 명 ((사람)) 치자(稚子). 볼모. 인질(人質).¶ 티즈 (質子) 〈課目 人倫 44a〉▼任子∥밋 즈라매 활 뽀기를 잘ᄒ고 녀력이 과인ᄒ고 얼골 이 괴위ᄒ니 티즈로 낙양의 이시매 왕혼과 왕졔 다 듕히 너겨 여러 번 쳔거ᄒ니 (及長, 猿臂善射, 膂力過人, 姿貌魁偉. 爲任子在洛陽, 王渾及子 濟皆重之, 屢薦於帝.)〈通鑑 西晉 1:56〉▼侍子∥대딘이 ᄇ야ᄒ로 신의 로써 이뎍을 딕졉ᄒ시니 엇디 형샹 업슨 의심으로써 사름의 티즈를 죽이리잇가 (大晉方以信懷殊俗, 奈何以無形之疑殺人侍子乎?)〈通鑑 西 晉 1:58〉▼質∥괴 가티 아니ᄒ다 ᄒ고 스스로 됴의 드러와 습익딘을 마자 도라가라 ᄒ고 저ᄂᆫ 머므러 티질 되여디라 ᄒ니 (孤不可, 自詣鄴 迎什翼犍, 請身留爲質.)〈通鑑 東晉 5:78〉 이 쇼식이 됴뎡의 드러오니 진회 이째예 다시 인졍을 드려 놉흔 벼슬노 드러와 표를 올녀 빅운산 을 줏봅고 은냥을 츳고져 ᄒ더니 금병이 급히 드러오니 강왕을 티즈 로 보내고 화친을 의논ᄒ면 (得了這信, 要上表遣人征剿, 恰値金兵信急, 朝臣議和, 要將徽宗第九子康王入金質當.)〈後水滸 7:25〉 오랑캐 일일 금 은을 딩싴ᄒ니 셩듕 빅셩의 지믈을 다 거두워 주고 쏘 텬하를 반남아 버혀 주고 강왕을 티즈를 보내고 금을 슉부로 칭ᄒ고 송은 족해 되야 화친을 구ᄒ다 ᄒ더라 (日被金人須索, 庫藏皆空, 只得着在京官員以及富 商各助金餉. 李邦彦主和, 割三大鎭二十州, 屬金管轄, 又見張昌邦奉康王入 金質當, 稱金朝爲叔父, 宋朝爲侄兒.)〈後水滸 8:27〉 볼뫼 되여 금영의 드러가 금태즈와 활뽀기를 결워 다ᄉᆞᆺ 살이 년ᄒ여 관을 마치니 금인 이 쟝슈의 즈식이라 의심ᄒ야 다른 티즐 밧고아 잡아가고 (與金求和, 將他質當于金. 一日與金太子較射, 康王連中五矢. 金人疑是將種, 被拘索 換.)〈後水滸 11:39〉 ※ 以父蔭官其子孫. (任子)〈語初 26a〉☞ 볼모

위에서 보듯 '티즈'의 대역어로 '(質)子'/任子/侍子' 등이 쓰였다. 이 가운데 '任子'는 『語錄解』 초간본(1657)에 '以父蔭官其子孫.(26a)'으로

풀이되어 있다. 『漢語大詞典』(1994)에서는 '任子'를 "❶ 부형의 공적에 의하여 자손을 관직에 등용시키는 일.[38] ❷ 인질(人質).[39]"로 풀이하여 두 가지 뜻이 있음을 밝혔다. ❶의 풀이가 『語錄解』의 석의와 일치한다. 그런데 이 단어는 ❷ '인질'의 뜻으로 전이되었다. 이는 진(晉)나라 때 소준(蘇峻)이 모반한 뒤로부터 여러 장수들이 자기의 아들을 볼모로 잡혀 충심을 보이게 하던 법령"을 '任子之法'[40]이라 한 데서도 알 수 있다. 여기서 「顔師古注」에 '任'은 '保也'라고 석의하였으므로 "보증하다/담보하다"의 의미가 있다. 따라서 '任子'는 '담보로 세우는 어린 아들' 정도로 풀이된다.

'侍子' 역시 『漢語大詞典』에 의하면 "천자국의 볼모가 되어 천자를 시중드는 제후국이나 속국의 왕자"[41]를 뜻하므로, '티ᄌ'가 '인질' 또는 '볼모'의 뜻이 있음이 명확해졌다. 문제는 이 '티ᄌ'가 고유어인지 한자어인지, 한자어라면 그 한자가 무엇인지 전혀 알 수 없었다. 그런데 근자에 아래 예문에서 보듯 '티ᄌ'의 대역 한자어로 '稚子'를 찾아내었다.

【티ᄌ】' 몡 ((인류)) 치자(稚子). 열 살 전후의 어린 아들.¶ 稚子‖공이 믈을 거스려 멀니 정벌홀시 노모와 티ᄌ로 죡하를 맛뎌시니 만일 일 회나 미진ᄒ면 어이 이러ᄒ리오 (公溯流遠征, 以老母稚子委節下. 若一豪不盡, 豈容如此邪!) 〈通鑑 東晉 11:58〉

---

38) 夫所謂任子者, 亦猶曰信其父兄而用其子弟云爾. (蘇洵 『上皇帝書』)

39) 曹操下書責孫權任子, 權召羣僚會議, 張昭·秦松等猶豫不決. 《胡三省注》 任, 質任也. (『資治通鑑』, 漢獻帝建安七年)

40) 自蘇峻反後, 諸將多以子爲質, 謂之保任. 至是, 王導慮郭黙之不可制, 乃詔, 除任子之法. (『晋書, 元經傳』)

41) 鄯善王·車師王等十六國, 皆遣子入侍奉獻, 願請都護, 帝以中國初定, 未遑外事, 迺還其侍子. (『後漢書, 光武帝紀 下』)

위 예문에서 '稚子'는 '어린 아들'을 뜻하지만,[42] 어린 아들을 볼모로 삼는다는 점에서 '稚子'의 한자음 '티ᄌ'가 "볼모"의 뜻으로까지 확장되었다는 해석이 가능하다. 참고로『訓蒙字會』(1527)와『新增類合』(1576)에서 '稚'를 '티'(上17a / 下16b)로, '子'를 'ᄌ'(上16b / 上10a)로 읽고 있어 '티ᄌ'의 표기와 일치한다.

'금장/금쟝'은 기존의 장편 가문소설에 흔히 보이는 단어이나 기존의 국어사전이나 중국의『漢語大詞典』에조차 해당되는 한자어가 없어 궁금해 했던 것이다.

【금쟝】' 몡 ((인류)) 동서(同壻).¶ 졔ᄉ 금쟝 슉미 등이 다 치위ᄒ니 조쇼졔 존당 구고 슉당의 은틱을 감황ᄒ여 머리를 두다려 스례ᄒ고 버거 졔ᄉ 금쟝 슉미의 후의를 ᄎ례로 화답ᄒ여 좌슈우웅의 답언이 궁진치 아니터라 〈윤하뎡 81:60〉 ᄯ 구고의 노년을 니측ᄒ여 신혼의 녜를 폐ᄒ미 히를 포집을 쥴을 창연ᄒ여 ᄌ미 금쟝이 즁당의 모다 유유히 슬프믈 먹음고 암암히 옥누를 나리와 〈윤하뎡 86:15〉 구고를 셤기미 슉흥야미ᄒ여 동농쵹쵹ᄒ며 슉미 금쟝을 우공ᄒ고 군ᄌ를 승슌ᄒ니 〈엄효 10:18〉 내 외로온 인싱이 구가의 니ᄅ미 쇼고 금쟝의 즐거오미 업셔 ᄌ최 쳐량ᄒ고 그림진 외롭거늘 더옥 군직 ᄉ군ᄒ여 집을 ᄯ나미 구고의 요젹ᄒ심과 나의 젹막ᄒ미 노쟝 심ᄒ더니 〈님화 41:22〉 우흐로 냥슉은 바라미 망단ᄒ니 혈혈잔쳔이 슈슉 금쟝의 우익 업ᄉ미 어듸를 밋고 슬니오 〈님화 44:20〉 소시 니시를 ᄭ디져 거즛말노 금장을 히ᄒ다 ᄒ니 니시 분노ᄒ여 브듸 졔 말을 셰오려 ᄒ여 향미를 후듸ᄒ고 다ᄅ여 인졍을 주며 계교를 ᄀᄅ치니 〈님화 48:65〉

---

[42] 위의 책, 254쪽.『필사본 고어대사전』(2010) 제7권 122쪽 '티ᄌ' 항에 '볼모'의 뜻으로 잘못 처리하였으나 박진호 교수의 지적으로 바로잡는다.

쇼쳡은 존고를 뫼셔 됴셕 감디를 소임ᄒᆞ오ᄆᆡ 한가치 못ᄒᆞᆫ 고로 두 당의 ᄒᆞ로 두 ᄡᅵᆨ 문안의 단녀가고 쇼고 금장의 무리 됴셕 상죵을 아니ᄒᆞ니 이 당이나 져 당이나 므ᄉᆞᆷ 일ᄒᆞᄂᆞᆫ 줄 모로ᄋᆞᆸ거ᄂᆞᆯ 더옥 은밀디ᄉᆞ를 엇디 아오리잇고 〈님화 53:21〉 ⇒ 금쟝

【금쟝】[1] 명 ((인류)) 동서(同壻).¶ 허부인과 가시 등 졔ᄉᆞ 금쟝이 이 거동을 보ᄆᆡ 〈한조 13:56〉 구문의 니ᄅᆞᄆᆡ 구괴 여ᄂᆡ ᄉᆞᄅᆞᆷ과 달나 고위ᄒᆞᆫ 품이 잇고 졔ᄉᆞ 금쟝이 번셩ᄒᆞ야 가히 두리고 조심ᄒᆞᆯ 곳이라 〈화뎡 15:52〉 ᄐᆡᄉᆞ 부부와 최 범 댱 ᄉᆞᆷ위 금쟝과 셜복야 부인이 각각 ᄌᆞ질을 두굿기ᄂᆞᆫ 가온ᄃᆡ 션오왕을 ᄉᆡᆼ각ᄒᆞ여 츄연감쳬ᄒᆞ믈 이긔지 못ᄒᆞ니 〈엄효 29:58〉 금쟝 냥인이 ᄒᆞᆫ ᄀᆞ지로 봉슌구고ᄒᆞ며 공경군ᄌᆞᄒᆞ여 ᄃᆡᄉᆞ뎝빈의 규구의 응목ᄒᆞ미 쥰승의 합도ᄒᆞ고 〈셩현 1:7〉 ⇒ 금장

그런데 건륭 연간의 중국소설 『女仙外史』에서 한자 '襟丈'이 한글 번역본에 '동서'로 번역되어 있는 예를 찾아내었다.[43]

다만 보ᄆᆡ 노가인이 드러와 픔ᄒᆞᄃᆡ 요샹공이 와 계시이니다 ᄒᆞ니 이ᄂᆞᆫ 곳 효렴의 동셔라 (只見老家人進來禀道 : '姚相公來到.' 就是孝廉的襟丈.) 〈女仙 1:121〉

기존의 국어사전뿐만 아니라 『漢語大詞典』의 누락을 보충해 줄 수 있는 의미 있는 단어라 아니할 수 없다.

---

43) 정창권·손지봉·안병국(2005), 『녀션외ᄉᆞ女仙外史』 上, 이회, 21쪽.

2.3. 잔존어와 사어

지난 세기 우리 학계에서 간행된 '고어사전'들은 특히 근대국어 시기의 자료들이 상대적으로 소략한 면이 없지 않았다. 따라서 그 고어사전들 곳곳에 나타난 빈 공간을 『고어대사전』에서 기술된 어휘와 용례들을 통해 충분히 메울 수 있게 될 것이다.

사어의 경우, 고어사전들에서 수집한 자료의 제한성으로 인해 어느 시기까지 쓰이다가 사어로 되었는지를 확인하기 어려운 측면이 있었다. 또한 중세국어 시기에 쓰이다 근대국어 시기에 사라진 어휘들도 『고어대사전』에서 새롭게 확인할 수 있다. 예를 들면, '가드-'라는 단어는 중세국어 자료에서만 확인할 수 있는데, "곡식이나 열매 따위를 수확하다/구름이나 안개, 비 따위가 걷히다"의 의미로 쓰였다. 같은 시대에 '거두-'라는 표기와 같이 사용되고 있었으나 중세 이후에 '가드-'는 쇠락을 길을 걷게 되고 '거두-'만 남았다.

【가드-】¹ 동 ❶ 거두다. 곡식이나 열매 따위를 수확하다.¶ 가들 슈 (收) 〈光千 2a〉 ▼收 ∥ ·뻐 보미 나·며 녀·르·메 :길며 ᄀ·슬·히 가·드며 겨 ·스레 갈·ᄆ며 ·ᄃ·리 두·려우·며 ·ᄃ·리 이·즈며 고·지 ·프며 고·지 :듀매 니·르리 (以至春生夏長, 秋收冬藏圓月缺, 花開花落) 〈金三 2:6b〉 ❷ 살림이나 몸을 치닥거리하며 가꾸거나 돌보다.¶ :나치 :다 ᄀ·장 잇·비 :사ᄅᆷ 爲·ᄒ신 時節·이라 城·의 ·드러 乞食·ᄒ시·며 ·옷 가·드·시고 ·발 시스·샤ᄆ·란 아·직 :둘디어·니와 (──皆是徹困爲人底時節, 入城乞食收衣洗足且置.) 〈金三 1:31b〉 ❸ 잠잠하게 하다.¶ 南紀·예 波瀾·을 가·드·리·로소·니 西河ㅅ 風味·와 다·믓 ᄒ·리로·다 (南紀收波瀾, 西河共風味.) 〈杜初 6:23a〉 ⇒ 가드-, 갇-, 거두-, 거드-, 거드-, 걷-, 걷으-, 것-

【가드-】² 동 구름이나 안개, 비 따위가 걷히다.¶ 收 ∥ ·구루·미 가·드·며

·비 개·여 바ᄅ·리 몱·ᄆ·며 虛空·이 몱·가 :갠·들·와 ·빗난 ᄇ름·괘 서르 和ᄒ·며 (雲收雨霽, 海湛空澄, 霽月光風相和.) 〈金三 1:4a〉 ·구루·미 가 ᄃ·며 ·비 :개·며 바ᄅ·리 몱·ᄆ·며 虛空·이 몱·고·몱 바ᄅ 得·혼다라 (直 得雲收雨霽, 海湛空澄.) 〈金三 1:14a〉 이에 다ᄃ·란 ·구루·미 가ᄃ·며 · 비 :개·며 바ᄅ·리 몱·ᄆ·며 虛空·이 몱·고·미 ·ᄀ·ᄒ·야 (到這裏一似雲收 雨霽, 海湛空澄.) 〈金三 1:14b〉 楚ㅅ 두·들게 새 비 가ᄃ·니 ·봆 臺·에 ·ᄀ ᄂ 브ᄅ·믈 :혀라 (楚岸收新雨, 春臺引細風.) 〈杜初 15:55b〉 ▼卷‖ :셴 머·리예 凋喪·호믈 들히 너·기노·니 프·른 구루·믄 ·쏘 가ᄃ락 펴락 ·ᄒ 놋·다 (白髮甘凋喪, 靑雲亦卷舒.) 〈杜初 20:34a〉 ▼捲‖ 오·직 ·이 ᄒ ·ᄭ 멧 ·모미 ·므리 情 :업서 ·고ᄃᆞᆯ 조·차 方ᄒ·며 圓·홈 ·ᄀᄒ·며 ·구루·미 ᄆ 슴 :업서 가ᄃ며 :펴믈 :쥬변·홈 ·ᄀ도·다 (只此一夢身, 似水無情逐處方 圓, 如雲無心捲舒自由.) 〈金三 5:7a〉 ⇒ 가ᄃᆞ-, 갇-, 거도-, 거두-, 거두 우-, 거드-, 거ᄃᆞ-, 걷-, 걷으-, 것-

【거두-】' 〖동〗 ❶ 곡식이나 열매 따위를 수확하다.¶ 거둘 슈 (收) 〈石千 2a〉 거둘 슈 (收) 〈女小學 2:40b〉 〈一愚生 미도관〉 거둘 슈 (收) 〈類下 26b〉 거둘 슈, 俗稱"收割". 聚也. (收) 〈訓下 雜語 3a /5b〉 거둘 싴 (穡) 〈松千, 紅千 21b〉 거둘 싴, 歛之曰"穡". (穡) 〈訓下 雜語 3a /5b〉 거둘 싴, 種曰"稼", 斂曰"穡". (穡) 〈字上 75a〉 거둘 셕 (穡) 〈一愚生 미도관〉 곡식 거두다 (收田禾) 〈譯下 田農 8b〉 ▼收‖ 錦里·예 :사ᄂ 先生·이 거·믄 ··쓸 잇ᄂ 頭巾·이·로소·니 ·위 안·해 ·토란·과 :바믈 거·두·워 ·드릴·ᄉᆡ 오 ᄋ·로 가난·티 아니·ᄒ도·다 (錦里先生烏角巾, 園收芋栗不全貧.) 〈杜初 7:21b〉 이쌔예 거두기를 ᄆᄎ니 디ᄂ 히예 남오ᄒᄂ니와 쇼머기ᄂ 니 만토다 (是時收穫竟, 落日多樵牧.) 〈古眞 2:89〉 네 독별이 모ᄅᄂ고 나 젼년븟터 하늘히 ᄀᄆ라 田禾를 거두디 못ᄒ니 飢荒ᄒᆫ 젼ᄎ로 아 니완ᄒ 사ᄅᆷ어 낫ᄂ니라 (你偏不理會的, 從年時天旱, 田禾不收, 飢荒的 上頭, 生出歹人來.) 〈老上 24a〉 우리 여긔 올히 녀르메 하늘히 ᄀ믈오

ᄀ슬히는 므리 채여 뎐회 거두디 몯ᄒ니 (我這裏今年夏裏天旱了, 秋裏水澇了, 田禾不收的.) 〈飜老 上53a〉 우리 여긔 올 녀름의 하늘히 ᄀ믈고 ᄀ올히 믈씌여 田禾를 거두디 못ᄒ니 (我這裏今年夏裏天旱了, 秋裏水澇了, 田禾不收的.) 〈老上 48a〉 올히 ᄀ믈락 믈씌이락 ᄒ야 거두디 몯ᄒᆫ 젼ᄎ로 일빅 낫 돈애 밧고믈 ᄒᆫ 말 쌀옴 ᄒ니 (今年爲旱澇不收, 一百箇錢, 糶的一斗米.) 〈飜老 上54a〉 올히 ᄀ믈고 믈씌여 거두디 못ᄒᆫ 젼ᄎ로 一百 낫 돈에 ᄒᆫ 말 쌀을 밧고려니와 (今年爲旱澇不收, 一百箇錢, 糶的一斗米.) 〈老上 48b〉 나도 드로니 올히 여긔 뎐호를 거두디 몯ᄒ다 ᄒᄂ다 (我也打聽得, 今年這裏田禾不收田禾.) 〈飜老 上55a〉 나도 듯보니 올히 여긔 田禾를 거두디 못ᄒ다 ᄒ더라 (今年這裏田禾不收田禾.) 〈老下 49a〉 뎐호들 다 거두면 팔월 초ᄉ닝애 나시리라 (把田禾都收割了時, 八月初頭起.) 〈飜朴 上53b〉 田禾를다가 다 거두어 븨면 八月初生에 긔동ᄒ올러라 (把田禾都收割了時, 八月初頭起.) 〈朴上 48a〉 어제 삼을 다 거두어 븨여시니 ᄂᆞ믈 시므쟈 (夜來箇都收割了麻, 種菜來.) 〈朴中 33b〉 民間에 田禾를 다 거두어 븨기를 기ᄃ려 八月 초ᄉ닝에야 ᄀᆞ장 起程ᄒ올러라 (等到民間田禾都收割了, 八月初頭纔起程哩.) 〈朴新 1:52a〉 어제 삼을 거두어 븨여시니 正히 맛당이 ᄂᆞ믈 시믐이 됴타 (夜來收割了麻, 正當好種菜哩.) 〈朴新 2:39a〉 ▼收成‖ 지난 히에 년ᄉᆞㅣ 荒旱ᄒ여 田禾를 거둔 거시 업스므로 이믜셔 이 져기 사오나온 사름이 낫ᄂ니라 (因去年年成荒旱, 田禾沒有收成的上頭, 就生出這些歹人來了.) 〈老新 1:33b〉 ❷ 흩어져 있는 물건 따위를 한데 모으다.¶ 거둘 괄 (括) 〈音韻 4a〉 거둘 괄, 絜也, 結也. (括) 〈字上 34b, 62b〉 거둘 즙, 斂也. (戢) 〈字下 39a〉 거둘 즙, 績也. 縫緝. (緝) 〈字上 83a〉 收也, 收也, 거둘·가질 (取) 〈新一 20a〉 收也, 거둘 (拾) 〈新二 11b〉 거둘 슉, 拾也. (叔) 〈註千 15b〉 斂也, 거둘 협 (脅) 〈釋下 40a〉 거두어 가질 흡, 斂持. (扱) 〈醫書 玉篇 9〉 거둘 흡 (扱) 〈女小學 2:29b〉 거두어 사다 (收買) 〈譯上 賣買

(68b) 칙 거두다 (攝書) 〈課目 雜類 105b〉 ▼收‖그딕 황냥흔 오슈의 브려 거두디 아니믈 보디 못흔다 잇다감 노는 사름이 이서 비를 박아 프ᄂᆞᆺᄯᅩ다 (君不見荒凉浯水棄不收, 時有遊人打碑賣.) 〈古眞 5-1:18〉 곳 그린 나뎐이 ᄯᅡ히 ᄇᆞ려 사름이 거두리 업스니 비취 짓과 금새와 옥은 마리예 곳쳐ᄯᅩ다 (花鈿委地無人收, 翠翹金雀玉搔頭.) 〈古眞 5-1:215〉 거두면 잇고 노흐면 일ᄂᆞ니 사름될 도리ᄂᆞᆫ 브즈런이 빈호매 잇ᄂᆞ니라 (收之則存放之失, 爲人之道在勤學.) 〈浩然齋 上28a〉 내 山東 濟寧府 엣 東昌 高唐 근쳐들해 가 깁과 고로와 소옴들 거두워 사 王京의 도라 가 ᄑᆞᆯ라 가노라 (我往山東濟寧府東昌高唐, 收買些絹子、綾子、緜子, 迴還王京賣去.) 〈飜老 上12b〉 내 山東 濟寧府엣 東昌 高唐의 가 깁과 능과 소옴을 거두어 사 王京의 도라가 ᄑᆞᆯ라 가노라 (我往山東濟寧府東昌高唐, 收買些絹子、綾子、緜子, 迴還王京賣去.) 〈老上 11b〉 내 山東 濟寧府엣 東昌縣 高唐縣에 가 져기 □필과 綾과 소옴과 비단을 거두어 사 王京에 도라가 ᄑᆞᆯ려 ᄒᆞ노라 (我要往山東濟寧府東昌縣高唐縣, 收買些絹 疋綾子涼花紬子, 回到王京賣去.) 〈老新 1:15b〉 내 젼년희 되번 조차 高唐의 가 소옴과 깁들 거두워 사 王京의 가져가 ᄑᆞᆯ라 져기 니쳔 어두라 (我年時跟着漢兒火伴到高唐, 收買些緜絹, 將到王京賣了, 也尋了些利錢.) 〈飜老 上13a〉 내 젼년의 漢ㅅ벗 조차 高唐의 가 소옴과 깁을 거두어 사 王京의 가져가 ᄑᆞᆯ라 져기 니쳔 어드라 (我年時跟着漢兒火伴到高唐, 收買些緜絹, 將到王京賣了, 也尋了些利錢.) 〈老上 12a〉 내 그 히예 中國ㅅ 사름을 ᄯᆞ라 高唐에 가 져기 綾과 깁을 거두어 사 王京에 도라가 ᄑᆞ니 ᄯᅩ 져기 利錢을 어들러라 (我當年跟着中國人到高唐, 收買些綾絹, 回到王京賣了, 也得些利錢.) 〈老新 1:16a〉 五月에 高唐에 가 져기 綾과 깁을 거두어 사 直沽에 가 빅 타 바다 (五月裏到高唐, 却收買些綾絹, 到直沽裏上船過海.) 〈老新 1:18b〉 믈 ᄯᅩᆼ이 주어 광조리 안해 다마 잇ᄂᆞ니 거두워 드려 오고 다른 사름 가져가게 말라 (糞拾在筐子裏頭, 收進來, 休敎別

人將去了.) 〈飜老 下35b〉 믈똥을 주어 광조리 안히 이시니 거두어 드려 오고 다ᄅᆞᆫ 사ᄅᆞᆷ 가져가게 말라 (糞拾在筐子裏頭, 收進來, 休教別人將去了.) 〈老下 32a〉 네 拜티 아니ᄒᆞ면 내 香案을다가 거둠이 무던ᄒᆞ이다 (你不拜了, 我把香案收起罷.) 〈伍倫 7:4a〉 ▼收(起) ‖ 五月에 高唐의 가 소옴과 깁ᄃᆞᆯ 거두워 直沽애 가 ᄇᆡ 타 바다 건너 (五月裏到高唐, 收起緜絹, 到直沽裏上船過海.) 〈飜老 上15a〉 五月에 高唐의 가 소옴과 깁을 거두워 (五月裏到高唐, 收起緜絹.) 〈老上 13b〉 左右ㅣ아 네 내 이 칼을다가 거두어 가고 뎌 把都兒들의게 令ᄒᆞ여 므릇 ᄌᆡ조 인ᄂᆞᆫ 이 다 와 逞獻ᄒᆞ라 (左右, 你將我這劍收起去, 令那把都兒每, 但有本事的都來逞獻.) 〈伍倫 8:18a〉 ᄂᆡ 이 우피 근본 ᆢ 지방의셔 거두어 살 ᄯᆡ에 남보담 만은 갑슬 ᄂᆡ고 사온 거시니 너 네ᄃᆡ로 사고져 ᄂᆡ ᄉᆞᄅᆞᆷ 읍셔도 져어 아니ᄒᆞᆫ다 (我這个牛皮底根在本地收買的時候乙, 比人家多出大価買來的呢! 隨你的邊[便]要罷, 我不怕沒有人要.) 〈學淸 4b〉 졔원 물건은 조튼지 그르던지 ᄯᅩ 시셰는 엇더허든지 다만 시가ᄃᆡ로 거두어 사기를 딜헌 후의 일졔이 심양으로 시녀셔 시셰ᄃᆡ로 팔되 (管他東西好歹, 又不管行市怎嗎的涸兒, 只照時價收買赶了咧, 一齊發得瀋陽, 隨行發賣.) 〈中華 濯足 4a〉 자긔 거슨 한 장도 파지 못허고 무어슬 위허여 남의 ᄒᆡ를 거두어 사깃는니 自己的連一張貨賣不出去咧, 爲甚嗎收買人家的呢?) 〈中華 濯足 34a〉 만약 그러치 아니허면 이편이 쳐음 먹은 것도 ᄉᆡᆼ키 못허여는ᄃᆡ 엇지 ᄯᅩ 남의 ᄒᆡ를 거두어 사깃는니 (若不是那嗎着, 連各人頭裡吃的也呑不下去, 如何又是收買人家的呢?) 〈中華 濯足 36a〉 어ᄉᆡ 웃고 시젼을 거두어 ᄉᆞᄆᆡ의 너코 고금을 논문ᄒᆞ며 문쟝 고하ᄅᆞᆯ 의논ᄒᆞᆯᄉᆡ 〈벽허담 3:20〉 도적이 동문을 열고 나와 ᄇᆞ린 갑옷과 젼마 긔계ᄅᆞᆯ 다 거두고 미처 도라오디 못ᄒᆞᆫ 군ᄉᆞ 세 명을 사로잡아 셩듕으로 드러가니 〈신미록 1:35〉 ❸ 시체, 유해 따위를 수습하다.¶ 衣死也. "殯殮". 거둘 렴, 斂也. (殮) 〈字下 19a〉 흰 ᄲᅧᄅᆞᆯ 거두어 뫼화 (收合白骨.) 〈東新孝 3:41b〉

죽은 군스의 브린 쎄를 깁을 홋터 거두시고 주린 사롬의 폰 즈식을 금을 눈화 무르도다 (亡卒遺骸散帛收, 飢人賣子分金贖.) 〈古眞 5-1:8〉 ❹ 하던 일을 그만두다.¶ 收‖큰 獻를 빗내 여르샤 禪波를 欲浪애 쯰우시니 이런드로 金棺애 비츨 マ리오시며 玉毫애 비츨 거두어시늘 (光闡大獻, 汎禪波於欲浪, 是以金棺捲耀, 玉毫收彩.) 〈永序 5b〉 하·늘히·치·운 제 머·리 노흐·니 그러·기를 :벋·하얏·도소·니 ·나리 져·믈어·늘 거·두디 아·니흐 ·니 가마괴 :헌 듸·를 딕먹·놋다 (天寒遠放鴈爲伴, 日暮不收烏啄瘡.) 〈杜初 17:27b〉 보기와 듯기를 거두어 뻐 념녀를 묽게 흐미여 내 무음을 조히 직계흐여 뻐 정성을 드릴디라 (收視聽以淸盧兮, 齋予心以薦誠.) 〈古眞 6:50〉 거두어 못다 (收殺/收煞) 〈課目 雜類 107b〉 거두어 못다, 畢終也. (收殺) 〈語初 6b〉 〈語重 9b〉 거두어 못다, 畢終也. (收殺了) 〈語初 18b〉 〈語重 33a〉 ❺ 보살피거나 가꾸거나 돌보다.¶ 거둘 진 (振) 〈釋上 50a〉 〈新二 12a〉 거두어 보숣히다 (收攬) 〈漢淸 助濟 6:46b〉 왕매 복디흐여 크게 울며 닐오듸 히이 야야의 거두어 기르시믈 닙어 즈라나믹 은혜를 갑디 못흐고 엇디 춤아 써나리잇고 브라건대 머므러 부즈의 졍을 샹케 마르쇼서 (王摩聽見赶逐, 便伏地大哭道: '孩兒得阿爺收養成人, 幷沒報答, 怎敢抛離! 是必收留, 莫壞父子情分!') 〈後水滸 6:35〉 거두어도 하늘이요 먹기도 하늘이요 (收也憑天, 憑天吃飯.) 〈你呢貴姓 26a〉 디명이 아모 곳인 줄 모로고 근본 모로는 으히를 거두어 용납홀 사룸이 업스온지라 〈한조 11:28〉 ❻ 살림이나 몸을 치닥거리하며 가꾸거나 돌보다.¶ 斂‖남진이 잇디 아니커든 샹즈애 벼개를 거두워 녀코 산과 돗과를 집써 둥히 간슈홀 디니 (夫不在, 斂枕篋, 簟席襧, 器而藏之.) 〈飜小 3:17a〉 남진이 잇디 아니커든 벼개를 샹즈애 거두며 산과 돗글 집써 둥히 너겨 간슈홀디니 (夫不在, 斂枕篋, 簟席襧, 器而藏之.) 〈小學 2:50b〉 남진이 잇디 아니커든 샹즈애 벼개를 거두워 녀코 산과 돗과를 집써 둥히 간슈홀 디니 (夫

不在, 斂枕箧, 簟席襡, 器而藏之.) 〈飜小 3:17a〉 남진이 잇디 아니커든
벼개를 샹ᄌᆞ애 거두며 산과 돗글 집쎠 듕히 녀겨 간슈홀디니 (夫不
在, 斂枕箧, 簟席襡, 器而藏之.) 〈小學 2:50b〉 門 닫고 자최를 거두어 머
리 움치고 일홈과 勢를 避ᄒᆞ라 유셰ᄒᆞᆫ 벼스른 오래 이쇼미 어려오니
내죵내 엇디 足히 미드리오 (閉門斂蹤跡, 縮首避名勢. 勢位難久居, 畢竟
何足恃.) 〈小學 5:24b〉 ▼籍 ‖ ᄒᆡ마다 각각 그 무리 ᄒᆞᆫ 사ᄅᆞᆷ을 도ᄋᆞ
ᄒᆞ야곰 뒤마다 ᄎᆞ디ᄒᆞ고 그 ᄯᅡᄒᆡ 드ᄂᆞᆫ 바를 거두어 ᄠᅢ로뼈 그 ᄉᆞ우
를 슈리ᄒᆞ며 그 초목을 봉식ᄒᆞ고 (歲各度其徒一人, 使世掌之, 籍其地之
所入, 以時修其祠宇, 封殖其草木.) 〈古百 5:49a〉 민망ᄒᆞ여 오믹 씌로 니
마를 거두엇고 힝ᄒᆞ여 가믹 머리를 몃 번 돌쳣ᄂᆞᆫ고 (悶來時斂額. 行
去幾回頭?) 〈紅樓 1:59〉 ❼ (군사, 도적 따위를) 거두다. 붙잡다. ¶ 收
‖ 이제 狀을 ᄀᆞ초와 某官끠 申告ᄒᆞ노니 伏乞 詳狀ᄒᆞ여 檢驗ᄒᆞ야 이 실
커든 當該 地分 弓手人等으로 ᄒᆞ여 上件賊人을 거두어 잡아 官에 보내
여 施行ᄒᆞ쇼셔 執結이 이 실ᄒᆞ니 업듸여 處分을 取ᄒᆞ노이다 (今具狀申
告某官, 伏乞詳狀, 檢驗是實, 着當該地分弓手人等, 收捉上件賊人, 赴官施
行, 執結是實, 伏取處分.) 〈朴下 53a〉 ❽ 여러 사람에게서 돈이나 물건
따위를 받아들이다. ¶ 거둘 렴 (斂) 〈訓下 雜語 9b /21a〉 〈類下 26b〉
〈女小學 3:9b〉 收也, 거둘 렴 (斂) 〈釋上 57b〉 거둘 렴 (斂) 〈女小學
2:27a〉 斂也, 거둘 수 (收) 〈釋上 56a〉 거둘 세, 斂也. (稅) 〈註千 28b〉
斂也, 거둘 세 (稅) 〈釋下 20a〉 斂也, 거둘 (徵) 〈新一 52a〉 거둘 츄, "聚
斂". (聚) 〈註千 21a〉 ▼收 ‖ 아오란 ᄀᆞ만ᄒᆞᆫ 보람이 잇고 인은 업ᄂᆞ니 報
信ᄒᆞᄂᆞ니ᄂᆞᆫ 석 냥이오 거두어 어드니ᄂᆞᆫ 엿 냥을 ᄒᆞ여 뎔로 ᄒᆞ여 가져
가게 ᄒᆞ고 ᄆᆞᆯ을 어더든 뎌를 一半 갑슬 주고 믈러 가져오리라 (有甚暗
記沒印, 報信的三兩, 收討的六兩, 着他將的去, 得了馬時, 與他一半兒錢贖
將來.) 〈朴下 55b〉 本年 月日에 기르마 지은 흰 ᄆᆞᆯ ᄒᆞᆫ 필을 일허시니
나히 현이라 報信ᄒᆞᄂᆞᆫ 이ᄂᆞᆫ 銀 석 냥을 주고 거두어 두니ᄂᆞᆫ 銀 엿 냥

을 샤례ᄒ리라 (本年月日, 失去帶鞍白馬一匹, 牙幾歲. 報信者給銀三兩, 收管者謝銀六兩.) 〈朴新 3:54a〉 夫人이 寬을 시험ᄒ야 히여곰 노케 ᄒ고쟈 ᄒ야 朝會예 다ᄃᄅ 적을 기들워 민무ᄉᆞᆷ을 이믜 다 ᄒ엿거늘 뫼신 죵으로 히여곰 고깃국을 받드러 업뎌 됴복애 더러이고 죵이 믄득 거두더니 (夫人欲試寬令恚, 伺當朝會, 裝嚴已訖, 使侍婢奉肉羹, 翻汚朝服, 婢遽收之.) 〈小學 6:102a〉 ▼斂∥우리 여러 됴흔 벗들이 이 八月 十五日 中秋節에 대되 져기 돈 거두어 ᄒ 賞月會를 홈이 엇더ᄒ뇨 (咱幾箇好朋友們, 這八月十五日中秋節, 大家斂些錢, 做箇賞月會何如?) 〈朴新 1:27b〉 ▼科斂∥양지를 칼 씨워 길에 올으니 텬한교 대호의 사름들이 은량을 거두어 두 낫 공인을 주며 (天漢州橋那幾個大戶, 科斂些銀兩錢物, 等候楊志到來, 請他兩個公人一同到酒店裏吃了些酒食, 把出銀兩賞發兩位防送公人.) 〈水滸 新文 1:11:117〉 서로 돈을 거두어 토지대왕의 묘 압헤 일좌 쇼오산을 믄들고 샹명에 비단으로 곶을 샥여 걸고 오칠빅 기 등잔을 혀고 (科斂錢物, 去土地大王廟前, 扎縛起一座小鰲山, 上面結彩懸花, 張掛五七百碗花燈.) 〈水滸 新文 2:32:169〉 문을 걸고 닉외를 뒤여 금은 보화를 거두어 싯고 쳥녀를 치쳐 도쥬ᄒ미 간 곳이 업ᄉᆞᆫ지라 〈화뎡 6:4〉 ❾ (마음, 흥, 기운, 눈물 같은 것을) 그만두거나 그치다.¶ 거두다 (收了) 〈方四 雜語 28b〉 〈譯補 動靜 26a〉 通稱 거두다 (收了.) 〈同上 動靜 30a〉 〈蒙上 動靜 22b〉 ▼收∥이졧 션빅들히 글 직조를 비화 벼슬ᄒ기 구ᄒᄂᆞᆫ ᄆᆞᄉᆞᆷ를 옴겨 가져다가 일헛ᄂᆞᆫ ᄆᆞᄉᆞᆷ를 거두어 그 모믈 아름답게 ᄒ면 엇디 녯 사ᄅᆞ미게 몯 미츠리오 (今之儒者, 移學文藝干仕進之心, 以收其放心, 而美其身, 則何古人之不可及哉.) 〈飜小 8:24a〉 이졧 션빅 글직조를 비화 벼슬ᄒ여 나아가기 구ᄒᄂᆞᆫ ᄆᆞ음을 옴겨 뼈 그 노혼 ᄆᆞ음을 거두어 그 몸을 아름답게 ᄒ면 엇디 녯사름의게 可히 밋디 몯ᄒ리오 (今之儒者, 移學文藝干仕進之心, 以收其放心, 而美其身, 則何古人之不可及哉.) 〈小學 5:103a〉 강산풍경을 보미 죡디 못ᄒ

니 호긔로운 흥이 연연ᄒ야 믄득 거두디 못ᄒᄂᆞ도다 (江山風景看不足, 豪興娟娟却未收.) 〈浩然齋 上14b〉 오직 사름이 만믈 가온ᄃᆡ 귀ᄒ니 오힝의 졍ᄒᆞᆫ 긔운을 츼 거두엇도다 (惟人最貴萬物中, 五行正氣偏收得.) 〈浩然齋 上27b〉 부인긔 하직ᄒ고 졔 형뎨로 니별ᄒᆞ매 쇼져로 더브러 손을 니어 옥뉘 경경ᄒ니 능히 거두디 못ᄒ더라 〈낙셩 1:84〉 ❿ (명을) 거두다.¶ 엄명을 거역ᄒᆞᆫ 죄를 밧줍고 이 명을 거두시믈 비ᄂᆞ이다 〈명힝 3:2〉 ⇒ 가ᄃᆞ-, 갇-, 거도-, 거두-, 거두우-, 거드-, 거ᄃᆞ-, 걷-, 걷으-, 것-

【거두-】² 동 구름, 안개, 비 따위가 걷히다.¶ 收也, 거둘 권 (捲) 〈釋上 51b〉 ▼收∥강 하늘의 비 새로 거두어시니 긴 날이 새벽 구름 휘로다 (江天新雨收, 晴日曉雲後.) 〈浩然齋 下22b〉 ▼卷∥여·러 :묏·고래 ·치움 : 나미 이르·니 :긴 수프레 :안·개 거·두미 ᄀᆞ족·ᄒ도·다 (衆壑生寒早, 長林卷霧齊.) 〈杜初 15:17a〉 ▼捲∥프른 구룸이 져믄 뫼희 거두니 븕은 ᄒᆡ 묽은 믈의 비최ᄂᆞ도다 (綠雲捲暮嶽, 紅日暎滄波.) 〈浩然齋 上11a〉 ⇒ 가ᄃᆞ-, 갇-, 거도-, 거두-, 거드-, 거ᄃᆞ-, 걷-, 걷으-, 것-

기존에 중세국어에만 나타났던 우리말 '도산'은 『飜譯朴通事』(1517)에 처음 보이는데, 앞뒤 문맥으로 볼 때 '선물(膳物)' 또는 '뇌물'이라는 뜻을 가진다.

【도산】 명 선물(膳物).¶ 人事∥만히 깃게이다 누의님하 내 도라오면 만히 너를 도산 주마 (多謝姐姐, 我回來時, 多多的與你人事.) 〈飜朴 上48b〉

근대중국어 '人事'의 대역어로 쓰였다. 근대중국어에서 '人事'는 대여섯 가지 정도의 뜻을 가지고 있다. 우리말 '인ᄉᆞ'에서도 그 뜻이 다양하게 쓰였음이 확인된다. 다음은 『고어대사전』에 실린 표제항 '인

ᄉ’에 관한 대목이다.

【인ᄉ】¹ 몡 인사(人事). 사람의 일 또는 사람으로서 해야 할 도리.¶ 規矩∥인ᄉ 잇는 ᄉ람 (曉得規矩的人.) 〈語錄彙編 水滸 21a〉 금일 초목은 의구ᄒ되 인ᄉ 이러틋 변ᄒ여시니 엇디 슬프디 아니리오 〈뉴삼 박순호 1:74〉 이졔 이 아히ᄂ 인ᄉ를 모르되 오히려 도젹질ᄒ기를 잘ᄒ니 졔 일홈을 젹이라 지어 쥬엇더니 가히 맛다 〈빅복 11a〉 이 兩班이 밥 먹노라 ᄒ고 인ᄉ 아ᄂ 톄ᄒ니 ᄒ 번 아모죠로나 똥을 먹일 거시라 ᄒ고 벼로고 잇더니 〈酉年工夫 30〉

【인ᄉ】² 몡 ❶ 인사(人事). 마주 대하거나 헤어질 때에 예를 갖추는 일.¶ 인ᄉ 되답ᄒ란 말 (接喏) 〈語覽 西遊 62a〉 인ᄉ, 曰寒溫 (寒暄) 〈西廂 博文 139〉 ▼寒溫∥어듸서 인ᄉ를 펴고 말을 하랴너냐 (那里敘寒溫打話.) 〈西廂 博文 139〉 네 삼촌이 ᄉ옹데되매 지간ᄒ여 인ᄒ여 싱티ᄂ 주긔 ᄒ여시니 삼촌끠 인ᄉ나 덕어라 〈仁宣王后1618-1674 37 宸翰帖乾 국립청주박물관〉 ❷ 인사치레. 예물. 선물(膳物).¶ 인ᄉ 츌여 (收拾些人事.) 〈語錄彙編 水滸 19a〉 ※ 芝峯曰 : “《雲谷難記》曰 : ‘今人以物相遺, 謂之人事.’” 〈洛閩 事〉 ▼人事∥이 高麗ᄉ筆墨과 스므 댱 큰 죠히를 가져가 人事로 서ᄅ 아ᄂ 弟兄을 주라 (這的高麗筆墨和二十張大紙將去, 人事與相識弟兄.) 〈朴下 62a〉 多謝ᄒ여라 각시아 내 도라올 째에 만히 人事를 가져 네게 還禮ᄒ마 (多謝姐姐, 我廻來時候, 多多的帶些人事與你還禮罷.) 〈朴新 1:47a〉 ⇒ 인사 ☞ 인정

【인ᄉ】³ 몡 사람의 정신·의식 따위를 분별하는 힘.¶ 시궐병은 몸애 믹이 다 움즉이되 인ᄉ를 몰라 얼굴이 주검 ᄀ톰으로 일홈을 시궐이라 ᄒᄂ니 (尸厥之病, 身脉皆動而形無知, 其狀若尸, 故名曰尸厥) 〈언해구급방 上8a〉 푸긔을 열고 금바리을 갓다가 물을 써서 힝ᄌ을 쥬니 힝ᄌ 바다 진언을 염ᄒ며 범을 향ᄒ여 ᄒ밧탕 흠벅이 쏌으니 삼쟝이

그제야 인스을 츠려보니 손힝즈 왓거늘 (取了行李馬匹, 將紫金鉢盂取出, 盛水半盂, 遞與行者. 行者接水在手, 念動眞言, 望那虎劈頭一口噴上, 退了妖術, 解了虎氣. 長老現了原身, 定性睜眼, 才認得是行者.) 〈西遊 영남대 3:108〉 곳득 정신이 상실흔디 더욱 혼난흐야 인스를 못 출혀 들이 프오디 글시도 보읍시기 못흐니 졍니예 어느만 박히 너기읍시거뇨 흐읍노이다 〈仁穆大妃1623직후 인빈에 흐오신 글월〉 열 나 발광 히여 인스 모르다가 야그로 여를 뼈 이제는 다 됴화시디 브르물 두려 드런노라 〈순천김씨60 슈니 지빅〉 나는 그젓긔 오후브터 니질을 듕히 흐여늘 니질인가 흐더니 히 딘 후 아젹 머근 것 다 토고 곽난으로 새야서 샌 후 인스를 츌히되 〈柳時定諺簡13 어제 뎌그시니〉 그 이튼날 쏘 탕흐여 인스를 모르게 되매 약 어드라 김타[태]후 흐여 진스의게 뎌거 보내라 흐읍고 〈柳時定諺簡49 거월 넘스일〉

【인스】[4] 명 인사(人事). 남녀 사이의 성관계. (중국어 간접 차용어).¶人事∥슘인은 본디 총명흔 녀지라 나히 쏘 보옥보다 두 살이 더흐고 근릭의 쏘 졈졈 인스를 아는지라 (襲人本是個聰明女子, 年紀又比寶玉大兩歲, 近來也漸省人事.) 〈紅樓 6:3〉

근대중국어 '人事'가 우리말로 번역된 또 다른 예는 연세대 소장 『서유긔』 번역본(18c 초)이다. 여기에서는 '人事'를 '인스홀 것'으로 번역하여 '인사조로 주는 선물이나 금품'임을 확인할 수 있다.[44]

【인스-흐-】 동 만날 때 어떤 물건으로 예를 갖추다. 뇌물(賂物) 주다. 선물하다.¶人事∥임의 공부를 일워 이 경문을 듕국의 견흐고 몸이 셩블흐게 흐여시니 그져는 이 경문을 못 가져갈 거시니 무슴 인스홀 거

---

44) 김장환·박재연·김영(2009), 『셔유긔』, 학고방, 456쪽.

시 잇ᄂᆞ냐 (聖僧東土到此, 有些甚麽人事送我們? 快拿出來, 好傳經與你 去.) 〈西遊 延世 13:75〉 빌먹ᄂᆞᆫ 즁이 손톱인들 인ᄉᆞ홀 거슬 어듸 가 어드리잇가 〈西遊 延世 13:75〉 ⇒ 人事ᄒᆞ-

『朴通事諺解』(1677)에서는 "人事, 土産, 俗 '도산'. 舊本作 '撒花'" 라고 풀고 있어, '土産'과 '撒花'를 들고 있다. 이때 '土産'은 '멀리 타지 에 나갔다가 선물로 사 가지고 오는 지방 특산물' 정도로 이해되는 반 면, '撒花'는 중국 문헌인 『南村輟耕錄』·『黑韃事略』 또는 『草木子』에 서 보듯 '토색질하거나 강탈한 금품'의 뜻으로 쓰였음을 알 수 있 다.[45]

그런데 『飜譯朴通事』(1517)에 처음 나타났던 '도산'이 중국소설 『包公演義』 번역본(19c초)에 나타난다는 것은 큰 의미를 지닌다.[46]

【도산】 명 화대(花貸). 해웃값.¶ 歇錢 ‖ 니빈이 쇼왈 네 집의 머므러 두 어 쥬효를 쟝만ᄒᆞ고 남은 거슨 도산을 삼게 ᄒᆞ라 (李賓笑道 : "留在女 家做酒, 餘者當歇錢.") 〈包公 繡履埋泥 5:73〉

이때의 '도산'은 단순히 '선물'이란 뜻이 아니라 의미가 '기생, 창기 등과 관계를 가지고 그 대가로 주는 돈'인 '화대(花代)' 즉 '해웃값'으

---

45) 【撒花 살화】 sǎhuā 〈名〉 ● [쌰화] 화문 곱— *綢布等織物上的碎花圖案。 ‖ "門上掛着葱綠~軟簾, 劉姥姥掀簾進去." 문 우희 촉록식 화문 고은 바올을 거럿 거늘 류로뢰 바올을 들고 드러가 (紅樓 41:65) ● 討索或搶劫得來的錢財. ‖ "銀 錠字號 : 大兵平宋, 回至揚州. 承相伯顔號令搜檢將土行李, 所得~銀子, 鎖鑄作錠." (輟耕錄 30) "才會譯語, 便做通事, 便隨韃人行打, 恣作威福, 討得~, 討得物事." (黑 韃事略) ☞ 撒花錢, 人事, 歇錢

　　　【撒花錢 살화전】 sǎhuāqián 〈名〉 平白索取錢財. 亦指無故索得的錢. ‖ "其問人 討錢, ……無事白要, 曰'~'." (草木子 4) 『中朝大辭典』卷5, 974쪽 참조.

46) 박재연(1999), 『포공연의包公演義』, 선문대 중한번역문헌연구소, 134쪽.

로 쓰여, '도산'의 의미가 다양하게 쓰였음을 알 수 있다. 실제로 중국어 원문의 '歇錢'은 『金瓶梅』 제68회와 제99회에서 그러한 용례가 확인된다.[47]

참고로 낙선재본 『포공연의』(19c초)의 원전은 명나라 만력 연간에 나왔으며 번역은 적어도 17세기에는 이루어졌다고 보이며 현재 장서각에 남아 있는 번역본은 그 전사본으로 필사기는 없지만 그 어휘나 문체로 보았을 때 대개 1700년대 말에서 1800년도 초반에 전사한 것으로 추정되어,[48] '도산'이란 어휘의 하한선을 가늠케 한다.

'도의'는 『訓蒙字會』(1527)에 처음 나오는 어휘로 '거간(居間)' 또는 '장사치'란 뜻이다. 현대국어에서 '물건을 가지고 이리저리 돌아다니며 파는 장사치'를 뜻하는 '도부(到付)꾼'과 관련이 있을 듯한데 확실치 않다. 이 어휘가 다시 나타나는 것은 18세기 필사 문헌에서이다.

【도의】 명 ((인류)) 거간(居間). 장사치.¶ 도의 판, 買賤賣貴曰"販". 〈訓 下 雜語 9b /21b〉 도의 판 (販) 〈音韻 34b〉 ▼行∥문왈 그듸 물 도의를 아니면 일뎡 마의 츌신이로다 노인이 골오듸 나는 물 도의도 아니오 마의도 아니라 (問老者道 : "你是鞭杖行, 還是獸醫出身?" 老者道 : "我也不是鞭杖行, 也不是獸醫.") 〈隋史遺文 2:26〉 ⇒ 도위

【도위】 명 ((인류)) 거간(居間). 장사치.¶ 駔儈∥정식 다 회뢰로 되여 탐묵ᄒᆞᆫ 뉴들이 됴뎡에 ᄀᆞ득ᄒᆞ여 은을 주고 벼술을 사미 물 ᄑᆞᄂᆞᆫ 도위 ᄀᆞᆺ고 부역이 번다ᄒᆞ여 빅셩이 견듸디 못ᄒᆞ니 죵샤의 위틱ᄒᆞ미

---

47) "拿着他娘子兒一副金鐲子, 放在李桂姐家, 算了一個月歇錢." (金瓶梅 68) "你在我店中點兩個粉頭, 幾遭歇錢不與, 又塌下我兩個月房錢." (金瓶梅 99)
48) 박재연(1999), 「조선시대 공안협의소설 번역본의 연구―『포공연의』와 구활자본 『염라왕전』을 중심으로」, 『중어중문학』 25, 한국중어중국학회 참조.

ᄀᄂᆞᆫ 실을 드리옴 ᄀᆞᆺ튼디라 (政以賂成, 昏墨盈朝, 輦金市官有同駔儈, 賦役煩多, 誅求無藝, 民不堪命. 嗷嗷塗炭, 宗社之危若綴旒.) 〈朝記 西宮廢論 8:73〉 ⇒ 도의

위에서 보듯 중한번역문헌연구소 소장『音韻半切彙編』에서 '販'의 대역어로 '도의'가 유일본으로 현재 러시아 페테르부르크 동방학연구소에 소장되어 있는 애스턴(Aston 阿須頓) 구장 번역고소설 필사본『隋史遺文』(18c중엽)에서는[49] '도의'가 '채찍과 매를 든 장사치'란 뜻의 '鞭杖行'의 대역어로 쓰여, '말장수'임을 쉽게 알 수 있다. 역사서 필사 문헌인『朝野記聞』에서는 '駔儈'의 대역어로 '도위'가 쓰였다. 이 어휘가 적어도 18세기까지도 꾸준히 쓰였음을 입증하는 것이다.

『訓蒙字會』(1527)에 '馲'을 '내맛ᄆᆞᆯ 산, 俗稱光馬'로 석의하고 있다. 그런데 기존의 고어사전에는 한결같이 '말의 한 품종', '말의 하나' 정도로 풀이하고 있으나 이는 잘못된 것이다. '馲'의 뜻을 자전에서 찾아보았거나, 근대중국어 '光馬'의 뜻을 확인했거나, '馲'자가 들어간 어휘 '馲馬[찬마]'가『同文類解』(1748)나『譯語類解補』(1775) 등의 類解書에 '기르마 업슨 ᄆᆞᆯ'(48a/37a)로 나타나고 있음을 확인했다면 이러한 오류는 바로잡을 수 있었을 것이다.

【내맛 - ᄆᆞᆯ】 몡 ((동물)) 안장(鞍裝)을 엊지 않은 말.¶ 내맛ᄆᆞᆯ 산, 俗稱 "光馬". (馲) 〈訓下 雜語 4b /9a〉 ⇒ 내ᄆᆞᆫ ᄆᆞᆯ
【내ᄆᆞᆫ - ᄆᆞᆯ】 몡 ((동물)) 안장(鞍裝)을 엊지 않은 말.¶ 騍‖ 모든 군싀 요

---

49) 박재연·김영·손지봉(2004),『슈ᄉ유문隋史遺文』, 이회, 41쪽.

란ᄒᆞ믈 듯고 급히 니러 갑을 닙고 휘를 신다가 ᄒᆞᆫ ᄧᅩᆨ을 못 미쳐 신고 쟝 뒤흘 나가 ᄆᆞᆯ을 길마를 못 미쳐 지어 내ᄆᆞᆫ ᄆᆞᆯ을 타고 열여듋 가쟝을 다리고 진을 쎼쳐 븍으로 다ᄅᆞ니 (聞衆軍擾亂, 不知所出, 擴廓帖木兒急起披甲納靴, 未竟跣一足, 踰帳後, 馬不及鞍, 乘驏與十八旗冲陣北道.) 〈英烈 7:86〉⇒ 내맛 ᄆᆞᆯ

번역고소설 『대명영렬뎐』(18c중엽)에 나오는 '내ᄆᆞᆫ말'의[50] 대역자 '驏'은 '馬產'과 같은 뜻이다. 『華東正音通俗韻考』(1747)에 '驏[잔]'을 '不鞍騎'(1: 41a)로, 『漢淸文鑑』(1770)에 '驏馬[찬마]'를 '기ᄅᆞ마 업슨 ᄆᆞᆯ'(14:31a)로 풀이하고 있다. 이처럼 18세기 후반의 문헌에는 '안장을 얹지 않은 말'을 '내맛ᄆᆞᆯ'보다는 '기ᄅᆞ마 업슨 ᄆᆞᆯ'로 일관되게 나타나 '내맛ᄆᆞᆯ'은 더 이상 점점 쓰이지 않게 된 듯하다. 그렇다면 『대명영렬뎐』(18c 중엽)에 나오는 '내ᄆᆞᆫ말'은 상당히 의고적인 어휘이다. 왜냐하면 '내ᄆᆞᆫ말'이 출현하는 낙선재본 번역고소설 『대명영렬뎐』의 원전 『皇明英烈傳』은 명나라 만력 연간에 나왔고, 현재 전하는 한글본은 18세기 전사본이지만 번역은 한 세기 전인 17세기 말에는 이루어졌으리라고 추정되기 때문이다.

2.4. 의미변화

『고어대사전』은 15세기에서 20세기 중반까지 폭넓은 자료들을 대상으로 어휘를 선별하므로 5세기 이상의 시간 속에서 개별 어휘들이 변해온 발자취를 한눈에 확인할 수 있게 된다.

현대국어에서 사용되고 있는 여러 단어들은 그 연원을 따져 보면

---

50) 박재연(1996), 『대명영렬뎐大明英烈傳』, 선문대 중한번역문헌연구소, 232쪽.

지금과는 다른 쓰임새를 살펴볼 수 있기도 하다. 한 예로, '싱니'는 중국어 '生意'의 대역어로서 "장사"의 뜻을 가진 단어로, 한자어 '생리(生理)'에서 유래한 단어이다. 『표준국어대사전』을 비롯한 기존의 사전에는 '生理'를 "① 생물체의 생물학적 기능과 작용, 또는 그 원리 ② 생활하는 습성이나 본능 ③ 월경" 등으로 기술하고 있다. "이익을 냄"의 뜻으로는 한자어 '生利'가 등재되어 있으나 이는 '生理'에 "살아갈 방도, 살림살이, 장사"의 의미가 있음을 알지 못한 데에서 기인한 사전 기술이다. 한자어 '生理'는 『杜詩諺解』에서는 "살아갈 방도"로 쓰였으며, 원래는 명대 희곡이었으나 조선시대 역학서로 쓰인 『伍倫全備諺解』(1721)에서는 "장사"의 의미로 쓰였다. 근대국어 문헌인 『손방연의』(18c중엽), 『후슈호던』(18c중엽), 『대명영렬던』(18c중엽) 등의 번역 고소설에 빈번하게 나타난다. '生理'는 현대중국어에서는 더 이상 사용하지 않지만 근대중국어에서 광범위하게 '生計, 生活, 生意'의 형태로 쓰이며 각각 "살아갈 방도, 살림살이, 장사"를 의미한다. '싱니'는 『을병연행록』, 『조천록』 등과 같은 연행록뿐만 아니라 국문소설 『보은긔우록』, 계녀서 『곤범』이나 『농가월령가』 같은 가사에도 널리 나타나며 19세기 말에는 '싱리'로 표기된 예도 보인다. 이러한 개별 단어의 쓰임새를 『고어대사전』의 폭넓은 용례를 통해 확인할 수 있다.[51]

단어의 쓰임이 달라진 또 다른 예로 '갸륵하다'와 '거룩하다'를 들 수 있다. 현대국어에서 '갸륵하다'는 "마음씨나 하는 일이 장하고 훌륭하다"의 뜻으로, '거룩하다'는 "성스럽고 위대하다" 정도로 한정되어 사용되고 있다. 그러나 필사 문헌에 나타나는 '거룩하다'는 현재 쓰임보다 훨씬 의미의 폭이 넓은 것을 확인할 수 있다. 지금까지 확

---

51) 박재연·이재홍(2012), 「영남대 소장 한글 필사본 『서유기』에 대하여」, 『중국소설논총』 36, 한국중국소설학회 참조.

인된 '거룩하다'의 이표기는 '갸록-, 갸록ᄒᆞ-, 갸륵ᄒᆞ-, 갸륵허-, 갸륵ᄒᆞ-, 거록ᄒᆞ-, 거룩ᄒᆞ-, 거륵-, 거륵ᄒᆞ-, 거륵-'가 있다. 이들 가운데 '갸륵ᄒᆞ-'가 현대어의 "갸륵하다"처럼 쓰인 것을 제외한 나머지 용례들은 "대단하다, 굉장하다, 장관이다, 크다"의 의미로 쓰였음을 알 수 있다. 그 일부 용례를 보이면 다음과 같다.

【갸록-ᄒᆞ-】 [형] ❶ (권세가) 대단하다.¶ 결단코 가만ᄒᆞᆫ 종적을 닉지 아니ᄒᆞ리니 닉 쯧은 치잉 얼골을 비러 여ᄎᆞ여ᄎᆞ ᄒᆞ면 윤녜 아모리 제 마음의 원망ᄒᆞᆫ들 어듸 가 폭빅ᄒᆞ며 윤광텬이 제 권세 갸록ᄒᆞᆫ들 강상의 죄녀를 엇지ᄒᆞ리오 〈엄효 18:64〉 ❷ (담략이) 크다.¶ 이 녀진 과연 담냑이 갸록ᄒᆞ고 믜흉이 본듸 신통커니와 슐업이 이러틋ᄒᆞ니 능운이 능히 졔어치 못ᄒᆞ리라 〈화뎡 9:27〉 ⇒ 갸록-, 갸록ᄒᆞ-, 갸륵ᄒᆞ-, 갸륵허-, 갸륵 ᄒᆞ-, 거록ᄒᆞ-, 거룩ᄒᆞ-, 거륵-, 거륵ᄒᆞ-, 거륵-

【갸륵-ᄒᆞ-】 [형] (마음씨나 하는 일이) 장하고 훌륭하다. 갸륵하다.¶ 아디 못게라 군가는 그리 갸륵ᄒᆞ고 댱부는 아딜노 결혼ᄒᆞ미 엇디 그리 블감ᄒᆞᄂᆈ 〈완월 107:24〉 두 ᄯᅡᆯ을 두미 엇지 져ᄀᆞᆺ치 다 갸륵ᄒᆞ고 스회 ᄀᆞ기히 츌즁ᄒᆞ여 됴즈의 슬허ᄒᆞᆷ을 보건듸 ᄯᅩ 그 졍경이 엿다 못ᄒᆞᆯ지라 〈완월 118:56〉 그놈을 향ᄒᆞ여 방이공이을 그놈의개 다히고 방긔을 쉬니 그 방하공이 블려 그놈 곡뒤에 마자 죽다 ᄒᆞ니 그런 갸륵ᄒᆞᆫ 슛ᄒᆞᆫ 방긔 업다 ᄒᆞᄋᆸ데 〈酉年工夫 106〉 ⇒ 갸록-, 갸록ᄒᆞ-, 갸륵ᄒᆞ-, 갸륵허-, 갸륵 ᄒᆞ-, 거록ᄒᆞ-, 거룩ᄒᆞ-, 거륵-, 거륵ᄒᆞ-, 거륵-

【갸륵-ᄒᆞ-】 [형] (관혼상제 등이) 굉장하다. 어마어마하다.¶ 쥬히 집의 니르러 피마집쟝ᄒᆞ고 긴긴히 관을 븟들고 몸을 니르려 일로의 거의 ᄒᆞ야 보내여 셩의 내니 관가ᄒᆞ던 한미 비록 죽으나 풍광이 갸륵ᄒᆞᆫ디라 (朱亥家披蔴執杖, 緊緊扶柩起身, 一路擧哀, 送出城去. 這回管家婆儘死得風光.) 〈孫龐 3:26〉 ⇒ 갸록-, 갸록ᄒᆞ-, 갸륵ᄒᆞ-, 갸륵허-, 갸륵 ᄒᆞ-,

거록ᄒᆞ-, 거룩ᄒᆞ-, 거륵-, 거륵ᄒᆞ-, 거륵-

【거록-】휑 대단하다.¶廣大∥이놈이 신통이 거록다 ᄒᆞ더니 진실노 허언이 아니로다 (幾年家聞人說孫悟空神通廣大, 今日見他, 果然話不虛傳.) 〈西遊 영남대 10-36:27〉⇒ 갸록-, 갸록ᄒᆞ-, 갸륵ᄒᆞ-, 갸륵허-, 갸륵 ᄒᆞ-, 거록ᄒᆞ-, 거룩ᄒᆞ-, 거륵-, 거륵ᄒᆞ-, 거륵-

【거록-ᄒᆞ-】휑 ❶ (위엄이 있고 엄숙한 태도나 차림새가) 거룩하거나 늠름하다.¶거륵ᄒᆞ다 (穆穆) 〈同上 容貌 18a〉▼棣棣∥시에 굴오ᄃᆡ 위의 거록ᄒᆞ야 가히 셜 거시 업다 ᄒᆞ니 (詩曰 : "威儀棣棣, 不可選也.") 〈古列女 4:7〉▼堂堂∥진야션이 신쟝이 팔쳑이오 용뫼 거록ᄒᆞᆫ지라 희대샹으로셔 ᄂᆞ와 태조를 보고 크게 쇼ᄅᆡᄒᆞ여 왈 내 ᄒᆡ마다 이의 이셔 ᄌᆡ조를 니기니 텬하 영웅들이 다 와 ᄌᆡ조를 결우대 내 만히 이긔여시니 그대곳 이긔면 은 일쳔 냥을 쥬리라 (陳也先身高八尺, 狀貌堂堂, 在戲臺上出六言道 : "我年年在此演武, 天下英雄敢來比勢, 贏得我的輸銀一千兩.") 〈英烈 1:89〉 닉됴의 과연 위국공이 님강부등의 니ᄅᆞ니 위의 거록ᄒᆞ야 졍긔 쳔니의 버럿더라 〈남계 2:75〉 대원슈의 승젼ᄒᆞ야 도라오ᄂᆞᆫ 위풍이 늠늠ᄒᆞᆫ대 쏘 대승샹 위의를 더으니 그 거록ᄒᆞ미 녜 업순 일이러라 〈낙셩 2:80〉 이ᄢᅴ 낙션이 햐쳐의셔 쥬렴 ᄉᆞ이로조ᄎᆞ 원슈의 거록ᄒᆞᆫ 위의와 아름다온 용모를 바라보고 〈명ᄒᆡᆼ 44:2〉 너른 쓸희 셔리들이 둘너셔고 긔치을 곳고 시각패와 파루북을 ᄃᆞ랏ᄂᆞᆫᄃᆡ 위풍이 늠ᆡ ᄒᆞ고 위의 거록ᄒᆞ더라 〈뉵쳔 2:5〉 ❷ (위세와 명망이) 대단하다.¶위의 츄종이 벼슬노조ᄎᆞ 십니의 니어시니 거록ᄒᆞᆫ 위망이 지나ᄂᆞᆫ 바의 더옥 빗ᄂᆞᆫ지라 〈현몽 10:26〉 ❸ (위세가) 대단하다.¶大振∥오직 초쟝군은 공렬이 ᄉᆞ희예 진동ᄒᆞ고 긔졀이 텬하의 덥혀시니 병이 강ᄒᆞ고 쟝쉬 모질어 위세 거록ᄒᆞ니 (惟楚將軍, 功烈震當時, 氣節蓋天下, 又兼兵强將猛, 威勢大振.) 〈西漢 3:3〉 ❹ (형세가) 대단하다.¶熱鬧∥엇던 관원이 형세 져리 거록ᄒᆞ뇨 (甚麼官員過往, 這等熱鬧?) 〈後水滸 9:15〉▼衆

‖한왕의 셰 거록ᄒ고 이제 번쾌 티기를 심히 급히 ᄒ니 군ᄉ를 보ᄂ
여 돕기를 ᄇ라노라 ᄒ엿거늘 (漢兵勢衆, 見今樊噲攻打甚急, 早望遣兵
協助.) 〈西漢 7:37〉 ❺ (사람이) 훌륭하다.¶ 難爲‖거록ᄒ도다 보거거
ᄂ 엇지 싱각ᄒ여 내엿ᄂ뇨 (難爲寶哥哥怎麽想來.) 〈續紅 22:10〉 졔인
이 일시의 관광ᄒ니 신부의 거록ᄒ고 신거ᄒ미 단아ᄒ고 요조ᄒ미
비길 ᄃ 업ᄂ지라 〈소현 15:37〉 ❻ (군세가) 대단하다.¶ 大‖쳔〻이
셩의 드러가니 날이 볼셔 져믈고 후쵸 인ᄆ 셩 아ᄅ 닐으니 진퇴 퉁텬
ᄒ고 군셰 거록ᄒ더라 (那時楚兵緩緩進城, 將近日落, 後哨人馬已到城
下, 塵土衝天, 軍勢甚大.) 〈西漢 8:8〉 ❼ (병세가) 위독하다.¶ 重大‖한
신의 병셰 거록ᄒ고 겸ᄒ여 쇠 만ᄒ니 경 등이 무삼 냥칙이 잇ᄂ뇨
(韓信病勢重大, 又兼詭計甚多, 卿等有何良策?) 〈西漢 8:55〉 ❽ (물결이)
세차다.¶ 洶湧‖대션이 길흘 일졍 그릇 ᄀᄅ쳣ᄂ가 시브다 믈결이 이
리 거록ᄒ고 쥬즙이 업ᄉ니 엇지 건너리오 (敢莫大仙錯指了? 此水這般
寬闊, 這般洶湧, 又不見舟楫, 如何可渡?) 〈西遊 延世 13:68〉 ❾ (소리가)
요란하다.¶ 響亮‖ᄇ야흐로 언덕의 오ᄅ려 ᄒ더니 홀연 믈 속의 쮜노
ᄂ 소ᄅ 거록ᄒ야 큰 흔 낫 니에 믈결을 쏠와 희롱ᄒ거늘 (正待上山,
忽聽得波心里跳躍的水聲響亮, 齊回頭看時, 只見海中一個大魚翻波逐浪游
戲而來.) 〈隋煬 延世 2:12〉 ❿ (신통이) 대단하다.¶ 廣大‖이년 뎐의 우
마왕의 신통이 거록ᄒ믈 ᄉ모ᄒ야 졍으로 쳥ᄒ야 지아비를 삼으니
(二年前, 訪着牛魔王神通廣大, 情願倒陪家私, 招贅爲夫.) 〈西遊 延世 9:2〉
⓫ (불, 성지, 행차, 누각, 산 따위가) 장관(壯觀)이다. 굉장하다. 볼 만
하다.¶ 온 셩듕의 블이 니러나 낫ᄀ티 블그니 이 블은 박망쇼둔ᄒ던 블
도곤 더 거록ᄒ더라 (滿縣火起, 上下通紅. 當夜之火, 又勝博望燒屯之火.)
〈三國 奎章 9:128〉 ▼好‖차셜 당진왕이 즁댱으로 더브ᄅ ᄇᄅ 셩하
의 니ᄅ라 보니 과연 거록흔 셩디라 (話說, 秦王同衆管徑來到城下觀看,
果然好一座城池.) 〈唐秦 1:58〉 어제 나조히 나의 녀셔ᄃ랑의 집의 한

거록ᄒᆞᆫ ᄒᆡᆼ치 드러시니 본ᄃᆡ 경ᄉᆞ ᄌᆡ상이라 〈윤하뎡 74:21〉 오륙십간 층누각을 물가흐로 ᄂᆞ리짓고 단청이 휘황ᄒᆞ여 물 속의 바회이고 너른 모ᄉᆡ 도라가며 옥난간을 둘너시니 앏희 노코 바라보면 호탕ᄒᆞ고 거록ᄒᆞ다 〈戊子西行錄 10:112〉 셧녁희 놉흔 뫼히 이셔 ᄀᆞ장 거록ᄒᆞ니 이거시 화부쥬의 뫼히라 〈朝天錄 40〉 ⇒ 갸록-, 갸록ᄒᆞ-, 갸륵ᄒᆞ-, 갸ᄅᆞᆨ허-, 갸ᄅᆞᆨ ᄒᆞ-, 거록ᄒᆞ-, 거룩ᄒᆞ-, 거륵-, 거륵ᄒᆞ-, 거ᄅᆞᆨ-

【거륵-】 형 (이름이나 재주가) 대단하다.¶ 뎌적 ᄒᆞᆨ졔예 장원ᄒᆞ고 이번의 ᄯᅩ 지어 아직 등이 나디 아녀시나 일로 인ᄒᆞ여 ᄌᆡ명이 거륵다[多也]ᄒᆞ더이다 (舊年冬底, 李學院老爺歲考, 才是第一次, 案尚未發, 不知考得如何. 今年是二十歲了. 說才名是有的.) 〈玉嬌 1:62〉 ⇒ 갸록-, 갸록ᄒᆞ-, 갸륵ᄒᆞ-, 갸ᄅᆞᆨ허-, 갸ᄅᆞᆨ ᄒᆞ-, 거록ᄒᆞ-, 거룩ᄒᆞ-, 거륵-, 거륵ᄒᆞ-, 거ᄅᆞᆨ-

【거룩-ᄒᆞ-】 형 ❶ (얼굴나 위엄이) 거룩하다. 대단하다.¶ 堂堂 ‖ 겻ᄐᆡ ᄒᆞᆫ 사ᄅᆞᆷ이 이시되 위엄이며 얼골이 거룩ᄒᆞ니 셩은 삭이오 일홈은 쵸ᅵ라 빵도치 ᄡᅳ기ᄅᆞᆯ 잘ᄒᆞ더니 (傍邊走過一人, 威風凜凜, 相貌堂堂, 姓索名超, 綽號急先鋒, 慣使兩把金蘸斧.) 〈忠義水滸 서울대 22:18b〉 냥사신이 쳐음으로 텬조의 드러와 거룩ᄒᆞᆫ 위엄을 보며 셩텬ᄌᆞ의 관인ᄃᆡ량을 보ᄆᆡ ᄃᆡ경신긔ᄒᆞ고 〈윤하뎡 89:35〉 ❷ (의기가) 대단하다.¶ 深重 ‖ 관승이 보니 거긔 사ᄅᆞᆷ들이 의긔 다 거룩ᄒᆞᆫ디라 션찬이 ᄒᆞᆨᄉᆞ문을 도라보며 닐오ᄃᆡ 우리 임의 잡혀와시니 ᄒᆞᆯ 일이 업ᄉᆞ니 엇더ᄒᆞ뇨 (關勝看了一般頭領義氣深重, 回顧與宣贊、郝思文道 : "我們被擒在此, 所事若何?") 〈忠義水滸 서울대 22:34b〉 ❸ (이름이나 재주가) 대단하다.¶ 大 ‖ 그 사ᄅᆞᆷ이 닐오ᄃᆡ ᄉᆡ대관이 샹시예 거룩ᄒᆞᆫ 일홈을 니ᄅᆞ며 서로 보디 못ᄒᆞᄆᆞᆯ ᄒᆞᆫᄒᆞ더니 쇼인이 뫼셔 가리라 (莊客道 : "大官人是常說大名, 只怨帳不能相會. 既是宋押司時, 小人引去.") 〈忠義水滸 서울대 8:23a〉 ▼鴻 ‖ 한원의 거룩ᄒᆞᆫ ᄌᆡ죄 이셔 문명의 다ᄉᆞ림을 도을 거시오 (做有翰苑鴻儒, 丕顯文名之治.) 〈平山 1:4〉 ❹ (마음이) 갸륵하다. 훌륭하다.¶ 향듕

사룸이야 모 음이 거룩흔 줄을 뉘 알리오 저마다 업슈이 너겨 일크 ㄹ
리 업더라 〈型世 5:4〉 ❺ (추종하는 사람이) 굉장하다. 어마어마하
다.¶ 먼니셔 틋글이 니러나고 풍악이 졈졈 갓갑거늘 셰지 먼니 바라
보니 위의 츄종이 거룩흔 가온딕 냥기 쇼년이 쳔니 츄풍마룰 치쳐 나
아오니 〈엄효 11:49〉 ⇒ 갸록-, 갸록호-, 갸륵호-, 갸륵허-, 갸륵 호
-, 거록호-, 거룩호-, 거륵-, 거륵호-, 거륵-

이러한 사전 기술 내용은 서로 형태·의미적으로 관련 있는 개별
단어가 어휘사의 장대한 시간적 맥락 속에서 어떻게 형태와 의미가
축소되거나 분화되어 왔는지를 알 수 있는 귀중한 자료로서 가치를
가진다고 할 것이다.

Ⅲ. 맺음말

모든 언어 연구의 기본은 어휘에서 시작한다고 말할 수 있다. 특히
통시적으로 그 변화 양상이 무쌍한 한국어의 경우에는 시대를 아우르
는 연구 작업이 필수적이다. 그동안 기존의 고어사전들은 해당 사전
자체가 가지고 있는 양적인 불충분함과 시간적인 단절로 인해 사전에
수록된 개개 어휘들이 변화해 온 모습을 온전히 관찰하기가 어려웠
다. 한글 필사 고문헌의 활용을 통한 사전 편찬은 그 어휘를 양적·질
적으로 확장할 수 있다는 점에서 그 가치가 크다. 많은 필사본 자료들
에서 그간 발견되지 않았던 희귀어나 난해어, 사어와 잔존어들을 살
펴볼 수 있고, 개별 단어의 의미 변화 모습도 살펴볼 수 있었다.

본고에서는 희귀어로 실올/실오리(손실분), 어리쇠/어르쇠(성냥),
문(번, 차례), 운(무리, 떼), 미몰호-/미물호-/미플호-(못생기다,

오종종하다), 배밧-/배싸-/배뼈-(훼방놓다), 깅가락하-(말하다), 돈 길가-(값나가다) 등을 살펴보았다.

난해어로는 '어ㅎ'가 기존의 '방법' 외에도 '정신/낯짝'으로도 해석 될 수 있음을 보여주었고, '어머리'가 '현격하게'의 뜻 외에도 '하찮게' 의 뜻이 있음을 밝혔다.

한자어로는 '티즈'와 '금장'의 한자가 '稚子'와 '襟丈'이며, 각각 '볼 모'와 '동서'의 뜻임을 밝혔다. 이 밖에도 16세기 이전까지 보였던 '도 산(선물 /해웃값)', '도의(거간꾼, 장사치)' '내맛믈(안장 없는 말)' 등 이 18세기 필사문헌에서도 나타남이 확인되었다.

의미변화의 예로서 '거룩하다'를 들었는데, 이는 현재 쓰이고 있는 "성스럽고 위대하다"의 의미보다 훨씬 다양하게 쓰였음을 볼 수 있었 다. 즉 "대단하다, 굉장하다, 장관이다, 크다"의 의미로도 여러 문헌 에 나타나는 것을 확인하였다.

참고문헌

고려대학교 민족문화연구원(2009), 『고려대 한국어대사전』, 고려대학교 민족문화
　　　연구원.
국립국어연구원(1999), 『표준국어대사전』, 국립국어연구원.
김 영(2007), 『조선후기 명대소설 번역 필사본 연구－새로 발굴된 셔유긔·高后傳·
　　　슈양의亽·슈亽유문·남송연의를 중심으로』, 한국외국어대학교 박사학위
　　　논문.
남광우(1997), 『고어사전』, 교학사.
문세영(1942), 『조선어사전』, 영창서관.
박성훈(2009), 『老乞大諺解辭典』, 태학사.
박재연(2002), 『中朝大辭典』(9책), 중한번역문헌연구소 /선문대학교 출판부.
　　　(2005), 『홍루몽고어사전』, 이회.
　　　(2010), 『朝鮮後期筆寫本漢語會話書辭典』, 학고방.
　　　 주편(2010), 『필사본 고어대사전』(7책), 선문대학교 중한번역문헌연구소 /
　　　학고방.
　　　(1993), 『조선시대 중국 통속소설 번역본의 연구－낙선재본을 중심으로』,
　　　한국외국어대학교 박사학위 논문.
　　　(2001), 「중국 번역소설과 역학서에 나타난 어휘에 대하여」, 『한국어문학연
　　　구』13, 한국어문학연구회, 138-174쪽.
　　　(2008), 「진주 유씨가 묘 출토 언간의 어휘론적 고찰」, 『동방학지』142, 연세
　　　대학교 국학연구원, 231-270쪽.
　　　(2010), 「『필사본 고어대사전』 편찬에 대하여」, 『한국사전학』16, 한국사전
　　　학회, 137-187쪽.
　　　(2012), 「조선 후기 필사본 漢語會話書 『騎着匹』에 보이는 희귀어와 차용어
　　　에 대하여」, 『역학과 역학서』3.
박재연·이재홍(2011), 「영남대 소장 한글 필사본 『셔유긔』에 대하여」, 『중국소설
　　　논총』36, 한국중국소설학회.
박진호(2009), 「『십현담요해』 언해본에 대한 국어학적 고찰」, 『성철 대종사 소장
　　　'십현담요해' 언해본의 의미』, 대한불교조계종 백련불교문화재단.
배영환(2011), 「조선시대 한글편지 어휘 사전을 통해 본 어휘의 특징」, 『조선시대
　　　한글편지의 학제간 연구와 사전편찬』. 발표집, 한국학중앙연구원 어문생활
　　　사연구소.

백두현(2006), 「국어사 연구의 새로운 방향 설정을 위하여」, 『국어학』47, 국어학회, 3-38쪽.

신중진(2004), 「개화기 한글자료 말뭉치의 구축 방안」, 『관악어문연구』29, 서울대학교 국어국문학과, 261-283쪽.

유창돈(1964/1994), 『이조어 사전』, 연세대 출판부.

이재홍(2008), 『국립중앙도서관 소장 번역 필사본 중국역사소설 연구』, 연세대학교 박사학위 논문.

이현희(2009), 「'조초'의 文法史」, 『진단학보』107, 진단학회, 129-179쪽.

______(2010), 「'채'와 '째'의 통시적 문법」, 『규장각』36, 서울대학교 규장각 한국학 연구원, 73-134쪽.

______(2010), 「근대 한국어의 잉여적 파생접미사 덧붙음 현상」, 『한국문화』52, 서울대학교 규장각 한국학연구원, 3-22쪽.

조항범(1998), 『註解 순천김씨 묘 출토 간찰』, 태학사.

한글학회(1992), 『우리말큰사전4』, 어문각.

홍순석 외(2008), 『京畿東部地域의 古文獻』, 강남대학교 인문과학연구소.

홍윤표(1995) 외 『17세기 국어사전』, 태학사.

______(1999), 「고전소설 사전 편찬의 의의」, 『정신문화연구』77, 한국학중앙연구원, 297-306쪽.

______(2001), 「국어사 자료 코퍼스의 구축 현황과 과제」, 『한국어학』14, 한국어학회, 1-32쪽.

______(2009), 「근대국어의 국어사적 성격」, 『국어사연구』15, 국어사학회, 153-172쪽.

______(2009), 「한글 고문헌 및 한글 고문서의 주석 방법에 대하여」, 『영남학』15, 경북대학교 영남문화연구원, 273-306쪽.

______(2010), 「신소설 어휘사전 편집과 항목 구성 방안」, 『신소설 어휘사전 편찬II』 발표집, 한국학중앙연구원 어문생활사연구소.

홍종선(2008), 「국어 사전 편찬의 역사(1)」, 『우리어문연구』30, 우리어문학회, 117~143쪽.

조선후기 문자언어학(文字言語學)
연구 흐름과 자서(字書) 편찬[*]

신상현[**]

Ⅰ. 서론

이 글은 조선후기의 文字言語學 研究 흐름을 살펴보고, 조선후기에 편찬된 字書가 일정한 수준에 도달한 文字言語學 研究의 성과를 바탕으로 이루어졌음을 고찰한 것이다.

우리나라는 중국으로부터 한자가 전래된 이후로 대체로 중국에서 편찬된 字書와 韻書를 참고로 하여 문학 활동을 비롯한 각종 기록에 적용해 왔다.[1] 그러다가 원나라 말기에 이르러 중국에서의 聲調體系 동요로 인하여 고려 말부터 '한자를 어떻게 읽을 것인가'에 대한 연구

---

 * 이 글은 『漢字漢文研究』 제4호(2009)에 게재한 논문이다.
** 고려대학교 민족문화연구원 선임연구원

1) 우리나라에서 주로 유통된 중국 운서로는 『禮部韻略』 계열이며, 자서로는 『설문해자』와 『옥편』이 대부분을 차지한다.(田日周, 『韓國 漢字字典 研究』, 중문출판사, 2003, 62-73쪽 참조.)

가 진행되어 聲韻學이 발전하게 되었으며, 조선시대로 접어들어서는
조선후기에 이르기까지 상당한 수의 韻書가 편찬된다. 이렇게 편찬
된 韻書는 그 내용과 체계에서도 중국과 차별성을 가지면서 독자적
인 편집 형태를 띠게 되는데, 기존의 중국 韻書에는 없는 형태인 한
면에 平上去聲을 모두 표기하는 3단 편집체계를 가장 큰 특징으로 들
수 있으며, 또 訓民正音의 창제 이후로는 당시의 朝鮮 漢字音을 韻書
에 충분히 반영하고 있다.[2]

韻書와는 달리 字書에 대한 연구는 조선전기에는 그리 관심을 가
지지 않았던 것으로 보이는데, 이것은 앞서 언급한 것처럼 한자의
수용에 있어서 자형보다는 한자음에 더 치중하였기 때문이라고 추
정된다. 이런 가운데 世祖에서 明宗 연간에 걸쳐 대규모로 진행된
佛經刊行 과정에서 기존의『龍龕手鏡』을 전면 개편하여 朝鮮本
『龍龕手鑑』을 독자적으로 편찬한 것이 거의 유일한 성과라 할 수
있겠다.[3]

조선후기로 들어오면, 文字言語學으로서의 '小學'에 대한 개념이
정립되고, 이와 더불어 文字訓詁에 의한 經學 연구가 하나의 흐름을
형성하게 되며, 나아가서는 文字言語學 연구가 독립적인 학문 영역
으로 발전하게 된다. 이러한 흐름의 바탕 위에서 石泉 申綽(1760~
1828), 茶山 丁若鏞(1762~1836), 研經齋 成海應(1760~1839) 등이 字
學 연구와 訓詁學의 방법론을 經書 해석에 활용하였고,[4] 靑莊館 李

---

2) 元나라 말부터 중국의 한자음이 급격히 변화하기 시작하는데, 특히 입성 /-t/의
/-l/화 현상이 두드러지게 나타나게 되며, 일부 韻은 성조가 변화하기도 하였다.
明나라 초에 이를 정리하여『洪武正韻』에서 規範音을 규정하지만, 대체로 잘 지
켜지지 않았다. 당시 조선에서는 이러한 현상을 어떻게 수용할 것인가에 대하여
성운학 연구를 진행하였다고 할 수 있다.(정경일,『한국운서의 이해』, 아카넷,
2003, 8-13쪽 참조.)

3) 졸고,「朝鮮本『龍龕手鑑』의 版本과 特徵에 대한 考察」,『한문학보』14집, 우리
한문학회, 2006.

德懋(1741~1793) 등은 淸나라 초기의 古音學 연구 성과를 수용하여 『奎章全韻』과 『全韻玉篇』 편찬에 적용하게 된다.[5] 또 朴瑄壽(1823~1899)는 說文解字 연구서인 『說文解字翼徵』을 편찬하였고,[6] 鄭允容(1792~1865)은 한자를 주제별로 묶어 類書의 형태로 편찬한 字書인 『字類註釋』을 편찬한다.[7]

이러한 상황으로 볼 때, 조선후기의 文字言語學 연구는 청나라 考證學의 영향을 받아 자형과 자음에 대한 연구뿐만 아니라 훈고학을 비롯하여 한자 어휘에 이르기까지 다양하게 전개되었다고 할 수 있으며,[8] 이것은 조선전기와는 확연히 구별되는 또 다른 경향이라 할 수 있다. 그러나 현존하는 저술이 그리 많지 않고, 저자가 밝혀지지 않는 경우가 있으며, 또 그 가운데에는 명확하게 形音義 세 분야 중 하나로 구분할 수 없는 등 여러 가지 복잡한 문제로 인하여 연구가 그리 활발하게 진행되지 못한 것이 사실이다.[9]

---

4) 楊沅錫, 「朝鮮 後期 文字訓詁學 硏究」, 고려대학교 대학원 박사학위 논문, 2006, 11-75쪽 참조.

5) 졸고, 「18세기 韻書 編纂과 淸代 古音學 受容 硏究 -특히 『奎章全韻』 편찬을 중심으로-」, 『한문교육연구』 28집, 한국한문교육학회, 2007.

6) 『說文解字翼徵』에 대해서는 다음과 같은 연구가 있다.
　　金順姬, 「≪說文解字翼徵≫에 관한 硏究」, 중앙대 문헌정보학과 박사학위논문, 1995. (단행본 : 한국학술정보, 2005.)
　　河永三, 「朴瑄壽 ≪說文解字翼徵≫의 文字理論과 解析體系의 特徵」, 『중국어문학』 38, 2001.
　　金玲敬, 「≪說文解字翼徵≫ 硏究」, 華東師範大學 박사학위논문, 2004.
　　楊沅錫, 상게서.

7) 기존의 연구에서는 『字類註釋』을 『訓蒙字會』류의 한자 학습서로 취급하고 있다. 그러나 수록된 한자의 수와 字音과 字義의 표기, 그리고 한자의 訓釋 등으로 볼 때, 類書의 형식을 빌린 字書로 보아야 하겠다. 이 외에 『字類註釋』의 사전적 성격과 언어적 성격을 다룬 기초 연구로 임경조의 「『字類註釋』의 사전적 성격과 언어적 성격」(서울대학교 대학원 석사학위논문, 1993.)이 있다.

8) 楊沅錫, 상게서.

9) 韻書와 漢字語彙에 대한 연구는 국어사 연구 차원에서 일찍부터 연구의 대상이 되었으며, 그 연구 성과 또한 상당히 축적된 것으로 알려져 있다. (兪昌均, 『國語

　이러한 점을 감안하면서, 이 글에서는 조선후기에 편찬된 일련의 字書가 당시의 文字言語學 연구 성과를 바탕으로 성립되었음을 살펴보고자 한다. 이를 위하여 우선 조선후기의 文字言語學 연구 흐름을 개략적으로 살펴보고, 이어서 현존하는 字書의 특징과 내용에 대하여 고찰할 것이다. 그러나 이 글에서는『說文解字』연구서인『說文解字翼徵』과 같이 기존에 활발하게 연구가 진행된 字書는 논의를 생략하고,[10] 19세기 말까지 편찬된 字書 가운데 字書로서의 특징을 가장 잘 나타내 보이고 있는『六書經緯』·『全韻玉篇』·『字類註釋』을 중심으로 논의를 진행하였다.

II. 朝鮮後期 文字言語學 硏究 흐름

　일찍이 蒼園 鄭寅普(1893-?)는「旅菴全書總叙」와「石泉遺稿記」등에서 조선후기의 학문 系譜를 다음과 같이 세 계열로 나누고 있다.

　1. 少論系 : 谿谷 張維(1587-1638), 遲川 崔鳴吉(1586-1647)로부터 霞谷 鄭齊斗(1649-1736)로 이어졌다가 恒齋 李匡臣(1700-1744), 金澤秀(?-?), 遁谷 李震炳(?-?), 圓嶠 李匡師(1705-1777)와 藜室 李肯翊(1736-1806)·信齋 李令翊(1738-1780) 三父子, 椒園 李忠翊(1744-1816), 玄同 鄭東愈(1744-1808)를 거쳐 石泉 申綽(1760-1828), 西陂 柳僖(1773-1837)로 이어지는 계열.

　2. 老論系 : 潛谷 金堉(1580-1658)로부터 두 아들 金佐明(1616-1671), 金佑明(1619-1675) 형제와 潛谷의 손자 金錫胄(1634-1684), 그리고

學史』, 螢雪出版社, 1988.)
10) 각주 6)번 참조.

제자인 丹巖 閔鎭遠(?-?), 疎齋 李頤命(1658-1722)과 遲川의 손자인 鳴谷 崔錫鼎(1646-1715)으로 이어지는 계열.

3. 南人系 : 磻溪 柳馨遠(1622-1673)으로부터 農圃 鄭尙驥(1678-1752)와 兼齋 鄭恒齡(1700-?)父子, 星湖 李瀷(1681-1763)과 그의 제자인 尹東奎(1695-1773), 愼後聃(1702-1761), 順菴 安鼎福(1712-1791), 權哲身(1736-1801), 그리고 兼齋 鄭恒齡과 친분을 유지하면서 星湖를 사숙한 旅菴 申景濬(1712-1781), 李家煥(1742-1801)과 관계를 맺으면서 星湖를 사숙한 茶山 丁若鏞(1762-1836)으로 이어지는 계열.[11]

위의 분류에서 첫 번째 계열인 少論系 학자들은 대부분 陽明學派에 속한다. 그런데 두 번째 계열인 老論系 학자들은 少論系 학자들과 직간접적으로 일정한 친분관계를 유지하면서 이들과 비슷한 학문 경향을 보이고 있는 경우에만 포함시키고 있고, 세 번째 계열인 南人系는 性理學의 바탕 위에 西學을 접목하였으나 결국 몰락하게 되는 近畿南人系 학자들이 대거 포함되어 있는데, 이것은 아마도 薝園의 학문적 편향에 의한 어떤 의도가 작용한 것으로 보인다.[12] 그럼에도 이 분류가 의미를 가지는 것은 이들 학자들의 학문적 바탕에는 文字言語學에 대한 연구가 하나의 흐름으로 자리하고 있다는 것이다. 즉 우리말[朝鮮語]에 대한 새로운 인식과 訓民正音에 대한 언어학적 관심의 증대, 韻書의 편찬, 朝鮮語 語彙集의 편찬, 文字訓詁에 의한 經

---

11) 이 내용은 『薝園 鄭寅普全集 5(薝園文錄 上)』에 실린 「旅菴全書總叙」와 『薝園 鄭寅普全集 6(薝園文錄 下)』에 실린 「石泉遺稿記」의 내용을 바탕으로 하고, 金亮鎭의 「18世紀 後半의 國語學과 鄭東愈의 『晝永編』」(『大東文化研究』 제68집, 大東文化研究院, 2009, 259쪽.)을 참고하여 다시 정리한 것이다.

12) 실제로 老論系 학자 가운데에서도 文字言語에 관심을 가지고 연구를 진행하였는데, 朴斗世의 『三韻補遺』(1702), 朴性源의 『華東正音』(1747), 洪啓禧의 『三韻聲彙』(1751)를 들 수 있다.

書 해석의 새로운 방법론 모색과 적용 등 기존의 性理學 중심의 학문 경향에서 많이 벗어나 있다.

薑園은 다시 이들 세 계열 가운데 陽明學派에 속하는 학자들을 다음과 같이 세 가지 부류로 나누고 있다.

> 第一流 : 遲川 崔鳴吉, 谿谷 張維, 霞谷 鄭齊斗
> 第二流 : 圓嶠 李匡師, 信齋 李令翊, 椒園 李忠翊
> 第三流 : 湛軒 洪大容(1731-1783)[13]

薑園은 第一流에 속하는 학자들 가운데 遲川 崔鳴吉과 谿谷 張維가 양명학의 기틀을 잡았다면, 霞谷 鄭齊斗는 양명학을 집대성하였다고 파악하였다. 그리고 霞谷의 다양한 학문 경향 가운데 '아들인 鄭厚一(?-?)은 數學의 精緻함을 이어받았고, 외손인 申綽은 樸學으로써 不朽의 業을 이루었으며, 聲音文字의 學은 圓嶠 李匡師, 信齋 李令翊, 椒園 李忠翊, 玄同 鄭東愈에게로 직간접적으로 전해지다가 西陂 柳僖에게 이르러 특히 드러났다'[14]고 부연하고 있다. 그런데 노론 계열로 알려진 湛軒 洪大容을 第三流에 포함시킨 것이 특이한데, 薑園은 "湛軒이 「毉山問答」에서 '당시 儒學의 병폐인 虛와 假를 歷徵'하였고, '종래 鐵案으로 내려오던 大明義理를 뿌리째 뽑아버렸'으며, 또 이것은 虛亡과 實存의 원리를 추론한 漫筆이 아니라 '虛와 實의 對討'이고, '自類를 主하는 實學과 自土를 衛하는 實政'을 찾고자 하는 苦心"이라고 하면서 "霞谷의 「存言」과 湛軒의 「毉山問答」이 모두 '實'자를 表揭한 것에서 朝鮮 陽明學派를 찾을 수 있다"[15]고 그 이유를 들고 있다.

---

13) 鄭寅普, 「陽明學演論」, 『薑園 鄭寅普全集 2(國學散藁 外)』, 延世大學校出版部, 1983, 210-237쪽 요약. ; 金亮鎭, 상게서, 260쪽 재인용.
14) 鄭寅普, 상게서, 226쪽 참조.

이처럼 '實'을 추구하면서 文字言語學에 대한 학문 경향을 일관되게 유지하고 있고, 특히 少論系를 중심으로 한 조선후기의 陽明學派에 대한 薝園의 분류는 이후 오랫동안 국어학사에서 차용되어 왔다.[16] 또 근래에는 이들 少論系 학자 상호 간의 인적 교류에 따라 좀 더 세부적인 논의를 진행하고 있기도 하다.[17]

이와 같은 조선후기의 文字言語學에 대한 학문 경향은 漢字를 위주로 한 字學의 연구와 字書의 편찬에서도 대체로 그 맥을 같이 하고 있는데, 薝園은 惺臺 權丙勳(1864-1941)의 『六書尋源』「敍」에서 조선후기 字學 연구 흐름에 대해 다음과 같이 개괄하고 있다.

---

15) 鄭寅普, 상게서, 235-237쪽 참조.

16) 대표적인 학자로 劉昌均, 姜信沆, 김완진, 정광, 장소원을 들 수 있다. 劉昌均은 조선후기에 訓民正音과 音韻學 연구의 학문 경향을 양명학 계열과 실학 계열로 나누어 설명하고 있으며(劉昌均, 『國語學史』, 螢雪出版社, 1988.), 姜信沆도 같은 견해를 피력하고 있다.(姜信沆, 『국어학사』, 보성문화사, 1990.)

김완진, 정광, 장소원은 朝鮮學이라는 개념을 설정하고는 實學思想이 朝鮮學을 발달시켰으며, 南人系列의 李瀷·柳馨遠·丁若鏞·安鼎福·鄭尙驥 등과 老論系列의 李頤命·金萬重·洪大容·金堉·朴趾源·申景濬 등, 少論系列의 崔鳴吉·張維·崔錫鼎·鄭東愈·李肯翊·柳僖 등의 세 流派에 의해 전개되었다고 보았는데, 이전의 '陽明學的 傳統'이라는 포괄적인 개념으로부터 각각의 流派로 좀 더 구체적으로 접근하고 있다.(김완진·정광·장소원, 『國語學史』, 방송통신대학교 출판부, 1999.)

17) 김동준은 少論系列의 학자들을 인적 교류에 따라 1)南九萬·崔錫鼎·鄭齊斗 권역, 2)洪良浩·申景濬 권역, 3)鄭東愈·尹光垂·李義鳳 권역으로 나누어 살펴보았고, 계승맥락에 따라 1)鄭齊斗·李匡師·李令翊·李忠翊의 축, 2)南九萬·南鶴鳴·南克寬의 축, 3)崔錫鼎·洪良浩·洪義俊의 축, 4)鄭東愈·柳僖·鄭允容·姜瑋의 축으로 나누고 있다.(김동준, 「소론계 학자들의 자국어문 연구활동과 양상」, 『민족문학사연구』35, 민족문학사학회, 2007.)

金亮鎭은 少論系列 학문의 연속성을 崔錫鼎·鄭齊斗·南克寬 등으로부터 洪良浩·申景濬·李思質-李奎象 父子·李匡師-李肯翊 父子·鄭東愈 등으로 이어졌다가 洪義俊·柳僖·朴慶家 등을 거쳐 鄭允容·盧正燮·權靖善 등으로 이어진다고 보았다.(金亮鎭, 「18世紀 後半의 國語學과 鄭東愈의 『晝永編』」, 『大東文化研究』 제68집, 大東文化研究院, 2009.)

근세에 이르러 玉洞 李漵(1662-1723)가 說文을 공부하여 元陵(英祖) 때에 드러났으며, 그 학풍이 미쳐 星湖 李瀷과 茶山 丁若鏞이 모두 이를 토론하였고, 保晚齋 徐命膺(1716-1787)과 楓石 徐有榘(1764-1845) 祖孫, 耳溪 洪良浩(1724-1802)와 雅亭 李德懋(1741-1793) 같은 이도 또한 저술이 있었다. 그러나 겨우 한 책을 이룬 것은 心淵 南正和(?-?)의 『說文新義』인데, 지금 그 책이 있는 곳을 알지 못한다. 高宗 때에 桂田 申應朝(1804-1899)와 溫齋 朴瑄壽(1823-1899)가 모두 小學을 좋아하였는데, 溫齋가 잘하는 것은 古金文에 있었다. 최후로 惺臺 權丙勳 선생이 우뚝하게 일어나 그가 지은 것을 『六書尋源』이라 하니, 지금 이 책이 그것이다.[18]

蘐園은 조선후기 字學 연구의 흐름을 玉洞 李漵의 說文에서부터 시작하여 星湖 李瀷-茶山 丁若鏞, 保晚齋 徐命膺-楓石 徐有榘[19], 그리고 耳溪 洪良浩[20]-雅亭 李德懋의 계열로 각각 연결시키고 있으며, 心淵 南正和의 『說文新義』가 있었음을 언급하고 있다. 이들 가운데 心淵 南正和를 제외하고는 모두 老論系와 近畿南人系에 속하는 학자들이라는 점이다. 이것은 비록 老論系 학자들이 少論系 陽明學派의 학자

---

18) 鄭寅普, 『六書尋源』, 「敍」, "逮至近世, 玉洞李氏漵, 以治說文, 著元陵世, 其風之所及, 星湖茶山皆討論焉. 若徐保晚楓石祖孫, 洪耳溪李雅亭, 亦有述造, 然勒成一書, 則心淵南氏正和說文新義, 今其書不知所在矣. 高宗時, 申桂田朴溫齋皆好小學, 溫齋所長在古金文, 而最後有惺臺權先生, 卓礫崛起, 其所著曰六書尋源, 今此書是也."

19) 保晚齋 徐命膺와 楓石 徐有榘는 多文字言語 어휘집 『古今釋林』을 편찬한 李義鳳(1733-1801)과 인척 관계를 맺음으로써 少論系 학자들과 연결되고 있다. 즉 李義鳳의 모친은 徐宗玉의 딸로 徐命膺·徐命善이 그의 외삼촌이 되며, 李義鳳의 동생 李義駿은 徐有榘의 스승이다. 또 李義鳳·李義駿의 매제가 尹光濂이며, 尹光濂의 아우가 尹光垂인데, 尹光垂는 상당한 기간 동안 鄭東愈와 聲韻·文字·訓民正音에 대해 진지한 토론을 펼쳤던 학자이다. (김동준, 상게서, 27-28쪽 참조)

20) 耳溪 洪良浩의 외조부는 소론의 핵심 인물로 영조 때 영의정을 지낸 沈壽賢이며, 외삼촌 沈鋿은 霞谷 鄭齊斗의 제자였다. (陳在敎, 『耳溪 洪良浩 文學 硏究』, 成均館大學教 大東文化硏究院, 1999, 21-22쪽 참조.)

들과 어느 정도 관계를 맺고 있었고, 近畿南人系 학자들이 西學을 수용하여 性理學에 접목시켜 經書에 대한 새로운 해석을 시도하였으나, 그 기저에는 여전히 性理學이 자리하고 있었기 때문인 것으로 파악된다. 그리하여 우리말[朝鮮語]과 訓民正音에 대한 언어학적 관심보다는 漢字를 위주로 한 字學의 연구와 이를 바탕으로 經書 字句의 文字訓詁, 그리고 韻書와 字書의 편찬에 더 심혈을 기울였던 것은 아닌가 한다.

현재 이들 학자 가운데 字學과 관련된 단일 저술로는 洪良浩의 『六書經緯』와 朴瑄壽의 『說文解字翼徵』, 權丙勳의 『六書尋源』이 있으며, 丁若鏞이 편찬한 초학자용 학습서인 『兒學編』이 확인될 뿐이다. 그러나 이들의 言語文字學 연구 흔적은 여러 곳에서 발견되고 있는데, 徐命膺은 正祖 때에 『奎章全韻』의 원형으로 추정되는 『奎章韻瑞』를 편찬하였고[21], 李德懋와 丁若鏞은 『奎章全韻』과 『全韻玉篇』의 주요 편찬자로 참여하는 등 字學 연구 성과를 실제 字書 편찬에 도입하였음을 추측해 볼 수 있다.[22] 이들 학자 외에도 石泉 申綽[23]과 研經齋 成海應은 『詩經』 文字의 同異를 연구하였고,[24] 裵相說(1759~

---

21) 『靑莊館全書』卷24, 「編書雜稿」4, ‘奎章全韻凡例’, “今定四聲, 槩從章氏, 而閣臣徐命膺編奎章韻瑞, 已有此例.” 鄭寅普가 ‘若徐保晚楓石祖孫’이라고 한 것으로 보아 徐有榘도 『奎章韻瑞』 편찬에 어느 정도 기여한 것으로 파악할 수 있다.

22) 李德懋는 『奎章全韻』과 『全韻玉篇』 편찬을 주도하게 되고(졸고, 「18세기 韻書 編纂과 淸代 古音學 受容 硏究 -특히 『奎章全韻』 편찬을 중심으로-」, 『한문교육연구』 28집, 한국한문교육학회, 2007. 참조.), 丁若鏞은 柳得恭・李家煥과 함께 『全韻玉篇』 교정에 참여하게 된다.(『與猶堂全書』第一集 詩文集 第十五卷 ○文集, 「貞軒墓誌銘」 “而先朝末年, 命撰奎章全韻玉篇, 令檢書官柳得恭問議於李家煥丁若鏞, 以正訛謬, 終又仰稟睿裁, 此皆御定之書也.”)

23) 申綽은 『詩經異文』에서 『詩經』의 文字에 대하여 그 同異를 漢나라 이전의 문헌을 대상으로 고찰하고 있어 그의 尙古主義와 考證에 의한 학문 성향을 잘 보여주고 있다.(金興圭, 『朝鮮 後期의 詩經論과 詩意識』, 高大民族文化研究所, 1982, 141-154쪽 참조.)

24) 楊沅錫, 「朝鮮 後期 文字訓詁學 研究」, 고려대학교 대학원 박사학위 논문,

1789)은 『書計瑣錄』에서 六書와 文字의 연원에 대하여 언급하고 있으며, 李衡祥(1653~1733)은 『字學提綱』에서 字學과 韻學, 그리고 외국의 문자에 이르기까지 文字言語學 전반에 걸쳐 요약하여 정리하고 있다.[25]

이상에서 살펴본 바와 같이 조선후기 文字言語學 연구는 대체로 少論系列의 陽明學派 학자들과, 이들과 일정한 친분관계를 맺고 있었던 老論系 학자들, 그리고 性理學의 바탕 위에 西學을 받아들였던 近畿南人系 학자를 중심으로 전개되었다고 할 수 있겠다. 이들의 학문 경향은 우리말[朝鮮語]에 대한 새로운 인식과 訓民正音에 대한 언어학적 관심의 증대, 韻書의 편찬, 朝鮮語 語彙集의 편찬, 文字訓詁에 의한 經書 해석의 새로운 방법론 모색과 적용 등을 들 수 있으며, 이러한 연구 성과는 그대로 韻書와 字書의 편찬에 적용되었다고 할 수 있겠다.

특히 韻書와 字書의 편찬에는 老論系와 近畿南人系에 속하는 학자들이 주류를 이루고 있는데, 이것은 비록 당시의 조류에 편승하여 새로운 학문적 시도를 하기는 하지만, 여전히 그 기저에는 性理學이 자리하고 있었기 때문인 것으로 파악된다. 그리하여 우리말에 대한 관심보다는 漢字를 위주로 한 字學의 연구와 이를 바탕으로 經書 字句의 文字訓詁, 그리고 韻書와 字書의 편찬에 더 심혈을 기울였던 것으로 보인다.

2006, 101-115쪽 참조.
25) 金彦鍾, 「해제: 甁窩 李衡祥과 『字學』」, 『譯註 字學』, 푸른역사, 2008.

Ⅲ. 朝鮮後期에 編纂된 주요 字書

3.1. 耳溪 洪良浩의『六書經緯』

『六書經緯』는 耳溪 洪良浩가 정조 1년(1777)에 편찬한 字書이다. 그는『六書經緯』의 서문에서 우선 "'書[글자]'의 발생과 六書가 세상에 행해진 것을 들고, 이러한 것이 周代에 이르러 保氏가 小學을 통하여 육서의 도를 잘 밝혔다고 하였다. 그러나 질박하고 忠厚하며 簡奧한 文으로는 사물의 변화를 다하고 시대에 맞추어 쓰기에 부족"[26] 하여 "진나라 李斯가 大篆을 간단하게 하여 小篆을 만들고, 程邈이 小篆을 뒤집어 隷書를 만들고, 한나라에 미쳐서는 또 변하여 楷書가 되니, 서체가 여러 번 변하여 六書의 뜻이 전하지 않게 되었다"[27]고 하면서 저술 취지를 다음과 같이 언급하고 있다.

세상의 字學이라고 하는 것이 오로지 諧聲만을 좇아 글자를 구하는 까닭에 천하에 가득 찬 것은 대저 三韻과 四聲의 系譜에 관한 것뿐이다. 오직『說文解字』한 책만이 오로지 字義를 해석하였으나, 근원만 들고 부차적인 것은 버리는 방식으로 기술되었기에 소략하고 완비하지 못하여 옛날 성인이 書를 제작한 精義와 奧旨를 볼 수가 없다. 내가 일찍이 이를 한탄하였는데, 예전에 北關으로 좌천되었을 때 문을 걸어 잠그고 궁핍하게 지내

---

26)『耳溪集』外集卷10,『六書經緯』,「六書經緯序」"庖犧氏之畫卦, 倉頡氏之造書, 凡所以贊天地之化, 牖生民之道, 成天下之亹亹者也. 然卦者, 立象以示意而已, 書者, 纂辭以明道, 非書則卦與象隱矣, 故天地設位, 而六書八卦並行于其中. 周禮保氏, 以六書敎國子, 所謂小學也, 六書明而道在是矣."

27) 상게서, "倉頡氏歿, 神聖繼創, 質文相承, 至周而大備, 逮于戰國, 元氣鑿矣, 人事荒矣, 渾噩簡奧之文, 不足以盡物變而適時用. 於是乎秦斯易大篆爲小篆, 程邈翻小篆爲隷書, 及漢而又轉爲楷字, 體屢變而六書之義不傳."

면서 外物과 접촉하지 않고 오로지 정밀하게 묵묵히 생각하여 깨달음이 있는 듯하였다. 이에 今文 恒用字 1,700여 자를 취하여 象形·會意·指事· 形聲의 글자를 각각 그 형상에 인하여 字義를 해석하였다. …… 分彙는 『易大傳』의 繫辭傳을 본받았고, 立言은 『爾雅』와 『釋名』을 모방하였으며, 말은 요약하고 뜻은 명확하게 하여 愚夫와 愚婦로 하여금 모두 더불어 알게 하였다. 『六書經緯』라고 명명하였는데, 經緯라는 것은 자연의 무늬이다.[28]

홍양호는 당시에 諧聲만을 좇아 聲韻을 중심으로 편찬한 字書가 대부분이고, 『說文解字』가 비록 字義를 중심으로 편찬되었으나, 지금 사용하고 있는 해서의 근원이 되는 小篆만을 들고 시대에 따라 변화한 글자의 양상을 알 수가 없어 성인이 글자를 만든 精義와 奧旨를 볼 수가 없음을 지적하고 있다. 그리하여 字義를 중심으로 편찬된 새로운 방식의 자서의 필요성을 느끼게 되어 『六書經緯』를 엮게 되었는데, 각각의 글자를 象形·會意·指事·形聲의 六書에 따라 배열하고, 그 字義를 해석하였다고 한다. 그리고 내용의 형식은 『易大傳』의 「繫辭傳」을 본받았고, 내용의 서술 방식은 『爾雅』와 『釋名』을 모방하였으며, 말은 요약하고 뜻은 명확하게 하였다는 것이다.

『六書經緯』를 완성한 뒤 홍양호는 중국에서 字學 관련 서적을 구하여 이들 서적과 대조를 하게 되는데, 특히 명나라 魏校(1483-1543)의 『六書精蘊』과의 대조를 시도한 것 같다.

---

28) 상게서, "世之爲字學者, 惟從諧聲焉求之, 故盈天下者, 大抵三韻四聲之譜而已. 獨說文一書, 專解字義, 而舉母遺子, 畧而不備, 古聖人制作之精義奧旨, 猶不可見矣. 余嘗恨之, 往歲謫官北塞, 閉門窮居, 不與外物接, 專精默思, 若有悟焉. 乃取今文恒用者千有七百餘字, 形也意也事也聲也, 各因其象而釋其義焉. …… 分彙則本之易繫大傳, 立言則放乎爾雅釋名, 要之辭約而意明, 使夫愚夫愚婦, 皆可與知. 命之曰六書經緯, 經緯者, 自然之文也."

　　수년 뒤 서쪽으로 중국을 다니면서 널리 六書의 학을 구하여 이른바
『六書精蘊』이라는 것을 얻었는데, 곧 명나라 太常 魏校가 편찬한 것이다.
글자가 1,000여 자인데, 위로 鍾鼎의 金文에 닿아 있고, 아래로 篆書와 隷
書의 변화를 궁구하여 스스로 古人의 心法을 얻었다고 이르니, 거의 六書
의 남은 자취이다. 그러나 이 책은 전적으로 古篆을 주로 하여 지금 사람
이 통하지 않는 곳이 많은데, 지금 세상에 살면서 今文을 폐하고자 하는
것이 옳은 것인가? 옳지 않다. 내 책으로 증명하여 시험해 보니, 그 옛 것
에 맞지 않는 것이 겨우 열에 한 두 개였으며, (이것들은) 조금 수정을 가
하여 바르게 하였다.[29]

　　魏校는 『六書精蘊』의 서문에서 "倉頡이 六書를 짓고, 伏羲가 八卦
를 지었을 때에는 쉽고 간단하여 누구라도 알 수 있는 것이어서 道를
말하는 데에 부족함이 없었다. 그런데 古文, 大篆, 小篆, 隷書를 거치
면서 六書의 본의가 땅에 떨어지게 되었으니, 古文으로 小篆의 잘못
된 것을 바르게 하고, 小篆으로 古文의 빠진 것을 보충한다"[30]고 하
였다. 홍양호는 그러한 『六書精蘊』과 『六書經緯』를 대조해 시험해

---

29) 상게서, "後數年, 西遊中國, 博求六書之學, 得所謂精蘊者, 卽皇明太常魏校所撰也.
　　字凡千有餘, 上泝鍾鼎之蹟, 下究篆隷之變, 自謂得古人心法, 庶幾乎六書之遺也.
　　然是書專主古篆, 今人多不可通, 居今之世, 乃欲盡廢今文可乎, 不可也. 試取余書
　　證之, 其不合古者, 廑十之一二, 稍加是正焉."

30) 魏校, 『六書精蘊』, 「六書精蘊叙」, "倉頡之作六書也, 猶之伏羲之作八卦也, 若剖混
　　沌而開之, 其道易簡, 愚夫愚婦, 可使與知, 不足以言道 …… 古文之變而爲大篆也,
　　史籀所述也, 文字滯以備矣. …… 大篆之變而爲小篆也, 斯實紛更之, 文字則大備
　　矣 …… 程邈因是以隷書代篆書, 六書亦墜地矣. …… 因古文是正小篆之譌, 擇于
　　小篆可者, 尙補古文之闕."
　　이것은 당시에 상당한 설득력을 얻었던 것으로 보이는데, 청나라 때 孫光祖는
　　『六書緣起』에서, "魏太常六書精蘊及官孝經古文集成, 皆按索諸書而得者, 安敢有
　　一字杜撰哉. 太常云, 倉史不足, 擇小篆可者, 以補其缺, 此說得之矣."라고 그 의미
　　를 부여하고 있다.

보았더니 거의 일치하고 있으며, 틀린 것은 이를 근거로 수정을 하였다. 다만 『六書精蘊』이 古篆을 위주로 편찬되어 있기 때문에 자신은 今文으로 字義를 해석한다고 하였다.[31]

『六書經緯』의 구성은 크게 仰觀篇·俯察篇·近取篇·遠取篇·褻物篇·撰德篇·辨名篇으로 나눌 수 있는데, 각각 다루고 있는 내용을 살펴보면 다음과 같다.

仰觀篇 : 하늘과 관련된 글자 120자. 陰陽·鬼神·氣候·時間·方位·天干·地支을 나타내는 글자를 순서대로 배열하여 해석하였다.

俯察篇 : 땅과 관련된 글자 156자. 山川·洞里·宮闕·道路·寺刹을 나타내는 글자를 순서대로 배열하여 해석하였다.

近取篇 : 사람과 관련된 글자 415자. 身體·行動·感情·言語文字·生老病死·社會關係·職業 등을 나타내는 글자를 순서대로 배열하여 해석하였다.

遠取篇 : 禽獸草木과 관련된 글자 263자. 木類·草類·花類·竹類·鳥類·魚類·家畜·蟲類, 그리고 이들을 재료로 만든 물건이나 행동을 나타내는 글자를 배열하여 해석하였다.

褻物篇 : 일상 생활과 관련된 글자 227자. 度量衡·衣類·食類·酒類·舟車類·玉類·印類·文具類·兵器類·商業 등을 나타내는 글자를 순서대로 배열하여 해석하였다.

撰德篇 : 윤리와 관련된 글자 131자. 仁義禮智·善惡·美醜·吉凶·貪欲·公私·法 등을 나타내는 글자를 순서대로 배열하여 해석하였다.

辨名篇 : 名物度數와 관련된 글자 459자. 數·色·味·內外·大小·長短·

---

31) 『耳溪集』外集卷10, 『六書經緯』, 「六書經緯序」 "其有因今文而自成一義, 有裨世教者幷存之, 亦以見斯與遞損益之義也."

遠近·損益·占筮 등 앞의 분류 체계에 속하지 않는 각종 事物
을 나타내는 글자를 배열하여 해석하였다.

홍양호는 이렇게 편찬한 『六書經緯』를 당시 청나라의 翰林學士 戴
衢亨(1755~1811)과 紀昀(1724~1805)에게 보내 중국의 학자들에게
평가를 받고자 한다.

> 지난해에 드린 『六書妙契』는 아직 책상머리에 두고 있습니까? 그 후에
> 增刪한 것이 많이 있고, 『六書經緯』로 이름을 바꾸니, 책의 전체 면모가
> 전과 조금 다르게 되었기 때문에 다시 이 책을 드립니다. 만약 채택할 만
> 한 것이 있다면 학자들에게 펼쳐 보이시고, 널리 유포하여 해외의 좁은
> 소견으로 하여금 중국 書肆를 얻을 수 있게 한다면 어찌 聖代의 奇事가
> 아니겠습니까?[32]

우선 홍양호는 처음에 책을 편찬하고 나서 『六書妙契』라고 이름을
붙였다가 어떠한 이유로 수정을 가하여 『六書經緯』로 이름을 바꾸었
다. 그리고 翰林學士 戴衢亨과 紀昀에게 보내 평가를 받고자 하였는
데, 이들 외의 학자들이 어떤 평가를 하였는지는 모르겠으나 紀昀은
『六書經緯』의 「後題」를 써서 보내왔고,[33] 戴衢亨은 「朝鮮洪副使示
六書經緯, 理解精到, 不讓古人, 謹作長句一首題後, 並以贈行」라는 長
句를 써서 보내왔다.[34]
이상에서 볼 때, 『六書經緯』는 홍양호가 당시에 諧聲만을 좇아 聲

---

32) 『耳溪集』卷15, 「與戴翰林書」 "往歲所呈六書妙契, 尙置案頭否. 厥後多有增刪, 易
名以六書經緯, 面目比前稍異, 故更書以呈此書. 如有可採, 則布示學者, 以廣其傳,
使海外管見, 得齒中國書肆, 則豈非聖代奇事耶."

33) 『耳溪集』卷10, 『六書經緯』, 「後題」

34) 상게서, 「朝鮮洪副使示六書經緯, 理解精到, 不讓古人, 謹作長句一首題後, 並以贈行」

韻을 중심으로 편찬한 字書를 비판하고, 『說文解字』와 같이 小篆만을 들어 시대에 따른 글자의 변화 양상과 성인이 글자를 만든 精義와 奧旨를 알 수 없게 한 字書의 문제점을 지적한다. 그리하여 字義를 중심으로 편찬된 자서의 필요성을 느끼게 되어 『六書經緯』를 엮게 되는데, 전체 구성은 크게 仰觀篇·俯察篇·近取篇·遠取篇·褓物篇·撰德篇·辨名篇으로 나누었으며, 각각의 글자를 象形·會意·指事·形聲의 六書에 따라 배열하고, 그 字義를 해석하였다. 그리고 형식은 『易大傳』의 繫辭傳을 본받고, 서술 방식은 『爾雅』와 『釋名』을 모방하였으며, 말은 요약하고 뜻은 명확하게 하였다고 밝히고 있다.

3.2. 韻書 玉篇과 『全韻玉篇』

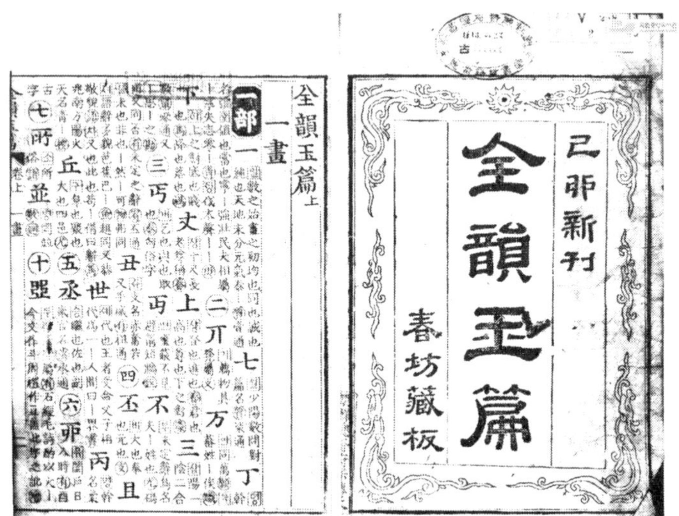

〈그림 1〉己卯年(1819)에 新刊된
春坊藏板本 『全韻玉篇』(國立中央圖書館 所藏)

『玉篇』은 원래 한자를 부수에 의거하여 배열한 字書의 일종으로 梁나라 武帝 大同 9년(543)에 太學博士 顧野王(519-581)이 총 30권으로 편찬한 것이나, 원본은 이미 宋代에 逸失되고 그중의 62部 2,052자 7권 분량이 일본에 남아 보존되어 있을 뿐이다. 이전까지 주로 사용되던 옥편은 송나라 眞宗 大中祥符 6년(1013)에 陳彭年(961~1017) 등이 增修한 『大廣益會玉篇』이다.[35]

『玉篇』의 부수에 의한 배열 방법은 일종의 檢字 기능을 하게 되는데, 이를 韻書의 檢字에 응용하여 기존의 『玉篇』과는 다른 일종의 韻書 색인서 또는 부록으로서 '韻書 玉篇'을 편찬하게 된다. 따라서 檢字를 위한 색인서로서의 운서 옥편은 대부분 해당 한자의 音을 반절로 표기하는 것 외에는 별다른 것이 없다. 이러한 종류의 운서 옥편은 이미 송나라 때에 『廣韻玉篇』이 있었고, 고려 忠烈王 때 복각된 것으로 보이는 『新刊排字禮部韻略』에 옥편이 딸려 있었던 것으로 추정하고 있다.[36] 그러나 한국과 중국을 막론하고 동양에서 가장 광범위하게 사용된 운서 옥편은 『禮部玉篇』인데, 이것은 송나라 景祐 4년(1037)에 丁度 등이 칙명으로 편찬한 운서인 『排字禮部韻略』의 檢字를 위해 편찬된 것이다. 『排字禮部韻略』은 禮部의 科試를 위해 편찬된 것으로서 이후 각종 운서 편찬은 물론, 일상에서 시를 짓는 데에도 많이 사용되었기 때문에 檢字를 위한 옥편의 편찬은 반드시 필요했을 것으로 보고 있다.[37]

---

35) 당나라 때 封演의 『見聞記』에 "『玉篇』에 수록된 글자의 수가 모두 16,917자나 된다."라고 기록되어 있는데, 『大廣益會玉篇』에는 모두 22,561자가 수록되어 있고, 殘卷 『玉篇』과 『大廣益會玉篇』을 비교해 보았을 때, 글자의 註解가 많이 삭제되어 이미 원본과는 다른 형태로 변하였음을 알 수 있다.(全廣鎭 편역, 『中國文字訓詁學辭典』, 東文選, 1993, 120-122쪽 참조.)

36) 劉昌均, 『國語學史』, 螢雪出版社, 1988, 161쪽 참조.

37) 田日周, 『韓國 漢字字典 硏究』, 중문출판사, 2003, 81쪽 참조.

우리나라에서도 조선시대로 접어들면 한글 운서의 편집과 더불어 이와 같은 운서 옥편이 함께 편찬된다. 조선전기에 崔世珍(1468~1542)이 중종 31년(1536)에 『韻會玉篇』 2권을 편찬하였는데, 이것은 원나라의 熊忠이 편찬한 『古今韻會擧要』가 운에 의해 글자를 찾는 불편함으로 인해 전체 수록자를 부수와 획수로 재배열한 옥편이다. 조선후기에는 洪啓禧(1703~1771)가 편찬한 『三韻聲彙』(1751)의 옥편인 『三韻聲彙補玉篇』과 李德懋의 주도 아래 편찬된 『奎章全韻』(1800)의 옥편인 『全韻玉篇』이 있다.

이 가운데 『韻會玉篇』과 『三韻聲彙補玉篇』은 기존에 널리 통용되던 『禮部玉篇』과 비교해서 그 내용과 구성상에서 별로 차이가 없다. 그러나 『全韻玉篇』은 기존의 운서 옥편과는 다른 편찬 체계를 보인다. 즉 기존의 운서 옥편과 마찬가지로 부수 배열에 의한 檢字 기능은 갖추었으나, 한자의 音뿐만 아니라 한자의 뜻 등 각종 부가 정보를 추가하고 있어 顧野王이 편찬한 원래의 옥편에 더 가까운 형태를 띠고 있다. 이것은 단순히 『奎章全韻』의 檢字만을 위해 편찬되지는 않았다는 것을 의미한다. 이러한 사정을 李晚秀(1752~1820)는 「全韻玉篇義例」에서는 다음과 같이 밝히고 있다.

韻書가 세상에 간행된 것이 많으나, 음과 뜻이 다르고, 상세함과 간략함이 같지 않아 따를 만한 것이 없었다. 옛날 先朝[正祖]께서 여러 字書로부터 요점을 간추려 번다함을 없애고, 오류를 바로잡고, 주석을 상세하게 하여 御定 『奎章全韻』의 편찬을 명하셨다. 안팎으로 인출하여 반포함에 檢字의 어려움으로 반드시 玉篇을 붙이게 하여 倉卒間에 『奎章全韻』의 글자를 찾아서 대조해 볼 수 있도록 하였다. 또 御定 玉篇의 편찬을 명하셨는데, 音韻과 뜻을 연계시키고, 韻書[『奎章全韻』]에 비해 조금 더 치밀하고 상세하게 하였다. (이렇게 편찬한) 原編을 (『奎章全韻』과) 병행하려

하였으나 이루지 못하였다. 「奎章全韻義例」 가운데 '또 새로 御定한 玉篇이 있다'고 한 것이 이것으로 이 책의 이름을 『全韻玉篇』으로 한 것이 대개 여기에서 유래한다.[38]

『正祖實錄』에 의하면, 『奎章全韻』은 정조 20년(1796) 8월에 반포한 것으로 되어 있다.[39] 위의 글에서 보듯이 『奎章全韻』의 檢字를 위한 玉篇을 동시에 간행하려고 하였으나,[40] 무슨 이유에서인지 동시에 간행하지 못하게 되었고, 이에 정조는 새로 御定 玉篇 편찬을 명하였던 것이다. 그리고 御定 玉篇은 단순한 檢字뿐만이 아니라 音韻과 뜻을 서로 대조할 수 있도록 연계시키는 데에 그 목적을 두고, 매 글자마다 『奎章全韻』보다 더 치밀하고 상세하게 주석을 달도록 하여 並行하려고 하였으나 이루지 못하였다. 이러한 연유로 인하여 「奎章全韻義例」에서 '또 새로 御定한 玉篇이 있다'고 하였으며, 『全韻玉篇』이라고 한 것도 여기에서 유래한다고 하였다.[41] 그러나 정조

---

38) 李晩秀, 『屐園遺稿』卷6 ○賜笏集, 「全韻玉篇義例」, "韻書之行于世者多矣, 音義互異, 詳畧不同, 莫之適從. 昔在先朝, 命就諸字書, 刪繁撮要, 正其訛誤, 詳其註釋, 撰定奎章全韻. 印布中外, 猶以檢字之難, 必附以玉篇, 可備倉卒搜考. 又命撰定玉篇, 繫之以音韻義, 比韻書稍致詳, 將與原編并行而未果焉. 奎章全韻義例中, 又有新定玉篇者是也, 此書之名以全韻玉篇, 盖亦權輿乎此."

39) 『正祖實錄』, 正祖二十年 八月 癸未條 참조.

40) 茶山은 「自撰墓誌銘 集中本」에서 "丙辰年 …… 가을에 주상께서 檢書官 柳得恭을 보내어 『奎章全韻玉篇』의 義例를 李家煥 및 鏞에게 물었다.(丙辰 …… 秋上遣檢書官柳得恭, 詢奎韻玉篇義例于李家煥及鏞.)"라고 하고 있어 정조는 『奎章全韻』과 동시에 玉篇을 간행하려 하였음을 알 수 있다. 또 「貞軒墓誌銘」에서는 "先朝께서는 말년에 『奎章全韻玉篇』의 편찬을 명하시어 檢書官 柳得恭으로 하여금 李家煥과 丁若鏞에게 문의하여 잘못된 곳을 수정 다음 마지막으로 睿裁[임금의 결재]를 받아 결정하게 하셨으니, 이는 모두 御定하신 책이다.(先朝末年, 命撰奎章全韻玉篇, 令檢書官柳得恭問議於李家煥丁若鏞, 以正訛謬, 終又仰稟睿裁, 此皆御定之書也.)"라고 하고 있어 이 때에 柳得恭·李家煥·丁若鏞 등이 주로 교정 작업에 참여하였음을 알 수 있다.

41) 『奎章全韻』의 「御定奎章全韻義例」에서도 "今科試許押入聲增韻, 而又有新定玉

는 자신이 편찬을 명한 御定 玉篇의 완성을 보지 못하였는데, 李晚秀가 이 글을 쓴 시점인 순조 3년(1803)에 들어와서야 『全韻玉篇』의 편찬이 완료되었음을 추정해 볼 수 있다.

「全韻玉篇義例」에서는 이어서 『全韻玉篇』은 『字典』[『康熙字典』]에 의거하여 分部하고, 그 註脚을 간추리고, 編帙을 간략하게 하여 상고하고 열람하는 데에 편리하도록 하였다고 밝히고 있다.[42] 그리고는 『全韻玉篇』에 수록된 자수와 편찬 체계 등에 대해서 다음과 같이 언급하고 있다.

『奎章全韻』에는 原韻과 增韻이 13,066자(叶韻 279자 제외)이나, 이를 제외한 『字典』에 실린 글자 중 經典에 나오는 것은 간략하게 하여 추가로 수록하였으며, 圈으로 구별하였다. 音을 諺文으로 분석하고 反切을 사용하지 않은 것은 華音과 東音이 서로 모순되기 때문이며, 本音 아래의 '俗'과 '正'은 華東 正音의 舊音을 사용한 것이다. 한 글자가 여러 운에서 互見하는 것, 음은 같으나 운이 다른 것, 운은 같으나 음과 뜻이 다른 것, 음과 뜻은 같으나 글자가 다른 것, 글자는 같으나 음과 뜻이 다른 것, 籒文·俗字·同字·通用字는 모두 『奎章全韻』에 의거하고 『字典』과 『字彙』를 참고하여 證正하였다.

하나의 글자가 音·韻·義에서 互見함에도 『奎章全韻』에서 여기서는 수록하고 저기서는 빠진 것은 또한 추가로 수록하였다. (예를 들어 平聲에는 속해 있으나 上去聲에는 속해 있지 않고, 上去聲에는 속해 있으나 入聲에는 속해 있지 않는 것 같은 종류이다.) 義釋은 『奎章全韻』에 비해서 조금 더 該博해졌고, 叶音은 이미 『奎章全韻』에서 많이 채록하였기 때

篇."라는 구절이 보인다.

42) 李晚秀, 『屐園遺稿』卷6 ○賜笏集, 「全韻玉篇義例」, "此書分部一依字典, 節其註脚, 簡其編帙, 以便考覽."

문에 간추리고 축약하는 의도에서 여기서는 뺐다.[43]

수록된 글자 수는 『奎章全韻』의 13,066자(叶韻 279자 제외)와 經典에 나오는 글자 가운데 『字典』[『康熙字典』]에 실린 글자를 추가로 수록하여 圈으로 구별하였다. 무엇보다도 글자의 音을 反切로서 표기하지 않고 언문으로 표기하고 있는데, 華音과 東音이 서로 모순되기 때문이라 하였다. 華東 正音의 舊音을 사용하여 本音 아래에 '俗'과 '正'을 표기하였는데, 당시에 통용되던 한자의 음에 대한 충분한 논의가 없고서는 불가능한 것으로 보인다. 수록된 글자는 일차적으로 『奎章全韻』에 의거하고, 『字典』과 『字彙』를 참고하여 證正하였다. 또 하나 이상의 聲調 또는 韻目에 소속되거나, 복수의 음을 가지는 한자와 같은 경우에는 추가로 수록하였으며, 『奎章全韻』에 비해 좀더 상세하고 세밀하게 義釋를 하고, 叶音은 뺐다고 하였다.

이러한 편찬 목적과 구성을 통해서 볼 때, 『全韻玉篇』은 강희 55년(1716)에 청나라에서 편찬된 『康熙字典』을 모범으로 『奎章全韻』의 운서 옥편으로 편찬된 玉篇임을 알 수 있겠다. 그러나 이전에 나온 운서 옥편과는 다르게 단순히 운서에 수록된 한자를 부수별로 재배열하여 檢字에 편리하게 이용하기 위해 만든 것은 아니다. 한자의 음을 華音과 東音뿐만 아니라 本音·俗音·正音으로 나누어 구별하였고, 한자의 뜻과 관련된 각종 부가 정보를 추가하고 있어 본격적인

---

43) 李晩秀, 상게서, "奎韻原增文一萬三千六十六, 外此字典所載之出於經典者, 略爲收入加增, 圈以別之. 音以諺析, 不用反切者, 華音東音之相矛盾也, 本音下曰俗曰正, 用華東正音之舊也. 一字之諸韻互見者, 音同而韻異者, 韻同而音義異者, 音義同而字異者, 字同而音義異者, 籒文俗字或同或通, 皆倣奎韻, 參之字典字彙以證正.
一字音韻義之互見, 而奎韻中此收而彼闕者, 亦加收入. -如隷於平聲而不隷於上去聲, 隷於上去聲, 不隷於入聲之類.- 義釋則比奎韻稍加該博, 叶音旣多採入於奎韻, 故此則闕焉, 以存節約之意."

字書로서의 면모를 갖추고 있다.

이러한 형태의 옥편은 이후 우리나라에서 편찬된 玉篇類 字書에 많은 영향을 끼치고 있는데, 근대의 대표적 자전인『字典釋要』와『新字典』을 비롯하여 현대에 편찬된 玉篇類들은 모두『全韻玉篇』의 형태를 띠고 있다. 그러므로 우리나라의 玉篇類 字書는『全韻玉篇』에서부터 시작되었다고 하여야 할 것이다.[44]

3.3. 睡庵 鄭允容의『字類註釋』

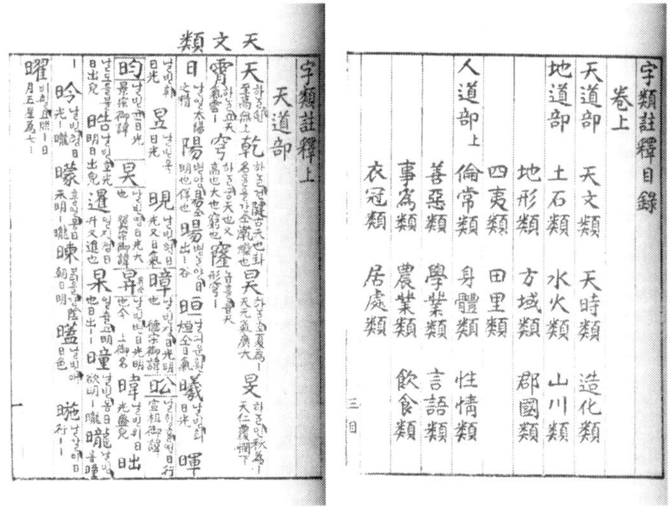

〈그림 2〉『**字類註釋**』 覓南本(건국대학교출판부 영인, 1974.)

『字類註釋』은 睡庵 鄭允容(1792-1865)이 철종 7년(1856)에 편찬한 字書이다. 10,800자의 한자를 類書의 형태를 빌어 5部 35類에 걸

---

44) 隆熙 3년(1909)에 海文新書局에서는『校訂 全韻玉篇』을 간행하는데, 이러한 작업도『全韻玉篇』을 玉篇으로 인식시키는 데에 많은 역할을 하였으리라 본다.

처 분류하고, 한글로 음과 뜻을 표기함과 아울러 한자로 간략하게 註
釋을 달았다.

『字類註釋』은 모두 乾坤 2책의 필사본으로 되어 있으며, 현재 奎章
閣本과 覓南本의 두 종류의 판본이 존재한다. 두 본이 내용상으로는
크게 차이가 없으나, 규장각본에는 총론에서 밝히고 있는 平聲과 仄
聲을 구분하여 "평성에는 紅點, 측성에는 靑點, 한 글자가 평측을 겸
하고 있을 때에는 靑紅 두 점을 찍어 표시하고, 入聲은 표시하지 않
는다."[45)]는 원칙이 적용되지 않고 있으며, 필체가 둘 내지 세 사람으
로 나타나고 있어 覓南本이 앞선 본이고, 奎章閣本은 필요에 의해 필
사한 것으로 보인다.[46)]

『字類註釋』은 크게 天道部·地道部·人道部·物類部의 4부로 나누
고, 그 아래에 35개의 類로 세분되어 있으며, 序文 다음에 總論을 싣
고 있어『字類註釋』의 전체적인 성격을 밝히고 있다. 그리고 마지막
에 附錄을 싣고 있는데, 음운에 대한 편찬자의 諸說과 見解를 밝히고
있다. 전체 구성을 정리하면 다음과 같다.

序文
總論 : 字書, 韻書, 諺釋, 字音, 字標, 字數
卷上
天道部 : 天文類, 天時類, 造化類
地道部 : 土石類, 水火類, 山川類, 地形類, 方域類, 郡國類, 四夷類,
　　　　　田里類

---

45) 『字類註釋』, 「字類註釋總論」, "平聲點紅, 仄聲點靑, 一字兼平仄兩點靑紅, 入聲
　　無標."
46) 覓南本은 成元慶·金昇坤의 해제를 실어 1974년 건국대학교출판부에서 영인하
　　였다.

人道部 上：倫常類, 身體類, 性情類, 善惡類, 學業類, 言語類, 事爲類, 農業類, 飮食類, 衣冠類, 居處類

卷下

人道部 下：器用類, 寶貨類, 疾病類, 喪祭類, 政敎類, 法禁類, 兵陣類, 音樂類

物類部：名數類, 草木類, 禽獸類, 魚鼈類, 蟲豸類

附錄：補遺, 字畫變形偏旁, 諺文反切, 訓民正音字母圖, 廣韻字母溫公類編字母圖, 初終聲初聲中聲合中聲重中聲合字例, 字母, 反切, 正音聞見記略, 韻書華東音標

『字類註釋』의 구성에 대해서는 序文과 「字類註釋總論」에서 밝히고 있는데, 먼저 서문의 내용을 보면 다음과 같이 편찬 동기를 말하고 있다.

중국인은 말과 글이 하나이므로 그 字體를 알면 음과 뜻을 모두 알 수 있으나, 우리는 말과 글이 두 가지이므로 方言으로서 뜻을 풀이하고 음을 분별하여 다시 字體를 구하기 때문에 번잡하고 어렵다.[47]

글자를 모르면 옛 글을 읽을 수 없고 人情에 통할 수가 없는 것이다. 무릇 3만여 글자 중에서는 한 자에 여러 뜻을 겸하거나 여러 음이 있는 字, 같은 글자이면서 모양이 다른 字, 빌어 쓴 글자이면서 통용하는 字, 거듭 쓰기 위해 마련한 字 등이 있으니, 篆隷가 전해지면서 변화하고, 六書에서 뜻이 달라짐을 널리 궁구하고 탐구하여 비록 쉽게 말하지는 못하였지만, 소략하고 얕은 지식이나마 뒤에 日用할 수 있고자 한다.[48]

---

47) 『字類註釋』, 「字類註釋序」, "華人言與字一, 故識其字體而音義具焉. 東人言與字二, 故以方言釋義辨音, 而復求之字體, 所以煩而難也."

48) 상게서, "非識字無人讀古書, 而通人情也. 字凡三萬有一字而兼數義, 數音字, 同字

우리말이 한자에 대해 음과 뜻으로 나뉘어 작용하고 있으므로 한자를 익히기가 쉽지 않다. 따라서 字書에 대한 학문이 필요한 것이며, 그 자서는 글자를 익히기 쉽도록 구성되어야 한다. 이를 위해 '한자에 여러 뜻을 겸하거나 여러 음이 있는 字', '같은 글자이면서 모양이 다른 字', '빌어 쓴 글자이면서 통용하는 字', '거듭 쓰기 위해 마련한 字' 등의 변천을 연구하여 『字類註釋』을 편찬한다는 것이다. 그리고 이어서 『字類註釋』의 편찬 목적을 밝히고 있다.

『訓蒙字會』(司譯院正 崔世珍이 中宗 때에 편찬하여 上進한 것이다)는 가장 널리 諺釋을 구비하여 註錄한 것으로 지금 그 뜻을 본받았으나, 諺釋는 진실로 어렵고 事物은 이미 方言을 알지 못하는 것이 많아서 또한 다 갖추지 못하였다. …… 古語는 또 지금 변하였고, 鄕音은 각각 土俚를 사용하여 俗稱하는 것이 혹 본래의 뜻과 다르거나 鄙化되어 雅言에 맞지 않는 것이 있으니, 이것이 어려운 것이다. 억지로 略記하니, 後來者는 이 책으로 인하여 그 잘못된 것을 바르게 하고 정밀함과 깊이를 구하기를 바랄 뿐이다. …… 글자가 만여 자를 넘으나, 아이들은 뽑아서 읽고 배우며, 어른들은 詳考하는 자료가 되었으면 한다.[49]

『訓蒙字會』의 취지를 본받아 諺釋을 구비하여 기록하려 하였으나, 諺釋의 어려움과 알지 못하는 方言이 많아 다 갖추어 기록하지 못하였다. 뿐만 아니라 古語는 변하여 지금의 말과 틀린 부분이 많고, 鄕

而異形字, 借字而通用字, 連字而乃備者, 篆隷傳變, 六書殊義, 其博究籍深, 雖未易言, 亦須略識粗淺, 而後可資以日用也."

49) 상게서, "訓蒙字會(司驛院正崔世珍編進, 中廟時), 最博而備諺釋而註錄, 今倣其意, 而諺釋實難, 事物旣多, 不知方言, 亦有未悉. …… 古語又有今變, 鄕音各用土俚, 俗稱或殊本義, 鄙藝不宜雅言, 此其難也. 强求略記, 望後來者, 因此而正其訛舛, 求其精深者耳. …… 字過萬數, 欲其幼斅抄讀, 長資攷檢也."

音 또한 토속의 말을 사용하여 그 뜻이 와전되었거나 비루해져 雅言에 맞지 않는 것이 많으므로 기록하는 데에 더욱 어려움이 있다는 것이다. 그러나 억지로라도 기록하는 것은 혹 뒷사람이 깊이 연구하여 바르게 하고, 어린아이들이 뽑아서 읽으며, 어른들은 상고하는 데 좋은 자료가 되었으면 한다는 것이다.

이와 같은 편찬 취지에 따라「字類註釋總論」에서는『字類註釋』의 편찬 체계에 대해 언급하고 있다.『字類註釋』에서 표제어로 선정한 한자에 대해 음과 뜻, 그리고 주석을 단 방법에 대해 字書·韻書·諺釋·字音·字標·字數의 여섯 항목에 걸쳐 설명하고 있다. 그 내용을 요약하여 정리하면 다음과 같다.

① 字書 : 字學을 하고자 할 때에는 古文의 篆隸書로부터 그 원류를 찾아야 한다는 것과 여기서의 字體와 字音은 모두『奎章全韻』에 의한 것인데, 연로하고 정신이 좋지 않아 考校하는 데에 정교하지 못하여 옮겨 쓰는 데에 많은 잘못이 있을 것이므로 보는 이가 바로 잡았으면 한다. 諺釋을 하는 데는 쉽지 않아 方言과 物名을 억지로 찾아 增補를 하였고, 내용의 분류는 나름대로 하였기 때문에 錯雜함이 많으나, 보는 이가 옮겨 쓸 때 더욱 고쳐서 좋게 해 주었으면 좋겠다.

② 韻書 : 世宗 때『四聲通考』를 最古 最正으로 여기나 세간에 전하지 않아 근간에 쓰이는 것으로『華東正音』과『三韻聲彙』그리고『奎章全韻』이 있다. 正祖 때에『奎章全韻』이 간행될 때『全韻玉篇』도 나왔는데, 玉篇은 韻書에서 빼어 놓을 수 없는 것이어서『東韻會通錄』과『三韻聲彙』에도 玉篇을 부록으로 두고 있다. 이제 이 註錄에서는『三韻聲彙』,『全韻玉篇』,『華東正音』가운데에 두 가지 음이 있으면 바로잡아 음을 諺字로 밝히고,『全韻玉篇』외에 增入된 글

자는 새로 자세하게 밝혔다. 字體는 『全韻玉篇』에 따르기도 했으나, 『康熙字典』의 考校에 따르기도 하였다. 『全韻玉篇』에 『華東正音』의 異音이 표시되어 있으면, 『全韻玉篇』의 俗音을 따르고, 『訓蒙字會』의 註釋과 음은 운서 외의 자에서 많이 수록한 것인데, 또한 이것을 채록하였다.

③ 諺釋 : 諺釋이란 諺字로서 方言을 풀이한 것이다. 우리나라는 『四書三經』, 『小學』까지도 모두 諺解한 것이 있고, 『禮記』 또한 諺讀하였으며, 『三綱行實圖』, 『訓蒙字會』, 『類合』, 『千字文』 등의 책을 부인이나 어린아이들도 다 알 수 있도록 풀이해 놓았다. 『東醫寶鑑』, 『本草相馬經』 등도 諺語로 기록한 것이 있어 우리나라에서 諺釋할 때에 빼놓을 수 없는 자료인 것이다. 그러나 方言은 옛사람에 따라 다르고, 멀고 가까운데 따라서 다르지만, 今俗과 近地에 따라 칭할 뿐이다.

지금 언해한 글자 중에는 음이 와전된 것이 많은데, '丑'는 본래 '츄'이고 '츅'이라는 음이 없으며, '偪'은 본래 '벽·픽'의 두 음이고 '핍'음은 없었으나 편방에 '畐'이 있으면 '핍'음을 따르니, 본래는 없었으나 그 와전된 것을 常用함에 이르렀다. 이렇게 와전된 것들은 모두 본음을 따랐다. 그리고 한 글자에 여러 뜻과 여러 음이 있는 것은 뜻에 따라 음이 변하는 것이다. 처음에 '乾'자의 註에 '하늘 건, 天也', '물을 간, 燥也'라고 했는데, 책 가운데 혹시 나올 때에는 이와 같은 예에 따랐다. 또 方言 가운데 혹 뜻이 文字와 같을 때가 있는데, 예를 들어 '뎌底 비飛 연鷰(낮게 나는 제비)'이나 '모暮 긔起 문蚊(모기는 저물어 일어나기 시작한다)'와 같은 것은 말로써 문자를 잘 알기 쉽도록 하기 위하여 쓴 방법이다.

④ 字音 : 字說家들은 字音을 말할 때, 마땅히 中國音을 쫓아야 한다고 한다. 그런데 燕京의 音에 'ㄱ ㅂ ㄷ'의 入聲이 없는데, 그것은 북방 음에 원래 없었기 때문으로 연경에 입성이 없는 것은 이를 따른 것이다. 그래서 '福'을 '부'라고 하는 것은 북방음인 것이다. '昔'를 화음에서는 '규'라 하고, 동음에서는 '거'라 하는 것은 切法이 달라 음의 차이가 생긴 것이고, 역대 제왕의 諱는 避諱하여 음이 같은 글자를 借字해서 쓰기 때문에 종종 그 음이 와전되기 쉽다. 지금 북방에서는 'ㅁ' 終聲이 없고 모두 'ㄴ' 종성으로 쓰는데, 옛날부터 '진·문·침·담' 등의 韻을 혼용해서 쓴 적은 없었다. 지금 종성으로는 'ㅇ ㄴ'뿐이다. 字說家들이 말하기를 우리의 正音을 갖고 중국음을 표시한다면, 'ㄱ ㄴ ㄷ ㄹ ㅁ ㅅ ㅇ ㅈ ㅎ' 등 초성과 'ㅂ ㅍ', 'ㅊ ㅌ'이 비슷하게 혼용되고, 'ㅇ'음은 'ㆆ ㅇ ㅿ'의 세 음과 비슷하나 지금은 'ㅇ'만을 쓸 뿐이다.

'ㄲ ㄸ ㅃ ㅉ ㅆ ㆅ'의 全濁音과 次淸의 'ㅋ'은 우리 漢字音에는 없는 것이다. 또 북방음에는 'ㅁ'이 없기 때문에 韻書에서 華音을 표기한 것에 'ㅁ'이 나오는 것은 모두 東音의 'ㅁ'이다. 東音의 쌍성음 중에 '댜'·'뎌'가 '쟈'·'져'와 혼동되고, '탸'·'텨'가 '챠'·'쳐'와 혼동되는데, 이것은 작은 일이면서도 분간이 어려운 혼동이나, 자음에서는 근본적으로 같지 않은 것이다. 이것들은 모두 미묘하여 분별하기 어렵고 서로 섞이기 쉬운 것이기는 하지만, 지금 모두 韻書에서 考證하여 기록하였다.

⑤ 字標 : 平上去入은 사람으로 예를 들자면, 평지를 올라가다가 다시 되돌아간다는 뜻이다. 韻書에 平聲 31部, 上聲 29部, 去聲 31部, 入聲 17部로 上去入聲을 仄聲이라 한다. 지금 평성에는 紅點을, 측성에는 靑點을 하였고, 한 글자가 平仄을 겸하고 있을 때에는 靑紅의

두 점을 찍어 표하였다. 正音에는 본래 평측의 구분이 없고 高低의 구분이 있는데, '가 ㄱ'에서 '가'는 저음이고 'ㄱ'는 고음이 된다. '皆(기)'는 평성이 되고, '蓋(개)'는 측성이 되지만, 오늘에 와서는 '皆(기)'와 '蓋(개)'가 모두 그 본음을 잃었다. 또한 '쟈'와 '댜'의 두 음이 비슷하여 고저로 구별하면 '댜'·'뎌'는 높고, '쟈'·'져'는 낮은 소리가 되는데, 이것은 또한 음이 근본적으로 다르기도 하지만 밝히기도 힘든 것이다.

⑥ 字數 :『字彙』의 글자는 총 3만 3천179字로『康熙字典』에서 그 총수를 말하지 않았으나, 原編 외에 備考와 補遺 두 권이 있고,『奎章全韻』에 실린 1만 3천345자보다 많다. 이 책은 1만 8백여 자로 韻書 외에서 받아들인 것이 수백 자 있는데, 이런 글자는 운서 중에 같은 자이면서도 形이 다르고, 음과 뜻이 다른 것이 보여 각기 原字의 자리에 놓고, 이것은 모두 그 글자 밑에 註하였다.

「字類註釋總論」에서 제시한 위의 내용을 바탕으로 다음과 같은 몇 가지 사항을 도출해 볼 수가 있겠다.

첫째,『字類註釋』이 이전의 韻書와 玉篇의 내용을 참고하여 校訂을 시도하고 있다는 점이다. 즉 字體의 경우에는 기본적으로『奎章全韻』과『全韻玉篇』을 따르면서『康熙字典』에 의해 考校하고, 字音의 경우에는『三韻聲彙』·『全韻玉篇』·『華東正音』가운데 두 가지 음이 있으면 하나로 바로 잡고, 俗音은『全韻玉篇』을 따르고,『訓蒙字會』의 註釋과 음 가운데 운서에 실려 있지 않을 경우에는 이를 채록하였다.

둘째, 諺文으로 한자의 음과 뜻을 풀이하고 있다. 이전 시기의 조선에서 諺解된 『四書三經』·『小學』·『三綱行實圖』·『訓蒙字會』·『類合』·『千字文』등이 부인이나 어린아이들도 다 알 수 있도록 풀이해 놓았는데, 이러한 자료들을 참고하여 諺釋을 한다고 하였다. 특히 한글 음이 와전된 경우에는 본래의 음을 표기하였고, 하나의 글자에 여러 개의 음과 뜻이 존재할 경우 모두 표기하였다.

셋째, 당시 중국의 영향으로 변질된 한자음을 조선전기의 한자음으로 복귀를 시도함으로써 바로잡고자 하였다. 예를 들어 燕京의 音에 'ㄱ ㅂ ㄷ'의 入聲이 없는 것과, 'ㅁ' 終聲이 모두 'ㄴ' 종성으로 쓰이는 것 등과 같은 현상은 원래의 중국 한자음이 아니라 北方音[滿洲族의 淸語]을 따랐기 때문에 기인한 것으로 보았다. 또 'ㄲ ㄸ ㅃ ㅉ ㅆ ㆅ'의 全濁音과 次淸의 'ㅋ'은 東音에는 없는 것이고, 쌍성음 중에 '댜'·'뎌'가 '쟈'·'져'와 혼동되고, '탸'·'텨'가 '챠'·'쳐'와 혼동되는 점 등을 지적하고 있다. 그리고 이러한 현상들이 비록 미묘하여 분별하기 어렵고 서로 섞이기 쉬운 것이기는 하지만, 모두 韻書에서 考證하여 기록하여 바로 잡고자 하였다.

넷째, 平上去入의 平仄을 구분하기 위하여 별도의 표기를 하고 있다. 즉 平聲에는 紅點을, 仄聲에는 靑點을 하였고, 한 글자가 平仄을 겸하고 있을 때에는 靑紅의 두 점을 찍어 표시하였다.

이러한 편찬 기준은 본문 중에서 대체로 충실하게 적용되고 있다. 그리고 '『奎章全韻』과 『全韻玉篇』을 따른다'고 언급한 데에서 보듯이 그 내용에서뿐만이 아니라 편찬 양식도 그대로 적용하고 있어 『全韻玉篇』의 뒤를 이은 자서로 볼 수 있겠다. 또한 일정한 수준의 편찬 기준을 설정하고 실제 편찬에서 최대한 적용하고자 한 점이야말로 『字類註釋』이 기존의 일반 類書, 혹은 한자 학습서와는 분명히 변별되는 부분이라 하겠다. 즉 비록 『字類註釋』이 유서의 형태를 빌어 한자를 유별로 분류하고는 있지만, 그 편찬 체계로 볼 때에는 『全韻玉篇』과 같은 유형의 자서라고 하여야 할 것이다.

Ⅳ. 결론

이상의 논의를 통해서 조선후기의 文字言語學 연구 흐름을 개략적으로 살펴보고,『六書經緯』,『全韻玉篇』,『字類註釋』을 중심으로 이들 字書가 文字言語學 硏究의 성과를 바탕으로 이루어졌음을 고찰하였다.

조선후기 文字言語學 연구는 대체로 少論系列의 陽明學派 학자들과, 이들과 일정한 친분관계를 맺고 있었던 老論系 학자들, 그리고 性理學의 바탕 위에 西學을 받아들였던 近畿南人系 학자를 중심으로 전개되었다고 할 수 있다. 이들의 학문 경향은 우리말에 대한 새로운 인식과 訓民正音에 대한 언어학적 관심의 증대, 韻書의 편찬, 朝鮮語語彙集의 편찬, 文字訓詁에 의한 經書 해석의 새로운 방법론 모색과 적용 등을 들 수 있으며, 이러한 성과는 그대로 韻書와 字書의 편찬에 적용되었다.

특히 韻書와 字書의 편찬에는 老論系와 近畿南人系에 속하는 학자들이 주류를 이루고 있는데, 이것은 비록 당시의 조류에 편승하여 새로운 학문적 시도를 하기는 하지만, 여전히 그 기저에는 性理學이 자리하고 있었기 때문인 것으로 파악된다. 그리하여 우리말에 대한 관심보다는 漢字를 위주로 한 字學의 연구와 이를 바탕으로 經書 字句의 文字訓詁, 그리고 韻書와 字書의 편찬에 더 심혈을 기울였던 것으로 보인다.

이러한 文字言語學 연구 흐름의 바탕 위에 편찬된 字書 가운데 대표적인 것으로『六書經緯』·『全韻玉篇』·『字類註釋』을 들 수 있다.

『六書經緯』는 耳溪 洪良浩가 정조 1년(1777)에 편찬한 자서로 당시에 諧聲만을 좇아 聲韻을 중심으로 편찬한 자서를 비판하면서 字

義를 중심으로 편찬된 자서의 필요성에 의하여 『六書經緯』를 엮었다. 전체 구성은 크게 仰觀篇·俯察篇·近取篇·遠取篇·禩物篇·撰德篇·辨名篇으로 나누었으며, 각각의 글자를 象形·會意·指事·形聲의 六書에 따라 배열하고, 그 字義를 해석하였다. 그리고 형식은 『易大傳』의 繫辭傳을 본받고, 서술 방식은 『爾雅』와 『釋名』을 모방하였다.

『全韻玉篇』은 정조 20년(1796) 8월에 반포한 『奎章全韻』의 檢字를 위해 『康熙字典』을 모범으로 편찬된 玉篇으로, 순조 3년(1803)에 완성된 것으로 추정된다. 그러나 단순히 『奎章全韻』에 수록된 한자를 부수별로 재배열하여 檢字의 편리함만을 위해 만든 것은 아니라 한자의 음을 華音과 東音뿐만 아니라 本音·俗音·正音으로 나누어 구별하였고, 한자의 뜻과 관련된 각종 부가 정보를 추가하고 있어 字書로서의 면모를 갖추고 있다. 이러한 편찬 방식은 근대 이후에 편찬되는 각종 玉篇類 字書의 모범이 된다고 하겠다.

『字類註釋』은 睡庵 鄭允容(1792-1865)이 철종 7년(1856)에 편찬한 字書로 10,800자의 한자를 類書의 형태를 빌어 5部 35類에 걸쳐 분류하고, 한글로 음과 뜻을 표기함과 아울러 한자로 간략하게 註釋을 달았다. 한자를 익히기 쉬운 자서 편찬을 목적으로 하였으며, 이를 위하여 '字書·韻書·諺釋·字音·字標·字數'의 여섯 항목의 편찬 기준을 설정하고, 이 기준에 따라 한자의 음과 뜻과 주석을 달았다. 이러한 편찬 체계는 『全韻玉篇』의 영향을 받은 것으로 볼 수 있겠으며, 이러한 점이 『字類註釋』이 기존의 일반 類書, 혹은 한자 학습서와는 분명히 변별되는 부분이다.

조선후기는 性理學 위주의 학문 경향으로부터 벗어나 새로운 학문 연구의 방법론을 모색하였다고 할 수 있다. 이러한 가운데 文字言語學 연구도 하나의 흐름으로 자리 잡게 되는데, 그 결과로서 韻書와

字書가 편찬되었다고 할 수 있다. 하지만 몇 몇 종류의 韻書와 字書를 제외하고는 대부분 초기 연구 성과를 반영하거나, 아동 학습서 수준을 넘어서지 못하거나, 아니면 편찬자나 편찬시기를 알 수 없는 것이 대부분이다. 그러한 가운데 이 글에서 살펴본 세 종류의 자서는 우리나라 자전의 역사에서 괄목할 만한 성과라고 할 수 있을 것이다.

참고문헌

• 原典資料

正祖 命撰(1998), 『全韻玉篇・奎章全韻』, 대전: 學民文化社.

魏校(2002), 『六書精蘊』(續修四庫全書 202), 上海: 上海古籍出版社.

李德懋(2000), 『靑莊館全書』(韓國文集叢刊 257-259), 서울: 民族文化推進會.

李晚秀(2000), 『屐園遺稿』(韓國文集叢刊 268), 서울: 民族文化推進會.

丁若鏞(2000), 『與猶堂全書』(韓國文集叢刊 281-286), 서울: 民族文化推進會.

鄭允容(1974), 『字類註釋』(覓南本), 서울: 建國大學校出版部.

洪良浩(2000), 『耳溪集』(韓國文集叢刊 241-242), 서울: 民族文化推進會.

• 著譯書

姜信沆(1990), 『국어학사』, 보성문화사.

金彦鍾 외(2008), 『譯註 字學』, 푸른역사.

김완진・정광・장소원(1999), 『國語學史』, 방송통신대학교 출판부.

金順姬(2005), 『≪說文解字翼徵≫에 관한 硏究』, 한국학술정보.

金興圭(1982), 『朝鮮 後期의 詩經論과 詩意識』, 高大民族文化研究所.

劉昌均(1988), 『國語學史』, 螢雪出版社.

全廣鎭 편역(1993), 『中國文字訓詁學辭典』, 東文選.

田日周(2003), 『韓國 漢字字典 研究』, 중문출판사.

정경일(2003), 『한국운서의 이해』, 아카넷.

鄭寅普(1983), 『薝園 鄭寅普全集』, 延世大學校出版部.

陳在敎(1999), 『耳溪 洪良浩 文學 研究』, 成均館大學教 大東文化研究院.

• 一般論文

김동준(2007), 「少論系 學者들의 自國語文 研究活動과 樣相」, 『민족문학사연구』35, 민족문학사학회.

金亮鎭(2009), 「18世紀 後半의 國語學과 鄭東愈의『晝永編』」, 『大東文化研究』68, 大東文化研究院.

申相賢(2006), 「朝鮮本『龍龕手鑑』의 版本과 特徵에 대한 考察」, 『한문학보』14, 우리한문학회.

申相賢(2007), 「18세기 韻書 編纂과 淸代 古音學 受容 研究 -특히『奎章全韻』편찬을 중심으로-」, 『한문교육연구』28, 한국한문교육학회.

河永三(2001), 「朴瑄壽 ≪說文解字翼徵≫의 文字理論과 解析體系의 特徵」, 『중국어문학』38.

• **學位論文**

金順姬(1995), 「≪說文解字翼徵≫에 관한 硏究」, 중앙대 문헌정보학과 박사학위논문.

金玲敬(2004), 「≪說文解字翼徵≫ 硏究」, 華東師範大學 박사학위논문.

楊沅錫(2006), 「朝鮮 後期 文字訓詁學 硏究」, 고려대학교 대학원 박사학위논문.

임경조(1993), 「『字類註釋』의 사전적 성격과 언어적 성격」, 서울대학교 대학원 석사학위논문.

• **전자매체**

국사편찬위원회 朝鮮王朝實錄 홈페이지(http://sillok.history.go.kr/main/main.jsp)

한국학 사전 편찬 방법론의 모색

한중사전에서 대역어의 등가성에 대한 고찰[*]

장선우[**]

Ⅰ. 서론

본고는 한중사전의 대역어를 효율적으로 제시하기 위해 기존 한중사전의 뜻풀이를 분석하여 문제점을 밝히고 대역어를 유형별로 나누는 것을 목적으로 한다.

이언어 사전[1]에서 대역어와 표제어 사이에는 사실상 완전한 의미 등가 관계가 성립하기 어렵다는 의견에 대부분 동의할 것이다. 그럼

---

[*] 본고는 『한국사전학회』 2013년 제21호에 게재한 것이다. 일부 맞춤법을 바로잡았다.

[**] 고려대학교 민족문화연구원 선임연구원

1) 도원영(2012:135)에서 밝혔듯이 원어 'bilingual dictionary'는 이중언어 사전, 이중어 사전, 두 말 사전, 이국어 사전 등 다양한 용어로 번역되는데, 일언어 사전(monolingual dictionary), 다언어 사전(mutilingual dictionary/polygot dictionary)과 궤를 같이 하는 '이언어 사전'으로 쓰고 있다. 본고는 기본적으로 이 관점에 동의하는 바이다.

에도 불구하고 이언어 사전은 외국어 학습이나 번역, 혹은 언어 연구 등의 분야에서 필요시되고 있다. 사용자는 풀이식으로 제시된 대응형을 보면서도 의식적으로 어휘 단위로 번역을 하고자 한다. 하지만 자신이 대응시킨 어휘가 정확한가를 확인할 방법은 없다. 이에 전성기(2003)에서는 번역의 관점에서 담론 변수 또는 화행 변수들까지도 대역어로 제시해야 한다고 주장한다. 그러나 사전에서의 대역어와 일반 번역은 다소 구분 지을 필요가 있다고 본다. 두 언어를 매개하는 도구로서의 이언어 사전이 갖는 특성2)에 의해 대역어의 제시는 일반 번역에서 가능한 의역된 어휘를 모두 수용할 수는 없으며, 보다 정제되고 개괄적인 어휘를 선별하여 제시할 수밖에 없을 것이다. 때문에 이때 제시되는 대역어에는 일관된 원칙이 필요하게 된다.

이에 본고는 기존 사전의 대역어 유형을 일정한 원칙에 따라 분석하여 한중사전이 갖추어야 할 유용하고 정확한 방향을 제시하고자 한다.

II. 선행 연구

이언어 사전은 사용자가 누구인가, 어떤 목적으로 사용하는가 등에 따라 사전의 구성 내용이나 대역어의 제시가 현저하게 달라져야 한다. 하트만 편(2008:225)에 의하면 사전의 유형을 언어 사용자, 사용 목적 등을 근거로 사전을 분류할 수 있다. 이를 기준으로 한중사전은 '중국인을 위한 한중사전'과 '한국인을 위한 한중사전' 두 부류로 나눌 수 있고, 또한 사용 목적에 따라 중국인 학습자의 입장에서

---

2) 일반 번역에서는 상황에 따라 문학적인 관점도 고려되어야 하지만 이언어 사전에서는 그보다도 언어적인 지식을 제공하는 공구서의 역할이 우선되어야 한다.

보자면 한중사전은 한국어의 정보가 제시되어야 하지만, 한국인 학습자의 입장에서는 중국어에 대한 정보가 풍부해야 한다.

기존 한중사전을 살펴보면 사용자나 사용 목적이 뚜렷하게 명시되지 않은 것이 대부분이며, 이전에는 중국인이나 한국인 모두 목적에 상관없이 같은 사전을 그대로 사용하는 일이 많았다. 최근 특정 언어 학습자를 위한 사전들이 속속 출판되고는 있으나 대역어를 더 정확하게 제시하도록 도와주는 길잡이 수단이 있어야 한다.

이와 관련하여 우선 한-외 사전[3]에서의 뜻풀이 부분에 대한 연구를 보면, 전성기(1996)는 번역의 관점에서 한불사전의 대역어 제시 방법에 대해 분석을 하였다. 단순 의미 등가는 사실상 불가능하며 담화 요소를 통해 표제어 번역을 해야 함을 강조하였다. 정영국(2009)은 국내에서 출판된 한영사전들이 대응어만 제시하였는지 아니면 정의문과 용례의 번역까지 제시하였는지를 소개하는 데 그쳤다. 신자영·원미진(2010)과 신자영(2011)은 다국어 사전의 의미 기술에 중점을 두고 '완전 대응, 부분 대응', '일대다, 다대일 대응' 등 의미 대응 유형을 제시하였다.

한중사전에서의 뜻풀이 부분에 대한 연구를 살펴보면, 황은희(2005)는 주로 기존 한중사전들의 제시 형식이 사용자에 따라 풀이식인지 대역어 제시 방식인가를 비교분석하였다. 왕보하(2012)는 대역어 부정확, 부호 표기 부적당, 의항의 배열 원칙, 문화 정보의 부족 등 문제점을 간단히 지적하였다. 임형재(2012)는 원칙에 따라 뜻풀이 정보항의 구조를 'L1대응어+L1뜻풀이+L2뜻풀이' 순으로 제시하며 대응어가 없을 때는 L1 뜻풀이를 제시한다는 소개에 그치고 있다.

종합하면, 한중사전에서 대역어 및 대응 유형에 대한 전반적인 제

---

3) 한중사전을 제외한 이언어 사전을 말함.

시 체계를 구축하는 일이 시급하다. 한중사전의 표제어에 대해 의미만을 번역한 대역어를 제시하는 데에 그치지 않고, 용법 차이까지 표현 가능하게 해주는 설계가 필요하다고 본다.

Ⅲ. 한중사전의 종류와 특징

앞서 언급하였듯이 한중사전은 사용 목적이 무엇인지, 누가 사용하는지에 따라 두 종류로 분류할 수 있다. 즉, 중국어를 학습하는 한국인이 사용하는 표현용 한중사전과 한국어를 학습하는 중국인이 사용하는 이해용 한중사전이 바로 그것이다. '표현용'은 한국인이 한국어로 떠올린 말을 찾고 중국어로 나타내고자 하는 데 주요 목적이 있다. 중국어 대응 어휘에 대한 용법 정보가 어느 정도 포함되어 있어도 된다. 반면 '이해용'은 중국인이 한국어를 보고 해당 어휘를 찾고 한국어를 파악하는 데 주요 목적이 있다. 따라서 중국어에 대한 별다른 정보가 제시될 필요가 없으며, 풀이식으로 기술해도 무방하다.[4] 그러나 번역 등을 위해서는 풀이식보다 가능하면 대역 어휘를 제시할 필요도 있다. 이렇듯 두 사전은 엄연히 서로 구분되어야 한다.

본고는 주로 중국인 학습자의 입장에서 한국어와 등가를 이루는 대역어가 정확히 제시되었는지 검토를 하고자 한다. 필요에 따라 한국인 학습자의 입장에서 중국어 대역어가 어떻게 차별화되어야 하는지도 언급할 것이다. 물론, 사전의 종류도 나누어서 살펴볼 필요가 있다. 현재 시중에 나와 있는 중국인을 위한 한중사전으로는 한국에서

---

4) 황은하(2005:89)에서는 두 사전 사이의 중국어 대응 형식을 비교하였는데 중국인을 위한 사전은 중국어로 풀이하는 방식이며, 한국인을 위한 사전은 중국어 어휘로 대역하고 병음 표기도 되어 있음을 보였다.

출판된『한중사전』(2004)(이하『고려』),『중국어 화자를 위한 한국어학습사전』(2011)(이하『학습』),『한중소사전』(1990)(이하『북경대』), 그리고 중국에서 출판된『한중대사전』(2004)(이하『대사전』),『신편한중사전』(2010)(이하『신편』),『조중사전』(1998)(이하『조중』) 등이 있다. 그 밖에도 중국 자체 편집된 규모가 작은 사전(2만 개 내외)이거나 대사전의 축소판으로 수록 어휘가 2,500~10,000개 정도 되는 소규모의 사전도 필요에 따라 언급할 것이다.

『고려』는 중국어를 공부하는 한국인뿐만 아니라 한국어를 공부하는 중국인도 널리 사용하는 사전이다.『북경대』는 중국에서 편찬한 것을 한국에서 재출판한 것으로 중국인 학습자를 더 고려한 사전이라 하겠다.『학습』은 한국에서 출판된 사전으로 사용 대상을 중국인으로 명확하게 지정하고 있다.『대사전』은 중국에서 출판된 한중사전 중에서 시기적으로 가장 이르게 '조선어'가 아닌 '한국어'를 수록하였다.『신편』은 중국에서 비교적 최근에 출판된 사전이며 사용 대상이 한국어 학습을 하는 중국인으로 명시된 사전이다.『조중』은 주로 북한의 편찬자들에 의해 만들어진 사전으로 한국어 어문 규범과는 다른 부분이 있으나 중국에서는 북한과의 교류도 필요하기 때문에 중국의 한국어 교육 현장에서는 북한어도 언급되며『조중』을 주요 참고서로 삼고 있다.

IV. 이언어 사전의 어휘 등가성

4.1. 어휘 등가성의 요소

이언어 사전에서 대응형을 제시하기 위한 방법론을 살펴보면 어휘 단위를 기본으로 할 때 주로 의미를 고려하게 된다. 이와 관련하여 Alain Duval(2008)는 의미 유형에 따른 등가성을 논의하였다.

의미 방면에서뿐만 아니라 화용 방면에서도 언급한 연구가 있었는데 丘迎軍 외(2008)는 이언어 사전 번역의 특수성을 논하면서 의미, 문체, 화용 방면에서 대등해야 하는 원칙을 제시하였다. 표제어에 대한 번역은 구체적인 문맥에서의 의미가 아닌, 개괄적이고 본질적인 의미로 대응되어야 하며, 문체를 고려하여 글말에 쓰이는 어휘를 입말 어휘로 번역한다든지 억지스러운 표현이 되지 않도록 해야 한다고 지적하였다.

Svensén, Bo(2009)는 이언어 사전에서의 등가성에 대해 논하면서, 어휘의 등가는 의미뿐만이 아니라, 용법(화용) 등가를 이루어야 하며, 이를 위해 대응어가 적합하지 않다면 의미 설명이 부가적으로 제시되어야 한다고 지적하였다.

신자영(2011)에서는 다국어 사전의 의미 기술에 중점을 두고 의미 대응 유형을 의미적 대응과 화용/기능적 대응 등으로 분류하였으며, 대응어의 수에 따라 일대다, 다대일 혹은 대응형 부재 등의 경우를 제시하였다.

이처럼 제시되는 대역어는 의미 방면 이외에도 화용 정보나 용법 정보도 고려하게 되는데, 이를 사전의 미시 구조 속에서 어떻게 제시되어야 하는가에 대한 논의도 필요시되고 있다. 그중 도원영(2011)은 뜻풀이 정보가 갖추어야 할 요소를 등가성, 명시성, 분절성, 체계성 네 가지로 요약하였는데, '등가성'은 표제어와 대응어 간의 개념적 동일성, 의미 대응 관계를 말하며, '명시성'은 대응어와 풀이말이 문법적이고 쉬운 말로 표현되어야 한다는 것, '분절성/체계성'은 표제어에 대응하는 의미소 외에도 형태, 통사, 화용적인 정보가 일관된 모듈로 제시되는 것이라고 명시하였다.

종합적으로 볼 때 두 언어의 어휘가 서로 등가를 이루기 위해서는 의미뿐만이 아니라 용법 및 화용 요소에 대해서도 고려하여야 한다. 본고는 다음과 같이 '의미 등가', '화용 등가', '문법 등가'의 원칙을 세우고 이에 근거하여 대역어를 분석할 것이다. 더 나아가 이러한 요소들이 체계적이고 일관된 구조로 제공할 수 있는 방안을 모색하고자 한다.

다음 절에서는 기존 사전 일러두기를 통해 이 세 가지 요소가 어느 정도 반영되었는가를 분석하여 '어휘 등가성'을 구체적으로 살펴보고자 한다.

4.2. 의미 등가성

'의미 등가성'이란 두 언어에서 의미 범주가 일치하는 정도를 말한다. 의미는 관점에 따라 서로 다르게 이해되기도 하지만, 기본적으로 개념적 의미와 연상적 의미로 구분된다.[5] '사전적 의미'라고도 부르는 '개념적 의미'를 기준으로 의미를 한정한다면, 영역에 따라서는 완전 동의, 중첩된 부분 동의, 부분 동의(어느 한쪽으로 완전 포함되는 관계), 완전 불일치로 나눌 수 있다.

이에 대해 『북경대』, 『조중』, 『신편』, 『대사전』의 일러두기에 관련된 대역어의 제시 원칙이 부분적으로 제시되었다. 이를 살펴보면 아래와 같다.[6]

---

5) 『한국어학의 이해』(2012:246) 참조.
6) 본고에서 살펴본 한중사전 중에서 일러두기에 뜻풀이의 원칙을 제시한 사전은 많지 않았다. 이하 뜻풀이에 대역어에 대한 언급이 있는 사전을 중심으로 소개할 것이다. 『신편』과 『대사전』의 원문은 중국어이며, 편의상 한국어로 번역하였다. 그밖에 필요한 경우 번역문을 주석에 제시하였다. 번역에 오류가 있다면 본고의 필자 책임이다.

(1)『북경대』의 의미 등가성과 관련된 일러두기

　5. 낱말의 해석원칙

　　1) 본 사전은 중국어로 해석하는 것을 원칙으로 하였다. 만일 마땅한 중국어가 없을 경우에는 해석을 붙여서 설명하였다.

　　　예: 맑스-레닌주의-당[막-]【名】馬克思列寧主義政黨.

　　　　로동-자【名】工人.

　　　　밑-받침【名】墊在底下的東西.

　　2) 뜻이 많은 낱말은 원뜻을 앞에 놓고, 확대된 뜻을 뒤에 놓았으며, 보편적 뜻을 앞에 놓고, 특수적 뜻을 뒤에 배열하였다, 아울러 ①②③⋯등의 부호를 붙여서 구분하였다. 동시에 말뜻을 이해하는데 도움이 될 수 있는 것은 모두 위의 예와 같이 덧붙여 표시하였다.

　　　예: 맞:다【動】I. (自、他)①淋(雨). ｜비를 ~. 淋雨. ②打中. ｜총알에 ~. 中了槍彈. II. (他)①挨打. ｜매를 ~. 挨打. /주사를 1대 ~. 打了一針. ②(讓別人給)蓋(章). ｜도장을 ~. 蓋章. ③得. ｜5점을 ~. 得五分. ④遭. ｜도적을 ~. 被偸. /퇴짜를 ~. 遭拒絶. III. (他)①迎接. ｜손님을 ~. 迎接客人. /해방을 ~. 迎接解放. ②娶, 招. ｜안해를 ~. 娶妻. /사위를 ~. 招女婿. IV. (自)①合適. ｜이 모자가 꼭 맞는다. 這頂帽子正合適. ②正確. ｜답이 ~. 回答正確. /예측이 ~. 猜對了. ③一致, 中意. ｜뜻이 ~. 志同道合. /내 마음에 ~. 合我的意. ④符合. ｜사실에 ~. 符合事實. V. 用於形容詞的≪-아(-어, -여)≫後面表示“强勢”. ｜급해~. 急死了. /바빠~. 忙極了.

　　3) 중국어로 번역할 수 없는 특유한 한국어는 ( ) 안에 간단한 설명을 하였다.

　　　예: 느름-적【名】朝鮮菜之一種(把桔梗或魚串起來蘸上雞蛋, 再

用油煎).

마루【名】①… ②(朝鮮式房屋)簷下的廊子.[7]

(중략)

6) 어느 낱말을 해석함에 있어서 ≪ * ≫의 부호가 있는 단어는 같은 뜻의 낱말임을 표시한 것이니, 센말이거나 여린말이다.

예: 노린-내【名】膻臭. *누린 내.

목-구멍【名】喉嚨, 咽喉. *목1②. 인후.

덜거덩【副】空隆(硬物碰撞聲). *떨거덩. 떨커덩. 달가당.

7) 어음이 이미 특수하게 변화한 동사나 형용사는 단어의 뜻을 해석하지 않고 ≪→≫의 부호를 써서 그 원형을 표시하였다. 아울러 그 기본형태가 변화하는 실례는 ≪ ‖ ≫의 부호로 표시하였다.

예: 사나오-〈幹〉→사납다. ‖~ㄴ.~나,~니,~며,~므로,~시.

사나와[ㅂ~ㅜ]【形】≪사나오-아≫的略形. →사납다.

노-〈幹〉→놀다. ‖~ㄴ.~나,~니,~오,~ㅂ니다,~시.

(이하 생략)

위와 같이 『북경대』의 일러두기 1)과 3)에서는 대역어의 기본 원칙을 제시하고 있다. 대역어가 없는 경우에는 풀어 설명함을 명시하였다. 그러나 의미 범주가 크거나 작은 경우는 어떻게 처리하였는지 알 수 없다.

일러두기 2)에서는 다의어를 설명하고 있으나, 한 의항에 그 대역어가 다수인 경우에는 어떤 순서로 배열할 것인지에 대해 제시된 원

---

7) 뜻풀이 부분에 대한 번역은 다음과 같다.
　느름적: 조선 음식의 일종(도라지나 생선을 꼬치로 만들어 계란을 입혀, 기름에 지진 것)
　마루: (조선식 가옥) 지붕 아래의 복도.

칙이 없다.

일러두기 6)과 7)에서는 동의어 관계의 어휘와 변이형에 대한 처리를 뜻풀이 부분에서 소개하고 있다.

‘의미 등가성’에서 고려해야 하는 ‘일대다 대응’이나 ‘부분 일치’에 대해서는 언급하지 않았다. 이로 발생하는 대역어의 오류가 있을 수 있다. 이에 대해서는 다음 장에서 논의하기로 한다.

다음은『조중』일러두기에서 의미 요소와 관련된 부분이다.

(2)『조중』의 의미 등가성과 관련된 일러두기

  4 대역

    1) 대역은 현대중국어를 기본으로 하여 주면서 필요에 따라 문어체로도 주었다.

    2) 대역은 기본뜻을 먼저 주고 갈라진 뜻과 특수하게 쓰이는 뜻을 뒤에 주었다.

  (중략)

    4) 정확한 대역을 줄 수 없는 것은 중국어로 (　　) 안에 주석을 달아주었다.

      마루1【名】①… ②(朝鮮式房屋)簷下的廊子

    5) 뜻이 완전히 같은 올림말은 가까이에서 쉽게 찾아볼 수 있는 경우에 →표식을 하고 대역이 있는 올림말로 보내주었다.

    6) 명언, 성구속담의 대역은 뜻이 완전히 다른 것은 ①②…로 표시하고 같은 뜻갈림 안에서의 대역과 대역 사이는 ≪ ; ≫으로 구분하였다.

      개천에서 룡나다 ①窮山溝裏出狀元 ; 茅屋出高賢 ; 寒門生貴子, 白屋出公卿 ; 蓬門處宮卿 ②臭婆娘養的好娃子 ; 老鴉巢裏出鳳凰

  (중략)

8) 들어온 말의 대역에는 원어를 밝혀주지 않았다.

『조중』의 경우는 대역어를 옛말이 아닌 현대어로 제시하는 것을 원칙으로 하며, 필요에 따라 '문어체' 정보를 준다고 하였다. 그러나 '문어체'는 사용역[8]에 해당하는 것으로 표제어가 글말인 경우에 어휘의 등가가 이루어지도록 문어적인 어휘를 제시한다고 명백히 밝힐 필요가 있다.

일러두기 2)에서 기본 뜻과 갈라진 뜻, 특수한 뜻은 표제어가 다의인 경우를 이르는 것으로, '일대다'의 경우와는 다르다. 일러두기 6)이 '일대다'의 경우 중 하나인데 한국어는 한 의항이지만 대역어가 두 개로 대응되는 경우이다. 이때 다수의 대역어 중에서 어떤 것을 선택하고 배열할 것인가를 고려해야 한다.

일러두기 5)에서 대표되는 어휘에만 대역을 주고 유의어에는 대역을 주는 대신 대표 어휘로 찾아가게 하였는데, 이는 '다대일'의 경우에 해당한다. 표준어와 비표준어와 같은 관계는 아니지만 의미상으로 '다대일'의 경우라도 화용 요소나 문법 요소가 일치하는지를 고려하여 대역어를 제시하는 것이 바람직하다.

'의미 등가성' 관점에서 보면 『조중』의 경우, 어느 정도 대역어의 기준이 제시되기는 하였으나 의미 등가 요소를 모두 포함한 것은 아니어서 원칙을 세우기에는 다소 부족해 보인다.

다음은 『신편』에서 대역어의 의미 요소와 관련된 일러두기이다.

---

8) '사용역'이란 '다양한 사회 계층이나 집단에 따라 구별해서 사용하는 언어 변이형'(도원영, 2008:39) 혹은 '어휘 사용에 관한 용법 중 특히 사회적인 상황과 관련된 정보'(안의정·이종희, 2008:28)이다. 이에 대해서는 다음 절인 '화용 등가성'에서 구체적으로 논의할 것이다.

(3)『신편』의 의미 등가성과 관련된 일러두기

　1. 뜻풀이

　　　1) 어휘의 뜻풀이는 기본적으로 중문 대역을 채택하는 방식으로 한다. 대역할 수 없거나 사용 환경 등의 정보가 필요한 경우, 원괄호를 써서 주석을 가한다.

　　　　가가호호(家家戶戶) [명]家家戶戶, 每家 ‖ ~ 모두 새 아파트에 입주했다. 家家戶戶都搬進了新的公寓。

　　　　판소리(-쏘-) [명][하자](音樂)淸唱(韓國古代曲藝的一種)

　　　　글쎄 [감](對他人的提問或要求表示猶豫時)是啊, 這個嘛 ‖ ~, 나도 잘 모르겠는데. 是啊, 我也不太淸楚。

　　　2) 조사, 어미, 접사의 뜻풀이는 기본적으로 설명하는 방식을 채택한다. 중문 대역이 있는 경우 따옴표를 써서 제시한다.

　　　　-가(價) [접]附加在部分名詞詞根後, 表示"價" ‖ 판매가 銷售價 원가 原價

　　　　도 [조]添意助詞。 表示相同、 包含, 相當於漢語的"也" ‖ 노래를 잘 부르며, 춤도 잘 춘다. 歌唱得很好, 舞也跳得很好。

　　　3) 의성의태어의 경우, 중문 대역을 하지 않고, '…모습(의 모양))이나 '…의 소리'로 설명한다.

　　　　가랑가랑 [부][하형]①(液體)滿滿貌 ‖ 사발에 물이 ~ 담겼다. 碗裏水滿滿。 ②淚汪汪貌 ‖ 눈에 눈물이 ~하다. 眼裏淚汪汪。

　　　　가르랑가르랑 [부][하자](因氣管中有痰)呼嚕呼嚕的聲響 ‖ 목에서 ~ 소리가 난다. 喉嚨呼嚕呼嚕直響。9)

---

9) 뜻풀이 부분을 한국어로 번역하면 다음과 같다.
　가가호호: 가가호호, 각 집
　판소리: (음악)반주 없이 노래하다(한국 옛 설창(說唱) 문예의 일종)
　글쎄: (다른 사람의 질문이나 요구에 대해 망설임을 나타낼 때)그래, 그게
　가랑가랑: ①(액체가)가득한 모양 ②눈물이 그렁한 모양

(이하 생략)

『신편』은 위의 두 사전과 달리 대역을 기본으로 제시한다는 내용 또는 대역할 수 없는 경우뿐만 아니라 '사용 환경'을 원괄호로 나타낸다는 점을 명시했다. 그리고 일러두기 2)에서는 풀어 설명해야 하는 어휘를 일부 제시하였다. 이 경우 대역어가 있으면 제시한다는 원칙도 세우고 있다. 아쉬운 것은 '사용 환경'을 구체적으로 분류하지 않은 것이다. 또한 대역이 가능한 경우를 세분하지 않아서 유의어나 다의 관계를 일관되게 처리하지 못했을 가능성이 크다. 다음 장에서 문제점을 상세하게 제시하였다.

마지막으로 『대사전』의 일러두기이다.

(4) 『대사전』의 의미 등가성과 관련된 일러두기

칠. 표제어 뜻풀이

1. 본 사전은 가능한 대역의 방식으로 뜻풀이한다. 특수한 상황에서는 설명을 덧붙여 표제어의 원뜻을 정확하게 담도록 한다.
2. 다의 표제어에서 상위 의항(품사 다르거나 문법 범주가 다름)은 로마자 Ⅰ Ⅱ Ⅱ 등으로 표시하고; 하위 의항은 ①②③ 등으로 표시한다. 대역어는 쉼표로 나열한다.

『대사전』의 뜻풀이는 매우 간단하게 기본 사항만을 언급하고 있다. 나열하는 대역어의 배열 순서도 고려하지 않았다. 기준이 모호할수록 의미 등가는 지켜지기 어려울 것이며, 학습자의 어휘 의미 습

가르랑가르랑: (기관지에 가래가 있어서)가르랑거리는 소리
-가: 명사 어근 뒤에 붙어, '價'를 나타낸다.
도: 의미 첨가 조사. 같거나 포함을 나타내며 중국어의 '也'에 해당한다.

득에 부정적인 영향을 미칠 우려가 있다.

이상 기존 한중사전 일러두기 중에서 의미 등가가 이루어지기 위한 조건을 살펴보았는데, 일반적으로 대역어로 제시하며, 적합한 대역어가 없는 경우 풀어 설명한다는 기본 원칙이 있었다. 그러나 표제어와 대역이 '일대다', '다대일' 혹은 '부분 일치'의 경우에는 더 구체적인 기준이 없다면 의미 등가를 이루기 어려울 것이며 기존 한중사전에서 그 문제점을 다수 찾아볼 수 있다.

4.3. 화용 등가성

'화용 등가성'이란 '개념적 의미'를 제외한 의미를 말한다. 두 언어에서 인지적인 관점에 따라 지시적 의미는 일치할 수 있으나, 언어 외적 요소가 일치하지 않아 사용역 등이 다를 수 있다. 또한 어떠한 어휘들은 지시적 의미는 동일할 수 있으나, 그 의미에 대해 결합하는 어휘가 서로 다를 수 있다.

'언어 외적 요소'는 '시간이나 공간, 화자와 청자의 특성, 다양한 장면에 따른 언어적 현상'(도원영2008:39)을 말한다. 이를 사전학에서는 '사용역'이란 개념으로 어휘를 쓰임에 따라 부류별로 분류하고 있다. 그중 도원영(2008)에서는 어휘 사용 환경을 전면적으로 분류하였는데 '시간, 공간, 규범성, 도구, 화청자 관계, 사용 계층과 집단, 태도, 사용 여부와 사용 범위 등 9가지 기준'을 통해 국어사전 표제어에 대한 사용역을 분류하고 다음과 같이 표로 나타내었다.[10]

---

10) '사용역'을 연구한 다수의 연구 가운데 비교적 전면적인 부류를 하고 있어 본고의 분석을 진행하기 위한 기준으로 삼았다. 그밖에 안의정·이종희(2005) 또한 국어사전의 사용역에 대해 전문적으로 다루고 있다.

기준	일반 부류	사용역
시간	현재어	신어/이전말/고어
공간	공통어	방언(지역어)
	남한어	북한어
규범성	표준어	비표준어
도구	보편어	문어/구어
화청자 관계	예사말	높임말/낮춤말
사용 계층과 집단	통용어	계층어
태도	일반어	비어/속어/완곡어/욕설/비유어…
사용 범위	일상어	전문어
사용 여부	현실어	희귀어/사어

〈표 1〉 표제어의 분류_일반 부류와 사용역

이 표를 기준으로 기존 한중사전에서 이에 해당하는 어휘에 대한 풀이 부분에 관련 정보가 반영이 되었는지 살펴보았다. 기존 사전 중에서 『고려』와 『대사전』만 사용역 정보를 약호로 제시하였다. 『북경대』는 그 분류가 제한적이다. 다른 사전의 일러두기에서는 사용역에 대한 내용을 찾아볼 수 없었다.

먼저 『북경대』의 일러두기를 살펴보면 다음과 같다.

⑸ 『북경대』의 화용 등가성과 관련된 일러두기

  5. 낱말의 해석 원칙

    4) 방언이나 비규범적인 말은 다시 해석할 수 없을 때에는 〈→〉의 부호를 붙여 배경이 되는 표준어를 밝혔고, '약어'도 설명할 수 없을 경우에는 〈→〉의 부호를 붙여 배경의 원래 단어로 표시하였다.

    예: 엉청-스럽:다 [ㅂ~ㅜ] 【形】 →능청스럽다.

        먼지 【名】 →몬지.   매-돌(-똘) 【名】 →망돌.

옥수수【副】→강냉이.　　직맹(징-)【名】→직업동맹.

5) 구식사회제도와 더불어 구식도덕 관념이나 구식칭호와 관련된
낱말은 (舊)(舊稱) 또는 (迷信) 등의 표시를 하여 설명하였다.

예: 행랑-어멈【名】(舊)女仆.

마름【名】(舊)二東家, 二地主.

저자【名】市場(舊稱).

마-들:다 [ㄹ~이]【詞組】鬼使神差(迷信)

(중략)

8) 낱말을 사용하는 범위와 의미색채를 더 설명하거나 혹 비유하는
의미가 있을 때에는 주해 다음에 괄호를 하여 설명하였다.

예: 큰-짐승【名】大獸(指老虎).

켕-기:다【動】(自)①緊張(弓玄等).

턱-밑【名】……②鼻子底下(喻近處).

규범성과 관련하여 비표준어, 공간을 기준으로 방언에 대해서는
표준어로 보내는 기호를 사용하였고, 시간을 기준으로 구식체제나
관념, 칭호를 약호(舊)로 사용하는 외에도 부호표에서 옛말을 표시
하는 부호를 따로 제시하고 있다. 태도를 나타내는 어휘에는 대역어
를 주는 동시에 상세 풀이를 괄호 안에 일괄적으로 한다는 원칙이 제
시되었다. 그러나 아래『고려』와『대사전』과 비교하면 그 사용 환경
에 대한 정보가 매우 소략한 것을 알 수 있다.

한편 앞서 살펴본『신편』일러두기의 뜻풀이 부분에서도 '사용 환
경 정보'를 줄 수 있다고 언급하였지만 구체적인 분류는 하지 않고
있다. 『조중』또한 일러두기 약호 정보에서 [말체][글체][들어온말]
만을 언급하였다.

반면『고려』와『대사전』은〈표2〉와 같이 약호를 사용하여 비교

적 상세하게 분류하고 있는데, 특이한 위상 정보를 가지지 않는 부류 (무표적 부류)[11]와 비교하여 상대적으로 특정 상황에 사용되는 유표적 어휘에 대한 정보를 제시하고 있다.[12]

사용역	고려대 한중사전	한중대사전
신어/이전 말/고어	(早白)조기백화	((舊))舊詞(이전말)
방언	(方)방언	((方))方言(방언)
비표준어	☞표준어 (簡)준말	((別))別稱(별칭)
문어/구어	(文)문어 (口)구어 (牘)공문서신	((書))書面語(문어) ((口))口語(구어)
높임말/낮춤말	(敬)경어 (謙)겸손어	((敬))敬語(경어) ((謙))謙詞(겸손어) ((愛))愛稱(애칭) ((昵))昵稱(애칭) ((貶))貶稱(폄하하는 말) ((卑))卑稱(스스로 낮추는 말)
계층어	(梵)범어	((兒))兒童用語(아동용어) ((宮))宮廷用語(궁정용어)
비어/속어/완곡어/욕설/비유어	(諷)풍자 (罵)욕설 (婉)완곡 (喻)비유 (褒)포의 (貶)폄의	((雅))雅語(고상한 말) ((婉))婉轉語(완곡한 말) ((俗))粗俗語(저속한 말) ((隱))隱語(은어) ((喻))喻義語(비유어) ((反))反語(반어, 아이러니) ((戲))戲謔語(익살) ((擬))擬人化(의인화)
전문어	전문어	((行))行業語(업계)

〈표 2〉『고려』와 『대사전』의 화용 등가성 관련 정보

---

11) 도원영(2008:42) 참조.
12) 도원영(2008)에서 제시된 표를 기준으로 '사용 여부(희귀어/사어)'에 대한 분류는 『고려』와 『대사전』에서 제시하고 있지 않았다.

눈에 띄는 항목을 몇 가지 지적하자면 다음과 같다. 우선, 『고려』에서는 방언을 중국어 기준으로 다음과 같이 '북방, 북경, 남방, 광동, 복건, 상해, 동북, 서북, 산동, 강남, 사천, 호남, 소주, 오(吳), 홍콩, 대만' 등으로 세분하고 약물로 제시하고 있다. 필요 시 대역어에 이러한 방언 정보를 표기하였다. 그러나 한국어 학습에는 한국어 기준으로 방언을 분류하여야 할 필요가 있다.

둘째, '사용 계층과 집단(계층어)'에서 『고려』는 불교 용어인 '범어'를 제시하였고, 『대사전』에서는 어린이가 사용하는 말과 궁정에서 쓰는 말을 제시하였다. 두 사전 모두 다른 계층이나 집단은 더 분류하지 않았으나, 전문 분야 혹은 업계에서 쓰는 말을 상세히 분류하고 부호 '〈 〉'로 나타내고 있다.

셋째, 『고려』나 『대사전』에서는 한국어와 달리 화자의 입장에서 긍정적이거나 부정적인 의미를 나타내는 색채어인 '褒義'(포의)와 '貶義'(폄의)를 제시하고 있다.

마지막으로, 화용 정보라 보기 어려운 경우인데 위의 사용역 약호와 부호 등과 함께 제시된 것이다. 표준어 기준으로 '뜻이 달라져 변화된 말'(전의)이나, '파생어', '별칭' 등 유의 관계의 어휘에도 화용 요소와 같은 부류의 정보로 보고 일괄적으로 처리하고 있다. 이 외에도 '음의역'(音意譯)이나 관용표현인 '성어/속어/관용어/헐후어/상투어'도 함께 명시하고 있다.

화용 정보는 한국인을 위한 한중사전과 중국인을 위한 한중사전이 확연히 다른 기준으로 제시되어야 하는 부분이다. 무표적인 어휘는 단순히 기본 의미가 같은 대역어를 제시할 수 있지만, 유표적인 어휘는 학습자에 따라 그 정보가 불필요한 것이 될 수도 있다. 예를 들면, 대역어에 위와 같은 화용 정보가 제시되었다면 한국인은 대역어가 되는 여러 중국어 표현 중에서 상황에 맞는 적절한 어휘를 선택할 수 있겠지만, 중국인은 이 정보가 표제어에도 동일하게 적용되는 것으로 오인을 할 수도 있을 것이다. 이와 관련하여 사전의 체계 또한 일괄된 처리가 요구된다.[13)

학습자가 모국어에 대응하는 개념을 표현하기 위해 대역어가 큰 역할을 한다면 화용 정보는 목표어 어휘망을 설립하고 그 어휘망 속에서 어휘들 간의 관계를 체계적인 구도로 정렬하는 데 중요한 역할을 하게 된다. 때문에 학습자와 사용 목적에 따라 서로 차별화되어 구성되는 화용 정보는 매우 유용하고도 중요한 것이라 할 수 있다.

4.4. 문법 등가성

'문법 등가성'이란 두 언어에서 용법이 일치하는 정도를 말한다. 기본적으로는 대역어의 품사가 표제어와 일치하는 것이 바람직하겠지만, 언어 체계가 다른 두 언어 사이에 품사 분류는 서로 다를 수 있다. 이는 이미 여러 연구를 통해서도 논의된 부분이다. 의미는 동일하게 대응되는 대역어가 한국어와 품사가 다르다면 통사적 요소의 제한을 나타낼 수 없기 때문에 이러한 차이를 별도로 제시할 필요가 있다. 『조중』과 『신편』의 일러두기에서는 이 문제에 대해 일부 언급하고 있다.

---

13) 화용 등가가 이루어지기 위해서는 대역어만으로는 불완전하므로 대응하는 요소를 일괄적으로 처리할 필요가 있다. 도원영(2008)에서는 이러한 화용론적 정보를 미시 구조의 한 항목으로 설정할 필요가 있음을 지적하였다. 대부분의 정보는 위의 표처럼 기호를 이용할 수 있겠으나 얼마나 세분할 것인가에 대한 논의가 이루어져야 할 것이다.

(6)『조중』의 문법 등가성 관련 일러두기

　4 대역

　　7) 《하다, 되다》가 붙어서 파생된 단어의 대역은 어근적 단어의 대
　　　역과 같지 않은 경우에만 그 단어 뒤에 대역을 더 주었다.

(7)『신편』의 문법 등가성 관련 일러두기

　1. 뜻풀이

　　4) 피동, 사동의 경우, '〈 〉의 피동태/사동태'의 형식으로 주석하며,
　　　다른 풀이는 하지 않는다. 어떤 때에는 대응되는 중문 대역이 있
　　　을 수 있다.

　　　보이다1 [자]〈보다1〉的被動態 ‖ 산이 ~. 看見山。

　　　깨우다 [타]〈깨다1〉的使動態。叫醒 ‖ 늦잠 자는 아이를 ~. 叫醒
　　　睡懶覺的孩子。

　　위 (6)의『조중』일러두기에서 '-하다, 되다' 파생어는 어근에 대한
대역어가 같다면 따로 대역을 하지 않는 원칙을 제시하였으나, 의미
는 같더라도 해당하는 그 용법이 차이가 있을 수 있기 때문에 대역어
가 같아도 따로 제시하여 용법을 보이는 것이 바람직하다.

　　위 (7)의『신편』일러두기에서는 '피동, 사동'의 원형을 제시하여
관계를 맺어주고 있다. 이때 대응되는 어휘가 단어보다 큰 언어 단위
일 수도 있으나 이에 대한 논의가 없다.

　　이처럼 기존 사전에서는 문법 요소에 대해서는 품사를 제시하는
것 외에 거의 언급한 바가 없다. 물론 우리가 논의하는 한중사전은
어휘 사전에 해당하며 문법 사전과는 어느 정도 구분이 된다. 문법
요소에 대해 문법 서적처럼 상세한 내용을 수록하기에도 한계가 있
다. 또한 학습자의 수준에 맞는 문법 내용을 등급에 맞게 효율적으로

제시하는 것도 역시 앞으로 논의해야할 과제이다. 대역어가 표제어와 등가를 이루기 위해 어떠한 문법 요소를 우선적으로 다루어야 하는가에 대해 알아보기 위하여 다음 장에서 문법 등가가 이루어지지 않은 경우를 살펴보고자 한다.

다음 5장에서는 지금까지 논의된 '대역어 등가성 원칙'에 근거하여 한중사전들이 대역어를 어떻게 제시하고 있는지 그 문제를 살펴보고자 한다.

V. 사전 대역어 분석

5.1. 의미 등가성이 이루어지지 않은 경우

'의미 등가성'이란 표제어와 대역어가 기본적인 지시 의미가 대응되는 것을 말한다. 주로 '완전 일치, 일대다, 다대일, 부분 일치, 무대응'으로 나누어진다. '완전 일치'가 되는 경우는 극히 드물어 논의에서 보류하였다. '다대일'의 경우는 의미 관계가 유사하거나 관련이 있는 한국어 어휘들에 대해 그 대역어는 하나로 대응될 수 있으나 화용 혹은 용법 정보가 달라질 수 있어 '의미 등가성'이 이루어진다 해도 사실상 부가적인 정보가 요구된다. 때문에 여기서는 이를 제외한 세 가지 경우에 대해 살펴보았다.

먼저 한국어 의미에 대응되는 대역어가 여러 개 있는 경우를 제대로 제시하지 못한 사례이다.

(8) 동생(同生)[名] ①弟弟 ‖ 형과 ~ 哥哥和弟弟 /남~ 弟弟 /사촌~ 堂弟
②妹妹 ‖ 언니와 ~ 姐姐和妹妹 /녀~ 妹妹 -『조중』

> (9) a. 시계 [명] 手表 시각을 가리키거나 나타내 주거나 시간을 재는
>   장치. -『학습』
>   b. 시계(時計)[-/-게][명] 表, 鍾, 鍾表 °-『포켓』

예(8)에서 한국어 '동생'은 남여를 모두 포함하지만 중국어는 '남동생(弟弟)'과 '여동생(妹妹)'을 구분한다. 그렇다고 의미항을 나눌 필요는 없고, 나열을 하여 보여주는 것이 적합하다. 왜냐하면 용례에서 '사촌 동생'은 남자일 수도 있고, 여자일 수도 있는데『조중』에서는 의항을 나누었기 때문에 대응어가 '堂弟'로만 제시되는 한계가 있다.

예(9)를 보면 중국어에서는 크기에 따라 시계의 종류를 구분하기도 한다. 그런데『학습』에서는 손목시계(手表)만 대역어로 제시하였다. 예(9b)에서처럼 '表, 鍾, 鍾表' 등을 같이 제시하여야 한국어와 의미 등가를 이루게 된다.

둘째, 한국어의 의미가 대응되는 대역어에 부분적으로만 일치하는 경우이다.

> (10) 고무신[명] 膠鞋 ∥ 흰~ 白膠鞋 -『조중』
> (11) 본받다(本-)[-따][他] 模仿, 仿效, 效法。 -『대사전』
> (12) 써먹다[써먹따][타] 利用, 運用, 應用 ◇이 유리한 조건을 잘 써먹
>   어야 한다. 應當利用好這個有利條件。 -『정편』
> (13) 안치다2[他] 放, 下(到鍋裏)。 ∥ 쌀을 ~. 把米下到鍋裏。 /떡을 시
>   루에 ~. 把糕放到籠屜裏。 -『대사전』
> (14) 취약(脆弱·脆弱)[名]-하다[形][여變] 脆弱 薄弱 軟弱。 ∥ ~지구. 薄
>   弱地區。 /~한 민족 경제. 脆弱的民族經濟。 -『대사전』

예(10) '고무신'에 대한 중국어 대역어 '膠鞋'는 '고무 재질로 된 신'

을 모두 지칭한다. 한국의 고무신은 '전통 의상인 한복을 입을 때 주로 신는 신'을 떠올리는 게 일반적이다.

예(11) '본받다'는 주로 모범이 되는 것을 따라 한다는 의미를 가지므로 단순히 '따라 하다(模仿)'는 의미로는 등가를 이루지 못한다.

예(12) '써먹다'는 주로 '수법, 기술, 지식' 등의 의미와 어울리므로, '이용하다, 사용하다(利用/運用)'보다 범주가 작음을 알 수 있다.

예(13) '안치다'는 쌀이나 떡에 한정해서 쓰인다. 국수나 면에도 쓰이는 '솥에 넣다(下到鍋裏)'는 딱 맞는 표현은 아니다.

예(14) '취약하다'는 무르고 약하다는 뜻이지만, 감정이나 마음을 포함하지는 않는다. 풀이를 통해 의미를 한정하여 의미 등가를 이루어야 한다.

이와 비교하여 아래는 의미 범주에서만 '부분 일치'가 되고 화용 혹은 문법 정보는 동일한 조건인 경우이다.

   (15) a. 파닥거리다[동] ① <u>小鳥振翅直撲嚕</u>。

      b. 쏘다[동] ⑤ <u>蜜蜂或蟲子用刺蜇</u>。

예(15)의 대역어 '撲嚕, 蜇'는 '파닥거리다, 쏘다'와 '화용, 문법' 정보는 일치한다. 단지 '작은 새, 곤충'이라는 주체에 제한하지 않으므로 제한을 두어 의미 등가가 이루어지도록 하였다.

셋째, 중국어에 대응되는 사물이 없거나, 어휘가 없는 경우이다.

   (16) 거문고[명] 玄鶴琴 ‖ ~를 타다 彈玄鶴琴 /~줄 琴弦 /~와 비파 玄鶴

      琴和琵琶 -『조중』

   (17) 떡국[명] 糕湯 -『대사전』

   (18) 전세(傳貰)[名] (用押金的利息)租用(不動産)。 ‖ ~로 든 집. (交押

金)租住的房子。 -『대사전』

(19) 시집살이(媤-)[-싸리][名]-하다[自][여變] ①做媳婦, 當媳婦。

②((喩))受制於人, 不自由的生活。 -『대사전』

예(16-19)는 주로 대응되는 사물(정치 사회 제도, 공휴일, 지명, 행정 단위, 음식명 등)이 없는 경우이다. 의역을 통한 대역어(玄鶴琴, 年糕湯)를 제시하였어도 중국인이 접해보지 않은 사물이기 때문에 이해를 돕기 위한 부가적인 설명이 필요하다.

'의미 등가성'에서는 지시적인 의미가 일치하는지에 대해서만 고려하였다. 어떤 경우에는 지시적인 의미의 범주에서 일치 혹은 부분적으로 대응이 되면서 동시에 사용 환경에 따른 차이도 있을 수 있다.

5.2. 화용 등가성이 이루어지지 않은 경우

'화용 등가성'이란 개념적인 의미를 제외한 주관적인 속성의 의미가 대응이 된다는 것이다. '의미 등가성'과 비교하여 다른 점은 화용 등가가 이루어지지 않으면 대화에 참여하는 사람의 사회적 관계에 오류가 발생할 수 있다.

먼저 개념적인 의미는 대역어와 대응이 되지만 사용역이 다르거나, 호응하는 어휘가 다른 경우이다.

(20) 계시다[동] 在. 有. -『고려』

(21) 죄송(罪悚)[명]-하다[형][여變]-히[부]-스럽다[형][ㅂ變]-스레[부] 惴惴不安, 誠惶誠恐 -『대사전』

(22) 안녕히[부] 平安地, 好 ‖~ 가십시오 再見 ; 祝您一路平安 /~ 주무십시오 祝您晚安 /부디 ~ 계십시오 望您保重 /리동무 ~ 老李

再見(會) -『조중』

예(20) '계시다'는 존칭을 나타내는 말임을 명시해야한다.

예(21) '죄송'은 어린 사람이 자기보다 나이 많은 사람을 대상으로 미안한 마음인데, 대역어는 미안한 정도가 강하다는 것만을 나타냈을 뿐 사용 환경은 알 수 없다.

예(22) '안녕히'는 인사말에 주로 쓰임을 풀이식으로 제시하여야 한다.

'화용 등가성'에서 고려해야 하는 문제 중의 하나는 결합하는 어휘에 의미 제약이 있는 경우이다.[14] 표제어의 지시적인 의미 단독으로는 대역어와 일치할지라도 인지적인 관점 등의 이유로 결합하는 어휘가 서로 다를 수 있다.

> (23) 습관[명] 習慣 ‖ 좋은 ~을 붙이다 養成好習慣 /나쁜 ~ 壞習慣 /-하
>   다[동](타)-되다[동](자) ‖ 집단생활에 ~. 習慣於過集體生活
>   -『조중』
>
> (24) 지새다[동] (月光消失)天亮。 달빛이 사라지면서 밤이 새다. -『학습』
>
> (25) 벌컥[부]①翻騰. 翻個個. ②突然. 猛然. -『고려』
>
> (26) 께서[助] 主格助詞, 表示尊敬的對象。 -『포켓』

예(23) 한국어에서는 '습관을 가지다, 고치다, 기르다, 들이다, 바꾸다, 버리다, 익히다. 습관이 되다, 들다, 몸에 배다, 붙다, 생기다,

---

14) 어휘의 결합 관계는 일반적으로 '연어'라는 용어로 연구되어지고 있다. 김진해 (2000)에서는 '광의의 연어'는 통사의미론적으로 관련을 맺고 있는 어휘가 동일한 문맥에서 동시에 나타나는 어휘들의 공기 관계로, 어휘들의 단순한 공기 현상으로, '협의의 연어'는 특정 어휘가 다른 어휘를 요구함으로써 발생하는 어휘소들간의 제한적 공기 관계로 정의하고 있다.(김미현, 2005:178 재인용)

있다' 등 좋은 습관과 나쁜 습관을 모두 뜻하는 반면 중국어에서는 '습관을 기르다(養成習慣)'를 제외하고 '습관을 고치다, 바꾸다, 버리다, 물들다(改壞習慣/糾正壞習慣/丟掉壞習慣/染上壞習慣)' 등의 경우는 '나쁜 습관(壞習慣)'과만 호응하는 제약이 있다.

예(24) '밤을 지새다, 밤이 지새다' 등으로 자주 쓰여 '날이 밝을 때까지 잠을 자지 않는다'는 뜻을 나타낸다. 대역어 '날이 밝다(天亮)'로는 정확한 쓰임을 알 수 없기 때문에 설명을 부가해야 한다.

예(25) 불끈 크게 화를 내는 모양, 닫혀 있던 것을 갑자기 거세게 여는 모양을 나타내는 것으로 '갑자기(突然, 猛然)'로는 불충분하며, '소리를 지르다, 문을 열다'와 함께 쓰인다는 조건을 제시해야 한다.

예(26) 서술어에는 높임을 나타내는 '-시-'를 붙여야 한다는 설명이 제시되어야 한다.

위에 제시한 '연어'는 어휘 결합 중 대역어의 통사 요소가 한국어와 일치하는 경우로, 각 언어 체계에서 인지적인 의미 관계에 차이가 있는 것으로 보고 분석하였다. 한편 대역어가 통사적 방면에서 한국어와 불일치하는 경우의 어휘 결합 문제에 대해서는 다음 절인 '문법 등가성'에서 분리하여 처리할 것이다.

이상 '화용 등가성'을 지키기 위한 요소는 앞서 일러두기에서 살펴본 것처럼 매우 방대하며 다양하기 때문에 본고에서는 예시를 부분적으로 소개하는 데 그친다. 사전 속에서 어떠한 방식으로 이처럼 다양한 정보를 일관된 기준으로 기술할 것인가에 대한 논의가 필요하며,[15] 특정 학습자를 위한 화용 요소의 구체적인 사전 기술에 대한 연구는 앞으로 별도의 연구를 진행할 예정이다.[16]

---

15) 도원영(2012)에서 이미 지적한 대로 뜻풀이에 관여하는 모든 요소가 독립적인 항목으로 분절되어야 하며 일정한 순서와 방법에 따라 기술되고 통합, 편집되어야 한다.

5.3. 문법 등가성이 이루어지지 않은 경우

‘문법 등가성’이란 통사적 조건이 대응하는 것을 말한다. ‘화용 등가성’과 달리 문법 등가가 이루어지지 않으면, 의미뿐만이 아니라 문장 구조 자체에 오류가 발생할 수 있다.

다음은 한국어와 문법적 용법이 다르거나, 결합하는 어휘에 대해 통사적 요소가 다른 경우이다.

> (27) 하필이면(何必-)[副] 何必, 爲何偏偏。 -『포켓』

동형 한자어를 그대로 대역어로 쓰는 것은 한중사전에서 흔히 보이는 오류 중의 하나이기도 하다.[17] 예(27) 한국어에서 한자어 ‘何必’는 결정된 일이 못마땅하다는 의미에 쓰이지만, 중국어에서는 ‘그럴 필요가 있는가’라는 반문의 형식에 주로 쓰인다.

다음은 격틀이 중국어와 다른 경우이다.

> (28) 싫다[실타][形] ①討厭, 厭煩, 不喜歡。 -『포켓』

예(28) 한국어의 격틀을 보면 ‘누가 무엇이 싫다’인데 대응되는 중국어 ‘싫다(討厭, 厭煩, 不喜歡)’는 ‘누구-싫다-무엇’의 구조로 한국어

---

16) 예를 들면, 한국인을 위한 한중사전은 대역어인 중국어 정보를 더 풍부히 할 필요가 있다.

    ㄱ. 앞날[명] 明天. (口)明兒. (文)來日. 未來. 將來. -『고려』

위와 같이 한국어 ‘앞날’과 대응되는 중국어 어휘 중에 ‘입말’과 ‘글말’ 정보를 제시할 수 있다.

17) 한국 한자어의 대역어 및 대응 방식에 대해서는 별도의 연구를 진행할 것이다. 또한 본고는 제시된 대역어가 단순 오류로, 대체 가능한 적절한 어휘가 있는 경우는 언급하지 않았다.

를 구사할 때 '누가 무엇을 싫다'와 같은 오류를 범할 수 있다. 형용사 '그립다, 필요하다, 싫다' 등은 중국어에서는 심리동사(心理動詞)로 분류되며 목적어(賓語)를 취한다. 이 경우 아래 예(29)처럼 부호 형식으로 격틀을 제시하여 가시화하면 유용할 수 있다.[18] '그립다'와 같은 어휘의 중국어 대역어(想念, 懷念)는 목적어를 가지는 심리동사이므로 격틀 정보는 중국인 학습자에게 매우 유용하다.

(29) 그립다[형] ◀명가 명이 ~▶ 想念 ; 懷念。 ‖ 돌아가신 할머니가 그립다. 想念我那去世的奶奶。

다음은 통사적 요소에 대한 기술이 필요한 경우이다.[19]

(30) 끄떡-없다-떠겁따[形] 毫不動搖。 -『대사전』

(31) 걷잡다-깝따[他] 挽救, 控制, 抑制, 收拾。 ‖ 사태가 걷잡을 수 없이 되었다. 事態已經不可收拾了。 /번지는 불길을 걷잡지 못한다. 蔓延的火勢無法控制。 /걷잡을 수 없는 눈물. 止不住的淚水。 -『대사전』

(32) 하마터면[副] 差一點兒, 險些。 -『포켓』

(33) 별다르다[형] 特別. 詭. 要緊.-『고려』

---

18) 『고려대 한국어대사전』 등 국어사전에서는 이미 문형 정보를 제시하고 있으며, 노은희(1999), 김유미(2005) 등은 격틀 정보를 한국어 교육에 적용하기 위한 방안을 모색하였다.

19) 본문은 주로 중국인 학습자를 위한 대역어 유형을 검토하였다. 한국인 학습자를 위한 한중사전에서는 중국어에 대한 기술이 더 필요하다.
　　ㄱ. 아무데[명][주로 '아무데나, 아무데도'의 꼴로 쓰이어] 隨地. -『고려』
위와 같이 『고려』에서는 한국어 정보가 제시되었는데 이러한 정보는 한국인에게는 그다지 유용하다고 보기 어렵다.

예(30)은 주로 외부 자극에도 변화가 없다는 의미로 '(어떠한 자극)에/에도 *끄떡없다*'와 같은 표현으로 한정해서 쓰임을 보여줄 필요가 있다.

예(31) 주로 '없다, 못하다' 등 부정어와 함께 쓰이는 것을 명시해야 한다.

예(32) 주로 '-ㄹ 뻔하다'와 함께 쓰이는 것을 명시해야 한다.

예(33) '별다르게, 별다른'의 꼴로 쓰인다는 것을 명시해야 한다.

'문법 등가성'을 이루기 위해서는 품사 정보뿐만 아니라 그 실제 용법도 상세하게 기술되어야 할 것이다. 그렇지 않다면 제시된 대역어에 없는 통사적 요소 때문에 틀린 문장을 구사하게 될 가능성이 있다.

VI. 결론

본고는 한중사전에서 대역어의 유형을 살펴보고 문제점을 토대로 적합한 대역어를 제시하는 방안을 모색하고자 하였다.

기존 한중사전은 주로 의미만 대응되는 대역어를 제시하는 정도에 그치고 있으나 실제로 그 의미가 표제어와 완전 대응되는 경우는 극히 일부분이며, 용법이나 화용 요소 등이 달라 사용자에게 오해의 여지를 주어 정확한 학습에 방해가 될 수 있다. 본고는 이러한 문제를 구체적으로 분석하여 제시하고 체계적인 대역 기술이 필요함을 보였다.

'어휘 등가성'의 관점에서 두 언어 간의 어휘 의미가 어느 정도는 대응이 될지라도 완전히 등가가 될 수는 없다는 사실에 주목하고, 최대한 등가를 이룰 수 있는 대역어를 찾아 제시해야 함을 지적하였다. 또한 대역어만으로는 부족한 부분인 통사적, 화용적인 요소들도 일정한 방식으로 제시되어야 함을 보이고자 하였다.

　본 연구를 통해 개념적인 어휘 체계를 구축하는 학습사전에서 한 층 더 나아가 총체적인 언어 체계를 갖춘 학습사전을 편찬하는 데 도움이 되었으면 한다.

참고문헌

김광해(2003), 「국어교육용 어휘와 한국어교육용 어휘」, 『국어교육』111.

______(2004), 『국어 어휘론 개설』, 집문당.

김미현(2005), 「『외국인을 위한 한국어 학습 사전』에서의 연어 연구」, 『한국사전학』6.

김유미(2005), 「문형 사전을 위한 문형 빈도 조사」, 『인지과학』16(2).

남기심(1992), 「표제어의 풀이와 표제어 설정의 문제」, 『새국어생활』2(1).

노은희(1999), 「한국어 교재 개발을 위한 한국어의 문형 빈도 조사」, 『국어교육연구』, 서울대학교 국어교육연구소.

도원영(2008), 「국어사전 표제어의 사용역 정보에 대한 고찰」, 『우리어문연구』30.

______(2011), 「중한사전의 뜻풀이 정보에 대한 고찰」, 『중국학논총』32.

______(2012), 「중한사전의 뜻풀이 정보」, 『중한사전의 사전학적 연구』, '133-167', 지식과 교양.

박선옥(2008), 「한국인과 중국인의 단어 연상의미 조사 분석과 단어 연상을 활용한 한국어 어휘 교육 방법」, 『한국어 의미학』25.

박종한(1997), 「중한 번역에서 사전의 이용에 관한 몇 가지 의견」, 『中國文學』28.

______(1999), 「중한 사전의 뜻풀이와 용례」, 『중국언어연구』9.

신자영(2011), 「다국어 사전에서의 대응형 설정 문제」, 『한국사전학회 학술대회 발표논문집』8.

신자영·원미진(2010), 「한국어 학습자를 위한 다국어 사전의 대역 기술 방법 연구」, 『언어학』58.

신지영 외(2012), 『쉽게 읽는 한국어학의 이해』, 지식과 교양.

안의정·이종희(2005), 「국어사전의 사용역 정보에 관한 연구」, 『한글학회 전국국어학학술대회 논문집』, 한글학회.

______________(2008), 「국어 사전의 사용역 정보에 관한 연구-중사전을 중심으로-」, 『어문론총』48.

왕보하(2012), 「論韓中雙語詞典的結構問題」, 『中國語文論叢』52.

왕 단(2005), 「중국인 학습자의 한국어 형용사 이해·사용에 나타난 오류에 관한 연구」, 『Korean 연구와 교육』(1).

______(2007), 「한국어 학습 사전의 형용사의 의미 정보 기술 방법 연구」, 『한국언어문화학』2.

이연주(2007), 「효율적인 중국어 어휘 지도방안 연구 : 마인드맵 이론을 중심으로」, 韓國外國語大學校 教育大學院, 석사논문.

이은경(2012), 「의미장을 중심으로 한 중국어권 및 영어권 학습자와 한국인의 어휘 연상 반응 연구」, 이화여자대학교 교육대학원, 석사논문.

임형재(2012), 「한국어 학습사전의 미시구조와 풀이말 구성의 실제: 중국어 화자를 위한 한국어 학습사전」, 『외국어교육연구』26(1).

전성기(1996), 「『한불사전』에서의 표제어의 번역」, 『佛語佛文學研究』32(2).

______(2003), 「번역과 이중어사전」, 『한국사전학』(1).

정영국(2009), 「표현용 한영사전의 개선 방안 연구 : 뜻갈래와 대응어를 중심으로」, 『Foreign languages education』16(1).

하트만 편(2008), 『사전 편찬의 원리와 실제』, 서태길 외 공역, 제이앤씨.

황은하(2005), 「한·중(韓·中) 사전 비교 연구」, 『한국사전학』7.

Alain Duval. 2008 Equivalence in Bilingual Dictionaries. *Practical lexicography : a reader*. Thierry Fontenelle., ed. Oxford ; New York : Oxford University Press. p.273-282.

Svensén, Bo. 2009 Equivlents in bilingual dictionaries. *A handbook of lexicography : the theory and practice of dictionary-making*. New York: Cambridge University Press. p.253-280.

韓敬體(2004), 『「現代漢語詞典」編纂學術論文集』, 北京 : 商務印書館.

錢冠連(1994), 「從文化共核看翻譯等值論」, 『中國翻譯』, 第4期.

丘迎軍·吳瑩(2008), 「淺談雙語詞典翻譯的對等原則」, 『龍岩學院學報』, 第4期.

商務印書館辭書研究中心編(2009), 『「現代漢語詞典」學術研討會論文集(二)』, 北京 : 商務印書館.

於應機(2007), 「詞典翻譯與文學翻譯 : 本質與特點淺析」, 『中國辭書學會雙語詞典專業委員會第七屆年會論文集』.

趙丹(2012), 「雙語詞典翻譯研究的轉向和演變」, 『惠州學院學報(社會科學版)』, 第2期.

사전류

고대민족문화연구원 편(2004), 『한중사전』, 고려대학교 민족문화연구원.

북경대학교 동양어계 조선어 연구실(1990), 『한중소사전』, 일월서각.

임형재(2011), 『중국어 화자를 위한 한국어학습사전』, 한국외국어대학교출판부.

畢玉德主編(2009), 『外研社精編韓漢漢韓詞典』, 外語教學與研究出版社.

崔奉煥等編(1998), 『朝中詞典』, 民族出版社.

董銀國主編(2010), 『新編韓中詞典』, 世界圖書出版公司.

劉沛霖主編(2004), 『韓漢大詞典』, 商務印書館.

劉沛霖主編(2010), 『袖珍韓漢詞典』, 商務印書館.

李武英等編(2004), 『現代韓中中韓詞典』, 外語教學與研究出版社.

2부

북한의 지명관리 정책과 연구 동향 분석[*]

—『북한지명유래집』편찬을 위한 기초 연구 —

김기혁[**]

Ⅰ. 들어가면서

언어를 이용하여 장소와 세계의 의미를 재현한 지명은 사물이나 사람의 이름과는 달리 위치 속성이 고정되어 장소를 다른 곳과 구별하게 한다. 지명은 사회 관계망(social network) 속에서 형성되며 장소에 대한 지식(knowledge)을 형성하는 도구이다. 인간은 지명을 통해 외적 세계를 실존의 대상으로 인식하고 이를 재구성하여 공간을 표상화하면서 그 속에서 자신의 정체성을 형성한다.

사람들은 지표(地標, landmark), 결절(node), 경로(path), 지구(district)와 경계(edge)에 명명된 지명을 통해 일상에서 장소를 이해

* 이 논문은『한국지역지리학회지』제19권 1호(2013) 14~30에 수록된 논문을 전재한 것이다.
** 부산대학교 지리교육과 교수

한다. 동시에 지명 속에 담긴 의미는 이를 이용하는 주민의 사고에 영향을 미치면서 개인의 이념 세계 형성을 지배한다. 한 국가에서 정치 혹은 통치 이념이 반영된 이름이 만들어지는 것은 지명의 이와 같은 기능 때문이다.

광복 이후 남·북 간의 정치와 사회·문화는 적지 않은 이질화가 진행되었다. 폐쇄적인 국가인 북한에 대해 정확히 알려진 내용이 매우 드물기 때문에 국가로서의 정체성에 대해서 여러 용어로 설명되기도 한다(권현익·정병호, 2013). 그러나 주민들의 일상 세계를 구성하는 지명은 그들의 국토 통합에서 중요한 부분을 차지하기 때문에 인위적으로 쉽게 바꿀 수가 없다. 이 때문에 북한의 지명에는 남한과 동질성이 유지되는 부분이 적지 않게 남아 있다.

북한의 지명은 기본적으로 남한과 동일한 속성을 바탕으로 하나, 부분적으로 시·공간적인 다양성을 보인다. 산지가 많은 지리적 환경 속에서 삼국시대에는 고구려의 언어를 바탕으로 지명이 형성되었고, 통일신라 시기와 고려 시대는 만주어와 여진어의 영향을 받았다. 조선시대 이후에는 평안도와 함경도의 지역 방언이 지명에 영향을 주기도 하였으며 일제강점기에는 남·북한 지명이 모두 일본식 한자로 표기되는 불행한 역사를 공유하였다.

1945년 분단 이후 북한은 지명을 사회주의 혁명의 도구로 이용하기 시작하였으며 지명 관리는 언어 정책의 일환으로 이루어졌다. 1952년에 이루어진 대대적인 행정구역 개편을 계기로 시·군·리 등의 지명을 바꾸었다. 특히 1960년대 이후는 주체사상이 반영된 사회주의 지명[1]이 나타나기 시작하였고, 이 과정에서 북한의 지명은 남

---

1) 본 논문에서 '사회주의 지명' 용어는 '현재 북한에서 사용하는 지명의 전부 요소에서 1945년 이후 행정구역 개편 과정, 거리 이름이나 산 이름에서 새로운 지명을 명명하거나 혹은 기존의 지명을 바꾸는 과정에서 사회주의 이념을 반영한 지

한과는 다른 속성을 갖게 되었다.

이와 같은 북한 지명에 대한 남한 학계의 연구는 매우 미미하다. 국어학계에서는 김영배(1994)가 「북한의 지명」 제하의 논문을 통해 1952년 행정 지명의 개편 내용을 소개하고 있다. 지리학에서는 이영택(1994)이 북한의 지명 변화의 유형과 행정 지명의 내용을 분석하였다. 최석주(2003)는 「북한의 지명」 제하로 북한의 지리교과서에 수록된 지명을 분석하였으며 이영희(2006a, 2006b)는 「북한 개성특급시 역사 문화지명의 유래와 특성」 제하로 지명 유래의 유형을 정리하였다. 이민부·전종한(2005)은 북한의 '추가령' 지명에 대해 지형학 및 역사지리적 해석을 시도한 바 있다. 단행본으로 양태진(2008)은 『달라진 북한땅 이름 이야기』에서 북한의 주요 지명들의 유래와 변화 내용을 다루고 행정구역 개편의 내용을 소개하였다. 중앙일보사(1991)는 북한 지명에 대해 시군별로 정리한 책자를 발간한 바 있다.

북한 지명의 정보에 대해서는 국토지리정보원에서 제작한 지세도(1:250,000)와 수치지도(1:25,000)가 있고, 웹페이지에는 남한에서 구축된 지명 정보가 소개되어 있다. 북한에서 관리하는 지명은 남·북한 교류사업의 일환으로 남한에서 편찬된 『조선향토대백과』(2004)에 수록되어 있다.

북한의 지리와 지명에 대한 관심이 높아졌으나 남한 학계에서의 연구는 대부분 지명 변화에 대한 소개 수준으로 그치고 있다. 분단 이후 북한에서는 언어정책과 사회주의 이념에 의해 새로운 지명이 만들어져 관리되고 있음을 볼 때, 북한 지명 연구에서 정책적인 측면과 관리 내용을 파악하는 것은 매우 중요하다. 본 연구는 분단 이후

명'으로 정의하였다.

북한의 지명 정책과 관리 내용을 살펴보고, 북한 학계의 지명 연구 동향을 분석함으로써 사회주의 체제 안에서 정치 이념의 변화에 따라 지명이 어떻게 변하고 해석되는가를 밝히는 데 있다. 남·북한 통합에 필요한 국토의 동질화 사업에는 지명 정책이 한 축을 차지한다. 이 연구 결과는 통일에 대비한 지명 정책 수립의 기초 자료로 사용될 수 있을 것이다.

연구 자료는 북한에서 발행된 문헌을 기초로 하였다. 지명과 언어 정책은 『김일성저작집』 등 북한 기관 발행 문헌을 참조하였다. 지명 사전으로는 『고장이름사전』(2002, 전10권), 『조선지명편람』(2002년, 전10권), 『조선향토대백과』(2004, 전20권)를 이용하였다. 연구 동향은 단행본으로 발행된 『조선지명학』, 『조선지명변천에 대한 역사문헌학적 연구』, 『조선지명연구』과 『조선어명칭론연구』 등의 지명 이론서와 『문화어학습』, 『민족문화유산』, 『역사과학』, 『김일성종합대학학보』(어문학) 등의 논문집에 수록된 글과 논문을 분석하였다. 본 논문에서 인명을 제외한 지명, 개념용어 등의 서술은 남한 표준 문법을 따랐다. 단 북한 원전의 내용을 인용할 경우 변형 없이 그대로 전재하였다. 인명 서술 시에는 직위나 호칭을 생략하였다.

II. 1960년대 이후 북한의 언어와 지명 정책

광복 직후인 1946년 9월 북한은 「평양특별시의 구제도 실시에 관한 결정서」를 계기로 일제 지명을 정비하였으며, 1947년에 '조선어문연구회'를 설립하여 지명을 관리하도록 하였다. 1952년 12월 「조선민주주의공화국 북반부 지역에서의 행정체계 중 면을 폐지함에 대

「하여」를 발표하면서 행정구역 개편을 하였다. 이에 따라 군지명은 종래 91개에서 168개로 늘어난 반면, 10,120개였던 리 지명은 3,659개로 축소되었다. 노동자구는 41곳이 신설되었다. 이 과정에서 시·군과 노동자구·리의 명명 방법을 언어의 어휘 정리의 영역에 포함시켰기 때문에 북한학계에서는 단순한 행정구역 개편을 넘어 지명변화에 큰 전환점이 된 것으로 평가하고 있다(박명훈, 2005b).

1960년대는 주체사상이 통치 이념으로 등장하는 시기로서 언어와 지명 정책은 큰 변화를 겪었다.[2] 1966년 이후 '문화어 운동'(남한의 표준어)이 전개되고 사회과학원 언어연구소에서 지명을 관리하였다. 이때부터 주체사상이 지명의 형성에 영향을 주기 시작하였다.

2.1. 언어 정책

북한에서 지금과 같은 언어 정책이 구체화된 시기는 1964년부터이다. 그해 1월 3일 김일성은 언어학자들을 모아놓고 「조선어를 발전시키기 위한 몇 가지 문제」 제하로 간담회 형식으로 언어정책 전반에 대한 교시를 하였다. 『김일성저작집』(1964)에 수록된 교시 내

---

2) 광복 이후 1960년대 초까지는 남북한의 언어가 크게 다르지 않았으며 이는 언어 정책에 대체고 이질화를 가져 올 만큼 큰 차이를 보이지 않았기 때문이다. 남한에서는 1933년에 만들어진 「한글맞춤법통일안」이 그대로 수용되고 있었고, 북한에서는 1948년 1월에 「조선어신철자법」이 나오고 1954년 9월에 「조선어철자법」이 제정 발표되기는 하였지만 1945년과의 시간적인 거리도 짧았지만 김일성 교시로 대표되는 북한의 인위적인 언어 정책이 실시되기 이전이어서 언어라는 것이 의사 소통의 수단이라는 대원칙이 그대로 유지되고 있었다. 그러나 1964년 1월 3일의 "조선어를 발전시키기 위한 몇 가지 문제"와 1966년 5월 14일의 "조선어의 민족적 특성을 옳게 살려나갈 데 대하여" 등의 두 교시가 김일성에 의해 직접 발표됨으로써 북한의 언어 정책은 남한과 다른 길을 가기 시작하였다(국립국어원, 1992).

용을 발췌하면 다음과 같다.

- 어떤 사람들은 문자개혁을 하자고 하였으나 우리는 그것을 결정적으로 반대하였습니다. (중략) 어떤 사람들은 언어문제를 민족문제와 결부시키지 않았습니다. (중략) 조선 인민은 핏줄과 언어를 같이하는 하나의 민족입니다. (18권, 14쪽)
- 오늘도 우리의 말과 글은 우리나라의 경제와 문화, 과학과 기술의 발전에서, 사회주의 건설의 모든 분야에서 힘있는 무기로 되고 있습니다. (18권, 18쪽)
- 사상적으로 동원하고 사회적 운동을 벌려 모든 사람들이 우리 말을 올바르게 쓰는 기풍을 세워야 하겠습니다. 힘든 한자어를 쓰지 말고 군중이 알수 있는 쉬운 우리말을 써야 한다는 것을 당적으로 널리 선전해야 하겠습니다.(18권 20쪽)
- 우리는 공산주의들입니다. (중략) 온 세계가 다 공산주의로 되려면 아마 상당한 시간이 걸릴 것입니다. 그러므로 일정한 시기까지는 민족적인 것을 살려야 합니다. (중략)한자문제는 반드시 우리나라의 통일문제와 관련시켜 생각하여야 합니다. 우리나라의 통일이 언제 될는지 누구도 찍어서 말할수는 없으나 (중략)…그러나 지금 남조선 사람들이 우리 글자와 함께 한자를 계속 쓰고 있는 이상 우리가 한자를 완전히 버릴 수는 없습니다.(18권 21쪽)

제일 먼저 인용된 문구는 한글의 문자개혁과 관련된 것이다. 이 운동은 원래 김일성의 정적(政敵)이었던 김두봉(金枓奉, 1889~1960)[3]

---

3) 부산 동래 출신인 김두봉은 1908년 보성고보를 졸업하면서 교사로 근무하였고, 한글을 연구하여 광문회(光文會)에서 조선어사전 《말모이》 편찬사업에도 참여하였다. 1919년 3·1운동에 참여한 후 상하이[上海]로 망명하여 본격적으로 독

이 주도한 것이다. 그는 국어학자 주시경의 영향을 많이 받은 학자 중의 하나로 알려져 있다. 그가 만든 『조선어소사전』(1956)은 조선어 낱말을 마르크스-레닌주의에 입각하여 주석함으로써 남북 사전의 뜻풀이에 정치 이념이 개입되는 최초의 사례로 평가되고 있다(김민수, 2005). 1958년 김두봉이 8월 종파사건으로 숙청되면서, 그가 주도한 문자 개혁안은 비판받게 되었다. 김일성은 이 교시를 통해 '① 언어문제를 민족문제와 결부시키지 않았으며 ② 과학과 문화 발전에 지장을 주고 ③ 문자 발전의 국제적인 방향도 고려하지 않았다.'라고 비판하면서 새로운 언어 정책을 교시한 것이다.

둘째 문구는 언어를 혁명 수단으로 보아 사회를 개조하고 문화를 창조하는 도구로 명시한 것으로 김일성의 혁명 도구관이 그대로 반영되어 있다. 셋째 문구는 언어의 비계급성를 담고 있다. 넷째 문구에서 고유어를 쓰되 한자를 완전히 피할 수 없다는 내용은 공산주의 혁명에서 국제어 합류 이전의 단계인 민족어 문제를 언급하고 있는 것이다. 1964년에 교시된 이와 같은 내용들은 스탈린의 ① 언어도구관 ② 언어의 비계급성 ③ 국제어합류설과 거의 일치한다(김민수, 1995).

이 교시에서 김일성은 이 세 가지 외에 '주체적 언어 사상'을 추가하고 있다. 이는 언어에 있어서 '자주적 입장'과 '창조적 입장'을 살리자는 것으로 이것은 민족어 안에 들어와 있는 사대주의적 요소를 철

립운동을 시작하였다. 임시정부 산하 임시사료편찬위원회에서 편찬위원으로 활동하였다. 1919년 4월 대한민국임시정부 의정원 의원에 선출되었으며 1942년 옌안[延安]에서 활동하면서 조선독립동맹에 가담하였고, 그 해 7월 주석이 되었다. 1945년 광복 후 북한에서 조선신민당을 조직하여 위원장을 지냈으나 1946년 8월 소련군의 압력으로 조선공산당 북조선분국과 합당하여 북조선노동당이 창건되자 위원장이 되었다. 이후 김일성 체제에 불만을 품고, 옌안파 중진들과 함께 저항하였으며, 1958년 조선노동당 대표자회의의 결의로 당에서 제명당하였다. 이후 평남 순안 농장의 노동자로 쫓겨나 중노동을 강요당하며 연명하다가 1960년 사망한 것으로 알려졌다.

저히 척결하여 언어의 자주성을 살리며 나아가 대중의 창조적 지혜를 발휘하여 민족어를 혁명발전의 새로운 요구에 맞게 발전시켜 나가자는 것이다.

2.2. 지명 정책

북한에서 지명과 관련한 정책이 처음 언급되는 것은 1964년 『김일성저작집』 중 「백과사전과 지도의 편찬 방향에 대하여」 제하의 교시이다. 내용은 다음과 같다.

- 세계지도를 만드는데서 지명은 원래 이름대로 넣어야 합니다. 이미 오래동안 다른 이름을 써서 굳어진 것은 원래 이름만 쓰면 잘 모를 수 있으므로 괄호안에다 지난날에 쓰던 이름을 넣어 주는 것이 좋습니다. 특히 원래 이름을 쓰는데서 나라 이름이나 그밖에 도시이름을 비롯한 지명은 다 그 나라에서 부르는 대로 적어야 합니다.

  (18권, 287쪽)

이 내용은 세계 지도 제작에서 외국 지명의 표기 방법에 대해 언급하고 있다. 이는 이후에 외국 지명의 로마자 표기 방법에 영향을 미치게 되었다. 김일성의 교시에서 지명 관리에 대해 구체적인 내용이 나타나는 것은 1966년에 행해진 「조선어의 민족적 특성을 옳게 살려 나갈 데 대하여」 제하의 교시이다. 수록된 내용은 다음과 같다.

- 고유어를 적극 찾아 고장이름도 우리말로 부르도록 하여야 합니다. 우리말로 부르는 것이 한자말로 부르는 것보다 더 고상합니다. 가령

'붉은바위'를 '적암'이라는 식으로 한자말로 바꾸어놓으면 더 좋은 것이 아니라 아주 초라합니다. 지금 고장이름을 한자말과 고유어의 두 가지로 부르는 것이 적지 않습니다. '돌다리골'을 '석교동'이라고 하는 것이 바로 그런 실례입니다. 고유어로 된 고장이름들을 다 조사하여 될수록 한자말을 쓰지 않도록 하여야 하겠습니다.(20권, 229쪽)

● 우리가 이미 사회과학원에 고장이름을 조사해보라고 하였는데 그 사업이 어떻게 되고 있는지 모르겠습니다. 아마 사회과학원의 힘만으로는 그 사업을 다 하기 벅찰 것 같습니다. 그러므로 내각에서 이 사업을 보장하기 위한 결정이나 명령을 하나 내려 보내도록 하는 것이 좋겠습니다. 앞으로 고유어로 된 고장이름을 다 조사하면 그대로 쓰게 하고 지도를 다시 찍으면 됩니다. 행정구역 이름도 내각 결정으로 고치게 하면 될 것입니다.(20권, 229쪽)

첫째 인용 문구는 북한의 지명 관련 글에서 서두에 자주 인용되는 구절이다. 1964년 교시 중 가능한 한 고유어를 사용하라는 내용이 지명 정책에 반영된 것으로, 이후 북한 지명의 개칭에서 기본 지침으로 이용되고 있다. 둘째 인용 문구는 북한에서 행해진 지명 조사에 관련된 내용이다. 주체는 사회과학원이며 내각에서 지원하고, 행정 지명의 변경은 내각이 주체가 된다는 것을 담고 있다. 남한에서 1961년 실시된 것보다 3년 늦은 것이나 불과 1년 반 만에 전국 약 50만개의 지명 조사를 완성하였다. 북한 자료에 언급된 이 조사 사업의 구체적인 내용을 발췌하여 재정리한 것은 다음과 같다.

1964년 4월 21일에 조선민주주의인민공화국 내각결정 제29호를 통해 고장이름 특히 고유어로 된 고장이름을 전국적인 범위에서 조사하고 자료를 체계적으로 정리할 것을 지시하였다. (중략) 이 사업이 매우 방대하여 언어학자들의 힘으로 원만히 수행할 수 없어 1966년 5월 14일에 이 사업을 전국적인 범위에서 밀고 나가기 위해 강령적 지침과 구체적인 방도를 제시하였다. (중략) 1966년 9월 27일 내각 명령 제13호 〈고유한 조선말지명을 조사할 데 대하여〉를 지시하고, '전국지명사정위원회'가 비상설기구로 조직되었다. 이 위원회는 내각부수상을 위원장으로 하고 각 도·시·군별로 조직되었다. 위원회에 포함된 언어학자들은 정권 기관과 교육기관들에서 동원된 지명조사 상무성원들과 함께 전국의 행정구역 이름과 자연부락 이름, 지형지물 이름과 자연지명 등을 조사하기 위한 일대 깜빠니아(캠페인)을 벌였다. 언어학계에서는 전국적 범위에서 진행되는 지명조사 사업이 행정 실무적인 사업으로만 진행되지 않도록 하기 위하여 각 도, 시, 군에 언어학자들을 파견함으로써 이 사업이 과학성과 신빙성이 보장된 자료들을 조사 장악하는 하나의 학술적인 사업으로 진행되도록 하였다. (박재수, 1999, 99쪽, 298쪽)

내용을 보면 지명 조사는 중앙에 전국지명사정위원회가 중심이 되고, 각 도·시·군(구역)에는 해당 인민위원회 위원장을 책임자로 하는 지명조사위원회가, 리급 단위에는 지명조사조가 조직된 것을 알 수 있다. 조사에서 언어학자들의 역할은 '일정한 지역을 맡아 그 지방의 지명을 역사언어학적으로 연구하여 해당 지명의 유래와 변천 역사를 밝히는 한편 정리해야 할 지명 대상을 확정하여 고유한 조선말로 새 지명대안의 작성'이었다. 각 시군의 조사 위원들은 '학술적 지도사업'을 담당하였다. 다음은 북한 자료에 소개된 조사 사업 결과이다.

지명 조사 결과 행정 지명은 군급 지명 214개, 리급 지명 4,508개가 집

계되었다. 대부분의 지명은 한자 지명이었으며 고유어 지명은 57개였다. 고유어 지명 중 36개는 조사 진행과정에서 개정된 것이며 21개도 원래 고유어 지명이었으나 한자로 표기된 것이었다. 자연지명은 476,750개가 조사되었다. 이중 고유어지명은 257,742개였으며, 한자말이나 그 밖의 다른 말로 된 지명은 199,385개, 고유어와 한자어가 함께 사용된 것은 20,133개였다. 지명 조사를 통해 거리와 마을을 비롯하여 산·등의 자연지명 등의 모든 대상에 대한 이름과 지명의 민간적인 유래, 읍지, 군지, 향토지 등의 문헌에 수록된 유래를 포함하여 고장 이름과 관련한 역사적 사실과 전설까지도 모두 수집하였다.(조창선, 2002)

지명 조사 사업의 결과는『전국지명조사보고서』(1967)로 정리되었으며 이는 이후 지명 정책의 기초 자료와 지명 사전 편찬(후술)에 활용하였다. 이 조사사업의 표면적인 목표는 후속 사업인 지명 정리를 위한 것이었다. 기본 원칙은 일제 식민지 잔재를 일시에 청산하는 것이었고, 고유어로 된 고장 이름을 적극적으로 살려 쓴다는 것이었다. 그러나 실제 목표는 지명을 사회주의에 대한 충성심이나 북한 사회에서 행복감을 표현하는 등 정치 사상적으로 의미 있는 것으로 바꾸는 것이었다. 이를 위해 지명을 고유어로 바꾸면서 사회주의 이념을 반영하였으며, 한자어를 그대로 두면서 사회주의 이념에 기초하여 유래를 재해석하는 경우도 있었다.

2.3. 지명 관리 기관과 '지명창조' 사업

2.3.1. 관리 기관

북한의 지명 관리 주체는 언어학정책 전반을 담당하는 사회과학원 언어연구소이다. 사회과학원은 1964년 2월 북한의 내각결정 제11호에 의하여 1952년 10월에 결성된 과학원의 산하기관 중에서 사회인문과학 분야를 넘겨받은 것이다. 이 기관의 주된 임무는 공산당의 정책을 합리화하고 혁명 이론에 입각하여 사회과학 전반에 걸친 소위 창조적인 발전을 도와주는 것이다. 사회과학원이 신설된 계기는 앞서 언급된 1964년 1월 3일에 있었던 언어학자들에 대한 김일성의 1차 담화가 결정적인 것으로 알려져 있다(국립국어원, 1992).

사회과학원 산하에는 경제연구소, 고고학연구소, 언어학연구소 등 1실 17개 연구소가 있다. 이 중 언어학연구소는 당과의 관계에서 당 정책 기관을 지휘·감독하는 기관으로 국가에서 부과하는 연구 과제를 수행하는 임무를 띠고 있다. 연구소의 상근인원은 50명, 비상근 연구원이 60명에 이르는 것으로 추정되고 있다. 기관지로는 『문화어학습』, 『조선어문』 등이 있으며 지명 관련 글을 발표하는 학자들은 대부분 언어학연구소에 속하는 것으로 보인다.

2.3.2. '지명창조' 사업

1966년 지명 조사 사업이 마무리된 후 지명의 주체적 발전이라는 명분으로 북한에서는 김일성 일가를 우상화하는 지명과 업적을 찬양하는 지명이 본격적으로 등장하기 시작하였다.[4] 〈표 1〉은 북한 자료에 수록된 주체사상 이후에 '창조'된 사례 지명이다.

첫째 유형은 지명의 전부요소에 사람 이름을 사용한 인명 지명이다. 대부분의 지명은 김일성 가계에 속한 인물들의 이름이나 상징 단어를 이용하여 만든 것이다. 금성거리는 1970년대 평양의 금수산의

---

4) 1951년에 한국전쟁 중 사망한 김책의 이름을 빌어 성진시를 김책시로 개칭하였으나 김일성 일가에 속한 인물은 아니었다.

사당(현 금수산태양궁전)을 중심으로 형성된 거리 이름이다. '금성'은 김일성을 상징한다. 정일봉의 경우 백두산 장군봉 아래의 지명으로 김정일을 의미한다. 1981년에는 김정일의 생모 이름을 이용하여 신파군을 김정숙군으로 하였다. 이들 지명은 북한에서 영생불멸의 지명으로 분류되고 있다. 이외에 인명을 이용하여 지명을 바꾼 것은 1988년 후창군에서 바뀐 김형직군, 1990년 풍산군에서 변경한 김형권군이 대표적인 예이다. 이외에 사회주의 혁명에 기여한 인물의 이름을 이용하여 거리 이름이나 고장의 리 이름을 변경하였다.

유형	사례 지명
1) 인명 지명	1) 불멸의 지명 : 금성거리, 김일성광장, 정일봉, 김정숙군, 장군봉, 향도봉, 장군봉(어은동), 장자산(자강도) 2) 기타 인명 지명: 김형직군, 김형권군 등,
2) 혁명 관련	1) 왕재산리(온성), 삼지연군(양강도) 2) 현지지도 의미: 상봉동(청남구, 천리마구역), 오일노동자구(장강, 갑산), 구오동(만포시), 9월동(평성시) 3) 현지지도를 찬양: 영광동(해주시), 광명리(홍원군) 4) 충성심: 충성동(강계시, 청남구, 대안구역), 은덕동(은덕 외), 오정리(서흥군), 은혜리(은율, 덕성리(함흥 외)
3) 고유어	1) 새로 흥함 : 새길리(신천), 새날리(신천), 새살림(동대원구역) 2) (색깔): 새별동(함흥), 해빛리(숙천), 금빛, 은빛(함흥), 흰실동(함흥) 3) 섬유 : 비단섬(갈섬), 비단리(금야)
4) 전설에 기초	1) 김일성 : 군함바위, 썰매바위(평양 만경대구역) 2) 김정일 : 룡마바위, 장검바위(양강도 삼지연군)

출처: 조창선, 2002, 『조선지명연구』, 395~411에 의거 재정리

〈표 1〉 1960년대 이후 소위 '창조'된 지명의 유형

둘째 유형은 혁명 사업과 관련한 지명이다. 이들 지명은 혁명 현장

의 지명을 이용하거나 김일성과 김정일의 현장 지도 내용을 반영한
다. 왕재산리와 삼지연군[5]의 경우 항일투쟁 현장의 자연 지명을 이
용하여 행정 지명을 바꾼 경우이다. 상봉동은 현지 지도에서 김일성
과의 만남을 찬양하는 내용이며 오일노동자구, 구오동, 9월동 등은
현지 지도를 한 날짜를 기리는 지명이다. 영광동, 광명리는 현장 지
도를 찬양하고, 충성동, 은덕동, 오정리, 은혜리는 노동당에 대한 충
성심을 나타낸다.

셋째 유형은 고유어를 사용한 지명이다. 1964년 지명에 고유어를
사용하라는 교시에 따라 기존의 한자 지명을 바꾼 경우이다. 이때
만들어진 고유어 지명은 사회주의에서 언어의 국제어 합류 이전 단
계인 민족어 형성차원으로 생긴 것으로, 지명을 바꾸는 과정에서 사
회주의 체제를 옹호하고 김일성을 찬양하는 것들이다. 새길리, 새날
리, 새살림 등의 지명은 사회주의에서 새로 홍한다는 의미를 담고
있다. 색과 빛을 이용한 새별동, 해빛리, 금빛은 김일성을 찬양하는
은유적인 표현으로 보인다. '비단' 지명이 자주 사용되는 것은 금수
산의사당(현 금수산태양궁전)과 관련이 있다. 전설 지명은 김일성
과 김정일의 어릴 적의 이야기를 전설로 미화하여 새롭게 만든 지명
이다.

---

5) 일제강점기 중 왕재산은 왕재산회의가 열린 곳이며, 삼지연은 김일성과 김정숙
　이 항일혁명을 한 곳으로 선전되고 있다.

Ⅲ. 지명 연구 동향

3.1. 지명학 이론서

북한에서 지명에 관한 단행본 이론서는 『조선어학전서』(2002)의 발행 일환으로 간행된 4권의 책이 있다. 사회과학출판사에서 발행되었으며, 동일한 내용의 책이 2002년과 2005년에 간행된 것으로 보아 재판을 찍은 것으로 보인다.

〈표 2〉는 책의 서지정보와 내용 구성이다. 제34권의 『조선어명칭론』은 사람과 사물 및 지명에 대한 명명의 특성을 다루면서 3편에 지명의 개념, 역사적 고찰, 구조와 단위, 이름 짓는 방법에 대해 다루고 있다. 제35권의 『조선지명변천에 대한 력사문헌학적 연구』는 언어학자인 정순기가 저술한 것이다. 우리나라 대표적인 역사지리서인 『삼국사기』와 『고려사』, 『세종실록지리지』, 『신증동국여지승람』과 『대동수경』, 『대동여지도』에 수록된 지명을 이전의 지리서와 비교를 통해 변화 내용과 유형을 정리하였다. 『대동여지도』에는 11,600여 개의 지명이 수록되어 있음을 밝히면서 『신증동국여지승람』 수록 지명과 비교하였다.

제36권의 『조선지명학』은 지명에 대한 일반적 이해와 기능 및 역할, 언어구조, 조성 및 유형, 역사적 변화와 지명이 주체적으로 발전한 내용을 담고 있다. 총 7장으로 구성되어 있으며 특히 제6장과 제7장에서는 언어의 역사적 변화에 대해 다루고 있다. 제6장에서는 지명의 변화를 언어적 관계, 사회적 요인에 의해 구분하면서, 제3절에서는 고대부터 광복 이후의 지명 특성, 제4절에서는 주체사상 이후의 지명 변화를 다루었다.

<table>
<tr><td colspan="2">제34권: 『조선어명칭론연구』(방린봉, 295쪽 조선어학전서 34권, 3편)</td></tr>
<tr><td>제1장 고장이름의 개념과 특성
제3장 고장이름의 구조와 단위</td><td>제2장 고장이름에 대한 역사적 고찰
제4장 고장이름짓기의 제 요소</td></tr>
<tr><td colspan="2">제35권: 『조선지명 변천에 대한 역사문헌학적 연구』(정순기, 303쪽, 조선어학전서36권)</td></tr>
<tr><td colspan="2">제1장 『삼국사기』지리지에 반영된 고장이름과 변천
제2장 『고려사』지리지에 반영된 고장이름과 변천
제3장 『세종실록지리지』에 반영된 고장이름과 변천
제4장 『신증동국여지승람』에 반영된 고장이름과 변천
제5장: 『대동수경』과 『대동여지도』의 고장이름과 변천</td></tr>
<tr><td colspan="2">제36권: 『조선지명학』(박명훈, 247쪽, 조선어학전서35권)</td></tr>
<tr><td>제1장 지명에 대한 일반적 이해
제3장 지명의 언어구조
제5장 지명의 유형
제7장 조선지명의 주체적 발전</td><td>제2장 지명의 기능과 역할
제4장 지명의 조성
제6장 지명의 역사적 변화</td></tr>
<tr><td colspan="2">제37권: 『조선지명연구』(조창선, 411쪽, 조선어학전서 37권)</td></tr>
<tr><td colspan="2">제1장 조선지명연구에서 제기되는 몇 가지 문제
제2장 지명의 기능   제3장 지명 분류
제4장 지명의 명명적계기와 수법   제5장 조선지명해독
제6장 조선지명의 역사적 변천</td></tr>
</table>

〈표 2〉 『조선어학전서』(2002) 지명학 이론서 내용

『조선지명연구』는 다른 책에 비해 지명의 분류와 명명 계기, 지명의 특징에 대해 상세히 다루고 있다. 제1장의 문제점 제기에서는 지명의 정의를 다음과 같이 내리고 자료 고찰과 방법론의 문제를 제시하였다. 지명의 정의와 기능에 대해서는

"지명은 사람들의 사회생활에서 없어서는 안 될 중요한 언어적 수단이다. 자연을 정복하고 사회를 개조하며 문화를 창조하는 인간의 활동에서

지명은 특수한 기능을 수행하는 언어적 수단이다. 때문에 사람들은 자기를 둘러싸고 있는 지리적 대상에 대하여 이름 지어 주고 끊임없이 발전시켜 나감으로써 지명이 인간의 자주적이며 창조적인 활동에 적극 이바지하게 하고 있다."(5쪽)

라 하여 사회생활의 언어적 수단으로 지명을 규정하고 있으며 동시에 자연의 정복, 사회 개조에서 역할을 강조하고 있다. 제2장의 지명 기능에서는 ① 어느 한 고장을 가리키는 언어적 수단 ② 지역을 구별해 주는 언어적 표현 수단 ③ 명명적 기능을 수행하는 언어적 수단 ④ 민족적 긍지와 자부심을 높여 주는 힘 있는 수단 ⑤ 국가의 정무 활동을 진행하는 중요한 언어적 수단 ⑥ 나라의 과학 발전에 이바지하는 귀중한 자료를 제공해주는 원천지로 정리하고 있다.

이어 제3장에서는 지명의 분류 기준을 제시하고 ① 길이 전할 지명과 정리할 지명 ② 전승지명과 바꾼 지명 ③ 새 지명과 낡은 지명 ④ 본지명과 별칭지명 ⑤ 전체지명과 부분지명 ⑥ 고유어지명과 한자말 지명 ⑦ 문화어지명과 방언지명 ⑧ 합침지명과 분리지명 ⑨ 동명지명과 비동명지명 ⑩ 일반지명과 희귀지명 ⑪ 대상논리적명과 형상적 지명 등 11가지로 분류하였다.

제1유형의 '길이 전할 지명'으로는 주체적인 지명사상과 이론에 의해 새롭게 생긴 '본보기 지명'으로 대표적인 것은 소위 '백두산3대장군(김일성, 김정숙, 김정일)'의 이름을 이용한 '인명표식지명'과 김일성과 김정일이 현장 지도하면서 만든 소위 '친제지명(親制地名)'을 예로 들고 있다.

정리할 지명으로는 '① 봉건적 지명 ② 유교적이면서 미신적인 지명(예 사직동, 태평동) ③ 여진말지명(예 아오지리, 주을리, 오모로리, 오로군, 니망지리, 주을온포리, 서수라리) ④ 일본말지명 ⑤ 씨족문벌, 성씨지명(㉾지장동, 형팔리, 예춘리, 병술리) ⑥ 다른 나라와 관련된 지명 ⑦ 동일한 행정구역 지명(㉾황해남도 강령군 금수리, 용연군 금수리, 고원군 금수리)'을 예로 들고 있다. 이후 제4장에서 지명의 명명에 대한 사회 및 역사적 계기와 명명 방법에 대해 소개하고 있으며 제5장에서는 지명의 해독 방법을, 제6장에서는 해방 이후 지명 관리 내용을 다루고 있다.

3.2. 지명 사전

3.2.1. 사전의 서지 내용

〈표 3〉은 북한에서 편찬된 지명 사전이다. 대부분 1980년대 이후 발행되었으며[6], 이 중『고장이름유래집』(1986)은 행정구역과 관련된 업무에 도움을 주기 위한 일반 참고서인 것으로 소개되어 있다. 행정지명의 유래를 역사적으로 밝힌 편람으로 옛날부터 유래된 것은 역사적 변천 내용을 다루었으며 합성 지명의 바탕이 된 기초 지명의 유래를 밝히고 있으며, 김일성이 명명한 지명에 대해서도 근거를 소개하고 있다.『고장이름변천역사』(1992)는 고장 이름을 지명의 구조와 조성 수단 및 수법, 표기 방식 등 국어 음운 변화사와 관련하여 서술한 책으로 알려져 있다.『지명이야기』(1998)와『남조선지명』(1998)은 북한의 건국 50주년을 기념하여 간행된 책이다(박재수, 1999, 307~308). 한편『조선지명유래전자사전』(1999)은『조선지명사전』(1995)를 이용하여 구축한 전자 사전으로 추정된다.

지명 사전류 중 가장 최근에 발행된『조선향토대백과』(2004)는

---

6) 이들 책 중 필자가 접근한 책은『고장이름사전』,『조선지명편람』,『조선향토대백과』 3종이며 다른 책들은 간접적으로 구한 서지 정보이다.

남·북한 교류사업의 일환으로 편찬된 사전이다. 북한 학자들이 집필한 원고를 중국 측에서 컴퓨터로 입력하고 이를 토대로 남한이 편집 작업을 통해 편찬된 것이다. 책에는 지명뿐만 아니라 향토문화와 관련된 항목들이 함께 수록되어 있다.

연도	책 이름	저자수	권수
1986	『고장이름유래집』	김봉환 외 5명	미상
1992	『고장이름변천역사』	김봉환	미상
1995	『조선지명사전』	박태훈 등	510쪽
1998	『지명이야기』	미상	11권
1998	『남조선지명』	미상	5권
1999	『조선지명유래전자사전』	리성남·윤광현	미상
2000	『고장이름사전』	117명	10권
2002	『조선지명편람』	10명	10권
2004	『조선향토대백과』	약 1,000명	20권

〈표 3〉 북한에서 편찬된 지명 사전류

북한에서 출간한 지명 사전으로 가장 본격적인 것은 『고장이름사전』(2000)이다. 국가 보물급으로도 평가받고 있으며[7], 내용은 『전국지명조사보고서』(1967)를 기본으로 하였다(박재수, 1999). 약 30만 개의 지명의 유래를 담고 있으며 행정지명을 포함하여 자연지명, 고지명(古地名)까지 수록하였다. 〈표 4〉는 이 책의 서지 내용이다. 총 10권으로 되어 있으며, 전체 면수는 4,592쪽에 달한다. 도별 분량은 평안북도가 631쪽으로 가장 많으며 자강도가 235쪽이다. 발행일은 부분적으로 차이가 있으나 대부분 2000년~2002년 사이이다. 10권 모두 정순기가 편찬 책임을 맡고 있으며 지역별로 집필 책임자가

---

7) 『조선향토대백과』 권 1. 「편찬경위」.

별도로 소개되어 있다. 참여 인력은 각 책 당 50명 내외로, 전체를 합치면 509명이다. 각 도별로 보조원으로 추정되는 3~5인의 이름이 수록되어 있다. 한 학자가 여러 권의 집필에 참여한 경우가 많았다. 전체 10권의 집필에 참여한 학자는 36명에 달하고 있으며, 총 117명이 이 사업에 관여한 것으로 나타났다.

지역	쪽수	발행일	참여(명)	책임집필
평안남도	567	2000. 12. 10	51	정순기
평안북도	631	2001. 6. 10	54	박명훈
평양시, 남포시	379	2001. 4. 15	49	정순기
황해남도	477	2002. 3. 10	51	한정직
황해북도, 개성시	453	2002. 3. 30	54	최정후, 주충섭
강원도	432	2002. 3. 20	51	김성근
량강도	235	2002. 4. 10	50	강진철
자강도	310	2001. 8. 20	53	류 렬
함경남도	609	2002. 2. 10	49	정용호
함경북도, 라선시	499	2002. 1. 20	48	조창선

〈표 4〉『고장이름사전』의 편찬 체제

『조선지명편람』(2002)은 『조선어학전서』(총65권) 편찬의 일환으로 간행된 것으로 제7부 중 제54권~제64권에 해당된다. 표 5는 책의 서지 내용이다. 각 책의 면수는 394쪽~695쪽에 달하며 발행일은 2001년 1월~2002년 6월 사이이다. 지명 항목은 각 도별 가나다순으로 편제되어 있다. 참여 인력은 집필과 심사, 교정으로 구분되어 있다. 평양직할시의 경우 방린봉, 조창선, 박명훈, 리정희, 백운혁, 리성환, 박인직 등 7명의 공동 집필이고, 나머지 지역들은 1명의 학자가 단독 집필한 것으로 되어 있다.

『조선지명편람』	권수	쪽수	출판일	집필
평양직할시	54	674	2001. 1	방린봉 외 6인*
평안남도	55	529	2002. 5	안경상
평안북도	56	695	2002. 6.	박명훈
함경남도	57	734	2002. 5	방린봉
함경북도·나선시	58	650	2002. 5	조창선
자강도	59	442	2002. 1	장근수
양강도	60	332	2002. 5	강진철
강원도	61	491	2002. 1	서학순
황해남도	62	672	2002. 5	리성호
황해북도	63	704	2002. 5	안순남
개성시·남포시	64	394	2002. 5	장영남

*: 조창선, 박명훈, 리정희, 백운혁, 리성환, 박인직

〈표 5〉『조선지명편람』 편찬 체제

3.2.2. 사전에서 지명 설명 내용

다음은 평양직할시 중구역에 소재한 경상동에 대해 『고장이름사전』, 『조선지명편람』, 『조선향토대백과』에 설명된 내용이다.

경상동(慶上洞) 구역의 북동쪽 대동강기슭에 있는 동. 리조말기에는 평안남도 평양부 대흥면의 한 리 였다. 경상골을 중심으로 하는 마을이라 하여 《경상동》이라 하였다. 주체35(1946)년에 평양특별시 중구 경상리, 주체41(1952)년 중구역 경상리, 주체44(1955)년에 중구역 경상동으로 되었다. 경상동은 위대한 수령 김일성 동지께서와 위대한 령도자 김정일 동지께서 여러 차례 현지 지도를 하신 영광의 고장이다. 동에는 모란봉, 릉라도, 청년공원 등 공원, 유원지들이 있으며 평양성과 영명사터,

부벽루, 을밀대, 청류정, 전금문, 현무문, 칠성문 등 유적들이 있다. 또한 옥류능수버들, 청류벽회화나무, 룽라도산벗나무와 전나무, 룽라도수양버들 등 천연기념물들과 옥류약수터가 있다.

(『고장이름사전』, 평양시 · 남포시 편 32쪽)

경상동(景上洞) 구역의 동북쪽에 있는 동. 리조말에는 평안남도 평양부 대흥면의 경상동이었다. 경사스럽게 을밀봉으로 오르는 첫 어구에 있는 마을이라 하여 《경상동》이라 하였다. 주체 35(1946)년 9월 리문리, 경제리, 신창리가 편입되어 평양특별시 중구 경상리로 되었으며, 주체 41(1952)년 12월에는 중구역 경상리로, 주체 44(1955)년 2월에는 룽라동과 사창동 일부지역이 편입되어 중구역 경상동이 되었다. 주체48(1959년) 9월 사창동이 편입되었다.

(『조선지명편람』, 평양직할시 편, 49쪽)

경상동(慶上洞) 평양시 중구역 21동의 하나. 구역의 북동쪽 대동강기슭에 있는 동. 본래 평안남도 평양부 대흥면 지역으로서 경상골을 중심으로 하는 마을이라 하여 경상동이라 하였는데 1914년 행정구역 폐삽시에 일부지역을 분리하여 평안남도 평양부 경제리에 편입하였고, 1946년에 평양특별시 중구 경상리로 되면서 평안남도 평양부 신창리, 리문리, 경제리, 차관리, 염점리등 지역을 흡수하였으며, 1952년에 중구가 중구역으로 되면서 중구역 경상리로 되었다. 1955년에 동제의 실시에 따라 중구역 경상동으로 되면서 중구역 룽라리와 문수리를 편입하였고, 1959년에 중구역 사창동이 편입되였으며, 1965년에 일부 지역을 분리하여 중구역 경림동 일부와 병합하여 대동문동을 신설하였다.

(『조선향토대백과』, 평양직할시 편, 425쪽)

『고장이름사전』에서는 지명을 위치정보-지명유래-연혁-김일성 관련 내용-유적 및 지리 순서로 설명하고 있다. 『조선지명편람』은 위치-지명유래-연혁 순으로,『조선향토대백과』는 행정구역-위치 정보-지명유래-연혁 순으로 담고 있다. 3책에서는 공통적으로 위치정보, 지명유래, 연혁을 모두 담고 있다. 그러나 지리적인 내용과 김일성 관련 내용은『고장이름사전』에서만 수록되어 있다. 유래의 설명에서는『조선지명편람』이 다른 책과는 다르게 되어 있으며 한자 표기도 다르다. 이를 볼 때『조선향토대백과』는『고장이름사전』을 바탕으로 재편집되었으며[8],『조선지명편람』은 기존 자료를 상당 부분 재구성하여 간행된 것으로 추정된다.

대부분의 사전에서 지명 유래 설명에 이용된 사료는『삼국사기지리지』,『고려사지리지』,『신증동국여지승람』과 조선 후기의『대동지지』등을 이용하고 있으며 고지도의 경우『대동여지도』를 제외하고는 언급이 없다. 일제강점기의 자료로는 주로『(신구대조)조선전도부군면리동명칭일람』(1917)을 사용하고 있다.

3.2.3. 학술잡지

현재 북한에서 지명 전문 학술지는 확인되지 않고 있다. 지명 관련 글이 수록된 잡지 중 대표적인 것은 언어학연구소에서 발행하는『문화어학습』이다. 남한의『새국어생활』과 같이 대중들의 문화어(표준어) 교육을 위한 이 잡지는 수필, 단보, 논문 등 다양한 형태의 글을 수록하며 언어 교화 사업을 목적으로 한다. 지명 관련 글로는 지명소개, 명명법, 변화 내용이 게재되어 있다. 이외의 잡지로는『조선여성』(조선여성사 발행)와『민족문화유산』(조선문화보존사 발행)에 지명 유래에 관련한 글들이 확인되고 있다. 학술지인『김일성대학종

---

8)『조선향토대백과』의「편찬경위」에 보면『고장이름사전』을 바탕으로 하고 있고 남한에서 편찬되기 때문에 내용의 상당 부분이 재편집되었음을 밝히고 있다.

합학보』(어문학)과 『역사과학』(사회과학출판사) 등에서 지명 논문
이 게재되어 있다.

1) 지명 논문

〈표 6〉은 학위논문과 논문집, 일반 잡지에 발표된 글 중 논문 수준
의 내용을 갖춘 글이다. 지명 관련 학위 논문으로는 4편이 파악되었
다. 이중 가장 먼저 발표된 논문은 김성근(1978)의 「조선고장이름에
대한 연구」이다. 이 논문에서는 '고장 이름의 특성을 살리기 위한 요
구로 첫째 당성과 노동계급성의 요구에 맞아야 하며, 둘째는 고유어
를 이용할 것, 셋째로 문화성을 보장해야 할 것'을 제시하고 있다. 선
우룡화(1987)의 논문은 '해방 이후 행정지명에서 일어난 가장 특징
적인 변화는 인민적인 어휘에 기초하여 재편성된 것, 정치사상적인
어휘로 재편성된 것'으로 밝히고 있다. 조창선(1991)과 박명훈(1991)
의 논문은 자연지리적인 대상들의 이름에 대한 지명학적 연구를 시
도한 최초의 논문으로 평가되고 있다.(박재수, 1999)

저자	연도	논문 제목
[학위논문, 수여대학 미상]		
조창선	1991	『우리나라 산이름에 대한 연구』
김성근	1978	『조선고장이름에 대한 연구』
선우룡화	1987	『해방 후 우리나라 행정지명의 주체적 발전』
박명훈	1991	『우리나라 강하천이름에 대한 연구』
[문화어학습]		
최완호	1997	자연지명의 방언을 두고
서학순	2004	우리나라 지명의 단어 조성적 특성
김윤성	2004	『신증동국여지승람』을 통하여 본 우리 선조들의 자연 지물들에 대한 이름달기 몇 가지 방법

저자	연도	논문 제목	
송상길	2005	우리나라 섬 이름의 주요 특성	
박명훈	2005a	고장 이름을 어떻게 지을 것인가	
박명훈	2005b	고장 이름의 주체적 발전을 위한 현명한 령도	
서학순	2006	고구려 행정지명에서 표기 수단의 통계적 고찰	
서학순	2008	이조 초 행정구역 단위어 〈도〉의 특수한 사용과 그 단위적 성격	
리성호	2009	고장이름의 주체적 발전에 깃든 경애하는 수령 김일성동지와 위대한 령도자 김정일 동지의 불멸의 령도	
서학순	2010	지명의 사회학적 역할	
[일반 논문집]			
렴종률	1997	『삼국사기』에반영된 고구려지명 표기와 고구려어 및 한자음 문제	『김일성 종합대학학보』
김영황	2007	우리말 지명에 반영된 고구려의 언어 유산	『김일성 종합대학학보』
김영황	2009	평양의 옛 고구려 고장이름에 대한 언어적 분석	『김일성 종합대학학보』
리성남·윤광현	1999	『조선지명유래전자사전』의 구성에 관한 연구	『김일성 종합대학학보』 (자연과학)
홍기문	1963	삼국시대의 지명과 조선어의 계통문제	『조선어학』
정순기	2007	역사문헌에있는 몇 개 지명에 대한 해석	『조선어문』
조창선	2002	광복 후 조선지명의 주체적발전	『사회과학원학보』
채태형	1990	15세기전반기의 도시 명칭 개정에 대하여	『역사과학』

<표 6〉 북한의 지명 관련 논문

조창선(1991)의 논문에서는 '산 이름 명명 계기를 외적 특성의 유사성에서 오는 것, 인접한 대상현상의 유사성에서 오는 것, 다른 대상과의 관계에서 오는 것' 등으로 나누어 설명하고 있다. 박명훈(1991)의 논문에서는 강하천 이름이 규정 및 피규정의 관계로 이루어지면서 단계적 결합이 강함을 밝히고 있다.

잡지별로 보면 『문화어학습』에는 2000년대 이후에 많은 글이 게재되어 있다. 서학순(2004)은 지명의 표식부와 종별부(혹은 단위부,

남한의 후부요소)의 결합 관계의 특성을 주제로 하고 있다. 송상길(2005)은 섬 이름에 대해 형성 원인과 관련하여 지명 유형의 분류를 시도하였다. 박명훈(2005a)은 고장 이름의 명명법의 방법에서 '혁명적 실머리, 자연지리적 실머리, 사회정치적 실머리'와 파생지명과 지명의 합성방법에 대해 설명하고 있다. 박명훈(2005b)은 해방 이후 북한의 지명 관리 정책을 비교적 상세하게 설명하고 있다. 리성호(2009)는 해방 이후 지명이 정비되는 과정과 『전국지명조사보고서』가 편찬되는 과정에 대해 소개하고 있다. 서학순(2010)은 북한 사회에서 혁명 투쟁 내용과 민족문화 유산적인 측면에서 지명의 역할과 설명을 시도하였다.

일반 논문집 중 『김일성종합대학학보』(어문학)에 3편의 논문이 수록되어 있다. 렴종율(1997)는 삼국사기 고구려 지명에 대해 분석을 시도하였고, 김영황(2007, 2009)은 고구려어를 바탕으로 지명을 해석하였다. 『김일성종합대학학보』(자연과학)의 리성남·윤관형(1999)에서는 지명 전자사전의 제작 틀을 소개하였다.

『조선어학』에 수록된 「삼국시대의 지명과 조선어 계통문제」(홍기문, 1963) 논문은 북한에서 최초의 지명 논문으로 소개되어 있다. 이 논문에서는 조선의 문헌에 수록된 지명에 대한 언어학적인 고찰을 통해 지명의 특성을 밝히고 있으나 학문으로서의 수준은 되지 못한다는 평가를 받기도 한다.(박재수, 1999)

『조선어문』에 수록된 정순기(2007)의 논문은 역사문헌에 수록된 지명의 해석에서 자연지리정보를 무시하고 지나치게 이두식 해석에만 치우쳐 적지 않은 오류가 나타남을 지적하고 있다. 『사회과학원학보』의 조창선(2002)의 글에서는 분단 이후 북한 지명의 변화 내용을 다루고 있으며, 『역사과학』에 수록된 채태형(1990)의 논문에서는 조선시대 군현을 개편하면서 나타난 지명 변화를 소개하였다. 이와 같이 잡지에 게재된 논문의 주제를 보면 『문화어학습』에서는 지명의 사회성을 다룬 글들이, 다른 잡지의 경우 지명의 역사성에 초점을 두는 논문이 게재되고 있음이 확인된다.

2) 『문화어학습』 게재 글 분석

〈표 7〉은 『문화어학습』에 수록된 지명 관련 글을 발표시기와 내용에 따라 정리한 것이다. 1970년대 이후 지명 관련 글은 결호분을 제외하고 86편이 파악되었다. 시기별로 수록 편수를 보면 1980년대 26편, 1990년대 16편으로 큰 차이는 나지 않으나 2000년대 들어 44편으로 증가되었다. 주제별로 보면 전설을 바탕으로 지명의 유래를 설명한 글이 16편으로 가장 많고, 김일성·김정일이 명명한 지명을 찬양하는 글이 14편이다. 지명 유래에 대해 사료를 통해 설명을 시도한 글이 13편이다.

주 제	~1989년	1990~1999년	2000년~	합계
명명방법론	7	-	-	7
'친제지명' 찬양	9	2	3	14
사회주의 지명에 대한찬양	1	2	1	4
상식_지명 변화 및 외국지명 소개	2	1	-	3
지명에 대한 단편적 설명	-	-	8	8
사료를 이용한 유래 해석	5	1	7	13
전설에 의한 유래설명	2	8	6	16
전설을 김일성 찬양으로 해석	-	1	1	2
지역내 지명	-	-	9	9
지명학 논문	-	1	9	11
합계	26	16	44	86

* 결호 : 1972~1978년, 1998~2000년, 2011년

〈표 7〉『문화어학습』 수록 글의 주제

　시기별로 글의 주제를 보면 변화 추이가 뚜렷하다. 1990년 이전까지는 사회주의 이념을 반영한 지명의 명명법에 대해 다룬 글이 7편, 김일성·김정일이 현지 지도하면서 명명한 지명(이하 '친제지명')에 대한 찬양 글이 9편으로 전체 글에서 높은 비율을 차지하였다. 1990년대 들어서는 전설을 이용하여 지명 유래를 설명하는 글이 8편으로 거의 절반을 이루고 명명 방법에 대한 글은 게재되고 있지 않다. '친제지명'에 대한 찬양의 글은 2편에 불과하다.

　2000년대 들어서는 글의 주제별 비율에서 뚜렷한 변화가 나타난다. '친제지명'에 대한 찬양글의 편수는 증가하나 전체에서 차지하는 비율은 현저히 감소한다. 동시에 사회주의 지명을 찬양한 글의 비율도 적어진다. 반면에 지명 유래에 대해 정치이념을 반영하지 않고 해석을 시도한 글이 1980년대에 이어 다시 증가하며, 전설을 이용하여 지명 유래의 설명을 시도한 글도 증가한다. 이 시기에 발표된 글에서는 지역별 지명 특색과 관련된 글이 연재 형식으로 수록되고(예; '평안남도 지명의 특색') 정치이념의 반영 없이 지명 설명을 시도한 글이 증가하여 주목된다.

3) 지명 연구 학자

　〈표 8〉은 『조선어학전서』의 지명 이론서와 『조선지명편람』 편찬의 집필에 참여한 학자, 『고장이름사전』의 각 도별 집필 책임자의 이름이다. 총 21명이 추출되었으며, 직위와 학위는 후보원사, 박사, 교수, 학사로 다양하다.[9]

---

9) 북한의 학위는 우리의 석사에 해당하는 '학사'와 '박사', 그리고 명예칭호인 '원사'가 있다. 대학 졸업생들에게는 위를 수여 하지 않고 전문가(인문계통)나 기사(이공계통) 자격증을 부여하고 있다. '학사'는 각 대학·연구소 등의 연구원과정(3년)을 마치고 논문이 학위학직수여위(委)의 심사를 통과한 자에게 수여하고 있으며, '박사'는 박사원과정(2년)을 수료하고 해당분야에서 5~10년간 연구업적을

지명 연구로 직급이 가장 높은 인물은 최정후(후보원사, 박사 교수)이다. 『조선지명편람』 편찬에서는 황해북도편의 심사를 리원경와 공동으로 참여했으며 『고장이름사전』에 전 지역에 집필위원으로 참여하였다. 『문화어학습』에 「친애하는 지도자 김정일동지께서 밝히신 방언에 관한 이론」(1994) 제하의 글을 발표하였다.

『조선지명변천에 대한 역사문헌학적 연구』의 저자인 정순기(박사, 교수)는 『내고장이름사전』 전체의 책임 편찬으로 되어 있으며 『조선지명편람』의 평안남도편과 평양시·남포시편의 책임 집필을 하였다. 1984년 『문화어학습』에 「조선어 이론 연구분야에서 이룩한 빛나는 전진」 제하의 논문을 발표하였으며 당시 학위는 준박사, 직책은 언어연구소장으로 수록되어 있다. 1992년 5월 12일자의 『노동신문』에는 언어연구소장으로 소개되어 있다. 2002년 『문화어학습』지에 「오봉산의 유래」 제하의 논문과 2007년에 『조선어문』에 「역사문헌에 있는 몇 개 지명에 대한 해석」 제하의 논문을 기고하였고 당시 직책은 교수 박사로 소개되어 있다. 『조선향토대백과』(2004)에서는 대표자로 집필 소감문을 수록하였으며 당시 직책은 '사회과학원 언어학연구소 교수 박사'로 소개되어 있다. 북한에서 조선어학과 지명 연구에 중심 역할을 하는 인물로 보인다.

『고장이름사전』의 강원도 집필 책임을 맡은 김성근(박사, 부교수)은 『조선지명편람』의 개성시와 남포시 편을 심사한 것으로 되어 있다. 1978년 최초로 지명 논문으로 학위를 받는 학자로 소개되어 있으며 일찍부터 『문화어학습』에 여러 글을 기고하였다. 1971년에 「우리말로 지은 고장이름」을 기고한 것을 시작으로 1979년부터 「이

쌓고 논문이 학위학직수여위원회 심사를 통과한 자에게 수여하고 있다. 한편 '원사'는 박사학위 소지자로서 해당분야에서 특출한 연구 성과와 및 후진양성 등 업적을 쌓은 학자에게 수여하는 명예칭호이다.

름을 어떻게 지을 것인가」의 연재물로 고장, 거리, 다리, 건물 이름에 관련된 글을, 1981년에 「고유어로 된 고장이름」을 기고하였다.

이름(학위 및 직위)	참여 서적(역할)
최정후(후보원사, 박사 교수)	『고장이름사전』 황해북도 책임 집필
정순기(박사, 교수)	『조선지명변천에 대한 역사문헌학적 연구』 집필 『고장이름사전』 편찬 책임, 『조선지명편람』 평안남도, 평양시·남포시 책임집필
김성근(박사, 부교수)	『고장이름사전』 강원도 책임 집필
방린봉(박사, 부교수)	『조선어 명칭론 연구』 집필 『조선지명편람』 함경남도(단독), 평양직할시(공동)
강진철(박사, 부교수)	『조선지명편람』 양강도(단독)
조창선(학사)	『조선지명연구』 집필, 『조선지명편람』 함경북도·나선시(단독), 평양직할시(공동) 『고장이름사전』 함경북도·나선시 책임집필
박명훈(학사)	『조선지명학』 집필, 『조선지명편람』 평안북도(단독), 평양직할시(공동), 『고장이름사전』평안북도 책임 집필
안경상(학사)	『조선지명편람』 평안남도(단독)
안순남(학사)	『조선지명편람』 황해북도(단독)
장영남(학사)	『조선지명편람』 개성시·남포시(단독)
장근수(학사)	『조선지명편람』 자강도(단독)
서학순(학사)	『조선지명편람』 강원도(단독)
리성호(-)	『조선지명편람』 황해남도(단독)
백운혁(학사)	『조선지명편람』 평양직할시(공동)
리정희(학사)	『조선지명편람』 평양직할시(공동)
박인직(-)	『조선지명편람』 평양직할시(공동)
리성환(-)	『조선지명편람』 평양직할시(공동)
류 렬(부교수)	『고장이름사전』 자강도 책임 집필
주충섭(미상)	『고장이름사전』 개성시 책임 집필
한정직(미상)	『고장이름사전』 황해남도 책임 집필
정용호(미상)	『고장이름사전』 함경남도 책임 집필

〈표 8〉 『조선지명편람』과 『고장이름사전』의 책임 집필 인명

『조선어명칭론연구』를 집필한 방린봉(박사, 부교수)은 『조선지명편람』에서 함경남도와 평양직할시 편을 집필하였다. 『고장이름사전』 집필에는 전 지역에 참여했으나 『문화어학습』 등의 논문집에 지명 관련 논문은 없다. 『조선지명편람』 양강도편을 저술한 강진철과 평안남도·양강도·강원도를 심사한 리기원도 방린봉과 같은 경우이다.

『조선지명연구』를 저술한 조창선(학사)은 『조선지명편람』에서 함경북도와 나선시 편을 단독으로 집필하였으며 평양직할시 편 집필에 공동으로 참여하였다. 『내고장이름사전』에서 함경북도·나선시 편을 책임 집필하고 전체 도의 집필에 참여하고 있다. 『사회과학원학보』(2002)에 「광복 후 조선지명의 주체적 발전」 제하의 논문을 기고하였으며 『문화어학습』에 발표 글은 없다.

『조선지명학』을 단독 저술한 박명훈(학사)은 『고장이름사전』 편찬에는 전도에 걸쳐 참여하였다. 『조선지명편람』의 평안북도 편을 단독 집필하였으며 평양직할시 편 집필에 공동 참여하였다. 평안남도와 강원도 편에는 편집 책임으로 되어 있다. 1991년 강하천 이름을 주제로 학사학위를 받았으며 『문화어학습』에 「위대한 수령님과 경애하는 장군님의 은혜로운 사랑 속에 날로 개화만발하는 고장이름」(2003)과 「우리나라 도 이름의 역사와 유래」(2003)를, 2005년에는 「고장이름을 어떻게 지을 것인가」와 「고장이름의 주체적 발전을 위한 현명한 영도」 제하의 글을 기고하였다.

『조선지명편람』의 평안남도 편을 단독으로 집필한 안경상(학사)은 평안북도, 황해남도, 함경북도와 나선시를 공동으로 심사하였다. 『고장이름사전』 편찬에서 전 지역에 참여하였으며, 『문화어학습』에 「황해남도의 특이한 지명들과 그 유래」(2003)와 「황해남도 지명이야기」(2005)의 글을 발표하였다.

『조선지명편람』의 황해북도 편을 단독 집필한 안순남(학사)은 『고장이름사전』 편찬에서 전 지역에 참여하였으나, 지명 관련 글은 확인되지 않고 있다. 개성과 남포시 편을 단독 집필하고 함경남도 편을 심사한 장영남(학사)도 안순남과 동일한 경우이다. 자강도 편을 단독으로 집필한 장근수(학사)는『조선지명편람』편찬 외에 다른 글은 없다.

『조선지명편람』의 강원도 편을 단독으로 집필한 서학순(학사)은 2004년 이후『문화어학습』에「우리나라 지명의 단어 조성적 특성」등의 논문을 비롯하여「고구려 행정지명에서 표기 수단의 통계적 고찰」,「이조 초 행정구역 단위어 '도'의 특수한 사용과 그 단위적 성격」,「지명의 사회학적 역할」제하의 글들을 기고하였다.『고장이름사전』의 편찬위원 명단에 올라가 있지 않고 박재수(1999)의 글에서 학위논문이 소개되어 있지 않은 것으로 보아 2000년대 초반에 학위를 취득한 것으로 보인다.

『조선지명편람』의 황해남도 편을 단독으로 집필한 리성호는『고장이름사전』편찬의 전 지역에 참여하였으며『문화어학습』(2009)에「고장이름의 주체적 발전에 깃든 경애하는 수령 김일성동지와 위대한 령도자 김정일 동지의 불멸의 령도」제하의 논문을 발표한 인물이다.『조선지명편람』의 평양직할시 편을 공동 집필에 참여한 인물들로 백운혁, 리정희, 박인직, 리성환 등이 확인된다. 이들은 대부분『고장이름사전』의 집필에도 참여하였으나 지명 관련 글이나 논문은 보이지 않는다.

『고장이름사전』자강도 편의 책임 집필을 맡은 류렬(부교수)은『문화어학습』에「우리말이 걸어온 역사」제하의 연재 글을 10여 차례에 걸쳐 기고한 것으로 보아 언어학자인 것으로 보인다. 개성시 편을 책임 집필한 주충섭은『문화어학습』(1989)에「영광의 이름-류경호텔-」제하의 글을 기고한 바 있다. 황해남도와 함경남도 편의 집필 책임자인 한정직과 정용호의 경우 지명 관련 글은 확인되지 않고 있다.

한편『고장이름사전』과『조선지명편람』편찬 사업 명단에 없으나 『문화어학습』에 2000년대 이후 여러 편의 글을 기고한 인물로서 김 윤성(부교수 학사)과 박순이가 있다. 김윤성은「대홍단의 이름유래」 (2001),「별창마을의 유래와 혁명 전설」,「이압리의 유래와 혁명 전 설」과 2004년에『신증동국여지승람』의 사료를 바탕으로 자연 지명 에 대한 글을 수록한 바 있다. 박순이는 2006년 이후 평안북도, 양강 도, 함경북도, 함경남도 등의 도별 지명 유래에 대한 글을 연재물 형 식으로 8편의 글을 기고하고 있다. 이상『고장이름사전』과『조선지 명편람』에 참여한 학자들의 글을 분석하여 볼 때 북한에서 지명 연 구는 정순기를 비롯하여, 김성근, 조창선, 박명훈, 안경상과 함께 서 학순, 김윤성, 박순이가 중심을 이루고 있는 것으로 나타났다.

IV. 요약 및 맺음말

북한에서는 김일성이 스탈린의 언어도구관을 받아들이면서 지명 을 언어와 함께 사회의 하부구조로 인식하여 사회주의 혁명의 도구 로 이용하였다. 특히 1960년대 중반 이후 문화어운동을 전개하면서 지명을 사회주의와 주체사상을 옹호하는 언어 도구로 이용하였다. 1966년의 전국 지명의 조사 이후에는 지명 관리를 진행하면서 기존 지명을 바꾸었다.

이들 지명은 고유어 지명과 선전 지명으로 구분된다. 고유어 지명 은 사회주의에서 국제어 합류로의 이전 단계인 민족어 형성 차원에 서 기존의 한자 지명을 순한글로 바꾸어 명명한 것이다. 선전 지명은 사회주의 혁명의 중심인물과 업적을 기념하기 위한 것이다. 대표적 인 것으로 김일성 가계와 일제강점기 이후 항일투쟁 혹은 사회주의 혁명에 참여한 인물의 이름을 이용한 인명지명과 이들과 관련된 전설지명, 김일성이 직접 명명하였다는 소위 '친제지명', 현지를 방문한 사건 혹은 날짜를 기념하기 위한 지명, 당의 충성도와 사회주의 사회의 행복감을 표현하는 지명, 역사적인 사건과 전설을 사회주의 이념으로 재해석하여 새롭게 명명한 지명들이 있다.

1980년대 이후부터는 지명정리 사업을 반영한 사전의 편찬이 여러 차례 이루어진 것으로 확인되었다. 대표적인 사전은 『고장이름사전』(2000~2002)이며, 이는 2004년 남북교류 사업으로 편찬된 『조선향토대백과』의 기초가 되었다. 유사한 시기에 『조선어학전서』(2002)의 편찬의 일환으로 도별 지명 편람이 편찬되었다. 북한에서 지명 사전 편찬이 2000년 직후에 집중되는 것이 특이하다. 1990년대 중반에는 전자 지명사전 구축이 시도된 것으로 보인다.

지명 관련 글과 논문은 언어학연구소에서 발행하는 『문화어학습』과 일반 논문집에 발표되고 있으며 연구 주제는 지명의 사회성과 역사성으로 구분된다. 사회성을 주제로 한 글은 주로 『문화어학습』에서 발표되고 있으며, 일반 논문집에서는 역사적 맥락을 중시하는 글들이 게재되고 있다. 『문화어학습』에 발표된 글의 시기별 동향을 보면 1990년대 이전까지는 사회주의 지명의 찬양과 명명 방법론 등의 글이 많이 수록되었으나 2000년대 이후에는 이의 비율이 감소하고, 지역의 지명 소개와 논문 수준의 글들의 비율이 높아진 것이 주목된다.

지명 연구 학자들의 주 전공은 언어학으로 판단되며, 지명은 이들에 의해 부차적으로 연구되는 것으로 보인다. 그러나 1990년대부터 지명을 주제로 한 학위논문이 발표되면서 지명의 연구 추세는 다른 양상을 보이고 있으나 아직 영향력은 미미한 것으로 보인다. 지명 연구가 주로 언어학자들에 의해 이루어졌기 때문에 '지명 유래는 단순히 이두 등을 이용한 언어학적으로만 설명하고 지리학적인 특성을 간과한다.'는 비판이 제기되고 있어 주목된다. 실제로 지명의 유래 설명에서 사용되는 자료는『신증동국여지승람』과 1914년 행정구역 개편 내용이 대부분이다.

분단 이후 만들어진 북한의 사회주의 지명은 국가의 정치 이념이 개입되는 대표적인 사례이다. 국가는 지명을 만들고, 학자들은 사회주의 지명에 대한 찬양을 통해 주민을 학습하고 있다. 주민들은 지명을 통해 공간을 표상화하고 일상에서는 사회주의 체제의 정당성에 대한 학습을 무의식적으로 받고 있는 것이다. 이는 지명이 북한의 사회체제를 유지하는 중요한 수단으로 이용되고 있음을 보인다.

본 연구는 북한 일부 자료와 논문, 지명만을 사례로 지명의 관리 정책과 연구동향을 분석한 것이다. 북한의 국토 속에 스며든 사회주의 지명은 이 글에서 언급된 것보다 훨씬 많은 것으로 추정된다. 북한 국토의 지명에 대해 세밀한 기초 자료가 지금부터라도 구축되어야 하고, 동질성과 이질성을 바탕으로 통일에 대비한 지명 정책에 대한 논의를 시작하여야 할 것이다.

<u>참고문헌</u>

• 논문

김기혁(2013), 「북한의 지명 관리 정책과 연구동향 분석」, 『한국지역지리학회지』
　　　19(1), 14-30.

김영배(1994), 「북한의 지명」, 『새국어생활』4(1), 146-172.

이민부·전종한(2005), 「'추가령' 지명에 관한 지형학 및 역사지리적 해석」, 『문화
　　　역사지리』17(1), 47-65.

이영택(1994), 「북한의 지명변혁과 지명의 유형」, 『아세아연구』91, 41-54.

이영희(2006a), 「지명속에 나타난 북한 개성시의 자연경관 특성」, 『대한지리학회지』
　　　41(3), 283-300.

　　　　(2006b), 「북한 개성특급시 역사 문화지명의 유래와 특성」, 『한국학연구』
　　　24, 237-268.

최석주(2003). 「북한의 지명-북한지리교과서를 중심으로-」, 『한국동북아논총』27,
　　　235-251.

• 저서

권헌익·정병호(2013), 『극장국가 북한』, 창비.

국립국어원(1992), 『북한의 언어정책』, 국립국어원.

권재일(2012), 『북한의 『조선어학전서』연구』, 서울대학교 출판문화원.

김민수(1995), 『북한의 국어연구』, 일조각.

북한연구학회(2012), 『분단 반세기 북한 연구사(2판)』, 한울.

양태진(2008), 『달라진 북한땅 이름 이야기』, 백산출판사.

중앙일보사, 1991, 인물의 고향-북한편,

Lawrence D and Jani Voulteenaho, 2009, *Critical toponymies; the contested
　　　politics of place naming*, FSC.

• 웹페이지

국토해양부 브이월드　　http://www.vworld.kr

평화문제연구소　　　　http://www.ipa.re.kr

북한자료

• 전집류

『조선지명편람』(2002), 전10권, 사회과학출판사.

『고장이름사전』(2002), 전11권, 과학백과사전출판사.

『조선향토대백과』(2004), 전20권, (북)조선과학백과사전출판사·(남)평화문제연구소.

『김일성저작집』(1964), 제18권, 조선노동당출판사.

『김일성저작집』(1966), 제20권, 조선노동당출판사.

• 저서

박명훈(2005), 「조선지명학」, 『조선어학전서』35, 사회과학출판사.

박재수(1999), 「조선언어학에 대한 연구」, 박이정. (북)『조선민주주의인민공화국
　　　　의 언어학에 대한 연구』, 사회과학원)

방린봉(2005), 「조선어명칭론」, 『조선어학전서』34, 사회과학출판사.

정순기(2005), 「조선지명변천에 대한 역사문헌학적 연구」, 『조선어학전서』36, 사
　　　　회과학출판사.

조창선(2002), 「조선지명연구」, 『조선어학전서』37, 사회과학출판사.

• 논문

김성근(1978), 「조선고장이름에 대한 연구」, 학사학위논문(수여대학 미상).

김영황(2007), 「우리말 지명에 반영된 고구려의 언어 유산」, 『김일성종합대학학보
　　　　』(어문학)53(1), 27-30.

＿＿＿(2009), 「평양의 옛 고구려 고장이름에 대한 언어적 분석」, 『김일성종합대학
　　　　학보』(어문학)55(3), 65-70.

김윤성(2004), 「『신증동국여지승람』을 통하여 본 우리 선조들의 자연 지물들에 대
　　　　한 이름달기 몇가지 방법」, 『문화어학습』2, 57-58.

렴종률(1997), 「『삼국사기』(35)에 반영된 고구려지명 표기와 고구려어 및 한자음
　　　　문제」, 『김일성종합대학학보』(어문학)43(3), 13-18.

리성남·윤광현(1999), 「『조선지명유래전자사전』의 구성에 관한 연구」, 『김일성종
　　　　합대학학보』(자연과학)45(8), 91-94.

리성호(2009), 「고장이름의 주체적 발전에 깃든 경애하는 수령 김일성동지와 위대
　　　　한 영도자 김정일 동지의 불멸의 영도」, 『문화어학습』3, 9-10.

박명훈(1991), 「우리나라 강하천이름에 대한 연구」, 학사학위논문(수여대학 미상).

______(2005a), 「고장 이름을 어떻게 지을 것인가」, 『문화어학습』1, 41-43.

______(2005b), 「고장 이름의 주체적 발전을 위한 현명한 영도」, 『문화어학습』3, 8-10.

서학순(2004), 「우리나라 지명의 단어 조성적 특성」, 『문화어학습』2, 42-43.

______(2006), 「고구려 행정지명에서 표기 수단의 통계적 고찰」, 『문화어학습』3, 43-44.

______(2008), 「리조초 행정구역 단위어 '도'의 특수한 사용과 그 단위적 성격」, 『문화어학습』4, 58-59.

______(2010), 「지명의 사회학적 역할」, 『문화어학습』2, 60-61.

선우룡화(1987), 「해방후 우리나라 행정지명의 주체적 발전」, 『언어학논문집』7, 203-227.

송상길(2005), 「우리나라 섬이름의 주요 특성, 문화어학습」4, 40-40.

이성남, 윤광현(1999), 「『조선지명유래전자사전』의 구성에 관한 연구」, 『김일성종합대학학보』(자연과학)45(8), 91-94.

정순기(2007), 「역사문헌에 있는 몇 개 지명에 대한 해석」, 『조선어문』4, 8-10.

조창선(1991), 「우리나라 산이름에 대한 연구」, 학사학위논문(수여대학 미상).

조창선(2002), 「광복후 조선지명의 주체적 발전」, 『사회과학원 학보』4, 46-48.

채태형(1990), 「15세기 전반기의 도시 명칭 개정에 대하여」, 『력사과학』2, 39-42.

최완호(1997), 「자연지명의 방언을 두고」, 『문화어학습』3, 59-60.

홍기문(1963), 「삼국시대의 지명과 조선어의 계통문제」, 『조선어학』(상세서지 미상).

역사지도 제작을 위한
역사지리환경의 복원[*]

김종혁[**]

Ⅰ. 머리말

한국에는 아직 본격적인 역사지도가 없다. 여기에 관심 있는 사람들은 그래서 가끔 개탄조로 이의 편찬 사업이 시급하다고 말한다. 그러나 더 심각한 것은 우리에게 번듯한 역사지도가 없다는 것이 아니라 아직 가보지 못한 길이기 때문에 어느 누구도 역사지도 제작 방법을 알지 못한다는 것에 있다. 역사지도 편찬에는 작업 매뉴얼이 없

* 이 글은 2013년 8월, 한국지도학회지 13권 2호에 게재된 논문 「역사지도 제작을 위한 역사지리환경의 복원」을 일부 수정한 것으로, 2년 4개월 동안 '동북아 역사지도 편찬팀'에서 활동했던 경험에 기반하여 작성되었다. 김유철 선생님(제1기 연구책임자)과 윤병남 선생님(제2기, 현 연구책임자), 그리고 동고동락했던 동료 연구원과의 수많은 회의와 토론, DB 구축과 지도화의 시행착오는 필자의 역사지도 제작론에 입각한 사고를 조금씩 진척시켜주었다. 이 모든 분께 감사한 마음과 함께 송구한 마음을 전하고 싶다.
**고려대학교 민족문화연구원 한국근대역사지도편찬실 연구교수

어, 실제 필자가 그러하지만, 적잖은 시행착오가 따른다. 이 글은 매뉴얼을 작성하는 마음으로 시작되었다. 본고를 집필하는 데에는 필자가 2002년부터 십여 년 간 (전자)문화·역사지도 편찬 사업에 참여한 것이 큰 밑거름이 되었다.

역사지도 제작은 자료원의 문제로부터 GIS 시스템 구축, 필드 구조 설계와 입력, 위치 비정(比定), mapping, 출력·인쇄·출판으로 이어지는 프로세스가 있으며, 완성된 역사지도를 제작하기 위해서는 바탕도, 기본도, 주제도, 일반도 등 층위가 다른 지도들이 동시에 만들어져야 한다. 본고는 역사지도의 수록 대상을 '역사지리환경'(historical-geographical environment)이라는 것으로 개념화하고, 역사지도 제작론의 틀을 정립하기 위해 작성되었다. 필자는 역사지도를 편찬하기 위해서는 '역사지도기본도'라는 것을 먼저 제작해야 하는데, 이 기본도는 행정구역, 자연환경, 교통망, 지명DB로 그 내용이 구성될 필요가 있다고 생각한다. 이 글의 목적은 이의 타당성에 대한 논의를 시작하기 위함이다.

II. 역사지리환경의 특성

2.1. 역사지리환경과 역사지리정보

자연과학에서는 지구의 자연환경을 크게 대기권, 암석권, 수권, 생물권 네 권역으로 분류한다. 인류는 위와 같은 자연환경 속에서 역사를 축적해왔고, 그 결과물로서 문화 또는 문명이라는 것을 만들었다. 인류사에서 문화의 영향력은 사실 거의 절대적인 것이어서 이 문화 권역은 다섯 번째 권역이라 할 만하다. 우리는 이를 자연환경에 대비하여 인문환경이라는 것으로 개념화한다. 두 환경을 아우르는 말로는 지리환경이라는 말이 있다. 사전에 '인간 활동의 기초가 되고 그 조건이 되는, 인간을 둘러싼 모든 자연 환경'이라고 나온다(endic. naver.com). 그러나 지리환경 개념 안에는 잘 인식되지 않아서 그렇지 인문환경도 포함되어 있다.

지리환경은 다분히 공간적인 개념이다. 여기에 시간이 결부되면 지리환경은 역사지리환경으로 확대된다. 이 용어는 기본적으로 과거의 지리환경을 지칭한다. 이때 과거는 약간 다른 두 가지가 있다. 하나는 단일 시점의 시단면(時斷面) 과거이고, 다른 하나는 과거에 시작해서 이 이후의 과거에 끝난 연속된 과거이다(Ott and Swiaczny, 2001:55-69). 단면적이든 연속적이든 역사지리환경이 과거의 정보라는 것은 중요하다. 역사지리환경, 즉 과거의 경관을 복원 또는 재구성하는 학문 분야가 역사지리학이다. 복원한다고는 하지만 이를 온전히 복원한다는 것은 불가능한 일이다. 그래서 복원할 때는 목적과 관심, 주제에 부합하는 대상을 선정하기 마련이다. 선정된 대상은 항상 시간정보와 공간정보를 동시에 갖고 있다. 이를 시공간정보(spatiotemporal information)라 하고 이 정보의 집합체를 시공간데이터베이스라고 한다.

물적 개체는 공간정보를 비롯한 다양한 속성정보를 갖는다. 예컨대 서울역이라는 개체는 북위 몇 도 몇 분 몇 초, 동경 몇 도 몇 분 몇 초, 또는 대한민국 서울특별시 무슨 구 무슨 동 몇 번지 식의 공간정보 외에도 면적, 건설·중축 시기, 내부구조와 시설, 이용방법, 사적지정 등과 같은 속성정보를 갖는다. 서울역은 위치를 옮기지는 않았지만 시간의 흐름에 따라 수많은 변화를 겪었고 그때마다 속성정보도 추가되었다. 이러한 변화상은 시간정보와 맞물려 있다. 즉 속성정보에 시간값이 존재한다는 것이다. 이와 같이 시간정보와 공간정보를 동시에 고려하여 다루는 정보가 곧 시공간정보이고, 광의의 역사지리정보라고도 할 수 있다. 시공간정보는 결국 차원이 다른 이 두 정보를 어떻게 관리하느냐가 관건이다.

2.2. 시공간의 변화와 위치비정(位置比定)

우리는 '시간은 흐른다'고 인식한다. 제자리에서 멈추는 일이 없기 때문에 움직이는 유동체로 인식한다. 그런데 이미 흘러버린 시간은 상황이 좀 달라진다. 과거의 한 시점을 다시 움직일 수 있게 하는 것은 그 어느 것도 없다. 이미 흘러버린 시간은 그 자리에 딱 멈춰 있다. 이 점에서 시간 위치(=시간값)은 매우 명쾌하다. 그래서 시간(값)은 일반인들에게 쉽게 공유된다.

반면 공간은 움직일 수 없는 고정된 것으로 인식한다. 따라서 공간상의 위치(=공간값) 또한 매우 명쾌하다. 그런데 공간값은 시간값과 달리 항상 잘 공유되는 것 같지 않다. 특히 역사적인 공간값이라면 더욱 심각해진다. 여기에 문제가 있다. 공간값을 표기하는 대표적인 방식은 경위도와 행정구역명(주소)을 이용하는 것이다. 그러나 실 생활에서 경위도 좌표계는 사실 의미가 없다. 내 집의 위치를 경도와 위도로 인식하는 사람은 없기 때문이다. 그래서 공간정보는 대부분 행정구역명으로 표기되며, 간혹 여기에 경위도 좌표값을 병기하기도 한다.

이 시점에서 앞에서 한 말을 바꿔야 할 듯하다. 공간값 또한 매우 명쾌하다고 했지만, 실상은 그렇지 않다. 서울역은 그간 한 번도 자리를 옮기지 않았다. 범위(면적)만 넓어졌을 뿐이다. 그러나 서울역은 시시때때로 움직여온 측면이 있다. 이렇게 가정해 보자. 교통수단의 발달로 철도교통이 완전히 소멸한 지 200년이 지난 어느 날 어떤 역사학자가 과거의 서울역 위치를 찾고 있다. 그는 20세기 문헌과 지도를 뒤지다가 경성역과 남대문정거장이 서울역과 같은 개체라는 것을 알았고, 드디어 각각의 주소도 확보함으로써 위치를 찾았다고 기뻐했다. 그러나 더 큰 문제는 이제부터 시작된다.

각 개체의 주소가 모두 다르기 때문이다. 처음엔 경성부 ○○정(町)이었는데, 구(區)라는 행정단위가 생기면서 경성부 ○○구 ○○정이 되었고, 해방 후 자료부터는 서울시 ○○구 ○○동이 되었으며, 1949년 이후에는 주욱 서울특별시로 표기되었다. 번지 수까지 내려가면 상이한 주소는 더 많다. 이제 쉽게 예상되지만 시간이 흐름에 따라 행정구역 명칭과 소속이 바뀌면서 서울역은 수 차례 이사 아닌 이사를 다녔던 것이다. 이처럼 물리적으로 고정되어 있더라도 표기의 측면에서 개체의 공간값은 이동이 얼마든지 가능하다. 가능한 정도가 아니라 시공간정보를 다룰 때에는 개체들이 거의 대부분 이동하고 있음을 절감하게 된다. 이 학자는 이제 자료마다 상이하게 표기된 위치가 현재 어디인지를 따져보면서 이 주소들의 실제 위치를 찾을 것이다. 이때 적용되는 기준이 현위치인 것이다.

과거의 위치와 현재의 위치를 일치시키는 일을 '(현)위치 비정'이라고 한다. 전근대에 행정구역은 대체로 주·부·목·군·현을 기본단위로 하고 그 상위에 도(道)를, 하위에 면(面)-리(里)를 두는 것이었다. 전근대에 위치를 표기하는 방식은 두 가지였다. 첫 번째는 방위와 거리로 표기하는 것이고, 두 번째는 역시 행정구역명을 이용하는 것이다.

첫 번째 방식은 일종의 상대 위치이기 때문에 기준점이 특정된다. 이때 사용한 기준점이 읍치(邑治)였다. 예컨대 '八角亭 自官門南東三十里'(팔각정이 관문으로부터 남동쪽으로 30리 떨어진 지점에 있다)와 같은 식이다. '관문'이라든가 '읍/읍내'와 같은 표현이 없더라도 읍치는 기준점으로 통용되고 있었다. 두 번째 방식은 위치(소재지)를 군-면-리 단위까지 사용하여 표기한다. 그러나 전근대 문헌에 표기된 위치는 면도 없는 경우가 많다.

전근대의 위치 표기가 읍치에 기준하였기 때문에 역사지리환경의 복원에서 가장 먼저 할 일은 읍치의 위치를 비정하는 것이다. 그런데 읍치 역시 고정된 것이 아니라 시대마다 다른 공간값을 갖고 있었고, 이동하지 않았더라도 행정구역은 자체로 생성과 소멸을 반복하는 습성이 있기 때문에 읍치의 시공간DB를 구축하는 일이 그리 간단하지가 않다. 예컨대 경기도 양주는 고대로부터 현대에 이르기까지 읍치의 이동은 물론 영역의 변화가 극심했던 지역이다. 조선시대 이후만 보더라도 남양주시, 의정부시, 동두천시, 구리시, 연천군 전곡읍 등은 모두 양주에서 떨어져 나간 지역이고, 내부적으로도 수많은 행정구역 변동이 있었다. 이웃하는 군과의 통폐합, 군내 면 간 통폐합, 읍치와 면사무소의 이전, 명칭의 개칭, 상위 행정 관할 소속의 변동 등이 모두 행정구역 변동에 대한 시공간DB 구축의 입력 사항이 된다.

위치 비정의 범주에는 포인트 외에 라인과 폴리곤(polygon)도 포함된다. 폴리곤은 라인이 연결된 폐곡선을 의미하므로 라인의 위치 비정은 경우에 따라 그것이 바로 폴리곤의 복원 과정이기도 하다. 행정경계선을 긋는 것이 곧 행정구역을 획정하는 것과 다르지 않다는 것이다. 결국 선에 대한 위치 비정은 폴리곤을 복원하는 것이기도 하다. 행정경계, 하천, 도로망 등과 같은 선적 개체 외에도 문물과 문화의 전파, 사신왕래, 세곡운반, 군사이동 등과 같이 무형적, 정기적, 간헐적, 지속적인 역사적 사실 또한 라인 비정의 대상이 된다.

시공간 데이터베이스를 다루는 근본적인 어려움은 시간과 공간이 모두 고정되어 있지 않다는 것에 있다. 역사지도에 접근하는 것이 쉽지 않은 것도 이것이 시공간 데이터베이스에 기반하여 제작되기 때문이다. 이 관점에서 역사지도를 제작하는 것은 '시간과 공간'이 '현재의 위치'로 귀결되는 과정이라고도 할 수 있다. 그리고 여기에는 언제나 공시성(共時性, synchrony)과 통시성(通時性, diachrony)이 공존해 있다.

2.3. 역사지리환경과 역사지도

대부분의 지도는 과거보다는 현재를 그린다. 과거를 그린 지도가 역사지도라면 현재를 그린 지도는 현재지도이겠지만 보통은 그냥 지도라고 부른다. 역사지도의 표현 대상은 과거의 역사상과 자연환경이 된다. 인문·자연환경 전체라고 해도 무방할 것이다. 부언하지만 이 개념이 바로 본고에서 쓰는 '역사지리환경'이다. 이러한 역사지리환경을 표현하는 방법 중의 하나가 역사지도이다. 역사지도는 시각화된 이미지로 의미를 전달한다는 점에서 공간상의 변화를 설명하는 데 매우 효율적인 장점을 갖고 있다. 앞에서 언급한 양주군의 행정구역 변화상을 텍스트로 기술할 때와 지도로 표현할 때와는 그 역사적 사실을 이해하는 차원이 달라진다.

〈그림 1〉은 1864년과 2003년 두 시점의 양주군 행정구역을 비교한 것이다. 앞에서 이를 간단히 문장으로 기술했지만 그것을 읽고 바로 이해할 수 있는 사람은 사실 없다. 그러나 지도를 보면 오늘날 서울시, 구리시, 남양주시, 의정부시, 고양시, 파주시, 동두천시, 연천군, 포천시의 일부가 1864년에 모두 양주군 땅이었다는 것을 알 수 있고, 역으로 오늘날 양주시의 일부 지역이 당시 적성군 땅이었다는 것도 쉽게 알 수 있다. 이는 텍스트와 이미지의 의미 전달 방식이 다르기 때문이다. 한편 2003년 양주의 행정경계는 그간 매우 복잡한 과정을 거친 결과이다. 이러한 변동 사건마다를 지도로 표현할 수 있다면 양주시의 통시적 행정구역 역사지도가 만들어질 것이다. 전국

을 대상으로 하여 1년 단위로 행정경계뿐 아니라 과거의 지리환경을 복원한 역사지도를 만든다면, 이는 자체로 커다란 연구성과가 될 뿐 아니라 인문학 전반에 새로운 지식을 창출할 수 있는 전환적 계기가 될 것이다.

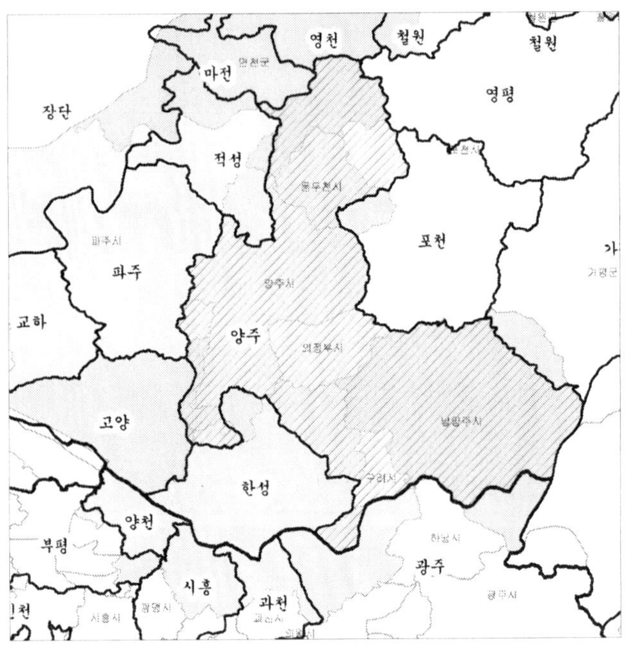

〈그림 1〉 양주군의 행정구역 변동(1864~2003)

주 1) 굵은 선과 궁서체 지명이 1864년의 행정구역이고, 그 밑에 음영 처리된 영역과 고딕체 지명이 2003년의 행정구역이다.
 2) 1864 행정경계는 고려대학교 민족문화연구원 '조선시대 전자문화지도 시스템'에, 2003년 행정경계는 NGIS 결과를 인용함.

이즈음에서 역사지도가 갖고 있는 기본적인 특성 몇 가지를 생각해보고자 한다. 첫째, 역사지도가 담고 있는 메시지는 과거이다. 이 과거는 역사시대는 물론 선사시대까지 포함되며 광의의 역사지도로는 지질시대까지도 포함할 수 있다. 한편 역사지도에서도 앞서 언급한 '두 가지 과거'가 여전히 유효하다. 예컨대 조선후기 장시분포도를 그릴 때 1770년 상황만을 그릴 수 있고, 1770년부터 1909년까지 장시의 유지·이설·분설·소멸·부활·신설 따위의 이력을 지도로 표현할 수도 있다. 전자가 단일시점 역사지도라면 후자는 다중시점 또는 연속시점 역사지도가 될 것이다.

둘째, 표출하려는 목적에 따라 역사지도 역시 주제도와 일반도로 구분할 수 있다(Dent et al., 2009:6-11). 주제도는 말 그대로 특정 주제를 선정하여 이에 집중하여 그린 지도이고, 일반도는 지도가 포괄하는 지역 내의 역사지리사상(事象, feature) 전체를 대상으로 그린 지도이다. 주제도는 일반도보다 상대적으로 단순하기 때문에 연속시점을 취해도 별 어려움이 없지만, 일반도는 수록되는 개체 수와 종류가 많아 연속시점을 취할 경우 전달력이 떨어지기 때문에 대체로 단일시점을 취하게 된다.

셋째, 주제도는 크게 통계지도와 일반 분포도로 구분된다. 통계지도란 통계자료를 바탕으로 지역 간 차이를 표현한 지도이다. 대표적인 자료로는 인구통계나 경제지표 등을 들 수 있다. 표현방식에 따라 단계구분도, 도형표현도, 점묘도, 등치선도, 유선도 등으로 구분되는데, 이 중 가장 일반적인 것은 단계구분도이다(Robinson, A.H., et al., 1995:276-367; 신정엽 외 옮김, 2013:186-197). 일반 분포도의 수록 대상은 행정·경제·군사·교통·문화 등 사회 제 분야의 주요 시설물이 주종을 이룬다. 공간상에서의 존재 양상이 대체로 점으로 인지되는 것들이다. 정보가 충실한 원자료만 확보된다면 군·면의 치소, 시장, 봉수, 역, 진산, 목장, 산성, 서원, 우체국, 헌병 주재소, 신사, 은행, 조합 등 역사지도로 그릴 수 있는 항목은 부지기수이다.

넷째, 현재를 그린 지도가 시간이 지났다고 해서 역사지도가 되지는 않는다. 이는 단순히 과거에 만든 지도일 뿐이다. 물론 그 기능이 같을 수는 있지만 과거를 그리지 않았다는 점에서 이를 역사지도로 규정할 수 없다. 우리는 이를 현재의 시점에서 '고지도'라고 부른다. 그러나 어쨌든 모든 고지도는 역사지도적 성격을 갖고 있다. 특정 지역의 고지도가 시계열적으로 존재한다면 이 지역은 역사지도 제작에 이상적인 환경을 갖추었다고 할 수 있다.

2.4. 역사지도 제작과 GIS

지리정보시스템(GIS, Geographic/Geographical Information System)이란 지리정보를 디지타이징하여 각 개체에 공간정보를 부여하고 이를 데이터베이스로 구축, 공간을 분석·계획하며, 구축된 방대한 지리정보를 관리하고 결과를 표출하는 도구 또는 그 방법론을 의미한다(Unwin, 1996:540-542; Konwles, 2010:xiv-xv). 여기서 말하는 지리정보란 '위치를 알 수 있는, 또는 공간값을 갖고 있는 모든 정보'를 포함한다. 따라서 지표 위에서 유형으로 존재하는 모든 것을 망라한다고도 할 수 있다. 컴퓨터 발달과 함께 1960년대부터 학문적으로 정립되기 시작한 GIS는 처음에 분석툴로서 발전하였지만 위치 정보의 정확성이 날로 향상되고 처리해야 할(-그리고 처리할 수 있는) 정보의 양이 점차 방대해지면서 활용 분야가 나날이 확대되고 있다. 1990년대에 한국에서도 GIS 분야는 독립된 학문 분과로 인정받기 시작하였고, 이 무렵에 대학에 학과가 설치되기도 하였다.

1990년대에는 NGIS(National GIS) 사업이 시작되어 전국에 걸친 수치지도 제작이 완료되었다. 지리학을 비롯하여 토목·건설·도시·교통공학 등의 분야에서 GIS의 영역이 점차 확대되고 있으며, GIS

업체의 주요 고객이 되는 중앙정부기관이나 지방자치단체도 점차 늘어나고 있다. 사업의 측면에서 GIS는 최근까지 지하매설물이나 도시기반 시설, 도로, 토양, 식생분포, 토지이용, 일반 행정, 재해방지와 재난구조 등 주로 공공성과 국민의 안전 향상을 목적으로 하는 국가사업에 참여해 왔지만, 활동폭이 일반행정, 의료, 통신, 정치, 인문학 등으로 점차 넓어지고 있다. GIS 분야는 이동통신망의 확산과 함께 앞으로도 활용범위가 더 넓어질 것으로 예상되는데, 이들 분야의 공통점은 모두 공간정보를 다룬다는 것이다.

GIS가 다른 소프트웨어와 가장 차별되는 것은 각 개체에 고정된 위치값을 부여할 수 있다는 점이다. 프로그램 내에서는 그 어떤 것에도 공간값(위치값)을 부여할 수 있고, 위치값이 부여된 개체는 언제나 그 자리에서 표출된다. 각 개체는 점, 선, 면 중의 한 형태를 띠며 각각은 중첩되어 있거나 떨어져 있고, 접하거나 위에 있거나 접하지 않으며, 소속되거나 걸쳐 있거나 소속되지 않는 등의 관계를 맺으며 속성정보를 공유하기도 하고 부분적으로 결합하기도 한다. GIS 프로그램이 수행하는 공간분석과 지도 표출은 결국 각 개체가 보유하고 있는 공간값과 속성정보에 기반하는 것이다.

인문학에서는 GIS를 잘 활용하지 않지만 최근에 인문지리학 내의 공간통계학과 역사지리학, 그리고 역사학 분야에서 GIS에 대한 관심과 활용도가 높아지는 추세이다. 특히 역사지리정보시스템(Historical GIS)은 역사학과 지리학, 그리고 지리정보학의 만남을 주선하고 있다(Knowles, 2010:xii). 그간 국내외 지리학계에서 GIS를 가장 많이 이용했던 분과는 지형학이었고 이어서 공간통계학이 이 분야에서 약진해왔지만, 2000년대 이후에는 역사지리학 분야에서도 GIS 활용폭이 넓어지고 있다. 이들의 대표적인 활동 형태가 역사지도 또는 문화지도를 편찬하는 것이다.

시공간정보는 시간의 흐름에 따라 변동하는 공간정보와 속성정보를 계속 추적하여 데이터베이스로 구축한다는 것이 핵심이다. 앞에서는 실제 움직이지 않은 서울역의 이동을 언급했지만, 역사정보 중에는 이동하는 개체(moving object)가 수없이 많다. 서울시 또한 그러하다. 서울시는 분명 면(polygon)적 개념이지만, 지도에서는 시청 위치에 점을 찍고 '서울특별시'라고 기입한다. 소축척지도에서는 어렵지 않을 수 있지만 대축척지도에서 점을 찍는 행위는 위치 비정 과정을 거쳐야 하기 때문에 만만하지가 않다.

현재 서울 시청은 중구 태평로 1가에 소재한다. 그런데 구한말부터 일제시기 사이에만도 청사는 서너 번 자리를 옮겼고, 조선시대에도 위치가 달랐다. 시공간정보는 시간이 축적될수록 정보량도 축적되는 경향이 있다. 그래서 역사지리정보량은 원론적으로 언제나 현재의 지리정보량보다 많다. 시간이 지나면서 정보량이 커지는 특성은 이 정보들을 디지털 환경 내에서 관리해야 함을 의미하기도 한다. 그러나 무엇보다 역사지리정보를 특정 위치에 표출해야 하는 점에서 이를 이렇게 처리할 수 있도록 고안된 GIS 프로그램은 역사지도 제작에서 가장 효율적인 도구가 된다.

Ⅲ. 역사지도의 기본 구성 요소

일반적으로 주제도를 제작하기 위해서는 그 주제도를 담을 기본도(基本圖)를 먼저 만든다. 기본도란 행정경계만 그려져 있는 백지도를 연상하면 쉽다. 역사지도에서도 이 원리가 그대로 적용된다. 역사주제도(Historical Thematic Map)를 제작하기 위해서는 역사기본도(Historical Base Map)가 먼저 구비되어 있어야 한다. 이 역사기본도가 아직 학술적으로 정립된 개념은 아니지만, 본고는 이를 구성하는 기본 요소를 행정구역, 자연환경, 교통망, 지명 네 부문으로 나누어 기술한다. 네 영역의 기본도는 각각이 자체로 중요한 역사지도이며, 각각을 통시적 역사지도로 만드는 일 또한 절실하다(김종혁, 2011:62-63).

3.1. 행정구역

한국에서 지방행정구역의 기본 단위는 전통적으로 군현이었다. 오늘날의 시·군, 일제시대의 부·군, 조선시대의 부·목·군·현이고 고려시대의 주·부·군·현이다. 역사지도에서도 행정구역 복원의 기본 단위는 군현이 된다. 특히 전근대에 대부분의 통계자료는 군 또는 면 단위로 수합·정리되어 있기 때문에 행정구역 복원은 읍치의 위치 비정과 함께 역사지도 제작에서 가장 먼저 수행해야 할 과업이다(김종혁, 2003). 도-군-면 외에 행정 경계 최상위에는 국경이 있고, 최하위에는 향·소·부곡·처·장·월경지 등의 특수 구역이 있다.

행정구역을 복원하는 것은 단순히 경계(영역)의 문제에 국한되지 않는다. 필자의 역사지도 제작 경험에 따르면, 행정구역 복원에는 명칭, 영역(=경계), 읍격, 소속, 위치(=행정기관 소재지) 등 이 다섯 가지 측면이 작동한다. 행정구역 DB 구축이 어려운 것은 단순히 고려할 측면이 많다는 것에 있지 않고, 이 다섯 측면이 선택적으로 조합하면서 변화한다는 데에 있다.

첫 번째 명칭의 변화는 ① A면이 B면으로 이름을 바꾸는 경우이고(A→B), 두 번째 영역의 변화에는 ② A면이 B면을 흡수하여 A면이 되는 경우(A⊃B, 병합), 또는 ③ Aa면과 Bb면이 통합하여 AB면이 되는 경우(Aa+Bb=AB, 통합) 등이 해당한다. ③의 경우는 명칭의 변화와 영역의 변화가 동시에 일어났다. 세 번째 읍격의 변화는 ④ A면이 A읍으로 승격한다든가, B부가 B군으로 강등된다든가, C읍이 C부로 승격하는 경우이고, 네 번째 소속의 변화는 ⑤ '가'군의 A면이 '나'군으로 넘어가 상위 관할 소속을 바꾸는 경우이다. ④번, ⑤번 사례 모두 명칭의 변화가 동시에 수반될 수 있다. 다섯 번째 위치의 변화는 치소의 이전(移轉)을 의미한다. 즉 도청, 부청, 군청과 면사무소가 ab리에서 cd리로 옮겨가는 경우이다.

이 가운데 명칭과 소속, 위치의 변화는 상대적으로 간단하다. 극단적인 사례가 되겠지만, '가'군의 A면이 '나'군으로 이속되어 A면이 될 때, 면사무소를 oo리에서 xx리로 옮기고, A면의 일부가 본디 '나'군에 속했던 B면과 C면에 분할 흡수되면서 B면과 C면의 이름이 BA면과 BC읍으로 바뀌었다고 가정해보자. 한 사건에서 명칭, 영역, 읍격, 소속, 위치 등 다섯 가지 측면이 모두 변동한 사례에 속한다. 이를 여하히 DB화할 수 있을까, 이를 온전히 반영할 수 있는 필드구조를 설계할 수 있을까가 행정구역 복원 시 접하는 난제 중의 하나이다. 다섯 측면 가운데 명칭, 읍격, 소속, 위치의 변동을 디비구조 속에서 기록하는 일은 비교적 간단하다. 그러나 영역의 변동을 DB로 구축하는 것은 쉽지 않다. 면(또는 선)의 형상을 문자로 기록하는 일인데, 영역의 변동 곧 이미지(형상)의 변화를 문자로 기술하는 것이기 때문이다. 사실 영역을 결정짓는 선(=행정경계선)을 어떻게 글로 표현할 수 있을지 아직 답을 찾지 못하였다.

때에 따라서는 타자의 변동에 의해 자신의 변동 이력을 추가해야 하는 경우도 있다. 일례로 황해도 해주군 해주면은 1931년에 해주읍이 되었다가 1938년에 해주부가 된다. 이로써 해주면은 두 번의 읍격 승강 사건이 발생하였다. 일견 매우 단순한 이력 변동이다. GIS 프로그램에서 폴리곤 두 개를 추가하고 속성정보테이블 해당 필드에 연도와 읍격을 입력하면 된다. 변동 이력 DB에서도 면/읍/부에 대한 생성과 소멸 시간값과 사유를 기록하는 일 외에 더 할 일이 없다. 그런데 문제는 여기서 끝나지 않는다.

1938년에 해주읍이 부로 승격하자 해주군이 이름을 벽성군으로 바꾸었다. 당시 해주군에 속했던 면은 해주읍의 승격 때문에 상위 소속이 일거에 바뀌게 된 것이다. 당시 해주군 소속의 면이 20개라면 이들에 대한 소속 변경과 폴리곤 및 면 ID 생성 작업을 20번 반복해야 하는 번거로움이 수반된다. 그러나 사실 이 번거로움보다 일을 더 어렵게 만드는 것은 이러한 작업이 수반된다는 사실을 미처 깨닫지 못하고 후속 작업을 망각한다는 점에 있다. 행정구역 변동은 다층적 구조와 다기적 조합이 가능한 상황 속에서 복합적인 양상을 띠며 발생한다. 이를 DB로 구축하는 것이나 이에 기반하여 지도화하는 작업은 정교하고 세심한 고도의 집중력을 요하는 일이다(Arctur and Zeiler, 2004:108-113).

3.2. 자연환경

자연환경 역시 역사적 유물이다. 지구는 약 45억 년 전에 태어나 오늘날까지 끊임없이 변화해왔다. 역사지리학에서도 신생대 제4기는 인류가 태어나기도 했지만 오늘날 자연환경과 직접적으로 연결되어 있기 때문에 중시된다. 제4기에는 4~5번의 빙기와 3~4번의 간빙기가 있었는데, 마지막 빙기가 끝나갈 무렵 지구의 자연환경이 현재와 거의 비슷해졌다고 추정되고 있다. 이때가 지금으로부터 약 1만 년 전이고, 지질시대구분에서는 이때부터를 현세(現世, Holocene홀로신, 沖積世충적세)라고 한다.

역사지도에서 자연환경 복원의 상한점을 이때로 잡을 수 있을 것 같다. 그 이전 시기는 이미 역사시대를 훌쩍 넘기 때문이다. 한반도에서도 1만 년 전부터는 특별한 지각운동이나 화산활동이 없었기 때문에 오늘날 지형의 근간은 이때 이미 형성되어 있었다. 물론 이후에는 침식과 퇴적에 의한 2차 지형형성에 주목할 필요가 있다. 그러나 무엇보다, 1만 년 전 이후 현재까지의 자연환경 변동에 가장 크게 영향을 미친 기구는 '인간'이었고, 전근대에 인간과 자연과의 관계는 지금보다 훨씬 밀착되어 있었다. 이 점에서 자연환경이 역사지도의 중요한 복원 대상이 된다(有薗正一郎 등 編, 2004:59-111).

지역과 시대에 따라 자연은 정복, 투쟁, 조화, 순응, 숭배의 대상이었다. 근대 이후에는 양상이 조금 바뀐 듯하지만, 전근대까지 한국인에게 자연은 조화·순응·숭배의 대상이었던 것 같다. 그런데 전근대에 자연과 유일하게 한판 승부를 벌였던 인간의 활동이 하나 있었다. 아마 개간이 그러했던 것 같다. 개간이란 인간이 '이용할 수 없는 토지를 이용할 수 있는 토지로 바꾸는 행위'이다. 전근대 농업사회에서 개간의 목적은 농토의 확보 즉 식량 증대에 있었고, 그 행위는 주로 해안과 하천 연안, 그리고 산지에서 집중적으로 벌어졌다. 해안선·하천·산지를 자연환경 부문에서 역사지도의 기본도를 구성하는 주요 요소로 간주한 것은 여기에 근거한다.

제4기 때 빙기와 간빙기가 반복되면서 해수면도 승강을 반복하였고, 약 1만 년 전 즈음에 해수면이 현재의 수준까지 올라온 것으로 추정되고 있다. 한국사에서 1만 년 전은 선사시대에 해당한다. 현재의 해수면이 구석기 말기나 신석기 시대와 크게 다르지 않다는 것이다. 그러나 황해안의 조차(潮差)는 세계적으로 유명하다. 황해안의 갯벌이 세계 5대 갯벌에 들 정도로 광활하게 형성될 수 있는 것은 이러한 큰 조차 때문이다. 갯벌의 학술용어는 간석지(干潟地)이다. 이 간석지가 언젠가부터 간척(干拓)의 대상이 되었다.

간척의 목적은 농토를 확장하여 식량을 증대하는 것이었지만, 20세기에 들어서는 대량의 소금 생산을 위해 염전으로 간척하거나 산업단지, 업무 및 주거단지를 조성하기 위한 것으로 다양화되었다. 그러면서 리아스 해안으로 유명한 황해안과 남해안의 해안선은 이전보다 훨씬 직선화되었다. 유명한 강화도의 간척 사례처럼 문헌으로 확인되는 간척사는 고려시대까지 소급된다. 이후 조선시대에도 간척의 사례는 여러 문헌에서 포착되고, 20세기부터는 근대적인 토목기술이 동원된 간척이 등장한다. 해방 후 황해안과 남해안에서는 소축척 지도의 해안선까지 바꿀 정도의 대규모 간척 사업도 있었다. 이처럼 황해안과 남해안은 인간의 간섭에 의해 해안선이 꾸준히 변화해왔다.

3.2.1. 해안선

그래서 한국의 해안선 복원은 자연환경뿐 아니라 인간의 영역에까지 걸쳐 있는 문제이다. 이를 위해서는 간척사데이터베이스를 구축하는 것이 우선 과제로 떠오른다. 일종의 간척 사건지 또는 간척 연표를 만드는 일이다. 그러나 이 DB를 만드는 것보다 더 어려운 것은 각 간척 사건의 결과를 어떻게 지도에 표시하느냐이다. 필자의 경험에 의하면 전근대는 물론 일제시대의 간척사 자료에도 간척 완료 후 간척지의 최외곽선을 알 수 있는 경우가 거의 없다는 것이다. 더구나 간척사업이 동일 지점에서 중첩되어 시행된 지역에서는 구 제방선을 찾아야 하는데 이것도 시간이 경과하면서 흐려졌거나 경지정리사업 등으로 소멸된 경우가 많아 통시적 복원을 어렵게 한다. 토양도나 지명 조사, 현지 답사 등 가능한 방법론을 총동원해야 하는 실정이다.

해안선 복원은 과거의 자연환경을 복원한다는 측면에서 자체로 중요한 의미를 지니지만, 새롭게 역사를 이해하는 데 중요한 단서를 제공할 수도 있다. 왜구가 창궐했던 시기의 어촌 취락의 분포는 그렇지 않았을 때와 사뭇 달랐을 것이다. 왜구의 활동 지역과 내륙 침입 루트, 해상로와 해안 포구의 분포, 해안 방어 체제와 진보의 설치, 이양선의 출몰과 양요, 청일전쟁 시 청군의 상륙, 한국 전쟁 당시 인천상륙작전 등과 같은 구체적인 역사적 사건에 접근할 때, 구 해안선은 새로운 역사적 해석과 사실을 제공할 수 있을 것이다.

간척을 차치하더라도 해안선을 규정하는 것 자체가 간단한 문제가 아니다. 특히 황해안처럼 조차가 심한 곳에서는 만조 때와 간조 때 바닷물이 수 킬로미터 이상 육지쪽으로 올라온다. 내륙 안쪽에는 대조 때에만, 다시 말해 한 달에 3~4일 정도만 바닷물이 들어오고 나머지 날은 대기에 노출되어 있는 땅도 있다. 그렇다고 역사지도에 만조선과 간조선, 대조선과 소조선, 각 평균선을 모두 표시할 수는 없는 노릇이다. 한편 황해안 강 어구에서는 바닷물이 강물 위를 거슬러 역류하는 감조현상(感潮現象)도 보이기 때문에 어디까지가 바다이고 어디서부터 강인지도 모호한 경우가 있다. 감조현상이 없는 동해안이라도 해안선이 하천선을 따라 내륙쪽으로 한정없이 들어갈 수 없기 때문에 강 하구 부근 어느 지점에서 바다와 강의 경계선을 결정해야 한다.

해안선 또는 해수면은 학술적·행정정·군사적으로 상이한 규정들을 갖고 있다. 통상적인 사전적 정의와 지형학이나 해양학, 지구과학, 지도학 분야에서의 규정도 다르다. 정부의 담당부서나 군사적인 측면에서도 각기 다른 규정을 갖고 있다. 규정이 일률적이지 않은 것은 역사지도의 측면에서도 다른 규정을 정할 수 있다는 근거가 된다. 역사지도에서는 해안선의 기준을 어떻게 설정할 것인가의 문제인데, 결국 인간과의 관계 속에서 규정할 수 있다. 예컨대 황해안에서처럼 일시적으로는 바다이고 일시적으로는 육지일 때, 조수의 진퇴와 무관하게 인간이 사용하는 땅이라면 이를 육지로 간주할 수 있다. 즉 인간이 각종 산물을 채취하고 소금을 굽는 간석지라면 이곳도 해안선 안쪽의 육지로 인식할 수 있다는 것이다.

3.2.2. 하천

하천은 유로 변경이 핵심이다. 특히 중·하류지역에서는 하천 유로가 자유롭게 수시로 바뀐다. 인간이 제방 건설 등과 같이 하천 유로에 간섭하기 전에 하천의 영역은 유로가 자유 곡류하는 최대의 범위까지였다. 이 상황이 20세기 직전까지 거의 유지되었을 것이라 생각된다. 따라서 하천은 거의 매년 유로를 바꾸었기 때문에 정해진 원형이라는 것을 상정할 수가 없다. 하천의 복원 역시 변동 근거와 원형을 찾을 수 없으므로, 이를 복원하는 것이 그리 의미 있는 일이 아닐 수 있다.

한국의 하천은 하계 집중호우라는 강우 특성 때문에 마이크로한 수준에서의 유로 변경은 매우 빈번하다. 오늘날 1:50,000 지형도를 제작할 때도 강폭을 나타내는 하천 양안의 하안선이나 하중도의 외곽선은 측량 당시의 상황을 기준할 뿐이다. 따라서 사료에 기술된 유로 변경에 대한 기사는 이를 감안하여 잘 읽어야 한다. 예컨대 1450년과 1850년 한성 일대의 한강 유로가 상세히 기술된 사료가 있다고 하자. 사실 매우 당연한 결과이지만, 이를 검토해보니 오늘날 유로와 상당 부분 다르다는 것을 알게 되었다. 이 상황에서 두 시기의 유로를 온갖 방법을 동원하여 복원하는 것은 매우 중요한 과제이다. 그러나 반드시 유념해야 할 것은 1450년의 것이 조선전기 한강의 유로망이고, 1850년의 것이 조선후기 한강의 유로망이라고 일반화하거나 확대 해석할 수는 없다는 것이다. 1450년의 유로망은 1650년에도

1849년에 가능했기 때문이다. 결국 하천 유로의 복원 역시 개간의 문제로 귀착되고, 제방 건설이 관건으로 다시 떠오른다. 여기서 더 이상 논하기 어려운 문제이다.

3.2.3. 산지

산지의 변화는 전근대에는 화전(火田)으로 대표되는 개간에 의해, 현대에는 택지와 관광시설로 대표되는 개발에 의해 주도되었다. 화전은 법적 제한으로 더 이상 확대되고 있지 않지만, 조선 후기 이래 1970년대까지 화전에 의한 산지 개간은 활발하게 진행되고 있었다. 이로써 산지에 변화가 발생하기는 했지만 전체 산지 규모와 형태의 변형이라는 측면에서 비교해 보면 미미한 수준이다. 이에 역사지도의 측면에서는 자연환경의 변화보다는 역사적 사건의 발생으로 접근, 화전의 확산이나 산촌의 확산이라는 주제도로 초점을 맞추는 것이 더 좋을 듯하다.

조선 후기부터 산지 개간에는 사실 다기한 원인이 존재하므로 이를 면밀히 살펴볼 필요가 있다. 다만 이것이 자연환경의 영역보다는 인간의 영역에서 해결될 가능성이 해안선이나 하천 유로의 경우보다 더 크다는 것이다. 특히 북한은 해방 후에도 이러한 현상이 지속되었고, 남한에서는 이른바 소규모 산지라고 할 수 있는 구릉지 개발이 시대마다 다양하게 전개되어 왔다. 구릉지 개발은 토지이용의 측면에서 접근할 수도 있는데, 구릉지는 밭이나 과수원으로 개간하거나, 목장지, 주택지로 지목을 바꿔왔다. 급기야 1990년대 이후에는 대규모 신시가지 건설로 인해 소하천 연안의 충적지와 함께 구릉지는 존재 자체가 소멸하는 사례까지 발생하고 있다. 이 점에서라도 산지는 향후의 역사지도 제작에 중요한 복원 대상이 될 것이다.

3.3. 교통망

　역사학에서는 가끔 공간적 이동을 간과할 때가 있다. 시간의 흐름에 대해서는 엄격하지만 공간의 흐름에는 관대하다. 인간의 존재가 존재만으로 끝났다면 역사지도는 점(點)의 수준을 넘지 않을 것이다. 그러나 인간은 다양한 이유로 이동하지 않을 수 없다. 선적(線的) 존재임을 부정할 수 없는 것이다. 전파가 존재하지 않던 시대에 모든 공간적 이동은 수륙 교통로를 통해서 가능했다. 전근대에 문화·경제적 교류, 외교 사절의 왕래, 외적의 침투와 방어, 공문서의 전달과 수발 등, 국내외를 막론하고 모든 인적·물적 흐름은 교통로를 매개하지 않을 수 없었다. 이 점에서 해로와 내륙의 수로와 육로는 역사지도의 기본 구성 요소로 빠질 수 없다.

　조선 후기부터 현재까지 해로와 내륙 수육로는 꽤 정확한 노선을 복원할 수 있다. 그 이전 시기는 각종 사료를 통해 추정해야 하는 형편인데, 수도 서울로 수렴하는 조선 후기의 도로망은 조선 초기에도 크게 다르지 않았을 것으로 예상된다. 같은 논리가 인정된다면 고려의 도

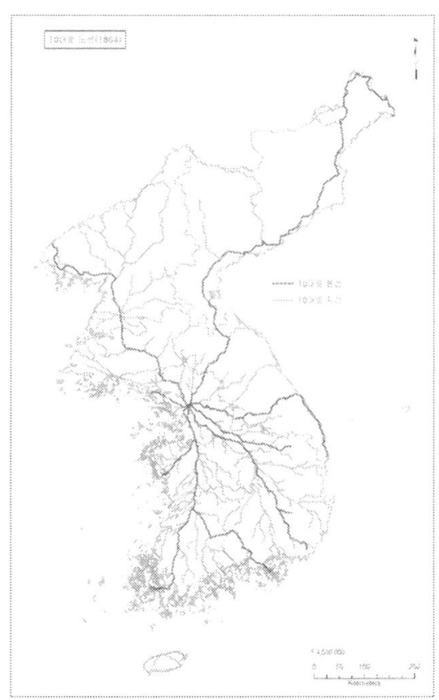

〈그림 2〉19세기의 육로망-10대로 본선과 지선

자료 : 『대동지지』(1864, 김정호)

로망은 수도 개성을 중심으로 분포했을 가능성이 높다. 한편, 조선이 그랬듯이 그 이전 시기에도 도로망의 중심축은 역시 주요 도회를 연결하는 노선으로 형성되었다. 결국 간선도로망의 추정과 복원은 주요 도회의 위치 비정에서부터 시작된다. 조선의 간선도로망이 주요 도회(점)를 연결한 것이라면, 다음 단계에서는 점과 점 사이를 어떤 선(길)으로 연결할 것인가가 관건이 된다. 이 점에서 도로의 입지 분석을 통해 길이 나는 메커니즘을 알아볼 필요도 있다.

조선의 도로망은 신경준의 『도로고』(1770)로부터 김정호의 『대동지지』(1864) 「정리고」에 이르기까지 6~10대로 체제로 발전한다(김종혁, 2005). 『대동지지』에 수록된 10대로는 의주로를 비롯하여 경흥로, 평해로, 봉화로, 동래로, 해남로(제주로), 통영로, 충청수영로, 수원(별)로, 강화로이다. 분기로를 포함한 10대로 체제의 전체 도로연장은 28,000리가 넘는다. 10리를 약 3.9㎞로 환산한다면 약 11만㎞에 달하는 거리이고, 『대동지지』 단계에는 5.4㎞였다는 주장을 따르면 15만㎞를 넘는다.

일제시기에는 도로망을 본격적으로 건설·정비하고 제도적으로 관리하기 시작하였다. 일제는 1914년에 〈도로규칙〉을 제정하여 조선의

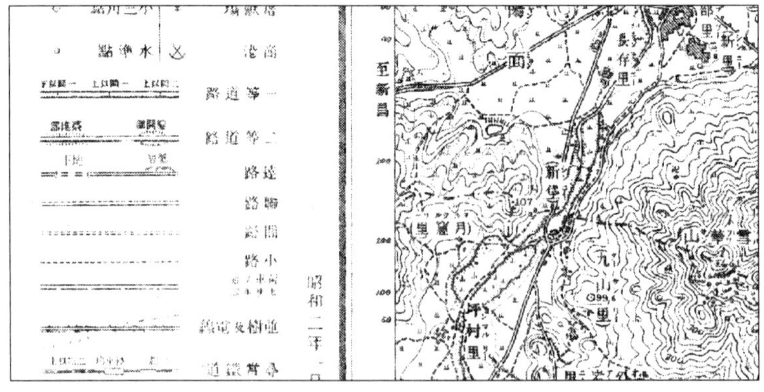

〈그림 3〉 일제시기 1:50,000 지형도의 도로 범례

도로를 1·2·3등도로와 등외도로로 구분하였다. 이러한 등급체계는 오늘날까지 그 근간이 이어진다. 일제시기 1:50,000 지형도에는 등급별로 (1등도로, 2등도로,

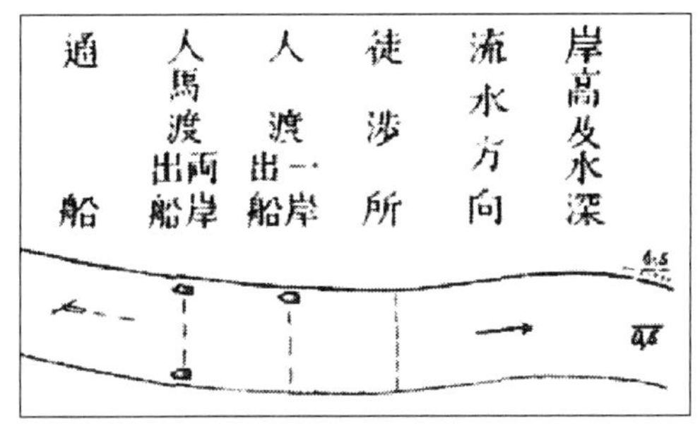

<그림 4> 일제시기 1:50,000 지형도의 수부(水部) 범례

달로, 연로, 간로, 소로/그림3) 도로망이 그려져 있고 하천 유로 안에는 진도가 표시되어 있어(그림4), 베이스맵으로뿐 아니라 일제시기 내륙 수육로망 복원에 귀중한 자료원이 된다.

내륙수운은 철도교통에 자리를 내주면서 1930년대부터 크게 위축되더니 1970년대에 완전히 소멸하였다. 한국의 철도망은 1899년부터 시작된다. 철도망은 시간값이 다양한 특징을 갖는다. 부설 허가, 착공, 완공, 개통, 영업시작 시점이 구간별 또는 전 구간에 대해 각기 적용된다. 역시 시간값에 시작시점과 종료시점을 두면 철도망의 확산 과정을 표현할 수 있다(그림5, 그림6). 이 밖에 국철과 사철, 만철 위탁경영시대, 표준궤와 협궤 등을 속성정보로 취해 해당 주제도를 만들 수 있다. 철도망 지도에는 당연히 철도역이 표시되어야 할 것이다. 철도역 소재지, 역의 등급, 간이역과 보통역, 신호소와 정거장 등을 속성정보로 입력하고, GIS 프로그램 내에 철도역 또는 철도선이 소재하는 지역과 그렇지 않은 지역별로 분석, 지역적 차이를 주제도로 표현할 수 있다. 철도선 또는 철도역에 지역정보인 인구규모나 여객/화물 수송량, 영업이익 등의 데이터를 조인(join)한다면 매우 다채롭고 흥미로운 주제도를 제작할 수 있을 것이다.

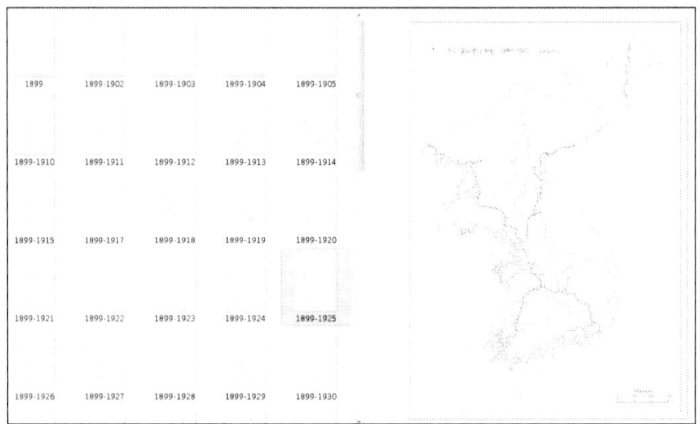

〈그림 5〉 1925년 철도망의 분포

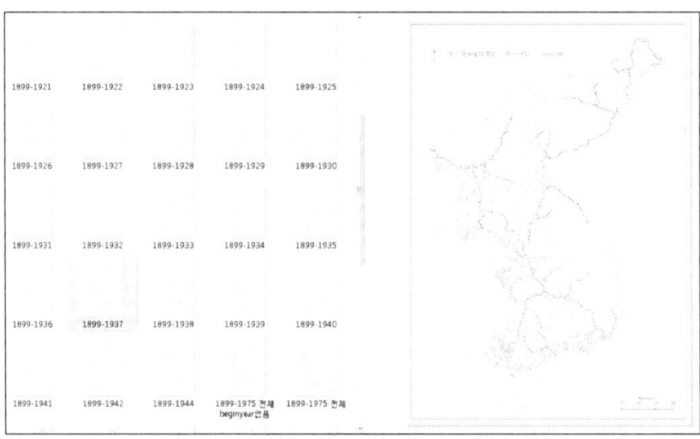

〈그림 6〉 1937년 철도망의 분포

3.4. 지명데이터베이스의 구축

역사지리환경을 복원하는 데에는 행정구역과 해안선·하천 유로
망 등의 자연환경, 그리고 교통망에 이어 역사지명에 대한 위치 비정

이 중요한 부분을 차지한다. 한국에서는 지명을 국립지리정보원에서 고시(告示)·관리하고 있으나 역사지명에 대해서는 담당 부서가 없다. 지명데이터베이스 구축 사업은 전담 행정기관이나 연구기관을 두고 국가 단위에서 수행해야 할 만하다.

한국은 아직 어느 곳에서도 역사지명을 체계적으로 정리하고 있지 않다. 규장각한국학연구원은 자체 소장 고지도에 수록된 지명을 데이터베이스로 구축한 바 있으며, 고려대학교 민족문화연구원은 조선후기 고지도 5종(전국도 3종/군현도2종, 12만개), 근대 지형도 2종(1890's~1930's, 16.7만개), 남북한 현대 지명사전류 3종(103만개)으로부터 역사지명 132만개를 DB로 구축하였다(http://www.atlaskorea.org). 동북아역사지도 편찬팀(서강대학교 인문과학연구소)은 한·중·일의 역사지명을 DB화하는 중이다. 이 팀은 다른 어떤 역사지명DB보다 용량이 큰 대형 DB를 구축하고 있으며 위치 비정도 병행하는, 실로 방대한 작업을 진행하고 있다. 미국 하버드 대학 지리분석센터(Center for Geographic Analysis)가 세계의 지명을 수합하고 각국의 (역사)주제도를 웹(worldmap.harvard.edu)에서 서비스하는 상황에서 한국의 지명데이터베이스를 구축하는 것은 그 전담 부서를 만드는 것과 함께 시급한 일이 아닐 수 없다.

역사지명은 행정지명과 자연지명(physical placename), 그리고 인문지명으로 유형화할 수 있다. 유형을 분류하는 것은 유형별 주제도를 제작할 수 있기 때문이다. 자연지명은 산·봉·고개로 대표되는 산지지명과 하천과 호수, 천정(泉井) 등의 수계지명, 해안·해저·도서 등의 해양지명 등으로, 인문지명은 취락지명(리·동·촌)을 비롯하여 경제·교통·군사·문화지명 등으로 유형화할 수 있다. 지명DB 구축에서도 중요한 것은 현재의 위치를 비정하고, 각 변동 이력을 고증하는 작업이다. 고려대 민족문화연구원의 고지도 지명 12만 건은 위치 비정과 이력 검수가 실행되지 않았다는 점에서 미완의 상태라 할 수 있다.

지명DB는 기본적으로 지명사전(gazetteer)적 성격을 갖는다. 이 때문에 지명DB는 자연스럽게 역사지리정보의 위치 비정 작업의 전거자료(典據資料)로 기능할 수 있다. 지명DB가 중요하고 절실한 이유가 여기에 있다. 역사지명DB는 특히 고대사 영역에서 전거자료로서의 활용도가 극대화된다. 양질의 역사지명DB가 구축되면 사료나 문학 작품 속에 등장하는 지명을 추출하고 위치를 비정하는 것이 훨씬 수월해질 것이며, 무엇보다 역사와 문학 작품에 대한 이해도가 크게 신장될 것이다. 두만강이 조선시대와 고려시대, 고구려시대에는 어떻게 불렸고 기록되었는지, 중국 측에서는 또 시대에 따라 어떻게 불렀는지, 그 변동 이력을 DB로 구축하고 옛 이름과 함께 지류까지 포함한 하계망을 지도로 표현한다면 사료를 이해하거나, 진위를 판단하거나, 분쟁을 조정할 때 역사지명DB는 결정적인 판단 근거로 작동할 수 있다.

지금까지 기술한 행정구역, 자연환경, 교통로, 지명DB는 사실 개별적으로 모두 수십 년 이상 작업해야 할 일일지 모른다. 이것이 제대로 구축된 이후 한국의 역사지도와 문화지도는 비로소 이른바 콘텐츠의 충실함이 보장될 것이다. 물론 개별적인 주제도를 제작하기 위해서는 역사·지리 외에 문학, 철학, 예술, 민속, 종교, 사회, 민족, 언어 등의 문화DB가 분야별로 구축되어야 한다. 이때 기본도가 이미 마련되어 있다면 각 주제에 대한 시공적 위치 비정은 훨씬 수월하게 진행될 것이다.

Ⅳ. 역사지리환경데이터베이스의 표출과 관리

4.1. 역사지도의 제작과 자료집 출간

지도는 시공간정보를 표출하는 가장 효과적인 방법이다. 국내 시군청 홈페이지에 들어가보면 각 지자체는 자신의 연혁을 기술해 놓았다. 이름이나 소속, 읍격이 바뀐 것은 그나마 쉽게 이해되지만 "yyyy년에 oo면과 xx면이 kk면이 되고, ##면은 **면과 pp면으로 분할되어 소멸하였으며, tt읍이 주변 ww면의 --리, @@리, ++리, uu면의 ▶▶리, ▷▷리, ■■리와 ss면의 □□리, ◎◎리, ▭▭리, vv면의 ☆☆리, ✤✤리, ♣♣리를 병합, tt시로 승격되면서 rr군은 RR군으로 이름을 바꾸었다"는 문장을 읽고 이를 선뜻 이해할 수 있는 사람은 많지 않다. 그러나 이를 지도로 그리면 매우 쉬워진다. 공간정보는 텍스트가 아니라 이미지이기 때문이다.

〈그림 7〉 조선 후기 수원부의 40면(1831년 이후)

〈그림 7〉은 조선 후기 수원부의 면 현황을 복원한 지도이다. 현재의 1:25만 지세도 위에 그렸기 때문에 현재의 해안선과 추정한 과거의 해안선, 그리고 현재의 행정구역 경계선을 같이 볼 수 있다. 회색조로 표시된 곳은 수원부 영역에 설치된 타 군의 월경지(越境地)이다. 수원은 사도세자의 천장(遷葬)과 읍치의 이동 등으로 행정구역 변동이 매우 복잡한 곳이다.

면도 많아 1785년 47면에서 1789~1791년에 50면으로 늘었다가 1831년에 40면으로 대폭 줄어든 이후 1864·1910·1912년까지 계속 40면을 유지하였다. 1914년에는 남양군 전역과 광주군 일부, 안산군 일부를 갖고 오는 동시에 원 수원군 소속이었던 일부 지역을 진위군에 넘겨주면서 21면으로 재편되었다. 지금까지 간단하게 약술한 수원군의 세세한 행정구역 변동 이력을 문장으로 기술하면 그 분량이 A4지 10장은 족히 채울 듯하다. 면 단위 변동만을 표로 정리한 것이 〈그림 8〉이다. 그리고 〈그림 9〉은 1914년의 수원군 영역이다. 채색된 세 지역이 1914년 이전에 각기 남양군, 안산군, 광주군 땅이었음을 보여준다. 40개 면이 21개 면으로 줄었으니 〈그림 7〉과 비교해보면 면 통합도 적지 않았음이 지도에 드러난다. 1831년과 1914년 사이의 수원군에서 벌어졌던

〈그림 8〉 수원군 면의 변동표(1785~1914)

주) 위 표의 크기는 A3용지를 꽉 채운 상태이다.

행정구역 변동은 앞에서 잠깐 기술한 것보다 훨씬 복잡했는데, 이를 지도로 나타낸 것이 〈그림 9〉부터 〈그림 12〉까지이다(필자가 직접 작도함). 이들은 전달하고 싶은 메시지를 강조하기 위해 밑바탕과 폰트의 종류와 크기, 색깔, 범례의 크기나 유형 등을 조정하면 행정 구역도도 다양하게 표출될 수 있음을 보여준다.

〈그림 9〉 1914년에 수원군으로 편입된 면 　　〈그림 10〉 1914년에 타군으로 넘어간
원 수원군의 면

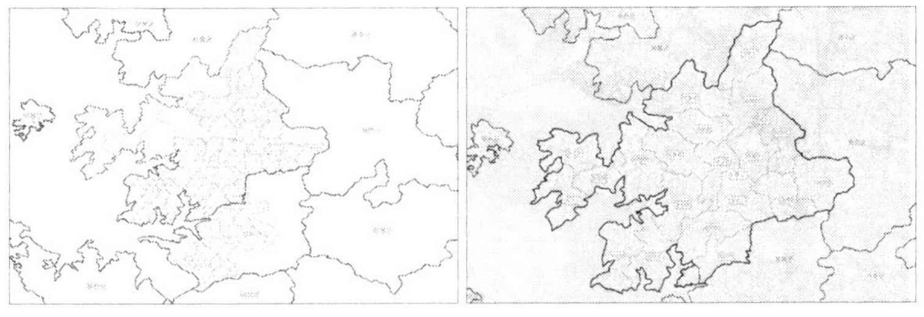

〈그림 11〉 1914년 전후 수원군의 면 　　〈그림 12〉 현재의 행정구역도 위에
그려진 1914년의 수원군

　　결국 행정구역 복원도 제작 과정을 간단히 정리하면, 도-군-면 단위로 변동 사례를 연표 형식으로 먼저 정리하고, 변동 이력 DB 구축과 지도화 작업을 병행하는 것이다. 이것이 역사지도의 기본도(基本圖)가 된다. 여기서 기본도란 '주제도를 그리기 이전에 기본적으로 제작되어 있어야 하는 지도' 정도의 의미이다. 기본도 제작은 역사지

리학의 대표적인 방법론의 하나인 '역행법'에 의거하는데, 가까운 과거를 출발점으로, 먼 과거를 도착점으로 삼아 시간을 거슬러 올라가면서 복원하는 방식이다(윤정숙 역, 1995:143). 1914년의 행정구역을 복원하고, 복원된 1914년 행정구역으로부터 『대동지지』가 발행된 1864년 행정구역을 복원하고, 이를 토대로 『신증동국여지승람』과 『세종실록지리지』 단계의 조선 중기와 초기의 행정구역을 복원해 가는 방식이다. 조선 초기의 행정구역이 복원된다면 자료가 충분하지 않지만 고려시대의 주·부·군·현까지는 복원이 가능할 것으로 생각된다. 면제도는 정확하지 않지만 조선중기에는 시작된 것으로 알려져 있다. 그러나 전국적인 면 현황은 18세기 후반부터 파악되고 있으므로 면 단위 복원은 이때까지만 가능하다.

행정구역은 지금도 변하고 있다. 동 이하의 단위에서 행정구역이 바뀌는 사건은 1년에도 수백 건에 달할 수 있다. 이 변동은 명칭, 영역, 읍격, 소속, 위치의 다섯 가지 층위에서 벌어지기 때문에 시·군급에서도 행정구역 변동은 그 수가 적지 않다. 지금 필자가 소속되어 있는 연구팀에서는 일제시기 행정구역을 면 단위까지 복원하고 있다. 1914년 통폐합 직후 행정구역은 13개의 도와 12개의 부, 그리고 220개의 군과 2,517개의 면으로 편성되었다. 이후 해방 직전까지 도와 군의 개수는 변함이 없었지만 부는 22개로 늘었고, 면은 2,400여 개로 줄어든다. 약 100여 개의 면이 줄어드는 과정은 영역의 확대와 축소가 수반되기 때문에 경우에 따라서는 매우 복잡한 내막을 풀어내야 한다. 따라서 이를 텍스트로만 정리하는 것은 사실 전혀 의미가 없다. 변동 이력을 DB로 구축하는 것과 함께 이 변화상을 지도로 표현할 때 비로소 행정구역 변동이 보이기 때문이다.

역사지도를 디지털지도로 제작하는 여러 이유 중의 하나는, 방대한 자료를 효율적으로 관리하고 실제 작도 과정에서 반복되는 동일

작업을 최소하기 위해서이다. 또 다른 이유는 통계지도 때문이다. 군이든 면이든 행정 단위별로 폴리곤을 형성하면 각 단위의 통계자료를 해당 폴리곤의 속성정보로 입력, 다양한 주제도를 손쉽게 제작할 수 있다. 예컨대 1930년 국세조사 통계자료를 통해 도/부/군/면 각 행정 단위별로 인구분포도를 점묘도나 단계구분도로 표현할 수 있다. 단계구분도를 제작할 때도 디지털지도에서는 계급 설정을 자유롭게 조정할 수 있기 때문에 단일 자료로 목적에 좀더 부합하는 다수의 주제도를 수월하게 제작할 수 있다. 폴리곤을 형성하면 GIS 프로그램 내에서 면적을 구할 수도 있으므로 면적을 알 수 없는 전근대의 인구밀도나 경지면적당 인구밀도 등도 표출할 수 있다. 이 밖에도 성비나 호당가족수, 연령별분포도, 민족별분포도 등 입력된 속성정보가 있다면 이를 바로 활용하여 다채로운 지도를 만들 수 있다.

행정구역 복원도만으로도 활용할 수 있는 분야는 많다. 더구나 전근대 위치 정보가 대체로 군-면 또는 군 단위로 기록되어 있기 때문에 행정구역 복원도는 역사지리정보의 위치 비정을 위한 기본도가 되는 중요한 의미를 지닌다. 예컨대 19세기 중반 인천에 소재한 5일장의 위치를 찾는다 하자. 확보된 공간 정보는 인천밖에 없다. 이 상황에서 사람들은 대체로 오늘날 인천 시역 안을 뒤진다. 여기서 못 찾으면 '아, 당시의 행정구역은 오늘날과 다를 수 있으니 그 주변도 봐야겠구나'라고 생각하고는 부천이나 안양, 시흥, 안산, 김포, 고양 등으로 검색 지역을 확장한다. 그리고는 시흥시에 이 시장 이름이 동명(洞名)으로 남아 있고, 시장도 여전히 살아 있다는 것에 놀라게 된다. 여기서 이 검색자는 오늘날 영역과 당시의 영역이 같지 않음에서 오는 시행착오를 두 번 범한다.

첫 번째 현재의 인천시 영역을 기준으로 검색할 때 당시 인천의 영역이 아닌 곳, 즉 부평구나 강화군은 검색할 필요가 없다는 것, 그리고 두 번째 확장 검색 시 역시 불필요한 지역을 포함했다는 것이다. 사실 주변 지역을 어디까지 확장할 것인가가 확정되지 않았기 때문에 이는 매우 답답한 상황이 아닐 수 없다. 만약 이 시장이 월경지에 있었다면 상황은 더욱 복잡해진다. 그런데 이를 간단히 해결하는 방법이 있다. 현재의 지도 위에 그려진 당시의 행정구역 복원도만 있다면 이러한 시행착오는 없었을 것이다.

여기서 지명DB의 구축과 위치 비정, 그리고 지도화의 중요성을 한번 더 강조하고 싶다. 유형별 지명DB 자체도 각각 하나의 훌륭한 역사주제도가 된다. 시장뿐 아니라 역사시대의 주요 시설물들에 대한 데이터베이스 구축이 절실하다. 기본도의 완성과 함께 읍치와 각종 행정시설, 주요 취락, 제방·보 등의 수리시설, 광산, 도기소, 제철소, 시장, 창고, 점막, 역, 참, 원, 파발, 진, 도, 포, 교량, 성, 봉수, 진보, 돈대, 관방, 파수, 조선소, 사찰, 사묘, 제단, 누정, 능묘, 탑, 향교, 서원, 당, 궁궐, 행궁 등등이 모두 시공간정보로 구축된다면 우리는 아름다운 한국의 문화·역사지도를 기대할 수 있다.

쏠쏠한 부산물처럼, 구축된 시공간 데이터베이스는 자체로 훌륭한 자료집이 된다. 원데이터와 이를 가공한 2차 데이터를 편집·출간한 자료집은 인문학에 매우 유용한 연구자료로 활용될 수 있다. 그러나 자료집은 어디까지나 역사지도에 보조적 관계에 있다. 역사지도가 갖는 중요한 의미는 역사적·지리적 사실의 이미지화에 있기 때문이다. 시공간 데이터가 지도로 표현되면 각 정보가 이미지로 시각화되는 장점이 있다. 텍스트는 어절(語節) 단위로 인식되지만 이미지라는 정보는 '한눈에 들어오는' 속성 때문에 정보를 이해하기가 쉽고 인상도 오래간다.

이러한 신속함보다 더 중요한 것은 이미지가 사실 텍스트 이상의 새로운 정보체라는 것이다. 텍스트가 이미지로 투영됨으로써 텍스트에서는 보이지 않던 사실이 이미지에서 보이기 때문이다. 예컨대 2,500개 면의 남·녀·합·연령·호당인구·성비·인구밀도·경지면적당 인구밀도 등을 하나의 시트에 정렬한 엑셀 표가 있다고 하자. 이 표는 2,500개의 행과 십 수개의 열로 구성되었으며 인구 수 합을 기준하여 내림차순으로 정렬되어 있다. 이 표 안에는 대략 3만 개의 셀(cell)이 있다. 이 3만 개의 셀이 과연 어떤 의미로 다가올 것인가? 인구밀도가 높은 면 100개는 쉽게 찾을 수 있지만 그 면이 어디에 위치해 있는지 알 수 없다면 어떠한가? 면 자체가 공간정보이기 때문에 그 위치를 알 수 없다면 그 정보는 매우 허무하다.

그러나 이를 2,500개의 폴리곤 위에서 색깔과 패턴이 들어간 단계구분도로 표현한다면 십여 장의 지도만으로 당시 인구가 어디에 많았고, 인구밀도는 어느 지역이 높았으며, 어느 지역에서 성비 불균형이 심했지를 단박에 알 수 있다. 이러한 상황은 데이터가 크면 클수록, 그리고 관련 정보와의 주제 간 결합이 유효할수록 그 의미는 더욱 커질 수 있다. 역사지도를 제작하는 것은 단순히 역사학의 보조자료나 지리학의 시청각자료를 만드는 것이 아니다. 이 작업은 자체로 인문학적 지식체를 생산하는 것이며, 새로운 지식을 창출하는 인문학적 방법론의 하나가 된다.

4.2. 역사지리환경DB의 관리 방안

시공간 데이터베이스를 구축하고 이를 토대로 하여 문화·역사지도로 제작하는 일은 작업량의 방대함과 업무의 성격상 국가적 차원에서 수행해야 할 과제가 아닐 수 없다. DB 구조를 설계하는 것이나 디지털 지도로 제작하는 프로세스가 간단치 않기 때문에 이 과제는 단기간에 끝날 일도 아니다. 와중에 현재의 공간정보가 시간이 지나면서 과거의 공간정보로 전화하기 때문에 이 업무를 지속적으로 수행하기 위해서는 상설 기구가 필요한 실정이다. 2000년대에 들어 몇몇 연구기관은 국가로부터 연구비를 지원받아 역사지명을 DB로 구축하거나, 이에 근거하여 문화·역사지도를 제작했거나 제작하고 있다. 그런데 이들의 사업 과제는 언제나 종료 시점이 정해져 있기 때문에 사업 종료 후에는 기간 내 구축된 귀중한 정보들이 제대로 활용되지 못하고 있다. 따라서 방대한 역사지리정보들을 지속적으로 확충·관리하고 활용할 수 있는 방안을 모색하는 측면에서도 상설 전담 기구는 절실하다.

국토지리정보원의 핵심 업무는 측지 측량과 지형도 제작이다. 내부 인력에 역사학이나 지리학 전문가가 없는 것으로 알고 있다. 행정구역과 지명을 디지털자료로 구축하고는 있지만 인력이나 예산이 턱없이 부족한 형편이다. 최근에는 GIS를 활용한 국토조사와 지리정보 구축 사업을 진행하고 있지만 현재 시점에만 머물러 있기 때문에 역사지리정보를 다루지 않는다는 점에서 본고에서 언급하는 취지와 다른 측면이 분명히 존재한다. 현 상황에서 역사지리정보에 대한 관리 방안으로 세 가지가 떠오른다.

첫째가 '지리편찬위원회' 정도의 기관이 새로 만들어져서 고지도 관리와 역사지리데이터베이스 구축 및 역사지도 제작을 수행하는 것이고, 두 번째가 국토지리정보원을 '한국역사지리정보원' 정도로 확대 개편하거나 원내에 별도의 '한국역사지리정보연구소' 정도를 두는 것이며, 세 번째가 국사편찬위원회에 '역사지리정보실' 정도의 부서를 운영하는 것이다. 업무의 성격이나 업무량, 인력 및 비용의 측면에서 역사지리정보를 다루는 일은 위의 두 기관이 지금 수행하고 있는 예산 규모와 크게 다르지 않을 것이므로 이 중에는 첫 번째 제안이 가장 바람직한 형태로 생각된다.

2012년 말에 시공간 데이터에 관심을 갖고 관련 업무를 진행하는 기관과 개인이 모여 '문화·역사지도협의회'라는 모임이 발족되었다. 2013년에도 상반기에 운영위원회와 학술대회를 개최하는 등 활발하게 활동하고 있다. 협의회에는 현재 역사지도를 직접 제작하고 있는 서강대 인문과학연구소(협의회 발족 시 연세대학교 국학연구원)의 '동북아역사지도 편찬팀'과 고려대학교 민족문화연구원의 '한국 근대 전자역사지도 편찬팀', 그리고 문화지도 제작을 위해 대규모 사업을 진행하고 있는 한국학중앙연구원의 '한국향토문화전자대전 편찬팀'이 참여하고 있으며, 국토지리정보원과 국사편찬위원회, 규장각한국학연구원, 한국문화역사지리학회가 참여하고 있다. 협의회의 내실을 증진시키기 위해서는 문화체육관광부나 문화재청 등의 관련 기관과 지도나 지명에 관심 있는 개인의 더 많은 참여가 필요한 시점이지만, 협의회가 역사지도 또는 역사지리정보의 데이터베이스 구축에 대한 관심을 불러오고 인식을 확산시키는 구심점 역할을 수행해야 할 시점이기도 하다.

V. 맺음말

19세기 중엽부터 영국이 주도한 역사지도 제작의 전통은 유럽 대륙을 거쳐 미국, 캐나다, 호주 등 주로 영연방 국가들을 중심으로 확산되었다. 오늘날에는 글로벌한 스케일에서부터 주(州)나 시급(市級)에 이르기까지 광범한 공간 스펙트럼 속에서 역사지도가 계속 편찬되는 가운데, 1990년대 이후에는 역사지도 역시 디지털맵으로 제작되는 추세이다. 이러한 상황에서 한국의 본격적인 역사지도, 즉 텍스트보다는 지도가 중심이 되는 순수한 역사지도는 아직 제작된 바가 없다. 역사지도는 과거를 다룬다는 점에서 역사학적이지만 공간에 표출된다는 점에서 매우 지리학적이다. 시간정보와 공간정보를 동시에 고려해야 하는 점이 역사지도 제작을 어렵게 하지만, 더불어 지도에 어느 때의 무엇을 담을 것인가를 결정하는 것도 쉽지 않은 일이다.

역사지도 제작론에 입각하여 행정구역, 자연환경, 교통망, 지명DB 네 영역이 모든 역사지도를 제작할 때 기본적으로 그리고 우선적으로 구축·복원될 필요가 있다는 점을 강조하고 싶다. 행정구역은 역사지도의 핵심이 되는 역사통계지도의 제작을 위해 반드시 필요하며, 문화 형성과 역사 전개에 밀접한 관계를 맺고 있는 자연환경도 복원이 절실하다. 교통망은 전근대에 모든 교류의 물리적 이동 경로라는 점에서, 그리고 역사지명DB는 역사지리정보의 위치 비정을 위한 전거데이터로서, 그리고 주요 취락과 지형 지세의 분포를 알려주는 점에서 역사지도 제작의 기본적인 복원 대상이 된다.

역사지리정보는 정보의 양이나 속성 상 국가에서 관리해야 할 대상이다. 그럼에도 한국에는 아직 이를 전문적으로 담당하는 정부 기관이 없다. 역사지도는 일국의 역사서이면서 동시에 지리지이다. 이를 편찬한다는 것은 국가 통치에 필요한 기초 정보를 수집·정리·제공하는 중요한 일이다. 이뿐 아니라 국민들의 소양을 함양하고 교육의 질을 높일 수도 있으며, 과거사에 대한 국가간 혹은 지역간 분쟁 조정의 결정적인 판단 근거가 되기도 한다. 일천한 역사지도 제작 전통 속에서 2012년 12월에는 '문화·역사지도협의회'(Cultural Historical Atlas Initiative of Korea)가 결성되었다. 최근 국가지도집을 발간한 한국의 다음 스텝은 국가역사지도집 발간이라는 생각이 든다. 이를 위해 절대적으로 필요한 것이 각 유관 기관과 전문 연구자들의 협업이다.

　필자는 인문지리학 분과 내에서 역사지리학만큼 GIS의 활용도가 높은 분야도 별로 없다고 생각된다. 이른바 HGIS는 시점이 역사적이거나 과거라는 것일 뿐 주제의 측면에서는 지리학 전반에 걸쳐 있기 때문이다. 필자의 관심사에서 HGIS 분야의 최고의 성과는 역시 역사지도 또는 문화지도이다. 이에 HGIS를 활용한 국내외 전자 문화·역사지도의 편찬 현황을 개관할 필요도 있다. 이밖에도 역사지도 제작과 관련된 자료원의 문제, DB 구축 및 GIS를 활용한 공간정보화의 구체적인 과정과 문제점, 위치 비정의 문제, 지명DB 구축 방안 등에 대해 각 사안별로 한층 심도 있는 논의를 개진하고자 한다.

참고문헌

• 단행본

김용만·김준수(2004), 「지도로 보는 한국사」, 수막새.

력사지도집편찬위원회(2007), 「조선력사지도집」, 북한 사회과학원 력사연구소.

신정엽 외 옮김(2013), 「지도와 디자인」, 서울: 시그마프레스. (Krygier, J. and Wood, D., 2011, Making MAPS: A Visual Guide to Map Design for GIS, 2nd ed., Guilford.)

윤정숙 역(1995), 「역사지리학방법론」, 이회. (菊地利夫, 1987, 「歷史地理學方法論」 신정판, 東京: 大明堂.)

일본사학회(2011), 「아틀라스일본사」, 사계절.

지오프리파커 저, 김성환 역(2004), 「아틀라스세계사」, 사계절.

한국 근대 전자역사지도 연구단(고려대학교 민족문화연구원 및 한국사연구소)(2011), 「한국 근대 전자역사지도 편찬」, 2011년 한국학중앙연구원 토대기초사업 연구계획서.

有薗正一郞 외(2004), 「歷史地理調査ハンドブック」 3刷, 東京: 古今書院.

藤岡謙二郞 외(1990), 「歷史地理」, 東京: 大明堂.

• 논문

김종혁(2011), "시간과 공간 속의 역사지리학," 「역사지리학강의」, 서울: 사회평론, 39-66.

김종혁(2005), "「대동여지도」에 나타난 간선 도로망의 복원," 「경기도의 근대지도」, 경기도, 292-312.

김종혁(2003), "조선시대 행정구역의 변동과 복원," 문화역사지리 15(2), 한국문화역사지리학회, 97-124.

문화·역사지도협의회(2013), "역사지리공간정보의 구축 현황," 2013년 지리학대회 발표문, 277-300.

박한제(2007), 「아틀라스중국사」, 사계절.

신덕용(2008), "19세기 후반 이후 청조학자들의 역사지도 제작성과," 한국지도학회지 8(1), 1-27.

한국 근대 전자역사지도 연구단(2012), "국내외 주요 문화·역사지도 편찬 현황," 2012년 한국문화역사지리학회 정기학술대회 발표문, 1-25.

홍금수(2011), "역사지리학의 본질과 접근 방법,"「한국역사지리」, 서울: 푸른길, 20-100.

• 역사지도집
아틀라스한국사편찬위원회(2004),「아틀라스한국사」, 사계절.
譚其驤 主編, 1980년대,「中國歷史地圖集」, 全8冊, 中國地圖出版社.
郭沫若 主編(1991),「中國史稿地圖集」, 全4冊, 中國地圖出版社.
松田寿男·森鹿三 編(1996),「アジア歴史地図」, 平凡社.
日本歴史大辞典 編集委員会(1985),「日本歴史大辞典」, 河出書房新社.

• 구미 논저
Arctur, D and Zeiler, M., 2004, *Designing Geodatabases*, California: ESRI Press.

Bailey, T.C. and Gatrell, A.C., 1995, *Interactive Spatial Data Analysis*. Essex, England: Longman.

Butlin, R.A., 1993, *Historical geography: Through the Gates of Space and Time*, London: Arnold.

Cauvin, C., Escobar, F. and Serradj, A., 2010, *Thematic Cartography and Transformations*, London: ISTE Ltd.

Cressie, N., 1993, *Statistics for Spatial Data*, 2nd. New York: John Wiley & Sons.

Dent, B.D., Torguson, J.S. and Hodler, T. W., 2009, *Cartography: Thematic Map Designe*, 6th ed., New York: Mcgraw-Hill.

Goffart, W., 2003, Historical Atlases: the First Three Hundred Years, 1570-1870, University of Chicago Press.

Knowles, A.K. ed., 2002, *Past Time, Past Place: GIS for History*, California: ESRI Press.

Lo, C.P. and EYeung, A.K.W., 2007, *Concepts and Techniques in Geographic Information Systems*. Upper Saddle River: Pearson Prentice Hall.

Longley, P.A., Goodchild, M.F., Maguire, D.J. and Rhind, D.W., 2005, *Geographic Information Systems and Science*, 2nd. Wiley: Sussex.

O'Sullivan, D. and Unwin, D., 2010, *Geographic Information Analysis*, 2nd ed., New Jersey: John Wiley & Sons, Inc.

Ott, T. and Swiaczny, F., 2001, *Time-Integrative Geographic Information Systems*, Berlin: Springer.

Robinson, A.H., Morrison, J.L., Miuehrcke, P.C., Kimerling, A.J. and Guptill, S.C., 1995, *Elements of Cartography*. Hoboken, NJ: John Wiley & Sons.

Rumsey, D. and Punt, E.M., 2004, *Cartographica Extraordinaire: The Historical Map Transformed*, ESRI Press.

Shepherd, W.R., 1956, *Historical atlas*, 8th edition, New York: Barnes & Nobles.

Slocum, A.T., McMaster, B.R., Kessler, C.F. and Howard, H.H., 2007, *Thematic Cartography and Geovisualization*. Upper Saddle River: Pearson Prentice Hall.

Unwin, D., 1996, GIS, spatial analysis and spatial statistics, *Progress in Human Geography*, 20(4), 540-551.

• 전자문화·역사지도 웹 사이트

고려대학교 민족문화연구원, 조선시대 전자문화지도 시스템, www.atlaskorea.org.

문화재청, 문화재 GIS 종합정보망, http://gis.cha.go.kr.

한국학중앙연구원, 향토문화전자대전, www.grandculture.net.

전자문화지도협의회, http://ecai.org.

영국 포츠머스대학교, Great Britain Historical Geographical Information System http://www.port.ac.uk/research/gbhgis/.

미국 하바드대학교 지리분석센터, http://worldmap.harvard.edu/.

중국역사지도, http://www.fas.harvard.edu/~chgis/.

조선 최대의 실용백과사전
『임원경제지』 번역과 현대적 활용

정명현[*]

Ⅰ. 머리말[1)]

『임원경제지(林園經濟志)』(『임원십육지(林園十六志)』)는 풍석(楓石) 서유구(徐有榘, 1764~1845)의 저작으로, 조선 최대의 실용백과사전이다. 총 253만여 자다. 이 책은 동시에 박물학서이며, 농업기술서이며, 요리책이며, 건축서이며, 의학서이며, 보양서이며, 경제서이며, 풍수서이며, 문화예술서이다. 이런 다양한 성격의 책은 그 성격에 맞게 번역되어야 한다. 이 성격이 무엇인지 파악하고 현대의 독자가 시대의 격절을 최소화할 수 있게 레이아웃을 만들어 내는 일이 번역의 요체일 것이다.

---

* 임원경제연구소 소장
1) Ⅰ절, Ⅲ~Ⅴ절, Ⅶ절은 정명현(2012), 「『임원경제지』 번역의 출발과 전개」, 『고전번역연구』3, 韓國古典飜譯學會, 441~475쪽을 일부 수정·보완하여 옮겼다.

『임원경제지』의 실용적 내용 때문에 일찍부터 번역서를 기다리는 이들이 많았다. 이들은 학인만이 아니었다. 환경과 농업에 관심 있는 민간단체나 농부들, 원예, 채소농사, 약초 재배, 전통 염색, 공예, 한지, 건축, 기물 제작 등에 관심 있는 이들, 전통 의학과 민간요법에 관심 있는 이들, 전통 의상, 전통 음악, 전통 예술을 좋아하는 이들 등 다양한 층에 걸쳐 있다. 이와 더불어 전통 음식과 음료 및 술은 『임원경제지』에서 가장 많이 관심을 갖는 분야 중 하나가 되었다. 또한 의학계에서는 전통 의학을 통계적 기법으로 현대 과학과 접목시킨 우리의 시도에 관심을 많이 표명하고 있다. 지자체에서는 『임원경제지』에 실린 내용을 21세기에 구현할 수 있는 가능성을 모색하여 테마파크나 『임원경제지』 실현 마을 조성 등에도 큰 관심을 보이고 있다. 또한 『임원경제지』라는 책의 성격을 알게 된 일반인은 한결같이 우리나라에도 이런 책이 있었다는 사실에 놀란다. 더군다나 서유구라는 한 인물이 평생에 걸쳐 완성했다는 사실에서 한국인의 자긍심을 얻기도 한다.

이러한 책의 성격으로 인해 『임원경제지』도 '유네스코 세계기록유산'에 등재될 수 있는 자격이 충분하다는 평가를 받고 있기도 하다. 또 학계에서는 지금까지 이야기된 '실학'을 재검토할 필요가 있다고 지적하기도 한다. 서유구뿐 아니라 『임원경제지』는 이제까지 '실학자'로 평가받고 있는 이들의 학문 활동이나 저작의 성격과는 상당히 다른 면모를 보이고 있기 때문이다.[2]

『임원경제지』를 완역한다는 소식은 몇 년 전부터 언론에 자주 거

---

2) 나는 '실학'이라는 용어로 조선후기를 설명하려는 시도는 전면적으로 재검토되어야 한다고 생각한다. 따라서 '실학자'라는 표현도 받아들이지 않는다. '實學'이라는 단어가 고문헌 자료에서 지금 학계에서 쓰고 있는 '실학' 개념으로 사용된 사례는 거의 찾아볼 수 없다. '실학'은 비역사적인 개념이다.

론되었던 뉴스거리였다. 신문은 물론, 잡지나 텔레비전에서도 비중 있게 다루었다. 완역 소식만으로 유수의 일간지 기자들이 모였고, 이후 일간지뿐만 아니라 잡지나 학보사에서도 관심을 보였으며, 방송국에서도 다루는 빈도와 비중이 많아졌다. 또한 학술계에서도『임원경제지』를 하나의 주제로 다루기도 했다.[3]『임원경제지』가 어떤 책이길래 이 책을 번역하는 작업에 세간의 이목이 집중될까. 거질의『임원경제지』완역 그 자체로서의 의미가 가장 중요한 이유이겠지만, 완역을 이행하는 과정에도 적지 않은 시사점이 있었기 때문일 것이다.

신진학자의 후원 제의에 조건 없이 수락한 후원자, 난공불락으로 알려진 거질의 백과사전을 번역하겠다는 신진학자들의 호기, '글자의 옮김'이 아닌 '의미의 옮김'에 중점을 둔 역자들의 높은 기대치, 출간 과정에서 빚어진 적지 않은 갈등들은 지금의 번역 문화와 우리 문화의 수준을 그대로 드러내 주는 축소판이다. 따라서 임원경제연구소에서 완간 과정에서 겪은 번역 사업의 성과와 문제점을 소개함으로써 앞으로 이와 비슷한 성격의 문헌을 번역하는 데 일정한 방향타 역할을 할 수도 있으리라 기대한다.

2012년 6월,『임원경제지』전모를 보여주는 개관서가 출간되었을 때에도 20여 개 언론에서 이를 집중 보도했다.『임원경제지』가 어떤 책인지에 대해 그간 간략한 설명들은 수없이 반복되었으나, 실제로 그 속에 들어있는 콘텐츠의 세부적인 내용이 밝혀진 적이 없었다. 이 개관서에서는 10년 가까운 번역 사업의 과정과 번역의 원칙 등을 소개했고, 저자 서유구 일대기를 이제까지 나온 분석 논문 중 가장 자세하게 다뤘고,『임원경제지』전반에 걸친 해제 및 16지 해제를 전면적으로 정리하면서 각종 통계 자료를 제시했으며, 16개 분야의 서

---

3)『임원경제지의 종합적 고찰』, 제37회 한국고전연구 심포지엄, 진단학회, 2009.5.8.

문은 물론 세부목차까지 번역하여 공개했다. 이렇게 나온 책의 분량은 총 1,631쪽이다.

이 개관서에 최초로 서평을 쓴 신동원 교수는 영문판『한국과학사학회지』에서 "『임원경제지』라는 방대한 저작의 전모를, 이 분야에 깊은 관심을 가지지 않은 일반 학자들도 파악 가능하게 했다는 점"[4]과 "책을 구성하는 데 자료로 쓴 인용문헌에 대한 분석을 통해 저작의 성격을 분명히 했다는 점"[5]을 개관서의 가장 큰 기여로 꼽았다. 저작의 성격을 분명히 했다 함은 "이 책이 중국 책을 짜깁기한 책이 아닌가?"라는 비판에 대해, 내가 이 개관서에서 서유구의 저작으로 볼 수밖에 없는 통계적 자료까지 제시한 점을 가리킨다.

책이 완간되기 전인데도, 이토록 많은 조명을 받고 있는 이 책과 번역 사업은 일반적인 번역 연구와는 과정을 달리했었다. 『임원경제지』 번역 사업을 둘러싼 이러한 일들이 어떻게 시작되었으며, 그 전개 과정은 어떠했을까. 이 글은 먼저 백과사전으로서의 『임원경제지』 성격을 설명하고 이어 2002년 11월부터 2013년 7월까지 진행되고 있는 『임원경제지』 번역과 출간의 과정을 비교적 순차적으로 다룬다. 또한 『임원경제지』 번역에 나타나는 난점과 이를 극복하기 위한 노력을 보여준다.[6] 그리고 캄캄한 동굴 같았던 『임원경제지』의 속

---

4) "The biggest contribution that Imwon Gyeongjeji – Joseon's Most Voluminous Encyclopedia for Practical Use will make to the Korean academic community, in my opinion, is that it allows ordinary scholars, including those without a deep interest in the field, to grasp a good idea of this voluminous work." SHIN Dongwon, "The Biggest Encyclopedia of Joseon Meets Modern Readers," *The Korean Journal for the History of Science*, 34-2 (2012), pp.361~362. 한글번역은 신동원(이하 같음).

5) "Another contribution of Imwon Gyeongjeji – Joseon's Most Voluminous Encyclopedia for Practical Use to the academic community is that the authors made a detailed analysis of the references cited in the Imwon gyeongje ji." SHIN Dongwon, 앞의 글, p.364.

살을 들여다보며 공유했던 일반 대중과의 소통 내용을 토대로 조선의 실용 문헌이 어떻게 현대에 유용하게 활용될 수 있는지를 살펴보려 한다.

II. 조선 최대의 실용백과사전[7]

『임원경제지』는 풍석 서유구가 40년 가까운 세월(1806~1845)에 걸쳐 지은 저술이다. 사대부가 벼슬하지 않고 시골에 살 때 필요한 지식과 정보를 망라하여 16개의 분야로 나누어 소개하고 있다. 총 113권 54책. 역사상 개인의 저술로 한 가지 주제에 한정하여『임원경제지』만큼의 많은 분량과 수준을 유지하는 책은 드물다.『임원경제지』는 임원에서의 삶을 경영하는 데 필요한 내용을 다룬다. 임원은 도회지와 대비된 촌을 말한다. 농촌이든, 산촌이든, 어촌이든 관계없다. 다만 여기서 말하는 촌은 세상에서 뜻을 펼치지 못했거나, 아직 뜻을 이루지 못했거나, 뜻을 굽힌 사대부가 거주하는 공간이다.

『임원경제지』는 국가 운영과 사회 제도의 문제를 다루지는 않는다.[8] 그렇다고 자연세계의 모든 지식을 이야기한 것은 아니다. 이

---

6) 그 과정에 대해서는 민철기·정명현, "『임원경제지』, 어떻게 번역했나", 서유구 지음, 정명현·민철기·정정기·전종욱 외 옮기고 씀(2012), 『임원경제지-조선 최대의 실용백과사전』, 씨앗을 뿌리는 사람, 35-90쪽에 자세하다. 이에 앞서 2010년에는 한국학중앙연구원 고전학연구소 학술대회(주제: 고전 번역, 어떻게 할 것인가?)에서 필자가 "『임원경제지』번역을 통한 동양 고전의 번역 경험 및 방법"이라는 주제로 비슷한 내용을 발표한 적이 있다. 여기서는 이 중 주로 번역과 관련된 측면을 다루었다.

7) 이 절은 정명현, 「『임원경제지』해제」, 서유구 지음, 정명현·민철기·정정기·전종욱 외 옮기고 씀, 위의 책, 250~294쪽을 참조했다.

8) 『본리지』권1 「토지제도」는 국가 경영을 염두에 둔 내용이 다소 포함되었다. 그러나 이는 농촌 지식인에게도 요구되는 지식이었다.

책에서 다루는 범위는 인간의 일상적인 삶에 한정된다. 대장부로서 모름지기 고민해야 할 국가의 통치철학이나 국가 경영에 대한 전반적인 개요를 설파하는 일을 목표로 하지 않았다는 말이다.

시골에서 사는 데 필요한 일의 도리를 대략 골라 부(部)로 나누고 제목[目]을 세워 여러 책을 뒤져서 채워 넣었다. 이 책에 '임원'으로 제목을 붙인 까닭은, 벼슬하여 세상을 구제하는 방법을 말하는 것이 아님을 밝히기 위해서이다.[9]

위의 「임원십육지 서문」에서는 이 책의 저술 의도를 나랏일보다는 집안일을 챙기는 데 있다고 했다. 어찌 보면 이런 이야기가 시시해 보이기도 한다. 집안 살림은 아녀자나 필부들이 신경 쓸 일로 인식되어 있던 당시의 상황에서는 더욱더 그렇다. 그러나 자신의 이러한 시도는, 세상의 문제를 고민한다면서 벌이는 '토갱지병(土羹紙餠)'[10]보다는 훨씬 의미 있는 작업이라고 그는 믿었다.[11]

『임원경제지』는 백과사전이다. 여기에는 수식어들이 좀더 필요하다. 조선시대 백과사전은 관찬(官撰)과 사찬(私撰)으로 구분될 수 있다. 관찬은 관 주도의 저술로, 그 목적에 따라 규모가 상당히 커질 수

---

9) "故於此略採鄕居事宜, 分部立目, 搜群書而實之. 以林園標之者, 所以明非仕宦濟世之術也."「임원십육지 서문」.
10) 흙으로 국을 끓이거나 종이로 떡을 만드는 일.
11) 『임원경제지』 저술의 주요한 참고문헌이자 자신의 농학 저서인 『행포지(杏蒲志)』의 서문에서, 세상을 경영한다고 낑낑대봐야 자신은 결국 흙으로 국을 끓이거나 종이로 떡을 만드는 것과 같이 아무짝에도 쓸데없는 짓을 하게 될 뿐이라는 이야기를 하고 있다. "나는 예전에 경세학을 공부했었다. 처사들이 이리저리 생각하여 한 말은 '흙 국[土羹]'이었고, '종이 떡[紙餠]'이었다. 그런 노력이 또한 무슨 보탬이 되겠는가. 吾嘗爲經世之學矣, 處士揣摩之言, 土羹焉已矣, 紙餠焉已矣, 工亦何益也?"『農書』36, 亞細亞文化社, 1986, 4쪽.

있다. 그러나 개인의 저술인 사찬은 재력이나 인력의 한계와 도서를 집중적으로 활용할 수 없는 한계상 규모가 제한적일 수밖에 없다.

그럼에도『임원경제지』는 조선시대 개인이 쓴 백과사전 중 최대이다. 백과사전은 지식의 확대 및 정리를 목적으로 하는 자연·인간·사회에 관련한 지식의 집적물이다. 그 지식은 '가방끈 긴 사람들'이 주로 새로운 지식을 창출하거나 글쓰기의 전거로 쓴다. 실생활과는 다소 거리가 있다는 말이다. 그러나『임원경제지』는 그 차원에 한정되지 않는다. 이 책에 수록된 지식은 지적인 유희 이외의 실생활에 활용이 가능하다. 학문을 위한 학문, 지식을 위한 지식이 아니었다.

백과사전으로 규정되기 위해서는 우선 특정 주제에서 다루는 종류가 거의 다 망라되어야 한다. 하지만 특정 주제라는 게 워낙 다양하기 때문에 이 세상의 모든 지식을 백과사전에 담을 수는 없다. 이 세상의 어떤 백과사전도 이런 위업을 달성하지는 못했다. 특정 시기에 특정한 범위에서 다룰 수 있는 지식을 최대한 모았을 뿐이다. 제아무리『브리태니커Britanica』라도 사정은 마찬가지다.

그러나 지식을 마구 긁어 모아놓았다고 해서 백과사전이 될 수는 없다. 그 지식들을 일목요연하게 정리해야 한다. 이때 정리된 지식이 얼마나 체계적인지, 얼마나 신뢰할 수 있는 정보를 제공하는지에 따라 백과사전의 질이 결정된다. 거기다 '사회적 메시지'와 '사회적 반향'이 있었다면 역사적 의의는 더 크다.

예를 들어, 조선후기 최초의 백과사전이라 평가받는『지봉유설(芝峰類說)』의 경우, 348명의 저서를 참고했고, 2,265명의 인물을 소개했으며, 3,435개의 항목을 25부로 나누어 서술했다.[12]『지봉유설』의 방대함은 이루 말할 수 없다. 이 거질의 책에는 옛 사적과 인물들

---

12) 李睟光 著, 南晚星 譯(1994),『芝峰類說(上)』, '凡例', 乙酉文化社, 15쪽.

의 이야기가 주로 수록되어 있으며 고증과 개인의 체험이 사실을 밝혀내기 위한 주된 방법이었다.

그런데 이수광(李睟光, 1563~1628)이 이 책을 쓴 목적은 역사적 사실이나 지식을 정리하는 데에 있었다. 역사적 사실이나 지식은 또 다른 저술을 위한 정보를 공급한다는 면에서 그 활용가치가 크다. 새로운 지식을 만들어 내기 위한 기반 지식이기 때문이다. 이 지식을 실제 생활에서 어떻게 활용할 수 있을지는 미지수다. 식자들에게 정보를 제공함으로써 박학한 지식인이 되게 하고, 글짓기에 참고 자료를 제공하는 데 크게 도움을 주었겠지만, 이 지식을 꿰뚫고 있다고 해서 밥이 나오는 것도, 떡이 나오는 것도 아니었다. 『지봉유설』은 수많은 사람들의 이야기를 정리했지만, 실제로 먹고 사는 데 도움은 안 되었다. 이보다 훨씬 방대한 『성호사설(星湖僿說)』이나 『오주연문장전산고(五洲衍文長箋散稿)』 역시 이와 비슷한 성격을 띤다.

사실 조선이 남긴 최대 백과사전은 『증보문헌비고(增補文獻備考)』다. 이 책은 1770년(영조 46)에 처음 『동국문헌비고(東國文獻備考)』라는 책명으로 편찬되었다가, 1790년(정조 14)과 1908년에 각각 증보되었다. 총 16고(考) 250권에 달한다. 1769년에 왕명으로 시작한 이 편찬사업은 서명응, 서호수, 채제공(蔡濟恭, 1720~1799), 신경준(申景濬, 1712~1781) 등이 주도했고, 1년도 채 안 되어 13고(考) 100권을 완성했다.

그러나 급조한 나머지 착오가 많이 생겨 1782년에 정조의 명으로 재편찬을 시작했고 1790년에 일단락 지었다. 또 정조 즉위 후의 일들을 보완하기 위해 이후 1797년까지 증보가 계속되었다. 증보 사업에는 박학강기로 유명했던 이만운(李萬運, 1723~1797)이 주도했다. 이 기간에는 총 20고 146권으로 완료했으나 간행되지는 못했다. 3차 편찬은 갑오경장(1894년) 이후의 문물 제도를 반영하기 위해 1903

년부터 5년 동안 진행되었고 주 편찬자가 33인, 교정자가 17인이 될 정도로 많은 인력이 투입되었다. 이 책은 국가의 제도나 역사적 사실, 그리고 전고(典故)[13] 등을 집성했고, 그 목적은 경국제세(經國濟世)에 있었다. 국가 운영에 필요한 지식의 집대성이라 할 수 있다.[14] 따라서『증보문헌비고』는 실용서는 실용서이되 통치를 위한 실용서였다.

지식의 정리가 주된 목표이며, 정리된 지식은 지식인의 지적 활동이나 정치, 문화적 활동을 위해 이용된다는 측면만을 본다면『임원경제지』는 백과사전의 성격에 꼭 부합하지는 않는다. 지식을 정리하기는 했지만『임원경제지』의 저술 목적이 지식 정리 자체에만 있지 않기 때문이다. 지식의 수집이나 지식의 확대를 통한 지식의 집적이 아니었기 때문이다. 오히려 역으로 일상적 삶의 필요를 위해 정리된 지식이 필요했던 것이다.

『임원경제지』는『지봉유설』이나『증보문헌비고』 유와는 성격이 매우 다르다. 오로지 각 가정에서 잘 먹고 잘 사는 문제에만 집중했기 때문이다. 그러니까 삶을 사람답게 영위하기 위한 지식을 모은 것이다. 인간의 삶의 방식은 아주 다양해서 조선시대에도 그 편차가 많다. 직분에 따라, 거주지에 따라, 재산의 다과에 따라 달랐다.

『임원경제지』는 조선의 모든 사람을 독자로 여기지는 않았다. 『임원경제지』에서 겨냥하는 대상은 시골에 사는(그리고 앞으로 살게 될) 지식인이었다. 여기에서는 양인도, 노비도, 상인도, 공인도 없었다. 여기에는 또한 여자도 없었다. 독자는 지식인인 사대부를 대상으로 했지만, 이들이 책 내용을 모두 실행할 수 있다는 말은 아니

---

13) 시문 등에서 인용하는 옛이야기와 출처 및 내력이 있는 말.
14)『증보문헌비고』는 세종대왕기념사업회에서 총40권(색인 3권 포함)으로 완역했다(1979~1996).

다. 독자 대상으로 삼지 않은 사람은 사대부가 가정을 경영할 때 함께 도와주어야 할 존재들이다. 그들은 어디까지나 보조적인 역할에 한정되어 있다.

『임원경제지』를 저술하기 위해 서유구는 시골에 사는 선비가 자립적인 활동을 하는 데 필요한 지식을 모으고 자신의 경험을 반영했다. 여기에는 공간적 한계와 시대적 한계로 동아시아 3국, 즉 중국, 한국, 일본의 지식들이 주로 이용되었다. 당시 서양 지식은 몇 종류의 한문으로 번역된 기술서적들과 중국에 소개한 서양 지식들만 이용되었을 뿐이었다. 이를 제외한 서양 지식은 조선에 거의 알려지지 않았고 그래서 접근이 아예 불가능했다. 또한 이 책에는 중동 문명의 지식도, 아프리카, 아메리카 문명의 지식도 전혀 반영되지 않았다. 물론 문명 간의 교류를 통해 본래의 모습과는 상당히 다르게 중국화된, 그리고 유럽화된 지식이 남아 있는 사실까지 부인하는 것은 아니다. 생짜로 된 지식의 접촉이 외부 문명과는 없었다는 것이다.

서유구가 이런 지식을 모으기 위해 참고한 문헌은 총 853종이다.[15] 이 853종의 내용을 추리고, 요약하고, 분류하고, 이리저리 배치하고, 자신의 의견을 표명한 분량이 총 113권 54책. 이 중 2책은 본문의 내용이 아니기 때문에 권 수에 포함하지 않았다. 2책 중 한 책에는 『임원경제지』의 총 목차와 인용문헌 목록이 실려 있다. 또 다른 책에는 16지에 대한 16개의 서문[引]과 『임원경제지』의 서문인

---

15) 이는 서유구가 제시한 인용서목을 총합한 숫자다. 『임원경제지』 원문에서 제시한 인용문헌의 수는 훨씬 많지만, 그 대부분은 이 853종의 책 일부에서 재인용한 책이다. 재인용하지 않은 인용문헌의 규모는 아직 밝히지 못했다. 16지 전체를 완역한 뒤에나 가능한 일이기 때문이다. 예를 들어 서유구의 저술인 『종저보(種藷譜)』는 『임원경제지 만학지(晚學志)』에 거의 전 내용이 옮겨졌으나 「임원십육지 인용서목」에 제시되지는 않았다.

「임원십육지 예언(例言)」이 수록되어 있다.[16] 이 두 책 모두『임원경제지』의 가이드 역할을 한다.

『임원경제지』에 수록된 글자 수는 총 2,532,021자다. 한자 253만여 자가 어느 정도 분량인지 감이 없는 독자들은 다음의 여러 책들의 분량과 비교해 볼 필요가 있다. 조선시대의 과거시험 필수과목인 '사서(四書)', 즉『논어』·『맹자』·『대학』·『중용』의 원문이 총 5만 6천여 자이니, 사서의 약 45배 분량이다. 중국 역사서의 기준을 만든 사마천의『사기史記』는 52만여 자로『임원경제지』의 약 1/5 정도다. 중국의 대표적인 유학 고전 13경의 글자 수가 총 64만 5천 자 정도로,『임원경제지』의 약 1/4 정도의 분량이다.

13경	글자 수
주역(역경)	24,437
상서(서경)	27,134
모시(시경)	38,051
주례	49,516
의례	57,111
예기	99,020
춘추좌씨전	198,945
춘추공양전	44,748
춘추곡량전	42,089
논어	16,509
이아	10,791
맹자	34,685
효경	1,963
합 계	644,999

〈표 1〉 13경 원문 글자 수[17]

---

16) 이 책은『임원경제지』의 완정된 체제가 마련된 뒤에 작성된 것으로 보인다. 각 지의 서문들로만 한 책으로 묶였기 때문에 이 서문들이 각 지의 맨 앞에 들어가야 하나『본리지』를 제외한 나머지 15지는 그렇게 되지 못했다. 「본리지인」의 저술 시기는 1840년 이후로 추정되기 때문에(『풍석전집(楓石全集)』목차에서 유추), 나머지 15지 인은 그 이후일 가능성이 높다.

정약용의 문집 『여유당전서』는 420여만 자에 달한다. 하지만 문집의 성격이 그렇듯이, 『여유당전서』에는 시, 편지글, 비문(碑文) 등 여러 종류의 글이 포함되어 있다. 여기에 들어있는 『목민심서』나 『경세유표』 같은 단일 저술만을 따진다면 그 양은 훨씬 줄어들 것이다. 또 서유구의 1세대 후배 이규경(李圭景, 1788-?)의 박물학서인 『오주연문장전산고』는 150여만 자다. 『오주연문장전산고』 또한 백과사전으로 분류된다.

백과사전은 요즘 용어다. 예전에는 유서(類書)라 했다. 그러나 이 두 용어가 정확히 같은 의미는 아니다. 거칠게 말하면 유서는 동아시아산이고, 백과사전은 서양산이다. 유서는 내용을 유별(類別) 또는 자별(字別)로 분류, 편집하여 검색을 쉽게 할 수 있도록 만든 책이다. 유별로 분류한 유서는, 각 유를 망라하기도 하고, 특정 분야의 유만 수록하기도 한다. 또 글자별로 분류한 유서는, 어구의 끝 운(韻)으로 배열하기도 하고 어구의 앞 운으로 배열하기도 한다.

그렇다면 『임원경제지』는 유서인가 백과사전인가. 유서가 동아시아 전통에서의 독특한 백과사전 양식이라는 측면에서, 물론 유서라 해야 할 것이다. 그러나 한국학중앙연구원(한국정신문화연구원의 후신)의 대작 『한국민족문화대백과사전』의 '유서' 조와 '백과사전' 조 어디에도 『임원경제지』가 소개되어 있지 않다.[18] 『임원경제지』는 유별로 분류한 유서이며, 모든 유를 포괄한 것이 아니라, 특정한

---

17) "역개루 카페"(http://cafe.naver.com/historygall.cafe?iframe_url=/ArticleRead.nhn%3Farticleid=11861)를 참조했다. 이곳에는 조선과 중국의 거질의 문헌의 글자 수까지 소개했는데, 글의 출처를 밝히지 않아 더 이상 추적할 수 없었다. 내가 조사한 사서(四書) 등의 글자 수와 거의 부합하여 신빙성이 높은 자료라 생각한다.

18) 다만 '임원경제지' 조에서는 박물학서, 백과전서, 백과전서적 박물학서로 소개하고 있다. 『한국민족문화대백과사전』 9, 17, 18권, 한국정신문화연구원, 1991.

유(類)만을 정리한 책이다. 요즘에는 유서보다는 백과사전이라는 용어가 더 알려져 있기 때문에『임원경제지』를 백과사전으로 통칭하지만, 사실은 유서류에 분류될 수 있는 책이다.

현대의 백과사전은 알파벳순이나 자모음순인 소항목 배열이 거의 대부분이다. 가장 잘 알려진 백과사전 중 하나인『브리태니커』는 소항목과 대항목을 모두 싣고 있는데, 초판은 주제별 대항목으로 편집되었다. 1768년에 나오기 시작하여 1771년 총 3권(2,670쪽)으로 완간되었으며, 집필은 스코틀랜드의 왕립아카데미회원이 담당하여 세계적인 권위를 얻었다.[19]

현대 백과사전의 금자탑이라 평가되는, 디드로(Denis Diderot, 1713~84), 달랑베르(Jean Le Rond D'Alembert, 1717~83) 등이 편찬한『백과전서L'Encyclopédie』도 모두 알파벳 순서를 선택하고 있다. 1751년 제1권이 출판되었고, 이어 1772년까지 본문 17권, 도판(圖版) 11권이 완성되었다. 집필에 참여한 인원이 187명으로 작가가 138명, 삽화가와 판화가가 39명이었다.[20]

중국의 예를 하나 들면『영락대전(永樂大典)』(1407년)은 중국 최대의 유서로, 범례와 목록만 60권이고 본문은 22,877권으로 총 11,095책 약 3억 7천만 자나 된다. 참여 인원만 3천여 명이다. 우리 같은 소국에서는 상상도 할 수 없는 어마어마한 스케일이다. 그야말로 중국이기 때문에 가능한 세계 최대 편찬사업이었다. 이 책은 지금의 사전식으로 배열했다. 내용별로 분류도 하면서 운서(韻書)인『홍무정운』의 운(韻)을 따랐다.[21] 주제별, 알파벳별 분류가 동시에 이

---

19) 姜惠英(1986),「西洋百科事典의 歷史的考察」,『도서관학논집』13, 17쪽.

20) 마들렌 피노 지음, 이은주 옮김(1999),『백과전서』, 한길사. 특히 작가에 대해서는 93~101쪽을, 삽화가와 판화가에 대해서는 123~125쪽을 참조.

21)『中國歷史大辭典』, 上海辭書出版社, 2000, 887쪽.

용된 것이다.

이에 반해 『임원경제지』의 분류는 한자문화권의 사전형식인 운을 따르지는 않았다. 역시 주제별로 일관되게 엮었을 뿐이다. 이런 편집 특성상 소항목 형식을 취할 수 없었고 대항목 체제가 자연스러웠다.

백과사전으로서 『임원경제지』가 체계적인 저술이라는 언급을 자주 하는데, 이는 전체 기사가 강목(綱目, 큰 줄거리와 작은 항목)의 체계를 잘 갖추어 정리되어 있기 때문이다. 큰 줄거리는 16지를, 작은 항목은 각 지에 배치된 대제목 이하의 편제를 말한다. 각 지에는 '대제목[大目]'과 '소제목' 아래에 '표제어[細條]'를 두고 그 아래에 본문에 해당하는 세부 내용을 실었다. 표제어는 본문과 구별될 수 있도록 테두리를 둘렀다. 이 표제어는 백과사전의 표제어와 비슷한 역할을 하며, 하나의 용어로 표기되기도 하고, 문장으로 표현되기도 한다. 서유구는 『임원경제지』 구성방식을 다음과 같이 말했다.

이 책은 내용을 구별하고 종류별로 모아 모두 16개로 '지(志)'를 작성했다. 이것이 큰 줄거리[綱]가 된다. 각 지의 안에는 큰 제목[大目]을 두어 그 아래 내용을 안내하고 있다. 큰 제목 아래에는 작은 조목[細條, 즉 표제어]을 두어 그것을 따르도록 했고 이 작은 조목 아래에다 여러 서적을 살피면서 내용을 채웠다. 이것이 '지'를 구성하는 방식이다.[22]

이렇게 풍석이 만들어낸 책의 구성방식은 다음의 '7단계' 위계를 보인다.

---

22) "分別部居, 爲志者, 十六. 此, 綱也. 於各志之內, 有大目領之. 大目之下, 有細條以
　　從之, 於此細條之下, 乃搜群書而實之. 此, 乃例也." 「임원십육지 서문」.

임원십육지(1)-○○志(16)-대제목(140)-소제목(1,055)
-표제어(6,882)-소표제어(20,629)-기사(39,833)

 이 같은 구성은 각 권이 시작하는 면의 첫 6줄에서 볼 수 있다.
『임원경제지』제1권인『본리지』권1의 첫 면은 그림과 같이 다음의
구성방식을 띠고 있다.

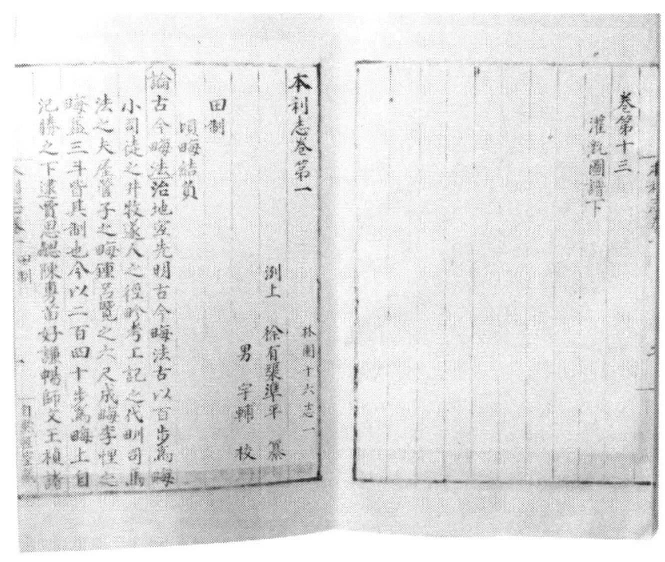

〈그림 1〉 고려대본『본리지』권1 첫 면

첫 줄 : 지의 제목과 권 수,『임원십육지』제목과 권 수
둘째 줄 : 저술한 곳, 저자명, 저자의 자(字), 저술 방식[纂]
셋째 줄 : 교열자와 저자와의 관계, 교열자명, 교열 방식
넷째 줄 : 대제목
다섯째 줄 : 소제목
여섯째 줄 : 표제어, 기사

연세대 소장본을 제외하고는 전사본의 『임원경제지』 대부분이 이 같은 체제를 따른다. 또 표제어가 포괄하는 내용이 더 세분될 경우는 하위 표제어인 '소표제어'를 배치하기도 했다. 이렇게 7단계나 되는 체계를 보이는 책은 많지 않을 것으로 보인다.[23]

임원경제지 권 수	지와 권 수	대제목	소제목	표제어	소표제어
임원경제지 1	본리지 권1	토지제도	경묘법과 결부법	과거와 현재의 묘법	
				우리나라 결부법	
				중국과 우리 농지 넓이의 환산	
				고금의 보법	
				고금의 척법	
				역대의 척도	한척, 후위척, 후주의 쇄자, 당척, 송척, 원척, 명척
				우리나라의 척법	
			토지의 종류	기자의 정전	
				구전	
				대전	
				위전	
				가전	
				궤전	
				다락밭	
				도전	
				언전	
				사전	
				보전	
				번전	
				화전	
				섬전	
			부록 : 양전법		

〈표 2〉 『본리지』 권1의 편집 체제

---

[23] 서유구의 편찬 방식을 그의 조부 서명응(徐命膺, 1716~1787)의 『보만재총서(保晚齋叢書)』 편찬 체계와 비교한 내용은 정명현, 앞의 책, 278~279쪽을 참조 바람.

대제목에서 아래 단계로 갈수록 다루는 범위는 좁아지고 구체화되며, 소표제어에서 위 단계로 올라갈수록 내용의 핵심이 축약되고 있음을 아래『임원경제지 본리지』권1 목차의 실례를 통해서 확인할 수 있다. 권1 전체는「토지제도」를 다루었으며 "경묘법과 결부법", "토지의 종류", "부록 : 양전법"의 세 분야에 한정해 소개했다. 토지제도라는 큰 주제를 국가정책으로서, 학문적 탐구로서 다양한 분야를 모두 소개한 것이 아니라 오로지 시골 선비의 피부에 와닿는 절실한 문제만을 골랐다.

"경묘법과 결부법"은 사안이 사안인지라 국가 제도와의 연관성이 매우 밀접한 대목이라서 불합리한 토지제도로 인한 백성의 피해를 줄이려는 방도를 제안하는 정책 제안서의 느낌이 더 강하기는 하지만, 백성도 반드시 알아야 할 문제라는 인식을 심어주기 위한 장치로 보아야 할 것이다. 권1에 유일하게 들어있는 소표제어는 '역대의 척도'를 하나씩 열거하며 설명하기 위해서는 불가피한 배치다. "토지의 종류"는 조선에서 만들 수 있는 농지의 형태를 모두 살피면서 이런 농지를 효과적으로 활용할 수 있는 방안을 제시했다. "양전법" 역시 제도적 차원에서 지방 관청의 실무자인 아전에게나 알려줄 법한 내용이지만, 사실은 농지의 넓이를 엿장수 마음대로 늘였다 줄였다 농락하는 아전의 횡포를 막기 위해 양전법을 보급하려 했던 것이다. "양전법"은 농지 넓이를 계산하는 대표적 유형을 15개의 예제로 정리했기 때문에 굳이 표제어를 설정할 필요가 없었다. 이렇듯「토지제도」는 시골 선비에게 꼭 필요한 정보들이라 판단되는 지식을 중국의 여러 척도에까지 펼쳐냈고, 반대로 표제어와 소표제어에 수록된 내용은 한결같이「토지제도」라는 대주제에 수렴되었다. 그리고 대주제(1)-소주제(3)-표제어(21)-소표제어(7) 체제에서 상하의 카테고리가 모두 유기적으로 연관되어 있음을 볼 수 있다(괄호 안은 개수).

서유구가 기사를 작성하면서 인용서적도 거의 빠짐없이 기록한 점은 특기할 만하다. 총 인용횟수는 39,833회다. 이런 인용서적은 인용문 맨 앞 또는 중간 또는 맨 뒤에 배치되어 있다. 인용서적이 기록되지 않은 곳은 손에 꼽을 만하다. 이런 곳은 대부분 필사 과정에서 빠트린 실수로 보이는 부분이 많다. 인용서를 맨 앞이나 중간에 표기할 경우 쉽게 구별되도록 글자 주위에 테두리를 둘렀다.

인용서적의 표기는 다음과 같은 의의를 갖는다. 첫째, 원출처를 확인할 수 있게 해준다. 연구자의 입장에서 볼 때 이는 원문과의 대조가 용이하다는 점이 가장 큰 장점이다. 인용문의 원 출처와 대조함으로써 서유구가 참고한 판본을 추적하거나 교감할 수 있는 단서를 찾을 수 있기 때문이다. 한편 다른 서적에 기록된 내용을 재인용하는 경우도 발견된다. 예를 들어,『범승지서』나『제민요술』같은 농서는『농정전서』에 수록한 인용부분을 그대로 전제하기도 했다. 이런 특징은 의학 백과사전인『인제지』에서 두드러지게 나타난다.『동의보감』보다도 더 많은 내용을 수록하고 있는『인제지』에는 인용서적이 총 878종으로 조사되었다. 하지만 이 서적을 모두 직접 옮긴 것은 아니다. 예를 들어『동의보감』이나『본초강목』에서 상당부분을 재인용했다.

둘째, 매우 난해한 문장들을 다소 덜 어렵게 해결할 수 있다. 원 출처와 대조하다 보면, 서유구가 원문을 어떤 방식으로 편집했는지를 정확하게 확인할 수 있다. 이 때문에 정리된 글과 원문과의 대조를 통해 문맥을 잡기가 쉬워지는 경우가 많다.

셋째,『임원경제지』가 연구 노트에 불과하다거나 여기저기의 서적을 초록하여 모은 자료집이라는 평가를 무색하게 한다. 편집 과정에서 서유구는 내용을 줄이기도 하면서 글의 일부를 바꾸기도 했다.

또 인용문헌의 내용과 구별되도록 '안(案, 按)' 자를 쓰고 그 아래에 자신의 견해를 밝히기도 했다. 게다가 자신의 저술도『임원경제지』에서 매우 중요한 인용문헌이었다.[24]

넷째, 인용문헌의 표기는 지식의 출처를 확인함으로써 원문이 어떤 가공을 거쳐『임원경제지』에 편입되었는지 추적할 수 있다. 추적이 심화되면 풍석의 편집 방식 연구에 좋은 사료가 될 뿐더러 이와 유사한 책의 편집 방식 연구로 확장할 수 있는 계기가 될 것이다.

이상에서 백과사전(유서류)으로 분류되는『임원경제지』의 백과사전으로서의 특징을 살펴보았다. 서양에서 백과사전 편찬이 유행이던 시기에 조선에서도 여러 백과사전이 편찬되었는데,『임원경제지』는 개인 저작으로서 체계적인 분류와 광범위한 문헌을 반영한 최대의 실용백과사전이었다. 18~19세기의 최대 경화사족(京華士族)의 일문으로, 정조의 지우를 받았고 규장각에서 문서를 관리하고 책을 간행했으며 고위직을 오랫동안 수행했던 서유구가 18년간(1806~1823)의 파주 장단에서의 귀향기를 계기로 조선의 열악한 경제 상황을 타개하기 위해 저술한『임원경제지』는 당대에 성취를 이룰 수 있는 백과사전 중 최고의 수준이었음에 틀림없다.[25]

---

24) 『임원경제지』가 연구 노트도 자료집도 아님을 통계적 방법을 주로 하여 논증한 내용은 정명현, 위의 책, 316~323쪽을 참조 바람.

25) 『임원경제지』가 저술된 배경과 책의 구체적인 세부 내용, 그리고 후대의 이용과 평가 등에 대해서는 지면상 다루지 못했다. 『임원경제지』 해제와 서유구에 대한 자세한 소개는 정명현, 「서유구는 누구인가(1부)」·「『임원경제지』를 개관하다(2부)」, 위의 책, 127~399쪽을 참조 바람.

Ⅲ. 번역 사업의 출발과 운영

3.1. 번역, 어떻게 시작했나

나는 번역본을 좋아한다. 그래서 우리말로 쓰이지 않은 책의 지식을 흡수할 때 우선 번역본을 먼저 찾아보려 한다. 많은 사람들이 경험하듯이, 번역본을 읽으면 저자의 살아 숨 쉬는 느낌을 그대로 전달받지 못할 때도 많다. 그럼에도 번역본은 책 읽는 시간을 수십 배 단축해 줄 뿐 아니라, 책의 요지도 빠른 시간에 찾아낼 수 있다. 물론 기초가 제대로 된 연구자는 원서(주로 영어·일본어·중국어·불어·독어로 된)나 한문·고대 그리스어·산스크리트어 중 자신의 전공 영역에 필요한 언어로 된 저작을 해독할 수 있어야 한다. 하지만 태어나면서부터 듣고 익혔던 우리말의 편안함과 익숙함에 견주면, 제2의 언어를 쉽게 이해하는 일이 쉬운 일은 아니다.

2001년, 나는 정약전(丁若銓, 1758~1816)의 해양 박물학서인『자산어보(玆山魚譜)』를 분석하며 석사논문을 쓰던 중, 물고기에 관한 여러 자료를 뒤지다가『임원경제지』에『전어지(佃漁志)』라는 내용이 있다는 사실을 알게 되었다.『전어지』는 가축과 야생동물, 그리고 해양 동물 등 사람이 먹을 수 있는 동물을 망라하여 이름도 고증하고, 사냥법 및 어로법, 이용법도 소개한 책이다. 당시에는『자산어보』만 연구하다 보니 자연스럽게 그 저자에게만 애정이 갔다. 그래서 어류 박물학서는『자산어보』를 따라올 만한 책이 없다고 평가하고 있었다. 하지만『전어지』에서 보여주는 어류에 대한 서유구의 지식이나 전달 방식도 만만치 않았다.

박사과정에 갓 입학해 좀 더 여유로운 마음을 갖게 되자, 그간 잊고 있던『임원경제지』가 문득 보고 싶어졌다. 박사논문 주제를 조선

후기의 농업기술 쪽으로 잡겠다고 마음먹고 있던 터라, 그 책에 농업 관련 내용이 잔뜩 들어가 있었다는 사실을 상기했기 때문이다. '보경문화사'에서 영인한『林園經濟志』(1983)는 모두 5권이고, 1쪽에 고서의 4쪽이 들어가도록 했다. 고서의 쪽수로 자그마치 대략 10,300쪽에 달했다. 원문 글씨도 축소되다 보니 작은 주들은 그야말로 깨알 같았다.

한 장 한 장 넘기면서 입이 딱 벌어졌다. 연신 "야!" 소리를 내뱉었다. "이 많은 지식들을 한 사람이 정리했단 말인가." 소제목들을 보았다. "토지제도[田制]"로 시작했다. 그러나 앞의 몇 줄을 읽어보다 내용 이해는 일찌감치 포기했다. 모르는 한자는 별로 없건만, 도통 무슨 뜻인지 알 수가 없었기 때문이다. '야, 무지 어려운 내용이 굉장히 많은가 보구나.' 이렇게 생각하며 문자의 숲을 구경하기로 했다. 그림들이 집중적으로 그려진 곳도 있고, 재미있을 것 같은 소제목도 꽤 눈에 띄었다.

이 책에는 도대체 무슨 내용들이 들어있을까 궁금했다. 알고 싶었다. 그러나 그 꿈은 이루어질 수 없을 것 같았다. 이 책을 독파하려면 적어도 십 년은 걸려야 하지 않을까. 그런 책을 독파할 여유와 능력이 나에게는 없었다. 필요한 여러 자료를 모아 가능한 빨리 박사논문을 완성하는 것이 가장 몰두해야 할 일이었기 때문이다.『임원경제지』는 논문 저술을 위한 주요 자료라는 강한 인상을 마음에 박아 놓은 채 책을 덮을 수밖에 없었다.

그 뒤에도『임원경제지』내용을 알고 싶은 마음이 불쑥불쑥 일곤 했다. 그래서 내가 즐겨 쓰는 방법인 번역본을 찾아보았다. 아쉽게도 도서관 검색에 그런 책은 없었다. 얼른 보기에도 상당히 중요한 책 같은데, 왜 번역서가 없을까.『고등학교 국사』교과서에서도 소개되지 않았던가. 나도 고교 시절 그 이름을 처음 알았다.

'번역이 안 되었다 …그러면 번역을 하면 되겠네!'

이런 마음을 품는 일이 내 인생길을 어떻게 바꿔놓을지도 모른 채 상상 여행은 그칠 줄 몰랐다. 아니 점점 그 상상을 즐기고 있었다. 그러나 "번역을 하면 되겠네!"라는 생각이 내 마음속에서 저절로 우러나온 것은 아니었다. 이 한마디의 마음속 외침 속에는 그 이전 10여 년간의 학문탐구 역정이 들어있었다. 당시까지 고전 번역의 의미와 의무를 수없이 생각했다. 그 출발은 바로 도올 김용옥 선생님이다. 도올 선생님의 가르침이 없었다면 생명공학도로서 학부과정을 보냈던 '공돌이'가 한문 고전 번역을 하겠다고 결심하리라고는 상상조차 할 수 없다.[26]

『임원경제지』 번역이라 … 이제부터는 상상의 나래에 의존할 수밖에 없다. 상상이 아니고서는 도저히 이룰 수 없는 일이라 생각했기 때문이다. 113권. 이 거대한 책을 나 혼자 번역한다면 평생을 바쳐야 할 것이다. 동조자를 규합해보자. 여럿이 나누면 시일이 단축되지 않을까. 어떻게 규합한단 말인가. 설사 규합할 수 있다 해도 이런 책에 관심이나 두고 있는 이들이 얼마나 있을까.

고민 끝에 거대 번역 프로젝트를 구상하고 이의 실행을 위한 여러 가능성을 타진해보았다. 학계의 어른들이야말로 『임원경제지』 번역에 최적인 분들이었다. 전통문화와 현대문화의 과도기를 몸소 체험한 분들이기 때문이다. 그렇지만 학계의 중견 전문가나 원로 분들은 그분들에게 이미 주어진 많은 과제들 때문에 이런 부담스런 일을 선뜻 받아들일 것 같지 않았다.

우리나라에는 한문 원전을 독해할 수 있는 신진 연구자들이 다양

---

26) 『임원경제지』 번역에 도올 선생님이 미친 영향과 그로 인해 번역에 임하는 나의 입장에 대해서는 정명현, "번역은 문명의 옮김이다", 서유구 지음, 정명현·민철기·정정기·전종욱 외 옮기고 씀, 앞의 책, 115-125쪽을 참조 바람.

한 분야에 많이 포진해 있다. 그런데 이들은 대부분 생활고에 허덕이며 성실하게 공부에만 매진하고 있다. 동시에 그때그때 생기는 프로젝트에 참여하면서도 자신의 역량을 충분히 발휘할 기회를 좀처럼 얻지 못하고 있었다. 이런 여건에서는 자신들의 큰 뜻을 펼치기가 쉽지 않다. 이런 젊은 학자들과 뜻을 같이하고 싶었다.

결론은 돈으로 귀착되었다. 어떻게 돈을 구할까? 한국학술진흥재단(학진, 한국연구재단 전신)에 번역과제를 신청할 수도 있지 않을까. 아니다. 그곳은 나 같은, 그리고 내 주변의 학위 없는 '조무래기'들은 받아주지 않을 것이다(나중에 안 일이지만 나 같이 번역서 실적 하나 없는 초짜에게는 지원 자격조차 부여되지 않았다). 학진 지원은 미리 포기했다. 결국 복잡한 과정과 심사 절차를 거치지 않는 방식을 택했다. 후원을 얻기로 결심한 것이다.

그렇다면 누구한테 얻는단 말인가. 대기업 회장? 이들이라면 충분히 지원해주고 남을 여력이 있으리라. 그분들은 문화 사업에도 적지 않게 힘을 쏟고 있지 않은가. 그러나 그 가능성도 일찌감치 포기했다. 일개 박사과정생의 돈키호테 같은 호기에 어느 비서가 높으신 회장님에게까지 그 뜻을 전달해 주겠는가. 설사 전달이 되었다 하더라도 나는 박지원이 그려낸 허생처럼 배포 큰 사람이 아니었다. 그리고 허생의 호기를 넉넉하게 받아줄 만한 사회도 아닌 것 같았다.

내가 알고 있는 사람 중 경제적으로 가장 여유 있는 분이 누군가? 떠오르는 사람은 오직 한 사람이었다. 후원자는 마음속으로 이미 결정했다. 송오현 원장님. 강남 대치동에서 초·중·고 영어교육에 젊음을 바치고 있는 분이다. 이분은 1990년대 초부터 'DYB최선어학원'을 성공적으로 운영하면서 아이들에게 '상인정신'과 '선비정신'을 동시에 함양시키기 위한 다양한 교육방식을 시도하셨다. 이 학원은 원장님 이하 모든 강사들이 열정적으로 학생들을 지도하고 있는 학원으로 소문이 자자하다. 이와 더불어 원장님의 탁월한 경영방식으로 인해 사세는 날로 확장되어 여러 분원까지 운영해오고 있는 상태였다.

그런데 고전번역이 영어학원과 무슨 관계가 있다는 말인가?『임원경제지』가 DYB최선어학원에 무슨 이익을 가져다 줄 수 있을 것인가? 이에 대한 답을 제시할 수는 없었다. 중국의 전국 시대 위(魏) 나라에 이익이 될 만한 조언만을 구하는 양혜왕의 요구에, "인(仁)과 의(義)가 있을 따름"이라고 대범하게 받아치는『맹자』의 구절만 머릿속에 맴돌 뿐이었다.

그러나 일은 화려한 경력이나 치밀한 논리적 구성이나 현란한 수사법으로만 성사되는 것은 아니다. 솔직하고 진지한 태도만으로도 한 인간의 진심이 전달될 수 있을 것도 같았다. 송 원장님께 장문의 편지를 드렸다.

진지하게 학문을 추구하는 젊은 학자들이 서로 협력하여 좀 더 체계적이고 치밀한 스칼라십을 확보할 수 있는 기반을 제공해 주십시오. 젊은 학자들도 우리나라에 모범이 될 만한 번역서를 만들 수 있다는 선례를 남겨줌과 동시에, 이러한 거대한 사업이 원대한 안목을 가진 젊은 기업가의 철저한 지원 아래 이루어질 수 있다는 사례를 보여줄 수 있을 것입니다. 이제까지 시도되지 않은 '순수 민간지원'의 거대 번역 프로젝트 사업을 조직의 간섭이 완전히 배제된 상황에서도 성공적으로 추진할 수 있다는 선례를 남기고 싶습니다!

30여 분 뒤, 송 원장님은『임원경제지』사업 지원을 흔쾌히 승낙하셨다. 이 같은 요구에 대해 원장님은 미약하지만 자신이 할 수 있는 성의를 표시할 용의가 있다고 덤덤하게, 엄청난 프로젝트를 수락

하신 것이다. 학원의 이(利) 같은 문제는 애초에 거론되지도 않았다. 이후로 지금까지 총 10억여 원을 후원하셨고, 지금까지의 작업 결과물은 거의 대부분 송 원장님 후원 덕분이었다. 이 꿈 같은 일은 분명 현실이었다.

3.2. 역자 섭외

곧장 역자 섭외를 시작했다. 먼저 도올서원 모임에서 10년 가까이 정기적으로 만나는 동학들과 상의하자 이들(5인)이 먼저 적극적인 참여의사를 밝혔다. 이어 한림대 태동고전연구소(지곡서당)의 동료와 선후배 30여 명에게 사업 취지와 후원 내용 등을 자세히 설명하고서 참여를 부탁드렸다. 이 중 10명이 동참하겠다고 하여 총 16명으로 출발했다. 몇 개월 뒤에는 일찌감치 포기하거나 부담을 호소하는 역자가 있어 4인을 새로 영입하여 이들을 대체했다.

이렇게 짜인 초기 멤버는 19명으로, 40대인 1명을 제외하고 모두 30대였다. 게다가 고전 번역서를 낸 경험이 있는 이가 두셋 정도이고 대부분은 한문 공부 기간이 10년 내외인 풋내기나 다름없는 신진 학자들이었다. 경험도 일천하고 따라서 맡은 분야의 지식도 전무했다. 이들이 난공불락이라는『임원경제지』완역에 '멋모르고' 도전장을 냈다. 난공불락의 고전이라면 마땅히 이 시대 최고 한학자들이 달려들어야 한다. 하지만 이제까지 번역이 안 되었다는 사실 자체가 선배 한학자들의 이 책에 대한 무관심을 말해준다. 새로운 화력으로 불을 지펴야 했다.

이제『임원경제지』16지의 개괄적인 내용을 파악하고 적절한 역자를 선정해야 했다. 하지만 동참한 역자 중 이 내용과 부합한 전공자는 의학, 수학, 음악, 미술, 서도, 예학 분야를 담당한 6명뿐이었다.[27] 농업기술사 전공인 나는 앞으로의 전공을 위해 곡물농사 분야(『본리지(本利志)』)를 선택했다. 나머지 분야는 순전히 첫모임 하는 날의 '기분'과 '운'에 따라 역자가 결정되었다. 심지어 가장 어려워 보이는 농업기상 예측 분야인 『위선지(魏鮮志)』 역자로는 아무도 선뜻 나서지 않아 결국 한 역자가 '자발적 희생양'을 자처하기도 했다. 한 전문 분야의 번역자가 되는 중요한 순간은 이렇게 짧은 시간에 '허망하게' 마무리되었다. 물론 모임에 앞서 이들에게 16지 내용에 대한 정보를 제공했고 중요한 결정 순간이니만큼 심사숙고를 요청했지만, 생전 처음 대하는 내용임을 안 순간 심사숙고라는 요구가 무색해질 정도로 재고의 여지가 없었다. 전혀 모르는 문제의 답을 거의 '찍는' 수준이었다. 그만큼 역자는 자신에게 펼쳐질 앞으로의 고초도 거의 예상하지 못했다.

태동의 선배들에게 참여를 호소하는 과정에서 이렇게 직격탄을 날리는 이도 있었다. "『임원경제지』는 결코 호락호락한 책이 아니다. 우리는 실력이 턱없이 모자란다. 얼마 못 가 지레 포기할지도 모른다. 심지어 끝까지 갔다 하더라도 졸작이 나올 것이 분명하다. 실력도 되지 않으면서 밀어붙이는 일은 어리석은 짓이다. 고전 번역은 그런 식으로 되는 것이 아니다. 지금은 실력을 키울 때다."

그분의 진심어린 충고는 충분히 공감할 만했고 우리의 보잘 것 없는 실력도 인정한다. 그러나 실력이 될 때가 언제란 말인가. 얼마나 더 기다려야 하는가. 혹여 공부가 깊어져 실력이 채워지면 그 때도 여전히 『임원경제지』를 번역할 의지나 힘은 있을까. 실력이 빵빵한 우리의 선배들은 왜 『임원경제지』나 『오주연문장전산고』 같은, 어

---

27) 예학 분야(관혼상제 및 마을윤리, 『鄕禮志』)와 보양법 분야(『葆養志』)만 한 지가 독립되어 있고, 나머지 수학, 음악, 미술 분야는 『遊藝志』와 『怡雲志』의 일부만 차지한다.

럽다는 고전을 번역하지 않고, 중요한 책이라고만 외쳤던가. 일본 같으면 100여 년 전에 서둘러 번역했을 만한 저술들 아닌가. 선배의 '찬물'에 잠시 의기소침하기도 했지만, 오히려 양약이 되었다. 일종의 오기가 끓어올랐기 때문이다.

3.3. 번역 사업 운영

번역 수행 기간은 2003년 말까지로 정했다(2003년 3월~12월). 10개월 안에 초벌 번역을 완료하라는 것이다. 말도 안 되는 요구라는 생각이 들겠지만, 기간이 길어진다고 완수할 확률이 높은 것도 아님을 다른 프로젝트에서도 여러 번 본 적이 있어서 짧은 기간에 집중적으로 털어버리려 했다.

번역 사업의 시작과 함께 역자에게 '연구번역'[28] 착수금으로 600만원을 지급했고, 몇 개월 뒤에는 계약서[29]를 썼다. 계약서는 연구번역자를 온전히 신뢰함을 전제로 작성되었다. 내용을 보면 엉성하기 짝이 없어서 번역 용역 계약서라고 할 수 없을 정도로 아마추어 냄새가 물씬 풍겼다. 이미 사업이 시작된 지 몇 개월 뒤에 계약서를 쓴다는 일도 웃긴다. 계약하는 쌍방도 드러나지 않았다. 계약의 구체적인 내용도 전혀 표기하지 않았다. 법적 책임 소재를 물을 수 있는 구석이 전혀 없는 일종의 서약서나 다름없다. 소꿉장난처럼 보일

---

28) 우리는 우리의 번역을 단순한 번역이 아니라 '연구번역'이라 규정했다. 학술적 가치가 담긴 요소를 중요하게 여기는 번역 말이다. 2009년에 출간한 『임원경제지 본리지』의 총서명에 '연구번역'이라는 용어를 쓴 이유가 여기에 있다.

29) 계약서는 다음의 내용이 전부였다. "나는 『임원십육지』번역 사업에서 내가 맡은 책임을 성실히 그리고 정직하게 완수할 것을 약속한다. 만약 나의 책임을 이행하지 못했을 경우에는 그에 합당한 조치를 따를 것이다. 2003년 월 일, 성명 (자필)" 여기에 날짜와 자필 이름만 쓰는 것으로 끝이다.

만했다.

이런 아마추어리즘은 의도된 것이었다. 계약서 양식이야 시중에 떠도는 수많은 서류 중 몇 개만 일별해도 금방 만들어낼 수 있다. 그러나 공식 문서를 통한 계약 체결에 익숙하지 않은 나부터도 정식 계약서는 심리적 거부감을 일으켰다. 송 원장님의 후원도 약정서 같은 문서 없이 이루어졌다. 서로를 마음속 깊이 믿었기 때문에 가능한 처사였다.

이런 큰일을 벌여본 적이 없는 나로서는 당연히 사람을 믿는 수밖에 없었다. 설령 나중에 역자가 번역료만 받고 못하겠다고 나자빠지거나, 불가피한 사정으로 완료를 못 할 상황에 처했거나, 극단적으로는 더 이상 학문 활동을 할 수 없을 경우를 걱정하지 않은 것은 아니다. 설령 그런 상황이 되었다 한들 그때 내가 역자에게 돈을 돌려달라고 소송을 걸 수는 없다고 생각했다. 개인의 양심과 학자로서의 양심을 믿는 일보다 더 효과적으로 보이지 않았기 때문이다.[30] 결국 법적 구속력이 아니라 역자 자신의 책임감과 심리적 구속력이야말로 각자의 역할 완수에 제대로 부담감을 실어줄 수 있다고 판단했던 것이다.

원고료는 원고 1매당 1만원으로 정했다. 당시 번역 원고료로서는 고전국역기관인 민족문화추진회에서의 원고료 기준으로 보아도 거의 최고의 대우라고 생각했다. 그리고 역자 이름은 반드시 표지에 저자와 함께 나란히 싣고 약력도 책의 다른 곳에 자세히 명기할 것을 약속했다. 당시에는 번역서에 이름이 명기되지 않은 역자가 상당수였다. 역자를 표기한 경우도, 당당히 표지에 기록하지 않고 책 안쪽 면의 한 구석에 드러나지 않게 박혀있는 사례가 많았다. 더군다나 기

---

30) 이런 간단한 계약서 이면에는 물론 역자가 중도 포기할 경우에는 어느 정도의 비율을 '토해내야' 하는지를 이미 알려준 상태라는 고려도 있었다.

관에서 발행하게 되면 기관장을 비롯한 감수위원, 편집위원 등 많은 '상전'들을 먼저 기록하고 맨 아래에 역자를 수록하기도 했다. 이렇게 역자를 귀하게 여기지 않는 풍토를 성토해오던 우리들이었기에 이런 조건은 너무나 당연했다.

역자들의 사기를 북돋는 차원에서 역자가 원고를 송부하면 원고 매수를 한글파일에서 확인한 뒤 하루가 지나지 않아 바로 원고료를 지급했다. 원고의 질은 따지지 않았다. 나도 역자로서 역할을 다 해야 했기에 다른 원고를 세심히 검토할 여유가 없었다. 대충 살펴서 큰 문제가 될 만한 것들만 살펴보고 말았던 것이다.

이런 식의 원고료 지급은 후에 된서리를 맞았다. 원고의 질에 상관없이 양만 확인하고 지급하다 보니, 완간을 위해 전체 원고를 점검할 때 원고의 결함이 상당히 많은 곳에서 나타났다. 오자나 오역은 물론이고 결역도 여기저기에 보였다. 원문 교감은 물론 표점 표기를 하지 않는 원고도 있었다. 원문 교감은 필사본 3-4종을 대조하는 일차작업과『임원경제지』에서 참고한 인용문헌을 찾아 대조하는 이차작업을 동시에 병행해야 했다. 하지만 이 교감 작업을 한 역자는 나를 제외하고는 아무도 없었다.

원고료를 지급할 당시, 역자가 훗날 출판과정의 마지막 교정까지 책임질 경우 지급한 원고료가 100퍼센트 인정되며, 초고만 내고 만 경우, 1차 교정을 하고 그만 둔 경우, 2차 교정을 하고 손을 뗀 경우 각각 50, 70, 80퍼센트로 인정해주기로 했다. 이럴 경우는 원고료의 일부를 반납해야 하는 것이다. 하지만 도중에 펑크 낸 경우가 하나 둘 생기면서 역자들이 원고료 일부를 반납해야 했는데, 이런 일은 아직까지 없었다. 한 번 받은 원고료를 되돌려 주기는 참으로 어려운 모양이었다.

심지어는 역자들 중에 선불을 요구한 경우도 있었다. 이때는 개인적인 사정을 전혀 묻지 않고 바로 그때마다 요구액을 송금해주었다. 오죽 사정이 어려우면 어려운 부탁을 나에게 할까 하는 생각에 그냥 요구를 들어주고 싶었다. 그럼으로써 번역 사업에의 책임 의식이 더 강력해질 것이라는 기대감도 없지는 않았다. 참으로 부끄러운 고백이지만 번역 사업에 참여했다가 한 달도 못되어 수백만 원 가불을 한 뒤 번역도 접고 돈도 갚지 않는 사례도 있었다. 나는 채권자로 빚을 독촉까지 해야 하는 신경전을 벌여야 했다. 이런 역자들도 찜찜하게 끝내서 심기가 편하지는 않을 것이다.

우리의 번역모임을 '임원경제지번역사업회(이하 사업회 또는 번역사업회로 약칭)'라고 이름 붙였다. 하지만 말이 번역사업회이지 유령단체나 다름없었다. 사무실이나 연구실이 있는 것도 아니어서 초기 2년은 역회(譯會, 번역 세미나)를 할 때마다 대학 연구실·강의실이나 학회 세미나실 등을 전전해야 했다. 구속력도 강하지 않아 상당히 느슨한 모임이었다. 지방에 거주한다는 이유로, 이런 모임에 참여하기를 좋아하지 않는 성향을 이유로, 바쁘다는 이유로, 역회나 총회에 거의 참석하지 않는 역자도 있었다. 하지만 그런 역자들도 지속적으로 나와 자주 연락을 해가면서, 그들은 번역 진척 상황을 알려주고 나는 사업회의 결정사안이나 공지 내용들을 알려주었다. 관리 차원으로만 생각하면 껄끄럽지만 우리의 사업회는 다양성을 존중하려는 배려도 아끼지 않았다. 2005년부터 사단법인으로 전환되기 전인 2007년까지 3년간은 도올서원 동학인 박재정 삼송도추한의원 원장님이 한의원 세미나실을 후원해주서서 번역 속도에 탄력을 받아 상당한 진척을 이루기도 했다.

기획, 회계, 원고관리, 역자 관리, 대외접촉, 사업비 운영 등 번역사업회의 전반적인 운영은 정명현 1인이 거의 도맡았다. 도역수(都譯秀, 팀장)들은 주로 각 역회의 역수(譯秀, 역자를 우리는 이렇게 불렀다)들에게 원고가 조속히 생산될 수 있도록 압박(?)을 가하거나 역회를 주도하는 데 역할을 한정했다.

번역사업회 일원의 의사소통 창구이자 학술적 교류의 장은 홈페이지에서 이루어졌다. 홈페이지는 느슨한 집단의 결속력을 다지고 자유로운 학문 교류가 가능하도록 하기 위해 만들어졌다. 원활한 운영이 되도록 전산관리팀장이 초기부터 꾸준히 홈페이지를 관리했고, 그에게는 첫 1년간 매월 20만원의 활동비를 지급했다.

도역수들에게도 첫 1년간 역회 운영관리비 명목으로 매달 20~30만원을 지급했다. 번역 원서는 모든 역자에게 무료로 배포했다. 모임에서 파생되는 부수적 비용(회의비, 회식비, 간식비, 주차비 등)이나 공동도서 구입은 당연히 사업회에서 감당했다. 사업회를 총괄하는 정명현은 매달 50만원 씩 수고비를 지급하기로, 사업 시작 1년 뒤에 결정했다. 이렇게 들어간 비용 외에는 모두 번역 원고료로 지불되었다.

Ⅳ.『임원경제지』는 왜 난공불락인가

어느 사업이나 그렇듯이 출발선에 선 역자들의 의욕은 하늘을 찌를 듯했다. 그러나 역시 낯선 채로 자신의 분야를 헤집어가면서 조금씩 '간'을 본 역자들은 한결같이 막막해했다. 번역을 하라니 시작은 했지만 어디서부터 어떻게 접근해야 할지 도무지 감을 잡기 어려웠기 때문이다.

『임원경제지』완역 시도는 이번이 최초는 아니었다. 한국고전번역원 전신 민족문화추진회(이하 민추)에서 일찍이 기획한 적이 있었다. 전체 규모와 내용 검토를 마친 결과 민추에서는 번역 계획안에서

『임원경제지』를 제외해야 했다. 번역 작업을 위해서는 우선 번역에 앞서 여러 사본 대조를 거치는 작업이 이루어져야 했다. 그러나 사본이 정리되었다 해도 문제는 남는다. 내용의 난해함이 그것이다. 문집이나 온갖 고적의 난해한 문장을 척척 풀어낸 우리나라 제1의 번역 기관이지만, 『임원경제지』를 풀어낼 수 있는 여건이 조성되지는 못했던 것이다. 1년을 단위로 성과물을 출판해야 하는 한계를 지녔던 민추로서는 적은 국가 지원으로 예상했던 국역서를 1년 안에 내지 못할 사태를 우려하기도 했을 것이다.

관찬사서나 문집, 경학류에 익숙한 일반 번역자에게 『임원경제지』는 쉽게 접근하기 어려운 전문 서적이다. 그것도 16개의 분야가 모두 제각각의 특성이 있다. 아래에서는 『임원경제지』 번역 작업이 어려운 이유를 짚어본다. 먼저 텍스트 자체의 성격 때문에 생기는 난해함이다.

4.1. 교감본이 없고 저본이 잘못 선정되었다

필사본만 존재한다는 점은 번역에서 적지 않은 문제다. 서울대 규장각 소장본이 보경문화사 영인본의 대본이었기 때문에, 통행본이 되면서 동시에 저본(底本)으로 자연스럽게 인정되었다. 하지만 『임원경제지』를 서지학적으로 검토한 최근 연구에서는 현행 통행본인 서울대 규장각 소장본이 4종의 필사본 중에 오류 빈도가 가장 높은 것으로 밝혀졌다.[31] 따라서 필사본의 글자 한 자 한 자를 축자적으

---

31) 정명현(2009), 「『임원경제지』 사본들에 대한 서지학적 검토」, 『奎章閣』 34, 서울大學校 奎章閣韓國學研究院, 205-230쪽. 이를 발전시킨 글이 정명현, "필사본들의 서지학적 검토", 서유구 지음, 정명현·민철기·정정기·전종욱 외 옮기고 씀, 앞의 책, 354~383쪽 참조.

로 대조하며 어떤 글자가 바른 글자이고 어떤 부분을 결락했는지 등을 최종 판단해야 한다. 교감은 치밀한 학문적 집중력을 요하는 학술행위다. 사전 편찬 과정에서도 그렇듯, 같은 내용을 보고 또 보아야 하는 지루하고 시간을 많이 잡아먹는 작업임에는 틀림없다. 하지만 우리나라 연구자들은 교감에 대한 인식이 희박하다. 왜 교감을 해야 하는지에 대해서도 거의 관심이 없다.[32] 교감은 원작의 원래 의미에 가까워지려는 텍스트 확정작업이다. 역자들에 대한 몇 년간의 설득 끝에 교감 작업을 일부 수행할 수 있었다.[33]

4.2. 시간과 공간의 격절이 심하다

『서경』이나『시경』부터 서유구 저작의『행포지(杏蒲志)』까지 853종의『임원경제지』인용서적은 중국·조선·일본 등지에서 저작된 것이다. 거의 3천 년의 시대적 격절과 공간의 불연속이 상당한 저술들이다. 아무리 같은 한자문화권이라 해도 시대마다 유행하는 문체가 다르다.

또 기술적인 세부 지식을 전달하는 과정에서 다른 문헌에서 재인용하는 문장도 시, 문서, 속담, 낱말 풀이, 물명(物名) 등 종류가 다양해서 상황에 따라 적절하게 옮기는 일도 결코 만만치 않다. 또한 같

---

32) 이렇게 교감 및 표점 확정 작업을 토대로 하는 '정본화'의 필요성을 전통 과학기술 문헌 중심으로 논구한 글로 정명현,「전통 과학과 기술 연구를 위한 정본화 사업의 필요성」,『정신문화연구』2012 가을호 제35권 제3호, 한국학중앙연구원, 91~117쪽을 참조 바람.

33) 하지만 완정하지는 않아 출간 과정에서 전면 검토해야 한다. 교감 작업비는 원고료에 포함시키지 않았기 때문에 역자들에게는 부수적으로 '고생'한다는 의식이 있었을 것이다. 교감도 엄밀한 학술작업임을 철저히 깨우친 것은 나중이었다. 따라서 애초에 교감비를 따로 계획하지 않았다. 교감에 대해서는 역자들의 시간적 희생이 상당했다.

은 글자가 문맥에 따라 다양하게 사용되어서 용례에 익숙하지 않으면 애매하게 처리하고 넘어가는 경우가 많다.

4.3. 전문 영역을 다루고 있어 묘사가 쉽지 않다

아마도 『임원경제지』 번역을 가장 꺼려하거나 부담스러워하는 이유 중 하나는 바로 한 번도 본 적이 없는 문장이 수두룩하다는 점일 것이다. 일반적으로 경학이나 문집 또는 역사서에 익숙한 역자들로서는 보통 생소한 문장이 아니다. 이 책이 농사, 음식, 건축, 물고기, 사냥, 누에치기, 베짜기, 양생, 의학, 예술 등등의 아주 구체적이고 전문적인 이야기로 엮여 있는 점을 상기해야 한다.

예를 들어, 아래는 자승차(自升車)라는 조선후기에 개발된 수차(水車) 제작법의 일부인데, 『임원경제지』의 원도(〈그림 1〉)를 세밀히 살펴더라도 그 조립법을 알기가 매우 어렵다. 하지만 이를 새로 그린 아래 부품도(〈그림 2〉)처럼 도해하면 쉽게 이해할 수 있게 된다.

또 사방 0.4척, 길이 5.7척이 되는 나무 네 개로 기둥[柱]을 만드는데, 「통 받침대1도의 건(乾)·곤(坤)·간(艮)·손(巽)이다.」 기둥 하단의 0.4척 되는 곳에서 안 변을 0.13척 깎아내고 바깥 변을 0.1척 깎아내어, 받침다리에 뚫어 놓은 홈에 넣는다. 기둥 상단은 0.3척 되는 곳에서 사방 0.15척 되도록 깎아 만든다.

또한 높이 0.3척, 폭 0.4척 되는 나무 네 개를 마련하는데, 나무 길이는 두 개는 4.2척으로 하여 '동쪽 윗 받침대[東上架]'와 '서쪽 윗 받침대[西上架]'를 만들고,「통 받침대1도의 진(震)·태(兌)이니, 향촌에서 '도리[道里]'라고 부른다.」 두 개는 5척 1촌으로 하여 '남쪽 윗 받침대[南上架]'와 '북쪽 윗 받침대[北上架]'를 만든다.「통 받침대1도의 감(坎)·리(离)이다.」

동서남북 윗 받침대 네 개는 각각 끝에서 3촌 되는 지점에서부터 높이 1촌 5푼, 길이 4촌으로 깎아낸다. 깎아낸 곳 중앙에 사방 1촌 5푼이 되는 구멍을 뚫어 통하게 한다. 네 귀퉁이를 서로 교차시키는데 동서의 윗 받침대는 받을장으로, 남북의 윗 받침대는 엎을장으로 하여 기둥의 상단에 꿰어 올린다.

又用木方四寸·長五尺七寸四箇爲柱,「一圖乾坤艮巽.」下端四寸,內邊削去一寸三分,外邊削去一寸,納于跌之通孔.上端三寸,削作方一寸五分.

又用木四箇高三寸廣四寸,長則二箇四尺二寸爲東西上架,「一圖震兌,俗稱道里.」二箇五尺一寸爲南北上架.「一圖坎离.」

四架兩端,各三寸以內,削去高一寸五分長四寸.削處當中,穿通孔方一寸五分.四隅相交而東西仰南北俯,貫於柱之上端.[34]

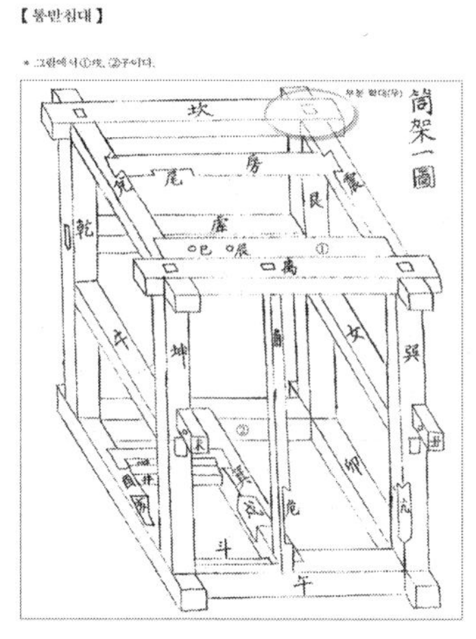

〈그림 1〉 자승차 통받침대
(번역문 설명은 오른쪽 상단 동그라미 부분)

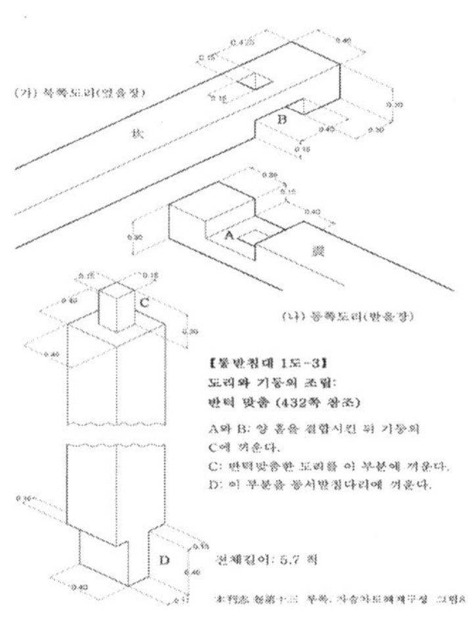

〈그림 2〉 자승차 해설 부분의 현대식 도해

---

34) 서유구 지음, 정명현·김정기 역주(2009),『임원경제지 본리지』3, 소와당, 459~460쪽.

참고 도해 없이 위와 같은 번역본을 읽는다 한들, 무슨 내용인지 이해할 수 있는 이가 얼마나 되겠는가. 아마 거의 없을 것이다. 임원경제연구소에서는 이를 번역이라 인정하지 않는다. 여기에는 반드시 그림이 들어가야 한다. 이렇게 역문과 그림이 함께 보임으로써 역자가 원문을 어떻게 이해했는지 확실하게 드러나게 된다. "그림도 번역이다." 이것이 우리 연구소의 기본 입장이다.[35] 이런 세부적인 조립도가 정밀하게 완성되면 최종 조립도는 저절로 만들어진다. 최소한 이 정도의 도해까지 나아가야 역자도 독자도 번역문을 이해할 수 있는 경지가 된다는 것이다.

4.4. 참고할 서적이 적다

연구번역이 되기 위해서는 기존의 연구 성과를 최대한 반영해야 한다. 더구나 전문 서적일 경우에는 번역의 선례를 찾기도 쉽지 않아 그 요구는 더욱 절실하다. 번역서는 고사하고 표점본만이라도 출간이 되었거나, 바이두(百度)나 한국고전번역원 같은 웹사이트에서 검색할 수만 있어도 많은 난관이 해결될 수 있다.

이도 저도 없는 책은 그냥 '맨땅에 헤딩하기'라서 부담이 많다. 참고 문헌 853종을 모두 구한다는 것은 지금으로서는 불가능하다. 이용가능한 모든 검색 수단을 이용하여 찾을 수 있는 책도 한계가 있다. 예를 들어 농사, 수렵, 의학 같은 분야에서 많이 인용되고 있는 『의학입문(醫學入門)』(약 2,100회), 『본초강목(本草綱目)』(약 1,200

---

35) 하지만 이미 출간된 『본리지』에는 이런 그림을 모두 넣지 않고 원도만 보여주었다. 애초부터 출판사에 강력하게 요구했으나 편집자는 초반에는 그림을 싣겠다고 했지만 출간이 임박하자 이런 도해가 고서의 그림과 어울리지 않는다는 이유로 거절하고 말았다. 매우 아쉬운 부분이다.

회),『군방보(群芳譜)』(약 670회),『왕정농서(王禎農書)』(약 400회)
나『제민요술(齊民要術)』(약 350회),『농정전서(農政全書)』(약 300
회),『화한삼재도회(和漢三才圖會)』(약 150회),『천공개물(天工開
物)』(약 100회) 등은 중국이나 일본에서 간행한 표점본이나 교주본
이 있어서 좋은 참조가 된다. 또한 비록 기사 인용 횟수는 적지만 상
당히 난해한 내용이 들어 있는『여씨춘추』나『관자』의 기사는 주석
서를 참조하지 않으면 한 줄 번역도 어렵다. 이런 책들도 주석서가
큰 도움이 되었다.

반면『무비지(武備志)』(약 370회),『관규집요(管窺輯要)』(약 150
회) 같은 빈출 중국 문헌이나 서유구의 수필『금화경독기(金華耕讀
記)』(928회), 어류 연구서『난호어목지(蘭湖漁牧志)』(250회), 농서
『행포지』(213회) 같은 주요 서적[36]은 영인본에 의존할 수밖에 없는
실정이다. 그 외에도 대부분은 참고 문헌 없이 해결해야 하는 인용문
들이 많다.

이런 실정 때문에 주석이 풍부한 주석서를 참조할 경우는 기존 연
구 성과를 반영할 수 있으나 그렇지 못한 인용기사는 거의 처음부터
시작해야 한다. 그러나 역자는 해당 분야의 전문가가 아니다. 번역 과
정에서 겪었을 황당함과 막막함을 짐작하고도 남음이 있을 것이다.

이제 역자 구성원의 문제 때문에 생기는 번역의 난해함에 대해 살
펴보기로 한다.

---

36) 서유구의 이 같은 주요 서적은『임원경제지』에 거의 모두 포함되어 있다.

4.5. 한문 실력이 부족한 신진 역자로 구성되어 있다

역자 대부분은 한문을 본격적으로 공부한 지 10년 전후 밖에 되지 않은 소장학자들이다. 번역은 열정만으로 할 수는 없다. 실력이 뒷받침되지 않으면 고생만 할 뿐 소득이 별로 없다. 역자의 수준 차이가 있다는 점도 충분히 인정한다. 우리 중 아무리 한문 해독력이 뛰어난 역자라도 평생을 한문 속에서 살아온 대선배들과 게임이 안 되는 게 사실이다. 이 점을 수긍하고 시작했다.

하지만 문리만 트인다고 『임원경제지』를 잘 번역할 수 있는 것은 아니다. 이는 한국고전번역원의 『임원경제지』 번역 유보 사례에서 확인할 수 있다. 그렇다고 문리가 부족한 이들이 이 책을 더 잘 옮긴다는 보장은 어디에도 없다. 열정과 노력으로 부족한 문리를 메꾸려는 시도는 할 수 있겠지만, 문리라는 것이 1-2년에 트이는 것도 아니지 않는가. 이 때문에 한문을 오래 본 전문가들에게는 너무나 당연한 사실을 엉뚱하게 '작문'하는 일이 적지 않다. 문리의 부족, 즉 한문 경험의 부족이 커다란 약점 중 하나였던 것이다.

4.6. 번역작업을 본업과 병행해야 한다

역자가 현실적으로 처한 가장 어려운 문제는 바로 번역에 전념할 수 없는 상황이었다. 번역 사업이 보이지 않는 조직으로 운영되었기 때문에 역자들은 모두 자신의 본업은 따로 가진 채 번역을 병행해야 했다. 아무리 열정과 관심을 갖더라도, 이상만을 쫓을 수 없다. 더욱이 번역자에 대한 사회의 열악한 인식을 고려하면 『임원경제지』 번역에만 매달릴 수도 없는 노릇이다.

또한 역자 대부분이 학위 과정에 있는 이들로 구성되었기 때문에 자신의 전공과는 아주 다른 전적 연구에 오랜 기간을 할애할 수도 없었다. 이 때문에 초벌 번역 마감 시한을 무리해서 짧게 잡은 것이다.

4.7. 번역 기준이 날로 높아진다

그럼에도 구성원의 번역 기준은 날로 높아졌다. 이 사업이 프로젝트 해치우듯 상명하달 식으로 진행되지 않았기에, 번역에 대한 논의가 깊어갈수록 우리의 요구는 더 많아졌다. '제대로 된 번역을 해보자'는 애초의 취지가 약해진 것도 아니고 더 강해진 것도 아니다. 다만 '제대로 된 번역'이라는 것이 무엇인지를 시간 날 때마다 토의하고 여러 실례를 들어 벤치마킹하기도 하는 과정에서 저절로 번역이 '제대로' 되어야 한다는 암묵적 사명에 사로잡히게 된 것이다.

모였다 하면 화제가 되는 것은 바로 다음과 같은 주제들이었다. 애매한 번역을 하지 말자. 모르면 모르는 대로, 즉 역자가 이해한 방식대로 그대로 노출하자. 원문을 대조하면 역자가 어떻게 원문을 이해했는지 확실히 드러나도록 풀자. 인용 원문을 최대한 성실히 찾자. 문리로 교감하는 일은 최대한 삼가자. 좋은 사전을 최대한 활용하자. 그림이 필요한 곳은 찾아 넣든가, 찾을 수 없는 것은 그리도록 하자. 그림이 그려지지 않는 문장은 오역일 확률이 높다. 원문을 번역문과 병기하여 역자의 오역을 찾을 수 있는 구조로 가자. 표점을 확실히 찍자(쉼표 찍는 일이 가장 어렵다). 가능한 한글로 풀자. 일부러 용어를 만들지 말고 필요한 데만 용어를 쓰자……

술자리에서는 무슨 말인들 못할까. 그런데 막상 집에서 원고를 쓰다보면 우리의 주문을 실행하기가 쉬운 일인가. 거기서 얼마나 많은 갈등이 있었을지 짐작이 갈 것이다.

4.8. 독자 설정이 애매하다

번역을 어떻게 할 것인가 하는 문제는 결국 독자를 어떻게 설정한 것인가로 귀결된다. 전문가로 할 것인가, 교양인으로 할 것인가. 그도 아니면 초등학생도 이해할 수 있도록 자근자근 풀 것인가. 초반에는 교양인을 대상으로 했다가, 책의 본질을 맛 본 뒤에는 점점 전문가 대상으로 옮겨졌다. 이런 책을 일반인이 보기는 무리라는 판단에서다. 우리의 역서가 전문가 대상으로 나오면 그 뒤 대중화는 여러 전문가의 몫으로 넘기자는 것이다.

초기에 일반인으로 독자를 넓히려 했던 것은 사업 초기의 높은 의욕과도 맞물려 있었지만, 기존의 번역서가 가독성이 떨어지는 경향과도 무관하지 않다. 어려운 용어가 많고, 문장도 애매한데다가 매끄럽지 못한 번역서들을 얼마나 많이 보았던가. 전문가 대상이라도 잘된 번역은 어렵지 않을 수 있다.

우리의 시도가 완역으로 마무리되면, 이 책을 언제 재번역할 수 있을지 아무도 장담하지 못한다. 이렇게 어렵게 내는 것이니만큼 최대한 쉽게 풀어주자. 이런 의견이 주종을 이뤘던 것이다. 이제는 교양인 수준으로 맞춰야 한다는 의견이 다수이고, 이 방향으로 교정을 진행하고 있다.

4.9. 용어인지 아닌지 판단이 어렵다

문제의식만 있지 실제로 번역을 해본 적이 없는 이들이 그들의 꿈을 실현하는 일은 결코 만만치 않았다. 특히 용어 문제가 걸림돌이었다. 용어를 살릴지 아니면 풀어주어야 할지 고민스러웠다. 용어가 분명한 것은 문제될 게 없으나, 용어인지 풀어주어야 하는 글자인지도 모르는 경우는 용어로 처리하는 것이 쉬운 길이었다. 그러나 이런 적당한 타협에 맛이 들면 번역문은 걷잡을 수 없이 난해해진다.

반대로 가능한 많이 풀어주자는 입장에 있는 이들은 용어가 분명해 보이는 것조차도 전달이 쉬운 한글로 풀려는 노고를 아끼지 않았다. 그 결과 간략하게 전달할 수 있는 문장이 길어짐으로써 오히려 가독성을 떨어뜨리는 역효과가 초래되기도 했다. 과도한 열정과 친절만이 능사는 아니었다.

V. 번역의 문제 극복을 위한 노력

이런 여러 어려움을 해결하기 위해 애초에 역회(譯會)라는 분과를 세 개 만들었다. '농학역회', '생활과학역회', '의례예술역회'가 그것인데(1년여 뒤에는 '의학역회'가 추가되었다), 각 역회에는 공통 주제로 묶여지는 몇 분야의 역수(譯秀)가 소속되도록 했고 각 역회는 1개월에 1회씩 공식적인 모임을 갖도록 했다. 모임에서는 한달간 자신이 번역한 부분의 일부를 가져와 다른 역자들과 회람하면서 미해결 문제를 해결하려 했다. 한편으로는 역회마다 팀장격인 도역수(都譯秀)를 뽑아 역회를 운영했으며 도역수들과 정명현(총책임자라는 뜻으로 '총도역수'라 칭했다)이 번역 작업 전반을 논의했다.

역회가 한 회, 두 회 진행되면서 역자들은 차츰 변해갔다. 문제 해결 과정에서 여러 역수들의 의견을 듣다보면 전혀 생각지도 못한 견해들이 속출했다. 때로는 받아들여지기도 하고 때로는 거부되기도 했지만, 이런 브레인스토밍 식의 자유로운 학문 토론의 장을 통해『임원경제지』라는 책의 성격이 조금씩 모습을 드러냈고 역자들은 점점『임원경제지』에 매료되었다. 어떻게 이런 책이 만들어질 수 있는지, 이제까지 한 번도 접해보지 못한 방식의 문장과 정보에 혀를 내두르기가 일쑤였다. 물론 머리를 맞대고 아무리 답을 찾으려 해도 실마리를 찾지 못하는 경우도 있었다. 하지만 혼자라면 도저히 감당할 수 없을 것 같은 책의 비밀들이 속속 밝혀지면서 공동 연구의 위력을 새삼 실감했다.

역자들이 이 사업에 발을 들인 동기는 다양하다. 고전 번역이 논문 못지않게 중요한 학술 작업이면서 또 다른 창조 작업이라는 인식을 가지고 고전 번역을 반드시 해내야 한다는, 일종의 사명의식을 가진 이부터, 궁여지책으로 아르바이트 삼아 일단 생활비나 벌고 보자는 이까지 스펙트럼은 넓었다. 그 다양한 스펙트럼은 역회가 진행되면서 점점 하나의 초점으로 모아졌다. "이 시대 최고의 번역물을 생산한다."

그러나 진척이 원활하지는 않았다. 이 번역작업에만 매달리는 이는 거의 없었기 때문에 예정 기일을 준수하기란 매우 어려웠다. 더군다나 무지막지한 시간을 투여해야 고작 몇 줄 번역하는 암초를 만나는 경우는 더더욱 그랬다. 이렇게 여러 문제를 해결하는 방안으로 역회를 진행했는데, 이런 초벌 번역 완성 과정에서 아래에서 제시하는 문제의식이나 방법이 상당히 효과적이었다.

5.1. 번역에 대한 문제의식이 확고하다

학계에서는 번역 성과를 인정하지 않는다(그 뒤 번역 대학원이 생기면서 조금씩 달라지고 있으나, 그 영향력은 그리 크지 않은 것 같다). 따라서 번역하려는 연구자가 드물다. 그러나 번역의 중요성을 모르는 이는 없을 것이다. 번역이 논문 저술보다 어려운 작업이라는 사실도 대체로 수긍한다. 번역서의 혜택을 많이 받은 연구자는 번역의 필요성을 절감한다. 그러나 여러 이유로 번역서를 내는 일은 그야 말로 '감행'일 수밖에 없다. 학위나 업적을 위해서는 논문이 코앞에 닥친 일이라 웬만한 계기가 아니고서는 쉽게 번역에 뛰어들 엄두조차 못내는 것이다.

그러나『임원경제지』번역의 필요성과 번역 후원이라는 계기가 만들어 낸 번역 사업팀은 그동안 마음 한 켠에 묻어두었던 끼를 기꺼이 발휘할 자세가 갖춰져 있었다. 어떻게 하면 가장 좋은 번역이 될지 수많은 토론을 겪으면서 강한 동지적 연대감을 형성해 나갔다.

많은 번역서들에서 역자를 책표지에 드러내는 것을 꺼려했다. 우리는 이런 몰염치한 짓은 절대 해서는 안 된다. 번역에 참여한 모든 교열자, 편집자들도 정확히 명시될 수 있는 문화를 만들어야 한다. 고생하는 이들이 성과를 인정받는 사회적 풍토, 이제는 우리라도 나서서 만들어 가야 한다.

후원자에게 우리 번역 사업에 일체 개입하지 말도록 부탁드린 것도, 자본의 논리로 학문 활동을 구속하려는 기존 관행에서 벗어나려는 소박한 욕구였다. "마당만 만들어 주면 죽이 되든 떡이 되든 우리끼리 만들어 보겠습니다, 젊은이들의 지성을 믿어 주십시오, 우리 학문의 고양을 위해, 문화의 고양을 위해, 보이지 않은 가치의 제고를 위해!"

5.2. 열정은 드높다

이렇게 모인 소장학자들이었으니 열정이 높을 것은 당연하다. 모두들 힘을 합치면 불가능한 일도 아니라고 생각했다. 열정은 보이지는 않지만, 이런 사업에 매우 중요한 요소 중 하나였다. 역자들이 비록 학문적으로 성숙한 상태는 아니었지만, 기존의 학문 풍토에 대한 반성과 더불어 새로운 학문의 장을 어떻게 열어야 할지 고민이 많았다. 갇히고 폐쇄된 학문이 아니라 영역을 넘나들며 적극적인 소통을 통해 새 세계를 받아들일 자세가 되어 있었다.

5.3. 인터넷과 전산화 자료가 있었다

기존 자료와 사전을 열심히 뒤지는 것은 기본이다. 문제는 그렇게 뒤져도 해결 안 되는 문제들이 한둘이 아니라는 데 있었다. 『전자판 사고전서』가 없었다면 이 책의 번역은 반쪽에 불과했을 뻔했다. 검색어를 적절하게 입력하면 수천 종의 책들을 뒤져 그 구절이 있는 부분을 정확히 찾아준다. 5년 전(1990년대 후반)만 하더라도 꿈도 꾸지 못할 이야기였지만 이제 그 꿈이 현실이 되었다. 게다가 인터넷에서 검색 가능한 사이트들이 속속 개설되면서 원 출전의 원문을 대조할 수 있게 된 것이다. 한국의 민추, 국립중앙도서관 등과 대만의 바이두 등은 정보의 주요 제공처였다.

5.4. 번역 홈페이지를 활용하다

번역 사업 착수와 동시에 홈페이지를 개설하고 각개전투를 할 수밖에 없는 역자들과의 소통이 원활하도록 했다. 각종 알림 사항은 물론, 번역 원론에 대한 문제를 토론하고 번역 과정에서 각자 해결되지 않는 부분을 풀어내는 데 좋은 창구가 되었다.

5.5. 연구번역을 시행하다

이렇게 난해한 백과사전이기 때문에 번역은 반드시 '연구번역'으로 가야 한다. 번역에 근거가 될 만한 자료를 충분히 섭렵하여 번역문과 번역 주석, 그리고 교감 주석에 반영해야 한다. 번역어와 번역문이 적절하게 상응하는지 따지고, 필요한 경우는 그 근거를 밝혀야 한다. 교감도『임원경제지』내용 안에서 비교하는 본교(本校), 다른 필사본과 대조하는 대교(對校), 인용 문헌의 원문과 대조하는 타교(他校) 등을 철저하게 병행, 교감하고 교감 근거를 밝혀야 한다. 번역어 주석은 장황하게 나열해서는 안 된다. 번역문을 이해하는 데 필요한 정보만 선별해야 한다. 번역 근거에 대해서도 가능한 간략하면서도 핵심만 전달하도록 해야 한다. 더군다나 한문을 그리 오래 보지 못한 젊은 연구자들로서 오역을 최소화하는 길은 수없이 사전을 뒤적이는 것이다. 그리고 부지런히 참고 문헌이나 전산 입력된 원문들을 찾아야 한다. 수백 수천 번을 찾아 정리해야 한다. 번역 작업을 한 번이라도 해 본 사람이라면 이런 작업들이 얼마나 지루하고, 고달프고, 어려운 일인지 공감할 것이다.

5.6. 공동 교열역회(譯會)가 활성화되다

공동 교열역회에서는 한 역자의 원고를 3~5명이 검토하고 주 1회 모여 지적사항들을 논의한다. 처음에는 초고의 완성도가 높다고 생각하고, 원고를 윤문하는 수준으로 한 페이지에서 몇 가지 지적하고 넘어가면, 역회 한 번(2시간 정도)에 A4 용지 20매 정도는 소화할 수 있을 것으로 예상했다. 그러나 뚜껑을 열어보니 교열자들의 의욕은 하늘을 찌르는 듯했고, 원고에는 예상 외로 지적사항들이 많았다. 교열 시간은 4~5시간에 걸쳐 이어졌지만, 원고 검토는 기껏해야 A4 7~8매에 그쳤다.

역회는 반드시 오프라인으로만 이루어지지는 않았다. 역자와 교열자들이 서로 멀리 떨어져 자주 볼 수 없는『본리지』교열역회에서는 '인터넷 교열'이 매우 효과적이었다. 이미 서로 잘 아는 사이인지라 굳이 얼굴을 쳐다보며 진행하지 않더라도 상대의 말을 정확히 이해하고 토론할 수 있었다. 다만 그림이나 실물을 보아야 할 경우에는 인터넷에서 찾을 수 있는 자료라면 문제없지만 그렇지 않은 경우는 시간이 좀 걸리게 되는데, 이때에도 미리 그림이나 자료를 홈페이지에 올려 교열역회 때 시간을 절약할 수 있었다. 인터넷에서 쉽게 찾을 수 있는 경우는 사실 확인을 바로 할 수 있다는 장점도 있다.

교열 시작 전에 역자가 자신의 원고에 더 이상 손 볼 필요가 없는 정도로 만들어 놓아야 한다는 전제가 있었음에도 불구하고, 실제로는 그렇지 못했다. 교감이 제대로 이루어지지 않은 원고도 많아 교열자도 원문과 일일이 대조하는 작업을 미리 해두어야 했다. 더욱이 오역도 많이 발견되고 번역어 선정도 고르지 못했다. 또한 주석에 교감기를 붙이는 방식이라든지 주석에 들어갈 내용 선정이라든지, 여러 문제가 역자마다 통일성 없이 제각각인 경우가 많았다.

홈페이지는 공동 교열 체제를 시행하면서 그 역할이 훨씬 커졌다. 교열자들은 역자가 홈페이지에 올려놓은 원고를 1-2일 전에 뽑아서 거의 하루 동안에 걸쳐 검토한다. 교열자들은 여러 필사본을 대조하고, 사고전서나 바이두 등의 검색을 통해 원문을 확인하고, 사전을 찾아가며 오역을 최소화하려 자신의 모든 노력을 아끼지 않았다. 검토한 원고를 가지고 교열역회에서 또 몇 시간 동안 의견을 제시하고, 토론을 벌여야 한다. 이러다 보면 에너지가 소진해서 쉬 지치는 경우가 많다. 교열자들도 힘들었다.

교열작업이 고생스럽기는 했지만, 고생의 연속은 아니었다. 아니 오히려 공동 교열역회를 통해 역자와 교열자들은 번역자로서 다시 태어났다. 교열역회를 한 회 마치면, 다음 교열 원고를 그대로 내놓을 수 없다. 지적 사항들을 항상 의식하고 원고에 반영해야 하기 때문이다. 원고의 질이 날로 높아질 수밖에 없다.

교열자들도 얻는 것이 이만저만이 아니다. 우선『임원경제지』내용이 주는 재미에 쏙 빠졌다. 그리고 지적 사항을 찾는 일, 이것 또한 말로 할 수 없는 재미를 준다. 남의 잘못을 '공식적으로', 그리고 '마음대로' 지적할 수 있는 장이 마련되었지 않은가. 틀린 것을 찾아 그걸 지적하고 고쳐주면, 역자는 잘못을 곧장 인정하고 받아들이면서 고마워한다. 이런 과정을 거치면, 무엇이 중요한 지적 사항이고 무엇이 사소한 것인지에 대해서도 각자 기준을 갖게 된다. 이 재미에 빠져 교열이 완료되었는데도 한 번 더하자는 역자의 성화로 두세 번 씩 하는 역회도 있었다. 묘한 현상이다.

5.7. 편집위원회, 번역서의 기준을 만들고 적용하다

교열이 끝나고 역자가 지적사항을 반영한 원고는 '임원경제지편집위원회'의 검토를 거친다. 여기서 일러두기나 각종 기준안들이 철저하게 적용된다. 여러 수준의 원고들이 거의 균일하고 통일된 방식으로 변모하게 되는 것이다. 교열, 윤문, 교감, 표점, 주석 등을 빠짐없이 살핀 뒤, 역자와의 조정을 거친 원고는 출판사로 넘겨진다.

출판사로 넘긴 뒤에도 편집위원회와 편집자와의 지속적인 교감은 중요한 과정이다. "대한민국에서『임원경제지』원고를 제대로 교정할 수 있는 출판사는 없다"는 한 중견 출판인의 말을 되새겨 볼 때, 편집위원회와 역자, 그리고 출판사의 공조 체제는 성공적인 출판을 위해 필수불가결한 조건이다. 특히 프로그램에서 지원되지 않은 한자가 수두룩한 책인데다가, 한자에 익숙한 편집인이 희귀한 상황에서 한자가 온전히 박히는지 확인하는 일도 보통 일이 아니다. 공들여 만들어놓은 교감본이 순식간에 엉터리 교감본이 될 여지가 언제든지 있는 것이다. 한편 역자의 의도를 최대한 살리기 위해서라도 출판사와의 소통에 적극적이어야 한다.

5.8. 전문 감수자의 실질적인 감수를 받다

이렇게 여러 방면으로 약점을 보완하려 했지만 완벽할 수 없었다. 역회에서도 해결되지 않은 부분은 이제 더 이상 손을 쓸 수 없는 상태에 도달한 것이다. 내부 역량의 발휘는 여기까지였다. 외부 전문가의 감수가 필요한 시점이다.

감수는 세 분야로 나누어 의뢰해야 했다. 한문 문장에 대한 감수, 전문 내용에 대한 감수, 교감 및 표점 감수 등이 그것이다. 책의 특성상 어느 한 분야에만 의뢰할 수 없었다. 번역 사업의 출발이 그러했듯이 모든 과정은 명과 실이 상부해야 한다는 것이 우리의 확고한 의지다. 이름만 빌리는 감수는 절대사절이었다. 실질적으로 모든 문장을 꼼꼼하게 재점검할 수 있는 전문가가 필요했기 때문이다.

『본리지』(2009년 3책 출간) 감수 결과는 아주 성공적이었다. 한문 문장을 감수한 한국고전번역원 정선용 선생님은 전혀 예상치도 못한 문장에서의 오역들을 잡아내셨다. 역시 문리의 문제를 실감하는 계기였다. 전문 내용을 감수한 한국농업사학회 김영진·구자옥 선생님은 농사 관련 용어를 유려하게 풀어주셨다. 사전의 풀이에만 익숙했던 역자들로서는 결코 생각해낼 수 없는 용어를 제시했고, 경직된 단어를 쉬운 말로 바꿔주었다. 교감 및 표점을 감수한 표점교감연구회 박은희 선생님은 세계적으로 통용될 수 있는 표준 표점을 강의해 주고, 이를 원고에서 꼼꼼하게 반영해 주셨다. 이 과정에서 오식이나 오자를 찾아내고, 역으로 표점을 통해 결정적 오역을 지적해주었다.

감수 결과로 원고는 훨씬 업그레이드된 것이다.

5.9. 모르는 것에 대해서는 모르겠다는 주석을 달다

이 모든 공정을 거쳤어도 해결되지 않는 곳이 남는다. 이제 어쩔 수 없다. 모른다고 할 수밖에. 역자들은 초고에서부터 자신 없는 번역이나 주석에 밑줄을 긋기로 했다. 교열역회에서 해결이 되었다면 밑줄은 사라지겠지만 그렇지 못할 경우 끝까지 남는다. 결국 '나는 잘 모르겠다'는 주석을 달고 후일의 군자를 기다려야 할 것이다.

모르는 것은 모르겠다고 밝히자는 기조는 초기부터 줄기차게 강조해왔던 바다. 작금의 번역 풍토에서는 있을 수 없는 일이지만, 모르는 것을 확실하게 밝혀 독자의 이해를 도모한다는 취지가 들어있다. 기존의 번역서에서는 무엇을 역자가 잘 모르는지 잘 드러나지 않는다. 아니 모르는 것이 드러나지 않게 애매하게 처리하는 번역이 역자의 미덕인 것으로 잘못 인식되었는지도 모른다. 이래서는 학문은 축적되지 않는다. 발전하지도 않는다.

모른다고 이실직고함으로써, 역자의 이해 정도를 가늠하고 여기서 발 딛고 더 나아갈 수 있는 여지가 생기는 것이다. 완벽한 번역서를 낼 수 있는 역자는 지구상에 존재하지 않는다. 그러나 모르겠다는 주석을 내기는 쉽지 않다. 모른다는 말 한마디는 알 수 있는 수단을 모두 강구한 뒤에 나오기 때문이다. 아주 쉬운 문제를 모를 수도 있다. 그래도 모르는 것은 모르는 것이다. 이를 감추려 해서는 안 된다. 두려워해서도 안 된다.

진정으로 두려운 점은, 역자가 알았다고 판단한 내용들이 사실은 모르는 것이었다고 밝혀지는 일이다. 무엇을 모르는지 모르는 것이 정말 무서운 것이다. 여기까지 오면 역자의 역량을 떠난다. 다만 알고 있다고 착각한 것들이 역자의 노력으로 최소화되기를 빌 뿐이다.

VI. 『임원경제지』의 현대적 활용

그러면 『임원경제지』는 지금 얼마나 유용한 책인가. 어떤 분야에서 어떻게 활용될 수 있는가. 여기서는 이 점에 대해 좀 더 구체적으로 살펴보기로 한다. 『임원경제지』 같은 유서류(백과사전류) 고문헌이 저술되는 가장 큰 목적 중 하나는 실용성의 추구다. 유서류가 등장한 초기부터 유서류 문헌은 비슷하거나 같은 주제를 묶어 시문이나 전고(典故) 등을 한꺼번에 열람할 수 있도록 저술되었다. 글을 쓸 때 특히 특정 분야의 주제어나 주제를 모아놓은 모음집이 있으면 글을 전개하는 데 글쓴이의 주장이나 감회 등을 훨씬 풍성하게 풀어낼 수 있다. 이런 모음집으로는 권문해(權文海, 1534~1591)의 『대동운부군옥(大東韻府群玉)』이나 김육(金堉, 1580~1658)의 『유원총보(類苑叢寶)』 같은 유서가 대표적이다. 이처럼 유서류 고문헌은 새로운 지식을 생산하기 위한 기초 자료를 제공함으로써 지식을 향유할 수 있게 한다는 점에서 '실용적'이다. 따라서 다른 분야의 고문헌과 마찬가지로 인문학 토대 확충, 문화 콘텐츠 확보라는 고전 번역 본연의 목적에 부합한다.

이와 더불어 유서류 고문헌은 공구서 역할을 한다는 점을 고려해야 한다. 다른 고문헌을 이해하기 위한 공구서가 부족한 현실을 감안할 때 공구서 번역물의 확대는 학문적 토대를 쌓는 일과 다름없다. 공구서의 중요성에 대한 인식이 학계에 여전히 부족하지만 조선의 공구서를 하나하나 한글로 풀이해낸다면 전통사회를 이해하는 데 크게 기여할 것이다.

또 한편으로 유서류 문헌은 일상생활을 영위하는 데 필요한 지식도 다룬다. 예를 들어 농사법, 요리법, 건축법 등이 그것이다. 이들은 지금의 '실용서'로 분류되는 분야와 흡사한 측면이 있다. 이 실용서에는 생명 유지에 필수적인 지식이나 정보가 들어 있기도 하고 문화나 예술, 취미처럼 생명 유지가 보장된 뒤에나 가능한 여가의 지식정보도 있다. 요즘 들어 부쩍 관심이 늘어나는 분야가 바로 이곳인데, 현대인들이 여가를 활용하여 직장에서는 할 수 없었던 또 다른 삶을 모색하는 데 많은 시간을 보내고 있다. 이들 대부분은 '레저'나 '오락'으로 표현되는 현대적 취미활동을 하거나 여행을 가지만, 과거부터 조선에서 이어져 온 문화 활동 등에도 관심을 갖는 경향이 늘고 있다.

그러므로 유서류 문헌 번역의 필요성을 짚어갈 때 이 같은 학술적 차원의 중요성과 더불어 또 하나 고려해야 할 사항은 일반 대중의 관심이 높다는 점이다.[37]『임원경제지』를 번역하는 임원경제연구소에서는 번역문을 만들어 내는 데 그치지 않고, 실용 정보를 실제 현장에서 활용하는 데까지 관심을 뻗고 있다. 이 과정에서 특정 분야 종사자나 일반 시민을 많이 접하게 되는데, 이들을 통해서『임원경제지』에 대한 뜨거운 관심을 확인하게 된다. 대부분이 이 책의 존재나 이름조차도 모르지만, 그 속의 콘텐츠를 소개해주면 듣는 이는 하나같이 놀란다. 조선시대에 이토록 실용적인 책이 있었다는 데 놀라고, 실용서를 최고위 관료가 저술했다는 데 놀라고, 그토록 많은 분량을 한 사람이 평생 저술했다는 데서 놀라며, 오늘날에도 현대인에게 실용성이 큰 책이라는 데서 놀란다.『임원경제지』의 경우, 번역

---

[37] 공구서로서의 유서류의 역할이나 정본화를 통해 학술적 자료를 구축해야 한다거나 '연구 번역'을 보다 깊이 있게 진척시켜야 한다는 등의 학술적 차원의 중요성에 대해서 이 글에서는 다루지 않았다.

서에 대해 전문 연구자 못지않게 일반인의 관심이 크다. 『임원경제지』에 소개된 농사, 음식, 건축, 의학 등의 내용은 모두 '삶의 질 제고'와 관련 있는 분야이기도 하다.

일반인도 이 책에서 궁금해하는 대표적인 예가 '농사'이다. 과거에는 목숨을 부지하기 위해 필사적으로 온 가족이 동원되어 노동력을 투입해야 했던 농업은 이제 크게 변모되고 있다. 각박한 도시생활에 염증이 난 도시민들이 농경의 기억을 되찾고 싶어하는 경향이 늘면서, '주말농장'이나 '도시농업'이 인기를 얻고 있는 것이다. 지금은 작물 재배 기간이 비교적 짧은 상추·고추·무·배추 등 채소류 농사에 대한 관심이 비교적 많은 편이나, 이에 익숙해지면 머지않아 벼·보리·밀·콩·수수 등 곡식 농사로 확대될 전망이다. 대도시에서는 땅 부족으로 베란다나 옥상 같은 공간에 '상자텃밭'을 만들기도 하고 자투리땅을 조금씩 일구기 때문에 규모 있는 농사는 엄두도 낼 수 없다. 하지만 고양이나 파주 같은 중소도시의 근교에는 지금도 비교적 넓은 농지를 확보할 수 있다.

그런데 이런 곳에서 행해지는 주말농장이나 도시농업은 대부분 농촌에서 행하는 '관행농업'의 농법을 모방하는 데 급급하다. 즉 석유로 작동하는 트랙터를 들여 밭을 갈고 두둑을 만들면, 그곳에 각종 비료를 넣어 만들어놓은 모종을 종묘상에서 구입하여, 출처가 불분명한 분뇨나 음식물 찌꺼기로 공장에서 만든 퇴비를 뿌리고, 잡초가 못 자라게 석유로 만든 검정 비닐로 흙을 덮으며, 여기에 석유화학비료를 주기도 한다. 가족이 먹을 작물이라 농약까지 치지는 않겠지만, 고추 같은 병충해에 약한 작물에는 농약을 주기도 하고 심지어는 제초제까지 뿌리기도 한다. 이렇게 지은 농산물이 과연 농가에서 대량으로 생산하는 농산물보다 얼마나 더 안전할지 의문이다. 도시에서의 농사가 환경오염을 일으킬 소지가 충분히 있는 것이다. 이런 문제의식 때문에 정부에서도 '유기농'이나 '친환경농업'이 아닌 농사를 억제하려 한다.[38] 그러나 '도시농부'들이 시행하는 농법은 대부분 일본이나 유럽 등에서 새롭게 모색한 유기농법을 수입한 농법이다.

이 같은 상황에서 우리 조상들이 수천 년 행했던 농업이 다름 아닌 '유기농'이요, '친환경농업'이라는 점에 주목한 일군의 사람들도 있다. 그들은 '전통농업'이 이 땅에 존재했음을 인식하고 이미 사라지거나 사라지고 있는 전통농법을 되살리는 노력에 앞장서고 있다. 농약, 화학비료, 검정 비닐 등을 쓰지 않고서 농사를 짓고 싶어하는 귀농인과 도시농부가 늘면서, 이들은 현대 농업에서 쓰이는 여러 기계나 도구가 개발되기 이전, 즉 조선시대의 전통농사법에 자연스럽게 관심을 기울이기도 했다. 유기농업이니 친환경농업이니 하는 새로운 대안 농업이 사실은 모두 조선에서는 그냥 농업이었기 때문이다.[39] 자본주의적 세례를 받지 않고 오로지 자연의 재료에서 만든 농기구를 이용하여 인간의 노동력만 투여함으로써 생산하는 농작물이라면 작물뿐 아니라 흙에도 적어도 '석유 농업'의 폐해가 없으리라는 기대는 쉽게 할 수 있을 것이다. 조선시대의 농업, 즉 전통농업을 알고 싶어하는 이유가 바로 여기에 있다.

조선의 전통농법은 밭의 경우 사이짓기(간종), 그루갈이(근경), 섞어짓기(혼종)가 대표적이고, 논의 경우 모내기법, 건부종법(건파법) 등이 대표적이다. 그러나 『임원경제지』에서는 이 같은 밭의 농법을

---

38) "도시농업의 육성 및 지원에 관한 법률" 제3조 2항에는 "도시농업인은 환경친화적인 농법을 사용함으로써 안전한 농산물을 생산하도록 힘써야 하고, 도시농업에 사용되거나 이용된 농자재 등을 안전하게 관리 또는 처리함으로써 생활환경이 오염되지 아니하도록 힘써야 한다."고 명기하여 석유농법을 지양하고 친환경농법을 쓰도록 했다.

39) 물론 조선의 농업에 대안이 모두 들어 있지는 않다. 대안 모색의 주요한 자료 중 하나라는 뜻이다.

특히 비효율적 농법으로 지목하며 '견종법(畎種法)'으로 전면 개선해야 한다고 주장했다. 두둑이 아니라 고랑에 재배하는 견종법은 조선 시대에도 거의 활용되지 않았고 지금은 완전히 사라진 농법이다. 1보(6척) 너비의 두둑에 너비와 깊이가 각각 1척(약 23센티미터)인 고랑을 3개 내어 고랑에 파종하거나 모종을 옮겨 심는 이 재배법을 『임원경제지』의 저자 서유구가 강조했던 이유는, 당시에는 넓은 두둑을 조성하여 두둑에 바로 흩어뿌려서 재배하는 만종법(縵種法)이 지배적인 농법이었지만, 이 농법이 발아율이 떨어지고 제초나 북주기가 힘들며 수확량도 떨어지는 비효율적 농법이라고 판단했기 때문이다.[40]

또 채소나 약초 같은, 곡물 이외의 농작물을 재배하기 위해서는 휴종(畦種)을 해야 한다는 서유구의 주장도 같은 맥락이다. 휴종은 휴전(畦田)에 재배하는 농법인데, 휴전은 논 모양으로 만든 소규모의 밭이다. 봄 가뭄이 잦은 조선의 풍토에서는 여기에 재배해야 가뭄을 극복할 수 있다고 판단한 까닭에서다.[41]

이처럼 견종법이나 휴종법 같은 농법은 조선에서도 시행된 적이 거의 없는 농법임과 동시에 조선의 농법을 개선하기 위해 서유구가 특별히 제안한 농법이기도 하고 현재에도 적용해본 적이 없기 때문에, 지금 시대에도 충분히 시도해봄직하다. 여러 귀농인과 도시농업인에게 이런 농법을 전달할 때마다 나는 그들의 호기심 어리고 진지한 반응에서 전통 농업에 대한 적지 않은 기대를 읽을 수 있다.

농사는 농법 그 자체의 적용에서 끝나지 않는다. 농사를 짓는 과정

---

40) 정명현, 「본리지 해제」, 앞의 책, 429~432쪽 ; 정명현(2010), 「조선후기 견종법 보급설 논쟁 검토」『한국 과학사 50년 한국 과학 50년』(한국과학사학회 창립 50주년 기념 학술대회 자료집), 한국과학사학회, 15~32쪽 등 참조.
41) 정명현, 「관휴지 해제」, 위의 책, 501~509쪽 참조.

에서 자생하는 복합적인 '공동체 문화'를 추구하는 데까지 이른다. 이 때문에 개인주의적 삶을 벗어난 공동체적 삶의 지향이나 석유 없는 시대의 대안을 모색하는 일에서도『임원경제지』같은 문헌이 좋은 참조가 된다. 농업(도시농업), 원예, 축산, 수렵, 어로, 옷감, 염색, 건축(주거문화), 공예품, 음식, 양조, 뒷간, 에너지(연료), 의학, 양생, 생태적 삶 등을 통해 성취하고자 하는 인간다운 삶의 문화에 대한 '실용풍'의 향수와 갈망이 현대인에게 늘면서 앎에서 끝나지 않고 이를 현장에서 적용해보려는 새로운 시도가 많다.

최근 부쩍 그 움직임이 활발한 도시농업 운동은 세계적으로 확산 일로의 추세이다. 이에 발맞추어 정부에서도 "도시농업의 육성 및 지원에 관한 법률"을 제정하여 2012년 5월부터 시행하고 있다. 특히 우리나라의 경우 도시농업의 확산은 '전국귀농운동본부'에서 2005년에 운영하기 시작한 도시농부학교가 기화가 되었다. 수많은 도시인들이 농사를 배우기 위해 이 학교를 찾았다. 지금은 수도권에만 30여 군데, 전국의 웬만한 도시에 없는 곳이 없다. 도시농업운동에 앞장선 정용수 전국귀농운동본부 대표, 안철환 텃밭보급소 소장 등은 전통 농법을 도시농업에 접목하기 위해 현장 조사와 실험을 끊임없이 시도했고『임원경제지』에 나오는 전통 농법 연구에 몰두했다.

"도시에서 농사를 짓자고 주장하는 것도 이와 같이 농사와 인간과의 오랜 역사 속에 작동해온 생명의 회로를 삶의 현장에서 복원하기 위함이다."[42]라는, '흙과 도시 포럼'이라는 모임의 주장도 이와 연장선상에서 파악할 수 있다. 이 모임에서는 흙을 살리고, 공동체를 살리고, 도시를 살려 문명사적인 전환을 꾀하기 위해서는 바로 도시에 농사짓는 일부터 출발해야 한다는 확신을 갖고 있다. '흙과 도시 포

---

42) 흙과 도시 포럼,「흙과 도시 생명 선언」, 2012년 11월 8일.

럼'은 "도시에서 흙과 농사, 그리고 농사와 지역공동체를 되살림으로써 농업의 가치를 재인식하고, 나아가 전 지구적인 대순환의 회복을 위해" 뜻을 함께하는 시민, 농업전문가, 예술가, 관계당사자들이 2012년에 결성한 단체이다. 이들은 "도시농업에 대한 근원적인 탐색과 정보 공유를 목적으로 (중략) 서유구 선생이 200여 년 전 스스로 농사를 지으며 생각했던 농사의 기본 가치와 농사짓는 법 등을 자세하게 기록해놓은 『임원경제지』와 같은 고전들을 읽고 토론"하면서 "도시농업에 대한 철학적 가치와 지속가능한 실천방안들을 모색"하고 있다.[43] 이처럼 『임원경제지』는 농업을 바라보는 눈이 달라진 이 시점에서 생태농업과 도시농업의 새로운 고전으로 자리 잡고 있다.

전통 음식을 재현하여 현대적으로 재창조하려는 움직임도 다양하다. 일례로 충북 괴산에서 '평화가깃든밥상학교'를 운영하는 자연식 요리전문가 문성희 대표는 『임원경제지 정조지』에 나오는 방식대로 음식을 재현함으로써 전통음식을 새롭게 인식하고 있다고 한다. 문 대표는 "『규합총서』, 『음식디미방』, 궁중음식 등 음식에 관한 옛 문헌들이 많지만 그 책의 내용들은 손이 많이 가고, 복잡한 요리들이어서 자연 요리로 요즘에 맞게 풀어내기엔 어려움이 많았던 터라 (『임원경제지』를 보고) 눈이 확 뜨이는 느낌"이었다고 회고했다. 또 『정조지』에 수록된 음식에 대해 "아주 오래 전에 이런 약성 음식이 일반적으로 상에 올랐다는 놀라운 사실과 여러 세대에 걸쳐 흘러온 것이 우리의 삶 속에 재창조되어서 다른 모양으로 만들어내게 된 자연요리인 것 같아서 감사한 마음이 불쑥불쑥 올라왔"다면서, "요란스럽지 않으면서도 향, 맛, 모양의 어우러짐이 우리나라 고유한 품격을 고스

---

43) 이시재, 「도시에 農의 문화감수성을 입히다 - 〈흙과도시〉의 새로운 도시농사」, 『함께 사는 길』, 2013년 5월호.

란히 드러내"고 있다고 평가했다.[44] 문하생과 4년째『정조지』의 요리를 재현하면서 문 대표는『정조지』의 요리야말로 전통음식의 세계화에 가장 적합한 레시피임을 확인했다. 이를 통해 자연요리의 뿌리와 정통성을 부여하는『정조지』의 수많은 요리 중 일부만이라도 선별하여 인문학이 결합된 맛깔스런 요리책을 대중에게 선 보인다면, 진정한 한국 음식의 원류와 그 특성을 재조명하는 데 커다란 기여를 할 수 있다는 확신을 갖게 되었다고 한다.

전통주를 빚는 일에도 사람들의 관심이 뜨겁다.『산림경제』나『임원경제지』등 여러 실용서에 실린 전통주 빚는 법을 오랫동안 연구, 실험해온 '한국전통주연구소'의 박록담 소장에게 양조법을 배운 이들은 셀 수 없을 정도다. 임원경제연구소에서도 번역에 정확성을 기하고 재현 가능성을 확인하기 위해 168종이나 소개된『임원경제지』의 양조법 일부를 실험하고 있다. 그 과정에서 사람들에게 청주의 일종인 '부의주(浮蟻酒)'를 권하면서,『임원경제지』에 나오는 방식대로 빚은 술이라고 소개하면 일단 그들은 조선의 고전에 근거했다는 점에 넘어가고, 지금까지 맛보지 못한 오묘한 맛에 넘어간다. 그리고 곧장 부의주 빚는 법을 배우고 싶다는 반응으로 이어지기 일쑤다. 여기서 더 나아가 최근에는 대중에게 조상들이 즐겼던 품격 있는 술맛을 선보여야 한다는 취지에서 아예 전통주 도가를 만들자는 제안이 몇 군데서 들어오고 있다.

전통 한옥에 대한 갈증도 이에 못지않다.『임원경제지』중 주거지와 관련된 내용만을 편역한 안대회 교수의『산수간에 집을 짓고』는 한옥 건축가나 이를 꿈꾸는 이들에게는 교과서나 다름없는 책이 되었다. 건축가 황두진은 "아파트에 익숙해져 있는 현대인들에게 이

---

44) 문성희(2013),『문성희의 쉽게 만드는 자연식 밥상: 내 몸 살리고 자연과 하나 되는 힐링 푸드』, 반찬가게, 191쪽.

책은 주거의 근본적인 문제로 다시 돌아가 생각할 수 있는 흔치 않은 기회를 제공한다. (중략) 실물 건축을 다루는 건축가의 입장에서 보면 이 책은 일종의 실험 실습서와 다름없다. 평소에 우리가 별로 중요하다고 생각하지 않은 것, 아니 그런 것이 문제라고 생각하지도 않았던 것들에 대한 자세한 설명이 실려 있기 때문이다. 거기에 이를 바라보는 서유구의 생각까지 드러나 있으니 금상첨화다. 실제로 이 책의 내용 중 상당수는 지금이라도 현장에서 실천해볼 만한 것들이다. (중략) 이 책이 주는 감동은 무엇보다도 그 실용적인 태도에 있다.”며 전통이 단절되지 않았다면 일찍부터 “아마도 이 책은 이중환의 『택리지(擇里志)』 등과 더불어 우리나라에서 건축 공부를 하는 학생들에게 기초적인 필독 도서의 하나로 권해졌을 것”이라 확신했다.[45]

한지를 복원하는 데 몰두하는 차우수 ‘한지산업진흥회’ 회장은 임원경제연구소에서 제공한 『임원경제지』의 한지 설명 대목을 접하고서 “세계적으로 우수한 우리 한지의 산업화에 헌신해 오면서 늘 아쉬웠던 것은 전통 한지에 대한 홀대와 무관심, 소략한 기록이었다. 이런 갈증을 최근 한방에 날려버린 것이 바로 이 『임원경제지』이다! 우리나라 한지뿐만 아니라 당시 중국·일본을 포함한 동아시아의 한지 및 붓, 먹, 하다못해 서책과 그림의 모든 것이 담겨 있다. 가히 동아시아의 실용지식 창고라 할 만하다.”고 찬탄한다.[46] 장인의 기술 전수가 도제 방식이다 보니 한지 제조법을 체계적으로 남기지 않았던 조선의 상황을 아쉬워하던 차에 『임원경제지』의 종이 기록을 알게 된 것이다.

이상과 같은 『임원경제지』에 대한 관심은 곧장 번역서에 대한 관

---

45) 황두진, “왜 그 집터를 골라 집을 지으셨나요?”, 『프레시안』, 2005년 8월 4일 자.
46) 서유구 지음, 정명현·민철기·정정기·전종욱 외 옮기고 씀, 위의 책, 추천사.

심으로 이어진다. 번역되지 않은 한문을 읽을 수는 없기 때문이다. 최근의 이 같은 변화는 '위에서부터의 변화'가 아니라 '아래에서부터의 일상 변화'를 보여주는 조짐으로도 볼 수 있다. 복식, 의학, 건축, 농업, 요리 등 비인문학 전문가들의 큰 주목거리가 되고 있으며 더욱이 일반인도 누구든 시도가 가능한 영역이 있기 때문에 그 실용성에 더욱더 목말라 하고 있는 것 같다. 철학적 사유나 정책 제안서처럼 아이디어 차원에서 머물지 않고 일상에서 바로 시도할 수 있으며 그 효과를 당사자가 곧장 느낄 수 있으므로 그 내용에 더 매료되고 있는 것이 아닌가 하는 생각이다.

한편 국가적 차원에서 조선의 '전통지식'을 담지한 실용백과사전은 날로 그 중요성이 커지고 있다. 우선 전통 방식으로 의식주를 해결하면서 취미나 예술 활동을 해나가는 새로운 마을 조성이 가능하다. 예를 들어 밀이나 벼 재배법을『임원경제지』에서 제안한 방식으로 논밭이나 작은 텃밭 또는 주말농장 등에서 적용한 뒤, 여기서 얻은 수확물로 역시『임원경제지』방식으로 술이나 음식을 만들 수 있다. 전통 가옥을 전통 재료와 전통 방식으로 짓고 정원을 꾸미며 삼이나 모시·면화·뽕나무를 재배하고 누에치기를 하여 옷감을 생산할 수 있다. 이와 같은 전통 문화의, 다양하면서도 일상 삶에 적용 가능한 콘텐츠에 주목한 지자체에서는『임원경제지』의 콘텐츠를 현대적으로 펼쳐내어 '임원전통문화마을' 같은 융복합 공간을 기획, 추진하기도 했다. 농촌이 단지 농업을 수행하는 1차 산업의 공간일 뿐 아니라, 문화적이고 통합적인 관점에서 자연·생태·역사·문화가 어우러지는 콘텐츠를 담기에 최적의 공간임을 주목하여 충북 진천군에서는 대규모 부지에 '임원전통문화마을'을 조성하려는 계획을 세우고 있다. 이 같은 새로운 융복합공간은 농업의 '6차산업화'로의 전환을 시도하는 좋은 사례가 될 것으로 기대하고 있다. 농업이 생산·가공·유통의 개별적 산업의 대상이라는 인식에서 벗어나 그 지역의 문화 및 전통과 접목하여 관광, 레저, 체험, 일자리 창출, 고부가가치 창출 등으로 재탄생시킬 수 있는 산업이라는 새로운 관점을 도입한 시도인 것이다. 진천군의 이 시도를 가능하게 한 핵심적인 콘텐츠가 바로 『임원경제지』였다. 『임원경제지』 16개 지(志)에 들어 있는 각각의 테마를 새로 만들 전통마을에 적용하여 실제적인 효과를 얻을 수 있겠다는 판단이 작용한 것으로 보인다.[47)

다음으로, 국가 정책을 뒷받침하는 '전통지식'으로서의 소스북 역할을 수행할 수 있다. 최근 '나고야의정서'의 생물다양성 협약에 대비하여 생물유전자원 전통지식을 통해 창출되는 이익을 공유하고 이를 산업화하여 부가가치를 창출하려는 움직임이 농림축산식품부, 미래창조과학부, 환경부, 문화체육관광부, 산업통상자원부 등 정부의 여러 부처에서 이미 활발하게 이루어지고 있다. 나고야의정서는 "생물유전자원의 접근 및 이익 공유"에 대한 국제적 협약으로, 2014년에 발효될 것으로 예상한다. 이 의정서에서는 생물유전자원뿐 아니라 이에 관한 '전통지식'도 보호되어야 하고 이익도 공유되어야 한다고 명시하고 있다. 이전에는 '생물유전자원' 확보와 활용에만 관심을

---

47) 진천군에서는 2013년 5월 「"충청북도 창조농업경제" 발전을 위한 『新임원경제지 프로젝트』」라는 주제로 충북에 2014년도 사업을 신청해놓은 상태이나 충북에서는 이에 대해 아직 조심스럽게 접근하고 있는 듯하다. 이 같은 사업은 대형사업이어서 다각적인 측면에서 사전에 치밀한 타당성 검토와 연구가 필요하다. 지역의 자연환경을 훼손하지 않으면서 환경을 잘 활용한 설계와 공동체문화가 살아있는 전통문화가 잘 어우러진, 재미있고 유용하여 거주자나 방문자나 삶의 의미를 풍부하게 해주는 마을이 되어야지 산천을 무자비하게 파헤쳐 전시용 '새마을'을 만드는 우가 반복되어서는 안 된다. 예를 들어 마을 조성을 위한 토목·건축공사도 대형굴삭기나 크레인 등 현대 장비를 쓰지 않거나 최소화하고, 전국의 신청자를 접수해 전통 방식으로 공사를 시도할 수도 있을 것이다.

기울였지만, 이제 대한민국도 전통적으로 계승된 법제, 가공법 등 여러 활용법이 지적재산권이 되는 협약가입국으로서 미래를 대비해야 한다. 미국 등 구미 여러 나라에서는 이미 전통지식의 산업화를 통해 막대한 부가가치를 창출하고 있다.[48]

나고야의정서에 대비하여 2013년 2월에 발효된 "생물다양성 보전 및 이용에 관한 법률"[49]에 따르면 '전통지식'을 활용하는 과정에서 나오는 이익을 공유하고 이를 산업화하기 위한 대책을 정부 차원에서 강구하고 있다. 이 법률에서는 '전통지식'의 정의를 "생물다양성의 보전 및 생물자원의 지속가능한 이용에 적합한 전통적 생활양식을 유지하여 온 개인 또는 지역사회의 지식, 기술 및 관행"이라 내리고서,[50] "정부는 전통지식의 보전 및 이용을 촉진하기 위하여 (중략) 1) 개인과 지역사회의 전통지식 발굴·연구 및 보호, 2) 전통지식 정보수집 및 관리시스템 구축, 3) 전통지식 활용을 위한 기반 구축"의 시책을 추진해야 한다고 명시했다.[51] 생물다양성을 보전하고 생물자원을 지속가능하게 이용할 수 있는 방안을 '전통지식'에서 찾고 있는 것이다. 예를 들어 식물이나 동물을 활용하여 질병을 치료하는 법이 전통지식에서 발굴되면 그 지식을 근거로 특허를 낼 수 있고, 따라서 특허 받은 전통지식에 바탕 한 치료법을 타국에서 사용하게 될 경우 로열티를 특허 소유국에 지불해야 한다. 이는 대한민국뿐 아니라 나고야의정서에 동의하는 나라들도 동시에 추구하는 전 세계적인 추세이다.

농촌의 삶에 필요한 지식을 모은『임원경제지』에는 당연히 먹을

---

48) 김현·송미장(2011),『생물유전자원 전통지식의 이익공유와 산업화-나고야의 정서 대비-』, 월드사이언스, ix쪽.
49) 이 법률은 2012년 2월 1일 제정되고 2013년 2월 2일에 시행되었다.
50) "생물다양성 보전 및 이용에 관한 법률" 제1장 제2조 6항.
51) "생물다양성 보전 및 이용에 관한 법률" 제4장 제20조.

수 있는 동식물을 기르거나 재배하는 여러 지식뿐 아니라, 이를 인간 생활에 도움이 되도록 활용하는 방안들로 가득 차 있다. 이런 이유 때문에 고문헌에 그다지 관심이 없을 것 같은 정부 기관에서도 '생물자원' 활용을 위한 기반을 구축하기 위해 다양한 방식으로 전통지식을 발굴하고 있는 것이다. 이제까지는 주로 현장 조사를 통해 획득한 민간의 전통지식 발굴에 주로 관심을 가졌지만, 고문헌에 수록된 전통지식 발굴과 연구도 몇몇 정부 출연기관을 중심으로 점점 확대, 심화될 전망이다. 이 같은 노력은 한국에 면면히 전하는 실용학을 현대에 응용하려는 일이자 생물유전자원 경쟁 시장을 유리하게 점유하려는 국가 정책이 반영된 결과이다.

마지막으로, 과학계에서는 신약 개발의 가능성을 타진하기도 한다. 한의사이자 의과학자인,『임원경제지 인제지』책임 역자 전종욱 박사는 번역 과정에서 얻은 기초 데이터를 적극 활용해 현대의학과 접목시키고 있다. 즉 의학을 다룬『인제지』에 수록된 수 천 종의 '병증'과 '약물' 사이의 다양한 상관관계를, 텍스트 마이닝(Text Mining) 기법을 이용해 다각적으로 분석해 내는 데 성공한 것이다. 텍스트 마이닝은 형태와 구조가 복잡해 정형화 되지 않은 대규모 문서(text)에서 의미 있는 정보를 추출하는 기법이다.[52] 여기에 더 나아가 약물의 주요 구성 성분을 분석한 현대과학의 성과를 적용하여 신약 개발의 교두보를 마련할 수 있는 기반 구축 연구가 카이스트의 한 실험실에서 진행 중이다. 신약 개발까지는 수많은 절차가 필요하고 예상하지 못한 난관들이 기다리겠지만 동아시아에 수 천 년 쌓인 임상의료 결과를 집적한『인제지』의 전통의학 '빅 데이터'는 질병 치료의 가능성까지 기대하게 한다.

---

[52] 정용찬,『빅데이터』, 커뮤니케이션북스, 2012.

VII. 맺음말

이상에서 『임원경제지』 번역 사업 과정과 내용, 그리고 이 책의 다양한 활용가능성을 위주로 이야기했다. 번역 과정에서 빚어진, 전북대 쌀·삶·문명연구원에서 출간 지원을 일부(『본리지』) 받다가(2008~2009년) 쌀·삶·문명연구원과의 갈등으로 공조를 그만 둔 일은 매우 복잡한 상황이 얽혀 있어 여기서는 생략하기로 한다. 공조 파기 후 전북대 쌀·삶·문명연구원에서는 자신들과 출간하자고 우리 연구소 역자를 회유하기도 하고, 임원경제연구소의 번역 파일을 무단으로 도용, 출간하고서 그런 번역 파일은 본 적도 없다며 시치미를 떼기도 했다.[53] 그 과정에서 연구소 내부에서도 갈등이 격화되어 일부 역자가 회원을 탈퇴하는 결과를 빚기도 했다. 이런 사태를 겪으면서 임원경제연구소는 사건 전말의 사실 확인을 두고 걷잡을 수 없는 소용돌이에 휘말렸다. 사실 확인이 된 뒤로도 그 상처는 아물 기미가 없었다. 떠날 사람은 떠났고, 실망한 일부 역자는 애정이 식을 대로 식었다. 이미 예상된 일이었지만 막상 당하고 보니 힘이 빠지지 않을 수 없었다. 하지만 거작이 어찌 쉬 나왔던가. 서유구 선생도 18년 간 야인 생활의 고초 속에서 『임원경제지』의 뼈대를 구축하고 살을 붙였다. 시련은 극복되어야 할 것이다.

'실용성'이라는 책의 특징으로 인해, 일반 대중에게 『임원경제지』가 집 짓고 농사짓고 술 빚고 요리 해서 자신들이 일상 삶의 개선에 도움이 되는 지식의 원천임을 깨닫게 하는 기회를 제공하고 있음을 위에서 확인했다. 『임원경제지』 번역 과정에서 접했던 다양한 반응과 현상은 지금 사람들의 전통문화에 대한 욕구가 다층적으로 확대

---

53) 번역연구 윤리를 침해한 이런 유의 비열한 행위에 대해 학술적인 공론화가 절실하다.

되는 지표로 볼 수 있지 않을까 조심스럽게 추측해본다. 그러나『임원경제지』내용을 직접 확인한 뒤 활용하고 싶은 일반인의 욕구에는 턱없이 모자라는 것이 현실이다. 전문가를 통한 간접적 해설보다 본인이 원문을 읽고 적용하는 직접적 체험을 선호하는 사람들이 늘고 있는 반면 한글 완역본이 출간되지 않은 상황에서 그 수요에 부응하지 못하고 있기 때문이다.

과학사학자 박성래 명예교수는『임원경제지』에 대해 "학자라면 누구에게나 탐나는 작품이었지만, 아무도 113권 52책이나 되는 이 필사본을 번역할 엄두를 못 냈기 때문에 오늘까지 방치돼 왔"다며 "이들 (임원경제연구소의) 소장 학자가 과연 10년 후에라도『임원경제지』를 완전히 번역해 낼 수 있을 만한 경제적 뒷받침을 얻을 수나 있을까 그것이 더 걱정"이라 했다. 그의 우려는『임원경제지』를 "정말로 다 번역해 내놓는다면 한국 전통사회를 이해하는 지름길이 활짝 열릴 터"라는 기대 때문이었다.[54] 실용백과사전류 고문헌 번역에 대한 기대의 중요한 측면을 보여주는 언급이라 하지 않을 수 없다.

『임원경제지』는 콘텐츠의 보물 창고다. 임원경제연구소에서는『임원경제지』완역을 목표로 달리고 있지만 완역이 최종 목표는 아니다.『임원경제지』에 들어있는 내용을 학술적으로 연구하면서 한편으로는 고전의 현대적 실용화를 위한 연구에도 주력한다. 또 서유구가 바라보는 조선을 통해 조선후기에 대한 지금까지와는 다른 측면의 역사상도 제시할 수 있을 것으로 예상한다.『임원경제지』의 원문과 번역문의 전산화도 완역 후 여건이 되면 실현할 계획이다. 번역서 출간으로 연구소의 역할이 끝나는 것이 아니라 이를 현대의 삶에

---

54) 박성래, 「다산 칼럼: '임원경제지'를 고대하는 까닭」, 『한국경제신문』 2012년 10월 24일자.

적용하여 의미 있는 결과물을 제시하는 일이 서유구 선생이『임원경제지』를 저술한 목적에 부합할 것으로 판단했다.

2009년에 송 원장님도 후원을 재개하면서 완간까지 후원을 약속했고 10년간의 축적을 최근 정리해『임원경제지-조선 최대의 실용백과사전』이라는 개관서도 출간했다. 이 같은 민간 후원으로 쌓아온 연구 성과를 인정받아 2013년도에는 임원경제연구소가 한국고전번역원의 특수고전 협동번역사업을 위한 협력연구소로 지정되어『임원경제지 인제지』번역 지원을 받고 있다.

동양의 고전 번역 중 최초의 번역서에 원문 내용을 그림으로 표현해내는 책은 거의 유례를 찾기 힘들다. 또한 원문을 병기하고 여기에 교감과 표점을 가하여 실오라기 하나 걸치지 않은 역자의 실력을 그대로 드러내는 시도도 찾기 어렵다. 그러나 임원경제연구소에서는 조속한 시일 내에 반드시 이러한 구상을 책의 형태로 실현하려 한다. 거작인 줄 모르고 번역에 대한 사명감으로 달려들었던 30대 역자들은 대부분 40줄로 접어들었다. 하지만 우선 교감을 통해 '정본화'를 하고, 거의 완료된 초벌 원고를 정밀하게 가다듬고, 주석을 수준 있게 달며, 그림이 그려져야 할 곳에 삽화를 넣어 좋은 번역서를 만들겠다는 마음은 변함이 없다.

돈키호테 같은 이들이 모여 좌충우돌 11년째『임원경제지』와 씨름하면서 서두르지 않고 차근차근 완간을 향해 걷고 있다. 실수도 많았고, 섣부른 판단도 많았다. 지난 아픔은 성숙의 계기로 삼고 겸손하게 더욱 좋은 책을 만들라는 주문으로 받아들이고 있다. 진척은 더디지만 상황이 주어진 대로 한걸음 한걸음 완간을 향해 걸어갈 예정이다. 번역의 완성도를 위해 기초부터, 원칙을 지키며 완간할 것이다. 겁 없이 너무나 거대한 작품을 움켜잡은 업보를 회피하지 않을 것이다. 우리의 모토인 "성실하고 정직한 번역"을 통해 "소통하는 번역, 살아나는 고전"이 될 수 있도록,『임원경제지』 번역서 59책이 반드시 완간될 수 있도록 최선을 다할 것을 약속한다.

『임원경제지』 같은 백과사전류 본연의 실용적 목적이 온전히 드러나기 위해서는 지금보다 훨씬 적극적으로 번역해야 할 것임은 두말할 나위가 없다. 이와 더불어 번역자는 단순한 글자의 옮김을 넘어서서 백과사전류 속의 내용이 온전히 전해질 수 있도록 '연구번역' 실현을 위해 보다 세심한 배려를 해야 한다. 실용성을 중요한 가치 중 하나로 여기는 지금, 조선 당대의 실용서가 제대로 알려지지 못한다면 이는 실용성을 버리는 일이다. 기대효과도 가시적으로 큰『임원경제지』를 비롯한 백과사전류 기초공구서들이 차근차근 번역된다면 인문학의 지평이 그만큼 넓혀지리라 확신한다.

참고문헌

姜惠英(1986), 「西洋百科事典의 歷史的考察」, 『도서관학논집』13.

김현·송미장(2011), 『생물유전자원 전통지식의 이익공유와 산업화-나고야의정서 대비-』, 월드사이언스.

문성희(2013), 『문성희의 쉽게 만드는 자연식 밥상: 내 몸 살리고 자연과 하나되는 힐링 푸드』, 반찬가게.

박성래(2012), 「다산 칼럼: '임원경제지'를 고대하는 까닭」, 〈한국경제신문〉.

서유구 저, 정명현·민철기·정정기·전종욱 외 옮기고 씀(2012), 『임원경제지-조선 최대의 실용백과사전』, 씨앗을 뿌리는 사람.

________, 정명현·김정기 역주(2009), 『임원경제지 본리지』3, 소와당.

李晬光 著, 南晚星 譯(1994), 『芝峰類說(上)』, '凡例', 乙酉文化社.

이시재(2013), 「도시에 農의 문화감수성을 입히다 - 〈흙과도시〉의 새로운 도시농사」, 『함께 사는 길』, 환경운동연합.

정명현(2009), 「『임원경제지』 사본들에 대한 서지학적 검토」, 『奎章閣』34, 서울大學校 奎章閣韓國學研究院.

________(2010), 「조선후기 견종법 보급설 논쟁 검토」 『한국 과학사 50년 한국 과학 50년』(한국과학사학회 창립 50주년 기념 학술대회 자료집), 한국과학사학회.

________(2012a), 「전통 과학과 기술 연구를 위한 정본화 사업의 필요성」, 『정신문화연구』35(3), 한국학중앙연구원.

________(2012b), 「『임원경제지』 번역의 출발과 전개」, 『고전번역연구』3, 韓國古典飜譯學會.

정용찬(2012), 『빅데이터』, 커뮤니케이션북스.

진단학회(2009), 『임원경제지의 종합적 고찰』, 제37회 한국고전연구 심포지엄, 진단학회.

한국정신문화연구원(1991), 『한국민족문화대백과사전』9, 17, 18, 한국정신문화연구원.

황두진(2005), "왜 그 집터를 골라 집을 지으셨나요?", 〈프레시안〉.

Pinault, Madeleine(1993), *L'Encyclopédie.* 이은주 옮김(1999), 『백과전서』. 서울: 한길사.

SHIN Dongwon(2012), "The Biggest Encyclopedia of Joseon Meets Modern Readers", *The Korean Journal for the History of Science*, 34-2.

上海辭書出版社(2000), 『中國歷史大辭典』, 上海辭書出版社.

亞細亞文化社(1986), 『農書』36, 亞細亞文化社.

• 웹사이트

http://cafe.naver.com/historygall.cafe?iframe_url=/ArticleRead.nhn%3Farticlei
d=11861

3부

한국학 사전 편찬 방법론의 모색

디지털 인문학[*]

－ 인문학과 문화콘텐츠의 상생 구도에 관한 구상 －

김 현[**]

Ⅰ. 디지털 인문학

디지털 인문학이란 정보기술(Information Technology)의 도움을 받아 새로운 방식으로 수행하는 인문학 연구와 교육, 그리고 이와 관계된 창조적인 저작 활동을 일컫는 말이다. 이것은 전통적인 인문학의 주제를 계승하면서 연구 방법 면에서 디지털 기술을 활용하는 연구, 그리고 예전에는 가능하지 않았지만 컴퓨터를 사용함으로써 시도할 수 있게 된 새로운 성격의 인문학 연구를 포함한다. 단순히 인문학의 연구 대상이 되는 자료를 디지털화하거나, 연구 결과물을 디지털 형태로 간행하는 것보다는 정보 기술의 환경에서 보다 창조적인 인문학 활동을 전개하는 것, 그리고 그것을 디지털 매체를 통해

* 『인문콘텐츠』 제29호(2013.6. 인문콘텐츠학회) 시론으로 발표한 글.
** 한국학중앙연구원 한국학대학원 인문정보학 교수, 인문콘텐츠학회 부회장

소통시킴으로써 보다 혁신적으로 인문지식의 재생산을 촉진하는 노력이다.[1]

미국과 유럽 등 서구 사회에서는 이탈리아의 예수회 신부 로베르토 부사(Roberto Busa, 1913-2011)가 토마스 아퀴나스(Thomas Aquinas)의 저작을 위시한 중세 라틴어 텍스트의 전문 색인을 전자적인 방법으로 편찬한 것을 디지털 인문학의 효시로 보고 있다.[2] 이를 계기로 인문학 연구의 새로운 방법에 눈을 뜨게 된 미국과 유럽의 인문학자들은 컴퓨터의 활용을 여러 방면으로 모색하기 시작했다. 초기에는 인문학 전산화(Humanities Computing), 또는 전산 인문학(Computational Humanities)이라는 이름으로, 텍스트 및 언어 자원의 색인·통계 처리를 위주로 하였으나, 정보 기술 환경의 급속한 진화와 더불어 그 활용 범위를 데이터베이스와 멀티미디어, 그리고 대규모 원시 데이터에서부터 전자적인 방법으로 의미 있는 사실을 찾아내는 데이터 마이닝(Data Mining), 그 결과를 그래픽으로 보여주는 시각화(Visualization)로 넓혀 갔다.

유럽과 미국의 여러 대학에서 창의적인 인문학 연구자들에 의해 자발적으로 시작된 디지털 인문학은 정부 및 민간단체의 재정적인 지원에 힘입어 보다 광범위하게, 적극적으로 추진되기 시작했다.

---

1) 문화콘텐츠 관계자들은 '디지털'을 '산업적 응용'을 위한 기술로 이해하는 경향이 있는 듯하다. 하지만 내가 이 글에서 말하는 '디지털'은 '문화산업'보다 '인문학' 쪽으로 협업 구도를 만드는 수단이다.

2) 로베르토 부사(Roberto Busa, 1913-2011)는 1949년부터 미국 IBM사의 도움을 받아 1천1백만 단어에 이르는 토마스 아퀴나스(Thomas Aquinas)의 저작과 관련 자료를 컴퓨터의 힘을 빌어 정리하기 시작하였다. 그 결과물은 1974년에 인쇄물 형태로 모습을 드러냈고, 1992년에는 하이퍼텍스트 기능을 포함한 디지털 텍스트가 CD-ROM 판으로 간행되었다. (Susan Hockey, The History of Humanities Computing, A Companion to Humanities Computing, 2004. Blackwell Publishing, P. 4)

미국의 경우, 인문학재단(NEH, National Endowment for the Humanities)이 2008년에 설립한 디지털 인문학 지원단(ODH, Office of the Digital Humanities)의 연구비 지원을 비롯하여, 맥아더 재단(MacArthur Foundation)의 HASTAC Digital Media and Learning Grants, 구글(Google)의 Digital Humanities Research Awards, 앤드류 맬론 재단(Andrew Mellon Foundation)의 디지털화 프로젝트 지원 사업 등이 미국의 대학 사회에서 디지털 인문학 연구가 급진적으로 확산되는 계기를 마련하였다.[3] 영국의 경우, 학술 연구 지원 기구인 예술인문연구회(AHRC, Arts and Humanities Research Council)와 경제사회연구회(ESRC, Economic and Social Research Council)의 지원에 힘입어, 옥스퍼드, 케임브리지, 런던, 셰필드 대학 등이 유럽 디지털 인문학의 선도적인 모델이 되는 연구 결과물을 산출하고 있다.

디지털 인문학 연구는 미국, 영국뿐 아니라, 캐나다, 아일랜드, 프랑스, 독일, 이탈리아 등에서도 활발하게 전개되고 있으며, 일본 대만에서도 그것의 가능성을 적극적으로 모색하는 연구가 이루어지고 있다.[4] 세계 디지털 인문학 연구 단체들이 결성한 국제적 네트워크인 센터넷(CenterNet)의 「세계 디지털 인문학 센터 디렉토리」[5]에

---

3) Luke Waltzer, Digital Humanities and the "Ugly Stepchildren" of American Higher Education, Debates in the Digital Humanities, 2012. University of Minnesota Press, pp. 336-337

4) 리츠메이칸 대학(立命館大学)의 일본문화 디지털 휴머니티스 센터(日本文化デジタル・ヒューマニテイーズ拠点)에서 간행한『일본문화 디지털 휴머니티스 총서(シリーズ日本文化デジタル・ヒューマニテイーズ)』, 타이완 대학(臺灣大學)의 디지털 휴머니티스 센터(數位人文中心)에서 간행한『디지털 휴머니티스 총서(數位人文研究叢書)』등.

5) The International Directory of Digital Humanities Centers: http://digitalhumanities.org/centernet/centers

등재된 디지털 인문학 관련 연구센터, 학회, 전문 기구 수는 무려 190여 곳에 달한다.[6]

II. 디지털 인문학의 연구개발 사례

'디지털 인문학'을 표방하는 연구 센터들은 어떠한 일을 하고 있는 가? 디지털 환경에서의 인문학 연구와 교육 방법 개발을 공동의 목 표로 삼고 있다고 하겠지만, 구체적인 프로젝트는 교양적 수준의 인 문지식 교재 개발에서부터 고도의 정보처리 기술을 동원한 빅 데이 터 분석에 이르기까지 매우 다양한 성격을 드러낸다. 디지털 인문학

---

6) 190여 개 기관 가운데, CenterNet의 결성을 주도한 18개 주요 기관은 아래와 같다.
Canadian Institute for Research in Computing and the Arts (University of Alberta, Canada)
Center for Digital Research in the Humanities (Nebraska, USA)
Center for Digital Scholarship (Brown, USA)
Center for E-Research (King's College London, UK)
Centre for Open Electronic Publishing [Cléo] (France)
Digital Humanities Center for Japanese Arts and Cultures (Ritsumeikan University, Japan)
Digital Humanities Hub (Australian National University)
Digital Humanities at Oxford (UK)
Electronic Textual Cultures Lab (University of Victoria, Canada)
Göttingen Centre for Digital Humanities (Germany)
HAVLab (McGill, Canada)
Maryland Institute for Technology in the Humanities (Maryland, USA)
Matrix (Michigan State, USA)
Print Culture eResearch Hub (Victoria University of Wellington, NZ)
Research Center for Digital Humanities (National Taiwan University, Taiwan)
Roy Rosenzweig Center for History and New Media (George Mason, USA)
Scholars' Lab (Virginia, USA)
University College London Centre for Digital Humanities (UK)

은 인문학 분야의 새로운 분과 학문이 아니라, 인문학을 연구하고 교육하는 방법상의 혁신을 지향하는 것이기 때문에 연구의 범위나 주제를 어느 특정한 영역에 한정하기는 어려울 것이다.

다양한 성격의 디지털 인문학 프로젝트 가운데 인문콘텐츠적 연구 개발에 참고할 만한 것도 적지 않게 찾아진다. 그 가운데 몇 가지를 소개하겠다.

미국의 메사추세츠 공대(MIT)에서 수행하는 'Visualizing Cultures' 프로젝트는 "이미지가 이끄는 학술"(Image Driven Scholarship)을 표방하는 디지털 환경의 인문 교육 교재 개발 사업이다.[7] 역사적 사실에 관한 그림, 사진 등의 이미지 자료를 디지털 영상으로 제작하고,[8] 영상 자료의 구석구석에 담긴 지식의 모티브를 찾아 학술적인 설명을 부가하는 방법으로 시각적인 스토리텔링을 구현하고 있다. 이 저작물은 모두 월드 와이드 웹(World Wide Web)을 통해 공개되고 있으며 MIT의 온라인 교육 프로그램으로 활용되고 있다. '중국 광동 무역의 흥망'(Rise & Fall of the Canton Trade System), '흑선과 사무라이'(Black Ship & Samurai) 등 20개 주제에 관한 45개의 코스웨어 유닛이 만들어져 있는데, 흥미로운 사실은 그것이 모두 아시

---

7) Vusualizing Cultures:
http://ocw.mit.edu/ans7870/21f/21f.027/home/index.html, Massachusetts Institute of Technology

8) Visualizing Cultures 프로젝트에서 활용하는 이미지는 대부분 미국과 일본의 유명 박물관에서 유물로 보존하고 있는 것들이다. 이러한 희귀 자료에 대한 접근성과 활용성을 높이는 것도 이 프로젝트가 지향하는 목표 가운데 하나이다.
  이미지 자료 제공 기관: Arthur M. Sackler Gallery / Smithsonian Institution / Hiroshima Peace Memorial Museum / Honolulu Academy of Arts / Hood Museum of Art, Dartmouth College / Museum of Fine Arts, Boston / Peabody Essex Museum / Ryosenji Treasure Museum / Shiseido Corporation / Smith College Museum of Art

아의 근대에 관한 내용이라는 것이다. MIT의 'Visualizing Cultures' 프로젝트는 2010년부터 예일대학(Yale University)의 동아시아학위원회(Council of East Asian Studies)와 함께 'Visualizing Asia in the Modern World'라는 이름의 컨퍼런스를 개최해 오고 있다.[9] 시각적인 자료를 통해 아시아의 역사와 문화를 연구한 것이나 아시아의 문화와 자연을 담은 멀티미디어 데이터베이스 등이 이 컨퍼런스를 통해 소개되고 있는데, 이러한 주제들이 앞으로 MIT의 'Visualizing Cultures' 프로젝트의 외연을 넓혀 갈 것으로 예상된다.

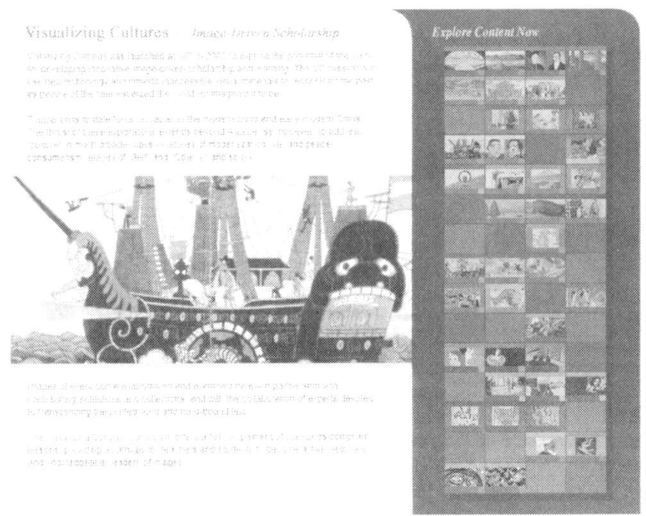

〈그림 1〉 Visualizing Cultures[10]

---

9) Visualizing Asia in the Modern World: http://www.visualizingasia.com. 이 컨퍼런스는 2010년에 시작하여 해마다 열리고 있으며, Yale, Harvard, Princeton 세 대학이 각각의 연차 대회를 주관하였다.

10) http://ocw.mit.edu/ans7870/21f/21f.027/home/index.html

또 하나 주목할 만한 디지털 인문학 콘텐츠는 미국의 스탠퍼드 대학에서 수행한 'Mapping the Republic of Letters' 프로젝트[11]의 결과물이다. '편지 공화국'(Republic of Letters)이란 17, 18세기 유럽과 미국에서 원거리 편지 교신으로 지식과 감성의 공감대를 형성해 온 문화적 공동체를 지칭하는 표현이다. 'Mapping the Republic of Letters' 프로젝트는 볼테르(Voltaire), 라이프니츠(Leibniz), 루소(Rousseau), 뉴턴(Newton), 디드로(Diderot) 등 계몽주의 시대의 인물들이 남긴 수많은 편지의 발신지와 수신지, 발신 날짜로 기록된 공간, 시간 정보를 시각적으로 재현한 다이내믹 디지털 콘텐츠이다.

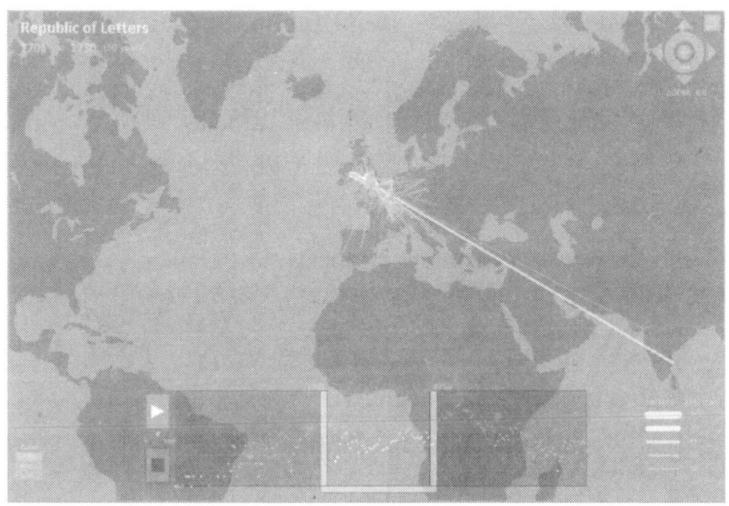

〈그림 2〉 Mapping the Republic of Letters[12]

---

11) Mapping the Republic of Letters: http://republicofletters.stanford.edu/, Stanford University
12) http://www.stanford.edu/group/toolingup/rplviz/rplviz.swf

예시 화면에서 보이듯이 특정 시간대에 주고받은 편지의 수발신 위치가 세계 지도상에 표시되고 있다. 이 네트워크 그래프의 한 노드를 클릭하면 그것에 해당하는 편지의 목록이 나오고, 다시 클릭하면 개별 편지의 내용을 확인할 수 있게 된다. 이러한 수준의 고기능 시각화 프로그램은 스탠퍼드에서 컴퓨터 공학을 전공하는 학생들의 노력으로 만들어졌다. 하지만 그러한 응용이 가능했던 것은 방대한 규모의 유럽 계몽기 편지 데이터베이스가 인문학자들에 의해 먼저 구축되었기 때문이다.

'Mapping the Republic of Letters' 프로젝트에서 사용한 모든 데이터는 영국의 옥스퍼드 대학에서 만든 'Electronic Enlightenment'[13] 데이터베이스에서 끌어온 것이다. 이 데이터베이스는 17세기 초에서 19세기 중반까지 약 200년의 기간 동안 7,476명의 사람들에 의해 쓰인 60,647건의 역사적인 기록물을 담고 있다. 단순히 원문을 디지털화 한 것이 아니라, 본문에 270,000여 건의 주석을 부가하고, 관련 있는 사람들을 연결시키고, 중요한 키워드는 옥스퍼드 인명사전 등 50여 개의 다른 데이터베이스에 하이퍼링크로 연결되도록 하였다.

나의 관심을 끌었던 또 하나의 디지털 인문학 데이터베이스는 영국 셰필드 대학과 허트포드셔 대학이 편찬한 'London Lives'[14]이다. 이곳에는 1690년부터 1800년 사이에 영국 런던 거주민의 삶에 관계된 고문서 240,000건이 집적되어 있다.[15] 교회 교구의 기록물을 비

---

13) Electronic Enlightenment Project: http://www.e-enlightenment.com/, Bodleian Libraries, University of Oxford

14) London Lives, 1690-1800: http://www.londonlives.org, version 1.1, 24 April 2012.

15) London Lives는 런던시의 8개 아카이브에 소장된 자료를 담은 15개 기존 데이터베이스를 이용하여 만들어졌다.

롯해 범죄와 재판에 관한 기록, 병원의 진료 기록과 검시 보고서, 상공인 조합의 기록, 빈민 구제에 관한 기록 등이다. 이 데이터 속에는 모두 3백35만 개의 인명이 포함되어 있는데, 데이터베이스 편찬자는 그 가운데 동일 인물들을 추적하여 18세기 런던의 하층민으로 살았던 수많은 사람들의 생애를 재구성할 수 있게 하였다. 이 데이터베이스의 효용을 가늠하는 사례로, 그 속에서 찾아진 한 고아 소년에 관한 기록을 살펴보기로 하자.

John Conway는 1775년 6월 7일 St Clement Danes 교구회에 맡겨졌다. 교구 기록에는 그의 나이가 3년 6개월이고, 글을 읽고 주기도문을 욀 수 있다고 적혔다. 간호사 Hill이 주급 2 실링 6 펜스를 받고 그를 보육하였다. 1778년 John은 가난한 소년들에게 일거리와 숙식을 제공하는 구빈원(救貧院)으로 옮겨진다. (이때 그의 나이는 2 살이 늘어난 8살로 기록된다.) 그는 이곳에서 걸레에 쓰는 실을 짜는 일을 했다. 교구의 도제 등록부에 의하면, John은 1783년 8월 30일 Essex 지방의 Barking에 사는 어부 Morris Jones의 도제(徒弟)로 보내진다. 이때 만들어진 고용계약서에는 7주 후에 마스터인 Morris Jones가 2 파운드를 받고, 3년간의 고용 기간이 만료되면 2 파운드 2 실링을 더 받는 것으로 되어 있다. John은 3년 동안 일한 후에 옷 한 벌을 받기로 하였다. 1785년 4월 18일에 John은 다시 St. Clement Danes 구빈원의 명부에 올랐다. 하지만 4월 22일에 열린 입원 자격 심사에서 그가 도제 생활을 한 지 9달 만에 도망쳤던 사실이 드러나 입원이 거부되었고, 다음날 그는 Barking으로 추방되었다. 1786년 3월 15일, John은 14살이라고 나이를 속이고 다시 구빈원에 들어오려고 했지만, 이번에도 심사를 통과하지 못했다. 3월 17일, 존은 다시 Barking으로 돌려보내졌다.[16]

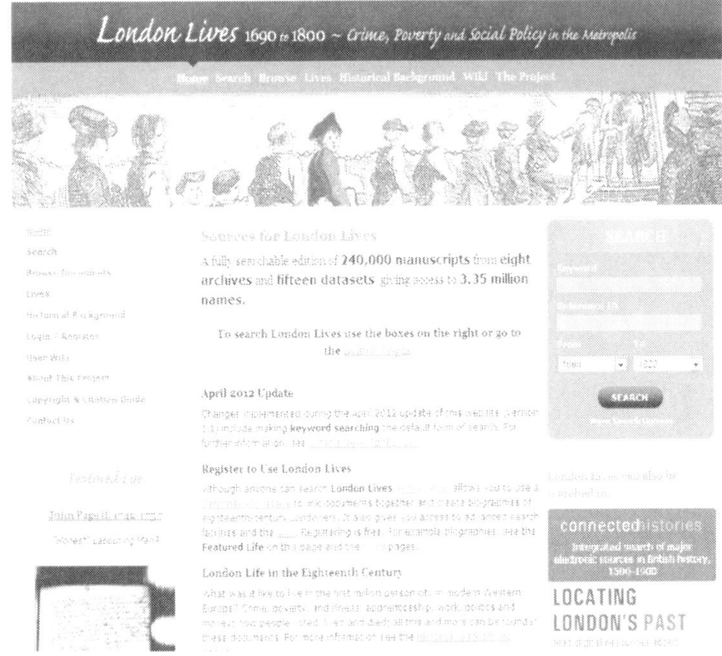

〈그림 3〉 London Lives, 1690-1800: www.londonlives.org

　　미국과 유럽에서 디지털 인문학 연구의 일환으로 만들어진 디지털 콘텐츠의 외형적인 모습은 우리나라에서 지난 10여 년 간 공공기관 주도로 만들어낸 지식 정보 데이터베이스와 별반 다르지 않은 것처럼 보일 수도 있다. 그러나 그 속에 담긴 데이터의 질적 수준을 비교하면 큰 차이를 발견하게 되는 경우가 적지 않다. 그 차이는 콘텐츠 제작과 병행한 인문학적 연구의 깊이가 만들어낸 차이일 것이다.

---

16) London Lives:
　　http://www.londonlives.org/static/ConwayJohn1775-1786.jsp

Ⅲ. 디지털 인문학과 인문콘텐츠학

디지털 인문학이 문학, 사학, 철학 등 전통적인 인문학의 영역에서 탐구되어야 할 과제인지, 아니면 인문지식의 문화산업적 응용을 모색하는 인문콘텐츠학의 과제인지를 묻는다면, 이에 대한 나의 일차적인 답변은 '인문학의 과제'라는 것이다. 디지털 인문학은 모든 인문학이 새롭게 갈아입어야 할 옷과 같은 것이다. 디지털이라고 하는 새로운 환경에 적응하지 못한 인문학은 더 이상 현대의 학문이라고 할 수 없다. 적어도 우리의 다음 세대의 인문학자들은 모두 디지털 인문학자일 것이다.

그렇다면 인문콘텐츠학이 디지털 인문학에 관심을 가져야 하는 이유는 무엇인가? 우리가 그것을 외면하면, '인문지식의 문화콘텐츠적 응용' 또한 전통적인 인문학의 몫으로 돌아가고 우리에게는 남는 것이 없게 될 것이기 때문이다.

지난 2010년, 당시의 교육과학기술부와 이 부처의 산하 기관으로서 학술연구 지원 사업을 담당하는 한국연구재단, 한국학중앙연구원은 "우리나라 인문사회 분야의 비전과 목표를 제시하고 이에 따른 종합발전계획을 수립하는 것을 목적으로", '인문사회 학술 진흥 장기비전 수립 추진위원회'를 운영하고, 여기에서의 논의를 바탕으로 '2030 인문사회 학술 진흥 장기비전'을 발표하였다. 우리나라 인문사회 분야 학술진흥 사업의 마스터플랜 및 로드맵이라고 할 수 있는 이 기획안이 제시한 6대 과제의 하나가 '디지털 연구 기반 구축을 위한 디지털 휴머니티즈'이다.[17]

---

17) 이 사업 계획은 '디지털 휴머니티즈'라는 이름의 중점 과제 밑에 ① 디지털 인문학 연구 기반 구축, ② 디지털 가상 라이브러리 사업, ③ 디지털 아카데미 구축 사업 등 3개의 세부 과제를 두고, 디지털 인문학 진흥을 위한 연구 지원, 인프

이 계획서에서는 디지털 휴머니티즈 사업의 제안 배경에 대해, "문화콘텐츠산업은 인문사회의 창의성과 상상력이 축적된 지식에 바탕"을 두기 때문에 "디지털화를 통해 인문사회분야 학술 연구 성과를 교육·문화산업에 활용"할 수 있고, 이를 통해 "새로운 문화적, 경제적 효과를 유발"할 수 있기 때문이라고 밝히고 있다. 디지털 인문학(=Digital Humanities)의 중요한 목적 가운데 하나가 '문화콘텐츠산업에의 기여'라고 한다면, 같은 목표를 가진 인문콘텐츠학이 이에 대해 무관심할 수 없는 것은 당연한 일이다.

그렇다면 디지털 인문학이라는 영역에서 인문콘텐츠학이 담당해야 할 역할은 무엇일까? 순수 인문학 분야의 연구자들을 도와 보다 응용 가치가 높은 디지털 콘텐츠를 만들어 내는 일일 것이다. 여기서 말하는 응용 가치는 물론 문화산업적인 활용을 기준으로 하는 것이다. 이를 위해서는 문화산업계의 동향과 수요를 정확하게 파악하는 것이 필요하다. 이 역할은 인문콘텐츠 연구자들의 몫이다. 고전문헌 속의 데이터와 씨름해야 하는 인문학 연구자들이 문화산업계의 세세한 동향까지 살피기는 어려울 것이기 때문이다.

인문콘텐츠 연구자들이 문화산업계의 지식 수요를 정확하게 파악하고 있다고 해도 그것이 디지털 인문학 연구에 반영될 수 있기 위해서는 이들도 그 연구 개발 활동에 직접적으로 개입해야 한다. 인문학 연구자와 인문콘텐츠학 연구자들의 공동 프로젝트 수행에서 후자가 담당해야 할 또 하나의 역할은 인문학의 원천지식을 디지털 콘텐츠로 재조직하는 방법을 찾아내고 그에 필요한 기술을 운용하는 일이다.

라 구축, 인력 양성 등의 사업을 향후 5년간, 연간 예산 600억 원 규모로 수행할 것을 제안하고 있다.(인문사회 학술진흥 장기 비전 추진위원회, 『2030 인문사회 학술진흥 장기 비전』, 2010. 12. pp. 217-249)

디지털 인문학은 디지털 기술을 도구로 활용하는 것이기 때문에 이 분야의 연구자들에게는 학술 활동의 목적에 적합한 도구를 찾아 내고 적정한 방법으로 그것을 운용하는 능력이 요구된다. 사실상 인문학이 디지털 인문학으로 옮겨 갈 수 있느냐 없느냐는 이 도구 운용 능력이 있고 없음에 좌우된다고도 할 수 있다. 그 도구는 상업적인 소프트웨어 패키지일 수도 있고, 개방적인 API[18]나 공개된 프로그램 소스를 활용하여 만든 새로운 응용 프로그램일 수도 있다. 어느 쪽이든, 도구 자체에 대한 이해도 필요하지만, 그것의 실제적인 운영 능력은 운용자가 연구의 목적과 데이터의 성격을 얼마만큼 깊이 있게 이해하고 있느냐에 따라 결정된다. 바꿔 말해, 정보 기술을 이해할 뿐 아니라, 그 기술을 적용할 인문지식에 대해 잘 알거나, 적어도 그 분야의 전문가인 순수 인문학자들과 자유롭게 의사소통을 할 수 있는 사람이 필요한 것이다. 인문콘텐츠학의 발전적인 커리큘럼 속에는 이와 같은 학제적인 연구개발 인력을 육성하는 프로그램도 포함되어야 할 것이다.

IV. 인문정보학

문화콘텐츠 관계자들과 이야기하다 보면 '디지털 기술'을 문화산업 분야에서 사용하는 디지털 영상이나 3D 전시관 구현 기술 쪽으로만 이해하는 경향이 있는 듯하다. 디지털 인문학에서도 시각화(Visualization) 분야에서는 이러한 것을 관심 있게 다룬다. 하지만

---

18) API: Application Programming Interface. 이용자가 응용 프로그램을 만들 수 있도록 특정 기능을 수행하는 루틴을 제공하면서 그것을 호출하고 조합하는 방법을 정한 규약.

이보다 우선시하는 것은 인문지식을 정보화하는 방법이다. 이것은 인문지식을 그것의 학제적, 산업적 응용이 가능하도록 부품화하고, 그 부품 사이에 새로운 문맥(Context)을 부여하는 기술이라고 할 수 있다.

나는 인문지식의 정보화 기술에 대한 연구를 인문정보학(Cultural Informatics)이라고 이름짓고,[19] 그 방법론을 미래의 디지털 인문학 연구자들에게 전수하는 교육 프로그램을 운영하고 있다.[20]

이 프로그램의 석사 과정 학생들은 입학과 함께 앞으로 무엇을 배우고, 어떠한 능력을 배양할 것인지에 대해 명확한 목표를 제시받는다. 첫째, 인문지식을 다루는 텍스트를 컴퓨터 가독형 데이터로 전환하는 전자 텍스트 편찬 방법, 둘째, 방대한 규모의 디지털 데이터를 체계적으로 관리하고, 유관한 지식자원이 연계 운영될 수 있도록 하는 지식 정보 데이터베이스 설계 및 구현 방법, 셋째, 문자 텍스트의 형태로만 유통되던 인문지식을 시각적인 형태로 전환하여 그 활용성을 높이는 방법을 배우는 것이다.

첫 번째 과업인 전자 텍스트 편찬 기술의 배양을 위해 학생들은 가

---

19) "인문정보학이라고 하는 것은 정보 기술을 인문 분야의 연구·교육 활동에 접목시켜 인문지식의 사회적 공유체계를 구축하고, 아울러 그 체계 안에서 훈련을 받은 인문학 전공자가 정보 전문가로서 정보화 사회에 진출할 수 있는 여건을 조성하자는 제안이다." (김현, 「인문정보학에 관한 구상」, 『民族文化硏究』 35, 2001. 12.)
"인문학적 지식을 연구자 및 그 연구 성과의 수요자가 공유할 수 있는 디지털 지식 정보 자원으로 전환하고, 그 자원을 자유롭게 활용하여 2차적인 지식을 생산할 수 있는 가상의 연구 공간을 만듦으로써 인문학의 연구생산성을 향상시키고 그 성과의 사회적 확산을 용이하게 하는 것. 이를 위한 인문학 맞춤형 정보기술 연구를 인문정보학이라고 한다." (김현, 『인문정보학의 모색』 (2012. 12. 북코리아) p. 363)
20) 한국학중앙연구원 한국학대학원 문화예술학부의 인문정보학 전공 과정. 석사과정은 2009년, 박사과정은 2011년부터 운영되고 있다.

장 먼저 XML(eXtensible Markup Language)을 공부한다. 이때 이들이 배우는 것은 단순히 기존의 텍스트에 약속된 태그를 첨가하는 방법이 아니라, 대상 문헌의 성격과 체제를 파악하고, 그 속에서 핵심적인 의미 요소를 파악하는 안목이다. 처음에는 자기의 이력서나 여행 계획서, 소장 도서 목록을 XML 문서로 만들어보는 일에서 시작하여, 인물, 사적, 사건 등 다양한 소재를 다루는 백과사전 기사, 그리고 조선시대 국왕의 교지나 분재기, 토지 매매 문서와 같은 고문서까지, 대상 자료의 특성을 파악하여 그것에 부합하는 기계가독형 전자 문서를 제작하는 훈련을 받는다.

나는 XML 수업 시간에 학생들과 한 가지 실험을 한다. 먼저 학생들에게 다른 사람이 쓴 원고를 주고 그 내용을 그대로 담은 XML 문서를 만들도록 한다. 그 다음에는 학생들 스스로 같은 내용의 글을 쓰되, 이번에는 처음부터 XML 문서로 제작하도록 한다. 학생들은 이 실험을 통해 아무리 대가의 글이라고 하더라도 디지털 데이터로서의 활용이라는 관점에서는 많은 문제점이 있다는 사실을 발견하게 된다. 그리고 XML은 이미 만들어진 지식을 가공하는 수단이 아니라, 활용 면에서 더욱 가치 있는 지식을 만드는 방법이라는 사실을 인식하게 된다.

두 번째 코스인 데이터베이스 설계 및 구현 과정은 XML 문서로 제작한 인문학 데이터를 체계적으로 관리하고, 다양한 목적으로 활용할 수 있게 하는 데 목표를 둔다. 학생들은 데이터베이스 관리 시스템(Database Management System, DBMS)의 운영을 통해 데이터베이스에 적재된 XML 문서로부터 중요한 의미 요소를 추출하고, 그것을 분석, 종합하는 방법과 함께 그 요소들의 관계, 즉 의미의 연결 고리를 추적하여 감춰졌던 사실을 발견하는 데이터마이닝의 기초적인 방법을 배우게 된다.

세 번째 과제인 인문지식의 시각화 기술 교육은 인문지식을 전달하는 텍스트가 시각적인 미디어를 통해 표현될 수 있도록 하는 것이다. 데이터베이스 속에 축적된 자료의 분석에서 얻어낸 통계적인 결과를 그래프로 표시하는 방법, 콘텐츠 속의 지리적인 정보를 전자지도 상에서 다양한 형태로 시각화 하는 방법, 사진, 동영상, 파노라마 영상, 3D 모델 등의 모노미디어를 제작하고 거기에 문맥(Context)을 담아 시각적인 스토리텔링(storytelling)이 이루어지게 하는 하이퍼미디어 기술을 교육한다.

학생들은 정보처리 기술을 배우면서 동시에 자신이 관심을 두어온 인문학 분야의 자료에 그것을 적용하는 방법을 탐구한다. 그리고 이를 자신의 석사 학위 논문으로 발전시킨다.

석사 과정이 인문지식의 정보화 기술을 이해하고 그것을 도구로 활용하는 능력을 배양하는 데 주력한다면, 박사 과정은 그 바탕 위에서 보다 창의적으로 인문지식 데이터를 생산하고 문화콘텐츠의 제작에 응용하는 방법을 제시함으로써 디지털 인문학의 비전을 보이는 것을 목표로 한다. 월드 와이드 웹을 이미 만들어진 지식의 유통 수단으로 쓰기보다는 의미의 연결 고리를 찾아 더욱 종합적이고 응용 가치가 높은 지식의 생산 수단으로 쓰일 수 있게 하는 '인문정보 시맨틱 웹(Humanities Semantic Web)', 그리고 가상현실(Virtual Reality)이 인문지식 텍스트를 담아내는 미디어가 되게 하는 '시각적 인문학(Visual Humanities)'은 박사 과정 학생들이 디지털 인문학의 발전적인 성과를 낳기 위해 관심을 모으고 있는 주제들이다.

Ⅴ. 문화콘텐츠와 인문지식

문화콘텐츠에 대한 정의가 무엇이냐를 떠나, 그 이름을 가지고 떠올리는 대상이 무엇이냐고 묻는다면, 그 답변은 아마도 수십 가지 이상으로 다양하게 나올 것이다. 방송 관계자는 드라마와 같은 방송 프로그램을, 음원 사업자는 대중음악, 모바일 서비스 프로바이더는 스마트폰상에서 동작하는 게임 프로그램을 우선 연상할 것이다. 우리가 생각하는 '문화콘텐츠'는 무엇인가?

이 질문에 대해 여러 해 전부터 일관되게 유지해 온 나의 답변은 "인문지식이 곧 문화콘텐츠"라는 것이다.[21] 부연하자면, 인문지식은 문화콘텐츠의 '소재'일 뿐 아니라, 그 자체로 문화콘텐츠일 수 있다는 것이다. 스마트폰이 만들어내고 있는 새로운 형태의 문화적 소비 현장을 들여다보자.

모바일 기기의 이용자들은 디지털 환경에서 영화나 드라마와 같은 영상물을 보면서 그 내용과 관련된 다양한 정보들을 끊임없이 탐색하고, 새로운 지식을 얻고 새로운 즐길 거리를 발견한다. 유적지를 탐방하면서 역사를 배우고 전통문화를 체험하는 활동의 양상도 예전과는 다르다. 방문자의 손에는 스마트폰이 들려 있고, 그것을 안내판의 한 구석이나 안내지도에 표시되어 있는 QR 코드 이미지에 비출 때마다 방문지에 관한 풍부한 정보가 쏟아진다.

인터넷, 모바일, IPTV 등 오늘날의 정보기술이 만들어낸 정보 통신 플랫폼은 지식이 곧 문화가 될 수 있는 여건을 만들어 주고 있다. 학술과 창작, 전문성과 대중성, 사실과 허구의 경계를 자유롭게 넘나드는 새로운 형태의 문화 향유가 가능해진 것이다. 놀이와 학습을 구

---

21) 김현, 「문화콘텐츠, 정보기술 플랫폼, 그곳에서의 인문지식」, 『철학연구』 90, 2010. 8.

분할 필요 없이 그것들이 한데 어우러진 복합적인 현상이 지식 정보화 시대인 오늘날의 '문화'이다.

인문학을 배경으로 하는 문화콘텐츠학과의 교육 커리큘럼에서는 이른바 '스토리텔링'(Storytelling)이라고 하는 것이 비중 있게 다루어지는 듯하다. 나 역시 스토리텔링의 인문콘텐츠의 중요한 부분이라는 점에 동의한다. 하지만이 스토리텔링을 영화나 드라마, 게임과 같은 엔터테인먼트적 장르의 이야기 소재로만 보는 듯한 사고에는 찬성하지 않는다. '노비의 도망'을 다루는 드라마를 보던 시청자가 호기심에 이끌려 '노비'라고 하는 키워드로 인터넷상의 정보를 검색하고, 조선시대에 실제로 존재했던 노비 신분의 사람들과 도망 노비의 추쇄(推刷)에 관한 지식을 얻게 되었다고 가정해 보자. 이 드라마의 줄거리도 역사적 소재를 활용한 스토리텔링이지만, '노비'라는 키워드를 출발점으로 하여 노비의 생활, 노비의 도망, 노비의 신분 세탁, 노비의 추쇄의 실상 등 역사적 사실에 관한 지식을 단계적인 마우스 클릭으로 얻어낼 수 있도록 조직화하는 것 역시 스토리텔링의 한 가지라고 할 수 있다.

즐길 거리로 만들어지는 '허구적 스토리텔링'과 지식을 조직화하는 '사실적 스토리텔링'은 서로가 서로에 대해 뿌리와 열매가 되는 상보적 순환관계에 있다. 사실적 스토리텔링의 폭과 깊이가 더해질수록 그것을 응용한 허구적 스토리텔링의 수준이 높아질 것이고, 허구적 스토리텔링의 흥미와 인기는 다시 사실적 스토리텔링에 대한 수요를 촉발시키게 될 것이기 때문이다.

우리가 디지털 인문학에 대해 갖는 비전은 그것이 인문학과 문화산업의 사이에서 부가가치의 선순환을 일으키는 펌프 역할을 하리라는 것이다. 기초적인 인문학 연구의 산물을 지식 콘텐츠로 조직화하고 이를 통해 문화산업적 콘텐츠의 생산을 돕는 것, 그렇게 해서 인문지식의 사회적 수요를 제고하고 인문학 연구가 더욱 활성화되도록 할 것을 기대하는 것이다.

VI. 디지털 인문학 수용을 위한 과제

인문콘텐츠학이 디지털 인문학을 수용하기 위해 해야 할 일은 무엇인가? 이제 본격적으로 배출되기 시작한 문화콘텐츠학 전공자들의 일부가 인문정보 기술의 운용 능력을 갖춘 지식 코디네이터로 성장할 수 있도록 해야 한다. 전부가 아니라 일부라고 하는 이유는 이곳에서도 분업과 협업이 필요하기 때문이다. 문화콘텐츠학 전공자 중에는 인문학보다는 문화산업의 현장 쪽에 더 가깝게 다가가려는 사람이 있을 것이다. 그들은 그 방향에서 요구하는 기획-제작-마케팅의 능력을 배양하는 것에 집중해야 한다. 한편 인문학 지식으로부터 문화상품의 자원을 끌어내는 일에 관심을 둔 사람들은 인문지식에 대한 기본적인 소양뿐 아니라 그곳에서 생산되는 지식을 디지털 콘텐츠로 조직화하는 정보 처리 능력을 갖출 필요가 있다. 이들이 바로 순수 인문학 연구자와 문화산업 종사자 사이에서 인문지식의 소통과 응용을 가능케 하는 지식 코디네이터들이다. 인문지식 코디네이터의 위상을 그림으로 그려본다면 그들의 한쪽 옆에는 순수 인문학 분야의 연구자들이 있고 다른 쪽에는 문화산업 종사자들이 있는 그림이 될 것이다. 문화산업계의 동향을 살펴 그곳에서의 인문지식 수요를 파악하는 한편, 인문학 연구자들을 도와 응용 가치가 있는 지식 콘텐츠를 만들어 내는 것이 지식 코디네이터의 역할이다.

대학의 문화콘텐츠학과에서 인문지식 코디네이터를 육성하기 위한 정보 기술 교육은 어떻게 시행되어야 할까? 이 분야의 지식과 경험을 갖춘 교수 인력과 적정한 교육 설비의 확보, 그리고 검증된 교수법과 교과과정의 도입 등 교육 인프라를 갖추는 일이 선행되어야 한다. 하지만, 모든 대학에서 단시간에 이 같은 여건을 충족시키는 것은 현실적으로 어려운 일이다. 나는 대학의 울타리를 넘어서서, 디지털 인문학이나 인문콘텐츠에 관심을 갖는 학회나 연구회가 중심이 되어 단계적으로 이 문제의 해법을 찾아가는 것이 유효한 방법이라고 생각한다.

그 첫 번째 실천 방안은 각기 다른 조직에서 일하는 디지털 인문학 전문가의 자발적 기여를 끌어내어, 각 대학의 문화콘텐츠학 및 인문학 전공 학생들을 대상으로 하는 디지털 인문학 교육 프로그램을 운영하는 것이다. 디지털 인문학의 전문 인력이 절대적으로 부족한 우리나라 현실에서 대학마다 독립적으로 이 분야의 정규 교과 과정을 운영하기는 힘들다. 하지만 학회 차원에서 누구나 참여할 수 있는 개방적인 교육 기회를 마련하고, 각 대학이 이를 일종의 과외 수업처럼 활용한다면, 소수의 교수 인력만 가지고도 다수에게 그 지식을 전달하는 효과를 거둘 수 있을 것이다.

학회나 연구회 차원에서 연구자들의 중지를 모아 추진할 필요가 있는 두 번째 실천 과제는 교육부와 한국연구재단에 우리나라의 디지털 인문학 육성을 위한 연구 지원 시스템을 조속히 시행하도록 촉구하고, 구체적인 실천 방안에 관해 조언하는 일이다. 앞에서 소개하였듯이 교육부(당시의 교육과학기술부)는 2010년에 이미 우리나라의 인문사회과학 진흥을 위해 '디지털 휴머니티스'의 육성이 필요하다는 제안을 수렴한 바 있다. 그런데 이에 관한 사업 계획이 아직까지 실천에 옮겨지지 못한 데에는 몇 가지 이유가 있다. 그 사이 교육과학기술부가 2개의 부처로 나뉘면서 융합적인 성격의 연구 지원에 혼선이 빚어진 것도 한 이유일 것이다. 하지만 더 중요한 이유는 '디지털 휴머니티스'의 육성 필요성에 대한 관련 학계의 목소리가 정부 부처와 전담기관의 실무자들이 생각한 만큼 크지 않았다는 점이다. 인문학계는 예전부터 해 온 연구 방식에 집착하는 보수성 때문에, 그리고 문화콘텐츠학계는 문화산업을 이해하고 그쪽으로 다가가는 것이 더 급한 과제여서 인문지식의 기초적인 응용 환경을 조성하는 이 분야에는 무관심했던 듯하다.

순수 인문학의 입장에서 보면 디지털 인문학은 인문지식의 사회적 확산을 돕는 길이고, 인문콘텐츠학의 입장에서 보면 그것은 문화산업에 응용할 방대한 인문학 지식을 가장 효과적으로 획득하는 방법을 마련하는 일이다. 미국과 유럽, 심지어는 가까운 일본과 대만의 상황을 보더라도 디지털 인문학의 육성은 범인문학계(인문학+인문콘텐츠학)의 자연스러운 발전 궤도 위에 놓인 과제이다. 시행 시기에 있어 다소의 빠르고 늦음은 있겠지만 언젠가는 들어서야 할 이 길에 인문콘텐츠학 연구자들이 선도적인 발걸음을 내딛고, 그 길의 올바른 방향 정립에 기여할 수 있기를 희망한다.

참고문헌

김기덕(2013), 「문화콘텐츠의 등장과 인문학의 역할」, 『인문콘텐츠』28.

김　현(2002), 「디지털 정보 시대의 인문학 - 인문학의 e-R&D 환경 구축을 위한 제언」, 『오늘의 동양사상』7.

______(2010), 「문화콘텐츠, 정보기술 플랫폼, 그곳에서의 인문지식」, 『철학연구』90.

______(2012), 『인문정보학의 모색』, 북코리아.

안종훈(2011), 「디지털인문학과 셰익스피어 읽기」, 『셰익스피어 리뷰』, 한국셰익스피어학회.

인문사회 학술진흥 장기 비전 추진위원회(2010), 『2030 인문사회 학술 진흥 장기 비전』.

인문콘텐츠학회(2003), 「창립 발기문」, 『인문콘텐츠』 창간호.

Hockey, Susan, The History of Humanities Computing, *A Companion to Humanities Computing*, 2004. Blackwell Publishing.

Waltzer, Luke, Digital Humanities and the "Ugly Stepchildren" of American Higher Education, Debates in the Digital Humanities, 2012. University of Minnesota Press.

Zorich, Diane M., *A Survey of Digital Humanities Centers in the United States*, .2008. 11. Council on Library and Information Resources.

日本文化デジタル・ヒューマニティーズ拠点, 立命館大学:
　　　　http://www.arc.ritsumei.ac.jp/lib/GCOE/

臺灣大學數位人文中心, 臺灣大學:
　　　　http://www.digital.ntu.edu.tw/index.jsp

The International Directory of Digital Humanities Centers:
　　　　http://digitalhumanities.org/centernet/centers

Vusualizing Cultures, Massachusetts Institute of Technology:
　　　　http://ocw.mit.edu/ans7870/21f/21f.027/home/index.html

Visualizing Asia in the Modern World:
　　　　http://www.visualizingasia.com

Mapping the Republic of Letters, Stanford University:
　　　http://republicofletters.stanford.edu/
Electronic Enlightenment Project, Bodleian Libraries, University of Oxford:
　　　http://www.e-enlightenment.com/
London Lives, 1690-1800, version 1.1, 24 April 2012:
　　　http://www.londonlives.org

한국학 사전 편찬 방법론의 모색

다매체 시대의 사전 편찬과 편집기[*]

─ 『고려대 한국어대사전』을 중심으로 ─

도원영[**]

Ⅰ. 머리말

오늘날은 고도의 정보 통신 사회로서, 다매체 정보의 생산과 유통을 특징으로 한다. 사전의 경우도 예외가 아니다. 이미 언중들은 사전을 하나의 정보원으로 인식하면서 디지털 소통 양식 안에서 생산하고 소비한다. 문자로 제시된 정보 외에 사진과 그림, 음향, 영상 등 다양한 멀티 콘텐츠를 유무선의 각종 단말기를 통해[1] 이용하고 있다.

이러한 사회 변화에 이끌리면서 사전 편찬 작업도 변화해 왔다. 카드식의 전통적인 사전 편찬 방식에서 벗어나 전산적인 도움을 받은

---

[*] 이 논문은 2013년 5월 『한국사전학』 21호에 실린 논문을 수정·보완한 것이다.
[**] 고려대학교 민족문화연구원 연구교수
1) 데스크톱 컴퓨터, 노트북, 태블릿 피시, 피디에이, 스마트폰 등 사전을 이용할 수 있는 단말기의 종류는 무척 다양하다.

과도기적 사전 편찬 방식에 이어 사전 편찬의 시작부터 제작 유통까지 전 과정에 걸쳐 전산 처리의 도움을 받는 방식으로 전환하고 있다.[2] 이런 과정에서 전형적인 인쇄 텍스트였던 사전이 전자 사전으로 탈바꿈했고 이제는 웹 사전으로 상용화되었다. 국내의 경우 사전에 관여하는 주체도 바뀌고 있다. 종이 사전 시대에는 기획과 편찬, 유통의 채널이 출판사의 주도하에 이루어졌다면 전자 사전의 시대[3]에는 대학 연구소와 정부 기관을 중심으로 이루어졌으며 최근에는 정보 기술을 보유한 가공 업체나 웹 서버를 보유한 포털 업체로 확장되고 있다.[4] 사전 편찬자와 출판사의 관계는 소원해지고 정보 기술 주체나 포털 운영자의 역할과 영향력이 점점 커지고 있다.

오늘날의 사전 편찬자는 이러한 외적 환경 변화에 조응할 수밖에 없다. 우선은 다매체 시대를 살아가는 사전 이용자들에게 필요한 사전을 편찬해야 하기 때문이다. 또한 자신이 만든 사전이 책으로 출간될 가능성보다는 전자 화면에 구현될 하이퍼텍스트일 가능성이 높기 때문이다. 사전 편찬자의 이 두 가지 문제를 효율적, 기능적으로 해결해 주는 것이 바로 사전 편찬 프로그램이다. 컴퓨터 조판을 위해 고안된 초기의 편집기에서 나아가 이제는 사전 이용자와 직접 연결되는 어휘 데이터베이스의 인터페이스 역할을 수행하고 있다.[5] 이

---

2) 이미 우리 언중은 『큰 사전』 이후 『금성 국어대사전』, 『우리말 큰사전』, 『조선말대사전』을 위시하여 『표준국어대사전』, 『고려대 한국어대사전』 등 각각의 특색을 가진 대사전을 가졌다. 그리고 『연세 한국어사전』과 『고려대 한국어대사전』 등을 통해 디지털 편찬 방식에 입각한 사전을 이용하고 있다. 이제 민간 참여형 사전인 『개방형 한국어 지식 대사전』의 등장도 목전에 두었다.

3) 이때의 전자사전은 화면 인쇄용 사전뿐만 아니라 시디형 사전, 컴퓨터 인식용 사전과 웹 사전 등을 모두 아우른다.

4) 웹 사전을 운영하는 포털 사이트에서는 웹 환경과 사용자 요구에 발빠르게 대응하면서 자체의 편집과 기술력을 가지고 사전 콘텐츠를 확장해 가고 있다.

5) 최용준·황도삼(2004)에서는 표준 방식으로 구성된 사전은 어떤 환경에서도 편집, 수정, 검색, 변환이 가능하다고 주장하면서 이러한 특성을 가진 사전 및 텍스

런 시점에서 사전 편찬 프로그램을 검토하는 일은 의미가 있다.

이에 본고는『고려대 한국어대사전』편찬의 기반이 된 사전 편집기에 대해 그 구조와 기능을 소개하고 한계점을 짚어 보고자 한다. 먼저 2장에서는 사전 편집기의 개발 과정을 살피고 구조와 기능에 대해 소개할 것이다. 3장에서는『고려대 한국어대사전』편집기의 특징과 한계에 대해 언급한 다음 다매체 시대에 요구되는 사전의 특징을 제시하고 편찬 도구인 편집기가 가져야 할 요건을 제시함으로써 편집기의 개선 방향을 제안하고자 한다.

II. 『고려대 한국어대사전』 편집기의 구조와 기능

『고려대 한국어대사전』편집기는 2006년 개발된 사전 편집용 시스템이다. 일명 '두루미'로 불린다. 사전 원고 편집 기능과 전자 사전 기능, 그리고 응용 사전을 위한 어휘 데이터베이스의 역할을 할 수 있도록 고안되었다.[6] 일반적으로 사전 편집기의 기능은 크게 입력 기능과 검색 기능, 출력 기능과 관리 기능으로 나뉠 수 있다.[7] 입력의 주요 기능은 원고의 생성, 수정과 삭제에 있다. 검색 기능은 입

트 통합 관리 시스템을 소개하고 있다.

6) 유현경·남길임(2009)에서는 사전 편찬 지원 도구의 하나로 사전 편집기를 정의하였다. 곧 사전 편찬을 위한 어휘 원고를 표제항별로 조직화된 틀 내에 편집, 수정, 저장하는 기능을 수행하도록 설계된 도구인 것이다. 양단희(1992), 최준호(2001, 2003), 최준호·안의정(2005) 등은 연세대 언어정보연구원에서 개발한 사전 편찬기에 대해 설계와 구축 과정, 그리고 세부 구조와 기능에 대해 각각 다루고 있다. 최성운(2001), 최용준·황도삼(2004)에서는 사전 편집기의 응용 사전을 위한 데이터베이스로서의 기능을 강조하고 있다.

7) 유현경·남길임(2009)에서는 편집기의 필수적 기능을 원고 편집 및 수정 기능, 원고 참조 기능, 원고 관리 기능, 사용자 관리 기능, 용례 검색기와의 연동 기능, 온라인·오프라인 동시 사용 기능 등 여섯 가지로 제시하였다.

력된 정보에 대해 집필자가 다양한 방식으로 찾을 수 있도록 구성된다. 출력 기능은 입력과 검색의 결과를 효율적으로 추출하는 기능을 말한다. 바로 참조 텍스트로서 기능을 수행하는 부분이다. 또한 각종 응용 사전으로 재사용할 수 있도록 사전 데이터를 도출할 수 있어야 한다. 관리 기능은 입력 원고를 관리하거나 프로그램 관리자가 전체 편집기의 각 부문을 확인, 통제, 조정할 수 있는 기능을 말한다. 입력 기능을 통해 사전 집필이 이루어지며 검색 기능과 출력 기능을 통해 전자 사전과 어휘 데이터베이스의 기능이 수행된다고 할 수 있다.

2.1. 개발 과정

두루미는 2006년에 개발된 사전 편집용 프로그램이다. 웹상에서 대규모 작업을 하기에 적절한 JSP(Java Server Page)[8] 기반에 관계형 데이터베이스 관리 시스템인 MySQL을[9] 결합하여 만들었다. 기본적으로 표제어 집필, 교열, 교정과 같은 편찬 작업용 기능을 갖추고 있으며 일반 검색 및 상세 검색 기능을 통해 사전 집필 내용을 모든 항목별로 목록화하고 그 결과를 산출하는 기능을 겸하고 있다. 두루미가 현재에 이르기까지의 개발 과정을 정리하면 다음과 같다.

---

8) 자바 서버 페이지: http://ko.wikipeia.org/wiki
9) 마이에스큐엘 서버 페이지: http://www.mysql.com

연도	내용
1994~2005	항목별 헤더 정보를 갖춘 정보 입력 방식의 사전 집필
1994	한국어 균형 말뭉치 구축, 형태소 분석기, 용례 추출기 개발
1998	검색용 전자사전 개발(LEX, SEE, SAY, LARK)
2004~2006	사전 편찬용 통합 프로그램 개발, 가동
2007	두루미 명명, 대사전 출간 일정 확정
2008	두루미 업그레이드, 관련어 링크 기능 추가
2009	『고려대 한국어대사전』 출간
2010	임시어 데이터베이스 추가, 시스템 관리 부문 업그레이드

<표 1> 두루미 개발 경과

2.2. '두루미'의 구조와 기능

두루미의 구조는 크게 네 부분으로 나뉘어 있다. 입력부와 검색부, 출력부, 그리고 관리부이다. 실무 작업자가 접속할 수 있는 영역이 입력부, 검색부, 출력부이며 관리자만이 접속할 수 있는 영역이 관리부이다.[10] 이를 그림으로 나타내면 다음과 같다.

---

10) 두루미의 이용상의 특징을 간단히 소개하면 다음과 같다. 아이디를 부여받은 작업자가 민족문화연구원 메인 서버에 접속한다. 교내 서버로 접속해야만 가능하기 때문에 오프라인 작업은 불가능하다. 입력과 삭제 등의 모든 작업 결과는 실시간으로 확인되며 모든 수정 내역은 작업 일시, 작업자, 집필 항목별로 이력 조회가 가능하다. 수십 명의 작업자가 동시에 다중 검색 작업을 실시하더라도 큰 무리 없이 실행된다.

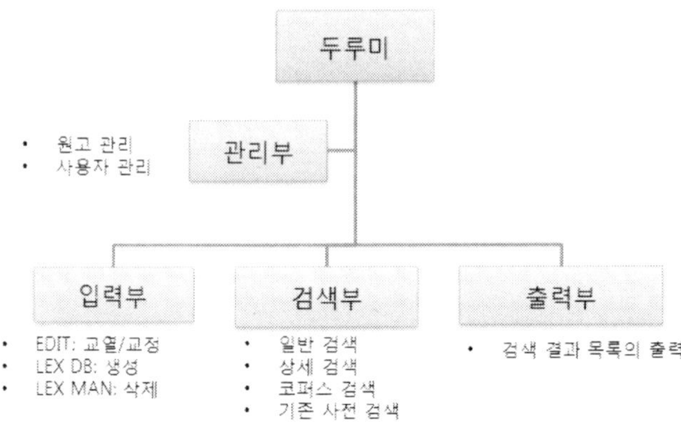

〈그림 1〉 두루미의 구조

2.2.1. 입력부

두루미의 입력부는 편집부 'EDIT', 생성부 'LEX DB', 삭제부 'LEX MAN' 등과 같이 세 영역으로 나뉘어져 있다. 편집 영역인 'EDIT'에서는 『고려대 한국어대사전』에 대한 교열과 교정 작업이 가능하다. 두루미의 입력부는 아래 그림을 통해 확인할 수 있다.

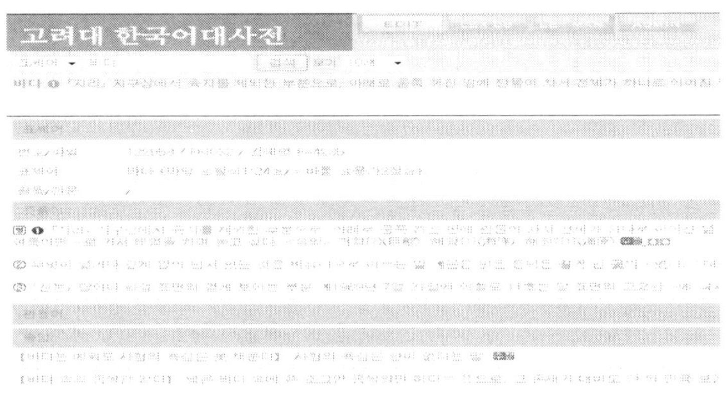

〈그림 2〉 '두루미'의 입력부

'EDIT'의 하위에는 관련어 편집 영역과 동음이의어 편집 영역이 있다. 관련어 편집 영역에서는 본말-준말, 원어-약어, 유의어, 반의어 등 관련어 쌍들을 연결하고 잘못 연결된 경우를 확인한 뒤 바로잡을 수 있다. 특히 해당 표제어와 관련어를 한 화면에 나란히 띄우고 양쪽을 비교하면서 수정할 수 있도록 설계되어 편리하다.

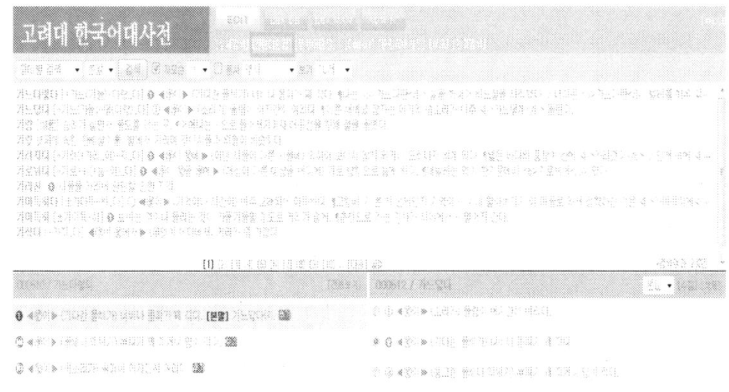

〈그림 3〉 관련어 편집

동음이의어 편집 기능은 동형어의 배열 기준과 순서에 맞게 동음이의어 번호가 제대로 표시되었는지를 확인하고 수정하는 것이다. 품사, 표준어 여부, 어원, 빈도, 결합 형태, 발음, 원어, 하위 품사, 전문어, 방언의 대응 표준어 등 총 10가지 기준에 따라 프로그램이 자동적으로 동음이의어를 배열하게 된다. 작업자는 어깨번호 배열이 잘못된 경우를 검색하여 직접 수정한다.

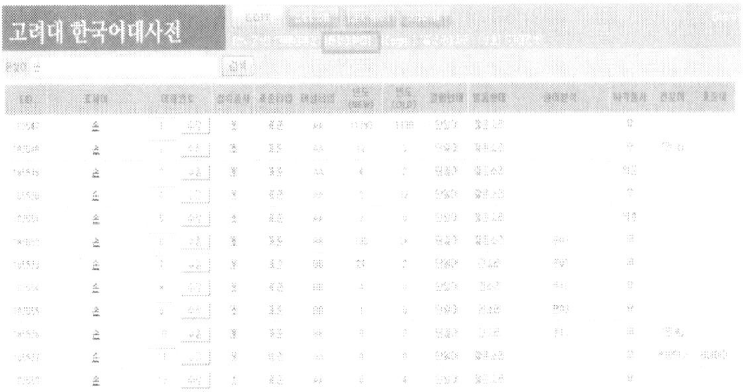

〈그림 4〉 동음이의어 편집

생성부인 'LEX DB'는 『고려대 한국어대사전』의 등재 후보 표제어를 생성하는 영역이다. 새로운 표제어를 입력한 뒤 집필, 교열, 교정이 가능하도록 구성되어 있다. 생성부의 내부 구조는 〈그림 5〉와 같다.

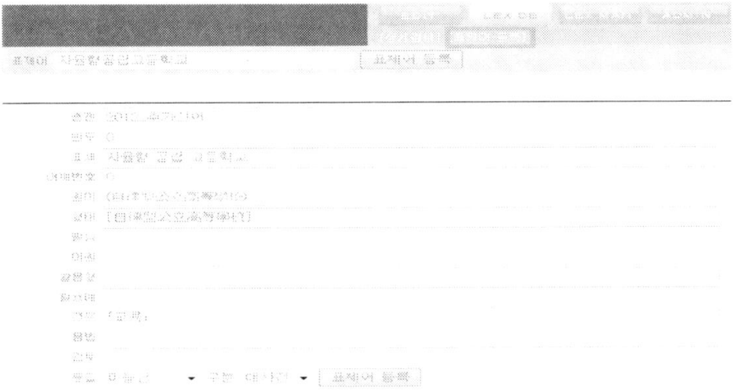

〈그림 5〉 표제어 생성

사전 집필 과정에서는 여러 가지 이유로 어떤 표제어를 중복 집필
을 하거나 잘못 생성하는 경우가 있다. 두루미에서 이러한 표제어들
을 관리하는 부문이 바로 'LEX MANAGEMENT'이다. 삭제 대상 표
제어를 검색한 뒤 관리자가 해당 표제어를 삭제할 수 있다.

2.2.2. 검색부

두루미는 일반 검색과 상세 검색, 간이 검색 기능을 갖추고 있다.
일반 검색에서는 표제어와 관용구, 속담 속에 있는 문자열을 찾아 주
게 된다. 상세 검색은 표제항과 뜻풀이항에 내재하는 모든 미시 항목
들에 대한 이중 또는 삼중 검색이 가능하다. 검색어 일치, 포함, 시작
문자, 끝 문자 등으로 검색이 가능하며 사칙 연산 검색인 불린 검색
도 지원한다.[11] 간이 검색은 일반 검색 창을 팝업 방식으로 이용할
수 있도록 고안한 것이다. 상세 검색 화면을 예시로 보이면 다음과
같다.

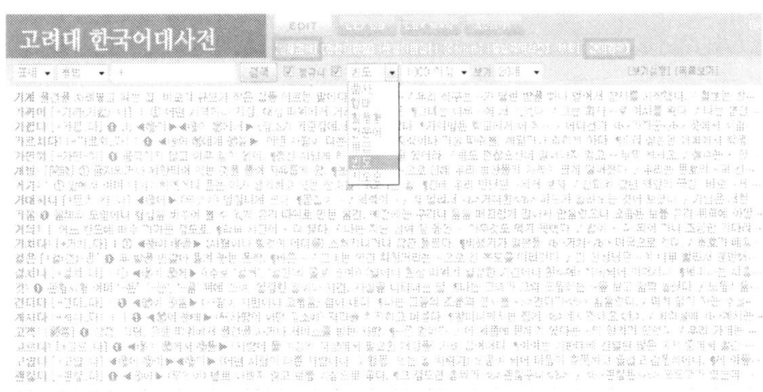

〈그림 6〉 상세 검색

---

11) 자소 검색 기능은 현재 불가능하다. 향후 보완되어야 할 기능이다.

그 외 용례 검색기와 국어사전 검색기가 연동되어 있다. 용례 검색기는 '세종-민연 코퍼스(SJ-RIKS Corpus)'를 사용하고 있다. 이는 '21세기 세종계획'에서 구축한 1500만 형태 의미 분석 말뭉치를 보완하여 상용화한 것이다.[12] 표제어의 의미와 용법, 그리고 빈도를 확인하고 다의어의 뜻풀이항을 빈도순으로 배열하기 위해 용례 검색기를 사용한다.

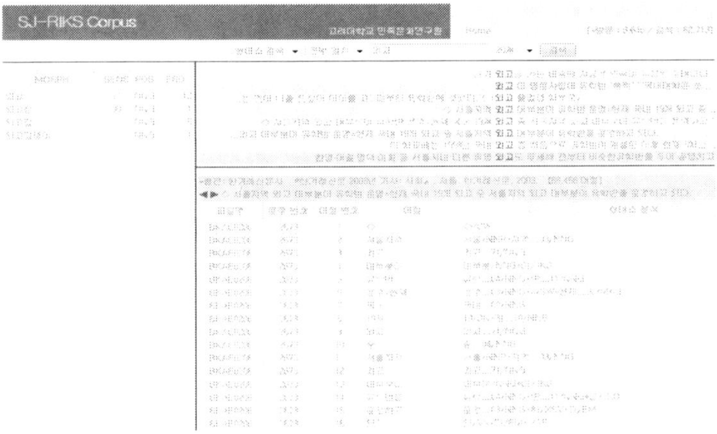

〈그림 7〉 용례 검색기

2.2.3. 출력부

두루미의 출력부에서는 검색 결과 목록의 열람과 인쇄, 저장 등이 가능하다. 상세 검색 결과물을 목록화하여 보여 주며 파일에 저장하거나 인쇄할 수 있다.[13] 비교적 큰 규모의 데이터 내용에 대한 출력

---

12) 현재 고려대학교 민족문화연구원 홈페이지에서 이용할 수 있다(홈페이지 주소는 https://riks.korea.ac.kr이다).

기능은 정보 보호를 위해 프로그램 관리자에게만 허용하고 있다.

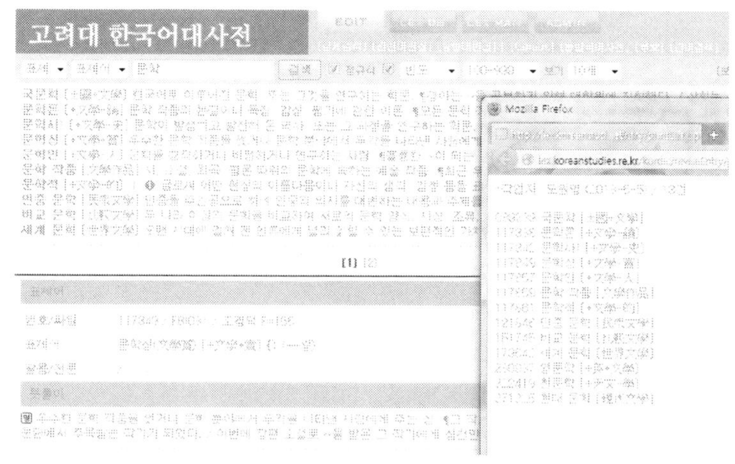

〈그림 8〉 출력부

2.2.4. 관리부

두루미는 크게 원고 관리부와 사용자 관리부로 나뉘어 있다. 원고 관리부는 표제어의 등급 항목, 대사전·중사전·소사전용 표제어임을 구분하는 항목, 집필 단계에 대한 항목, 그리고 작업자 간의 질의 응답을 나누는 검토란 등으로 나뉜다.

---

13) 파일은 화면에 보이는 형식과 동일하게 저장이 가능하다. MS 워드나 흔글 파일 형식 등 일반적인 텍스트 파일을 저장하는 방식을 쓴다.

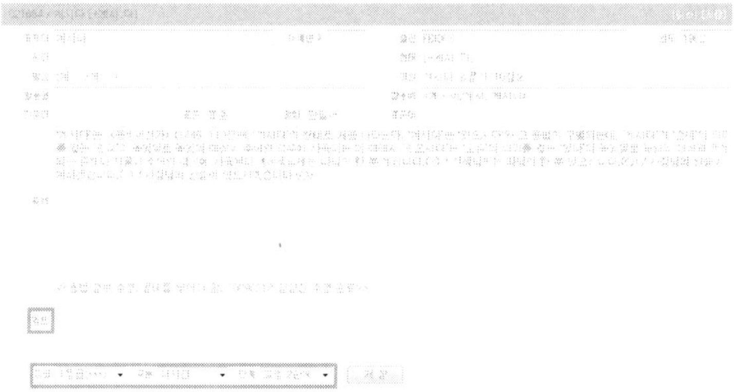

〈그림 9〉 원고 관리

검토란에는 작업자의 질의와 담당자의 답변, 수정 결과, 기타 특이 사항을 기록한다. 즉, 해당 분야 담당자에게 질의를 하거나 다른 작업자의 집필 과정에 도움이 될 만한 정보를 일정한 형식 아래 작성한다. 관리자 및 작업 담당자가 수시로 확인하여 문제를 해결하는 방식으로 진행한다. 특히 표제어의 각종 특이 사항 등을 기록해 둠으로써 여타의 항목에서 파악할 수 없는 정보를 확인할 수 있다.

아래에서 보는 것과 같이 편집 내역 항목에서는 표제어에 대한 집필, 교열, 교정의 과정을 한꺼번에 확인할 수 있다. 어떤 과정과 절차를 거쳐 현재 내용에 이르게 되었는지가 한눈에 파악되기 때문에 작업자별, 항목별 오류 원인과 유형을 포착하는 데 도움이 된다.

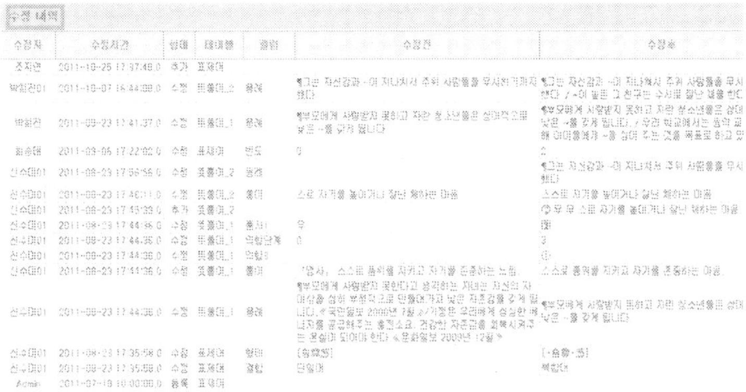

〈그림 10〉 편집 내역

  사용자 관리부에서는 작업자별, 일별 작업 관리뿐만 아니라 사전
전체 데이터베이스의 관리, 관련어 및 뜻풀이항, 품사, 동형어, 한자
처리 오류 사항을 관리한다. 사용자 관리부는 권한을 부여받은 관리
자만이 접근할 수 있다.

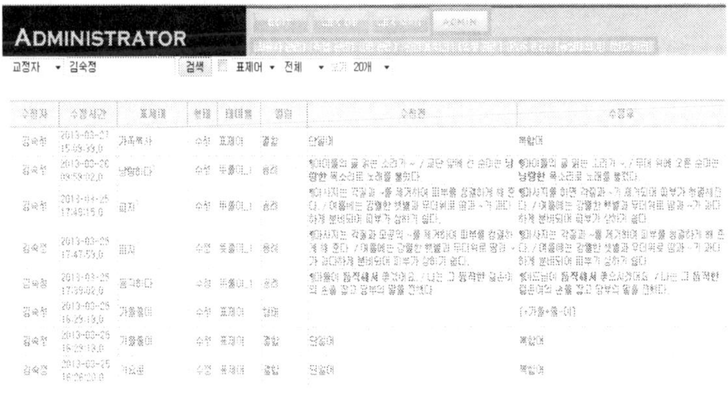

〈그림 11〉 사용자 관리부

Ⅲ. 『고려대 한국어대사전』 편집기의 특징과 한계 그리고 개선 방향

3.1. 『고려대 한국어대사전』 편집기의 특징과 한계

앞에서 『고려대 한국어대사전』 편집기인 '두루미'의 구조와 기능을 살폈다. 두루미는 입력 기능과 검색 기능, 출력 기능과 관리 기능을 두루 갖추고 있다. 이 절에서는 두루미의 특징과 한계에 대해 정리해 보고자 한다.

우선 『고려대 한국어대사전』 편집기의 가장 큰 특징은 사전의 구조적 특성을 잘 파악하여 최대한 분절적인 항목으로 구성하였다는 점이다. 표제항에서는 표제어에 관한 세부 정보를 모두 쪼개었고[14] 뜻풀이항에서는 뜻풀이항 배열에서부터 하위 품사, 전문어, 문형, 의미역, 사용역, 제약 정보, 뜻풀이, 용례, 관련어 등을 각각 분할하였다. 이렇게 표제어에 대해 언어적 정보 단위를 세밀하게 구분함으로써 언어 연구의 자원으로 활용할 가치를 높였다. 뿐만 아니라 출전이나 어깨번호, 돋보기 정보, 등급 정보 등을 항목화한 것은 사전의 기타 구조, 즉 매개 구조, 접근 구조, 배분 구조별 특성을 파악할 수 있는 기반이 된다.

둘째, 각각의 항목들이 체계적으로 조직되어 있기 때문에 이 항목에 대한 다중 검색이 용이하다. 예를 들어 관련어 편집 영역과 동형어 편집 영역에서는 각각 자동 검색이 가능하고 스스로 오류를 찾아내어 집필자가 정확하게 수정할 수 있도록 설계되어 있다. 관련어 편집과 동형어 편집은 등재 표제어와 원고가 완성 단계에 이르러야 그

---

14) 표제항에는 표제어 번호, 표제어, 어깨번호, 출전, 빈도, 원어, 형태, 발음, 어원, 활용형, 활용예, 전문어, 표준, 결합, 대응 표준어, 용법 등이 항목화되어 있다.

진가를 발휘한다. 두루미의 관련어 편집과 동형어 편집 기능이 대사전 교열, 교정 단계에서 수작업 시간을 상당 부분 줄여 주었다. 또한 집필 항목에 대한 이중, 삼중 조건 검색이 가능하여 품사별, 부류별, 유형별 검색 결과를 놓고 교열, 교정할 수 있다.

셋째, 사전 구조가 체계적으로 조직되어 있기 때문에 사전 데이터의 출력 과정에 큰 어려움이 없고 다른 시스템에 적응하는 데에도 무리가 없다. 두루미는 대사전 출간 이후 웹 사전으로 전환하는 과정에서, 그리고 『고려대 한국어사전』, 『틀리기 쉬운 우리말』, 『고려대 한국어 속담사전』15) 등 중소 규모의 응용 사전으로 전환하는 과정에서 문제 없이 외부 시스템에 적응하였다.

넷째, 임시어 데이터베이스인 'LEX DB'가 대사전 데이터베이스인 'EDIT'와 병렬 구조를 이루고 있는 것도 하나의 장점이다. 『고려대 한국어대사전』 이후 추가된 어휘들, 예를 들어 신어나 북한어, 전문어 등 수 만 개의 어휘가 현재 'LEX DB'에 저장되어 있다. 이들 중 대사전 표제어로 등재 판정이 난 어휘는 대사전 편집부인 'EDIT' 영역으로 옮겨 간다. 편집부와 생성부의 내용 관리와 목록 관리가 별도로 이루어지면서도 서로 긴밀하게 연결되어 있어 효율성이 높다.

하지만 두루미에도 여러 가지 부족한 점이 존재한다. 우선 입력 기능에서는 새로운 항목을 추가하기가 어렵다는 점이다. 사진이나 그림과 같은 컷 정보뿐만 아니라 소리나 영상 정보를 바로 수록하거나 연계하는 일에 어려움이 있다. 더욱이 이런 정보는 표제어 단위만이 아니라 의미 단위에 연결될 수 있기 때문에 애초의 설계에서 부족한 점이 있었다. 둘째, 출력부 기능은 작업자에게는 엄격히 제한되어 있

---

15) 『고려대 한국어사전』(2011)과 『틀리기 쉬운 우리말』(2011), 『고려대 한국어 속담사전』(2012)는 태플릿 피시나 스마트폰에서 사용 가능한 애플리케이션으로 개발, 출시하였다.

다. 현재 일부 검색 목록만 출력 가능하다. 특히 일정 수치 이상의 목록은 출력이 되지 않는다. 마지막으로 관리부의 기능에서는 원고 관리 항목이 부족하다. 등재 후보 목록의 관리 기능과 작업 배분에 관한 관리 기능이 추가되어야 한다.

이러한 사전 편집기의 부족한 면은 크게 두 가지 측면에서 발생한 문제이다. 첫 번째는 두루미의 태생적 한계에서 비롯한 것이다. 두루미를 개발할 즈음엔 이미 XML 방식으로 집필된 사전 원고가 80%에 이르렀다. 당시 두루미 개발자는 완성된 사전 원고를 충실히 담을 수 있도록 설계해야 했고 대사전 출간 일정과 맞물려 종이 사전 편집 기준을 고려하지 않을 수 없었다. 그러다 보니 입력 기능에서 일부 구현하지 못한 부분이 남게 된 것이다. 두 번째는 자연 언어 데이터 처리 기술의 한계이다. 수십 명의 작업자가 실시간으로 작업할 수 있는 능수능란한 편찬 프로그램을 구현하기란 숙련된 프로그래머에게도 쉬운 일이 아니다. 여러 차례의 버전을 업그레이드하면서 기능성과 효율성을 높였으나 일부 기능은 여전히 개선의 여지가 있다.

3.2. 사전 편집기의 개선 방향

이 절에서는 새로운 사전의 편찬을 위해 편집기를 설계할 때 필히 고려되어야 할 사항이 무엇인지를 가늠해 보고자 한다. 먼저 전자 텍스트로서 사전의 성격을 다시 한 번 짚어보고 이에 걸맞은 사전을 편찬하기 위해 사전 편집기가 갖추어야 할 요건들을 정리함으로써 개선 방향을 제시할 것이다.[16]

---

16) 여기서 말하는 사전은 언어 사전이나 사항 사전을 두루 포함한다. 성격과 규모, 유형, 목적 등에 상관없이 사전 편집기가 갖추어야 할 요건이 무엇인지 정리해 보았다.

기본적으로 사전은 참조의 기능과 교육적 기능을 수행한다. 인쇄 텍스트였던 사전이 전자 텍스트로 전환되면서 사전의 구조와 내부 정보는 다양성과 분절성, 체계성과 연속성, 신속성을 확보해야 했다. 다양성이란 수록되는 정보의 다양성을 뜻한다. 사전에는 뜻풀이나 용례와 같은 전통적인 언어 정보 외 기사나 문헌 등도 연결된다. 소리, 사진, 이미지, 비디오 등 멀티미디어도 수록되거나 연동된다. 분절성은 표제어에 관한 모든 요소가 각각의 단위로서 구획되고 독립되어야 함을 말한다. 체계성은 정보 단위 간, 미시 항목 간 구조적 긴밀성을 말한다.[17] 구조적으로 잘 짜인 체계는 사전 정보를 미시적, 거시적으로 검색 가능하게 한다. 전자 텍스트인 사전은 연계성이 필수적인 요건이다. 여타의 다양한 전자 시스템에 적용되고 통합될 수 있어야 한다. 컴퓨터 속에서 작동하는 사전은 신속성이 기본 요건이 된다. 입력과 출력, 검색 등이 무리 없이 이루어져야 하며 콘텐츠 업그레이드에 수월하게 적응할 수 있어야 한다.

사전이 전자 텍스트로서 다양성과 분절성, 체계성과 연계성, 신속성을 충분히 확보하기 위해서 사전 편집기는 다섯 가지의 요건을 갖추어야 한다.

첫째, 최대 수용성이다. 문자 정보 외의 다양한 미디어 정보를 포함할 수 있도록 구성되어야 한다. 표제어에 대한 정보로 소리, 사진, 그림, 이미지, 영상 등 멀티 콘텐츠가 제시될 수 있어야 한다. 편집기 속에는 이들을 위한 공간이 필요하다.

둘째, 최대 분절성이다. 표제어에 대한 모든 정보가 개별 항목으로

---

17) 도원영(2011)에서는 사전 뜻풀이가 정보로서의 가치를 가지기 위해 등가성, 분절성과 체계성, 명시성 등을 갖추어야 함을 주장한 바 있다. 분절성은 뜻풀이에 관여하는 모든 형태, 통사, 의미, 화용 정보 등의 미시 정보가 각각의 모듈로서 구획되고 조합될 수 있어야 한다는 점을, 체계성은 분절될 수 있는 모든 요소는 일정한 순서와 방법에 따라 기술되고 통합, 편집될 수 있어야 한다는 것이다.

마련되어야 한다. 각각이 하나의 모듈로 설정된 상태여야 구조화, 체계화할 수 있다. 즉, 발음부터 어원, 품사 등 문법 정보, 전문어 정보, 뜻풀이와 용례, 관련어, 기타 부가 정보 등을 통틀어 언어 분석의 다양한 층위에 대해 최대한 쪼개어 제시할 필요가 있다.

셋째, 최소 잉여성이다. 모듈화된 정보 단위 간에는 중첩되거나 중복되는 정보가 없는 것이 좋다. 미시 항목 중에는 문법의 층위가 겹쳐 배타적으로 처리되기 어려운 경우가 있다. 되도록 동일 정보가 반복되지 않도록 항목을 구별해서 구성하는 것이 검색과 출력 등에 효율적이다.

넷째, 편집 유연성이다. 사전 데이터는 종이 사전이건 전자 사전이건 특정한 목적에 따라 쉽게 출력, 편집될 수 있어야 한다. 전자 사전이나 웹 사전의 플랫폼에 쉽게 적응해야 내용을 신속하게 업그레이드할 수 있기 때문이다. 또한 소사전이나 부문 사전 등 여러 응용 사전으로도 쉽게 탈바꿈할 수 있어야 할 것이다.

다섯째, 작업 효율성이다. 간단명료한 입력 구조로 고안되어야 하며 단순 오류 방지 기능이 탑재되는 것이 좋다.

정리하면 다매체 시대의 사전을 편찬하기 위한 편집기는 최대 수용성과 최대 분절성, 최소 잉여성, 편집 유연성, 작업 효율성을 구현할 필요가 있다. 현 시점에서 이러한 요건이 모두 완벽하게 실현되기는 무척 힘든 일일 것이다. 특히 최대 분절성을 보장하면서 동시에 편집 유연성과 작업 효율성을 만족시키는 일이 그러하다. 하지만 미래에는 이러한 문제가 해결될 수 있는 여지가 있을 것이라 전망한다.

IV. **맺음말**

본고는 앞에서 『고려대 한국어대사전』 편집기인 '두루미'의 개발 경과를 간략히 보인 다음 구조와 기능에 대해 소개하였다. 입력부와 검색부, 출력부와 관리부로 나누어 각각의 기능을 살핀 다음 대사전 편집기로서 두루미의 특징과 한계에 대해 정리하였다. 전자 텍스트로서 사전이 다양성과 분절성, 체계성, 연계성, 신속성을 가져야 한다는 점을 전제로 하여 편집기가 최대 수용성, 최대 분절성, 최소 잉여성, 편집 유연성, 작업 효율성을 가져야 함을 주장하였다.

여전히 많은 연구자와 연구팀, 연구소 단위로 사전 편찬 작업을 수행하고 있으며 또 새로운 사전을 기획하고 있다. 참조적, 교육적, 규범적, 경험적 텍스트, 문화적 텍스트로서 고유 가치를 지닌 사전에 대해 우리는 사전 본문의 질적 향상에 대한 고민뿐만 아니라 효율적인 사전 편찬 방식에 관한 고민도 함께 해야 한다. 왜냐하면 오늘의 사전 편찬 사업은 특정한 지원금이 없이는 지속되기 어려운 토양 위에서 명맥을 이어가고 있기 때문이다. 사전 편찬자에게 자신이 만들고 있는 사전이 학문적 의의를 견지하면서 실용적 가치를 높이고 변화무쌍하게 펼쳐질 미래의 정보 환경 속에 생존할 수 있는 편찬 방식까지 창안하기를 요구하는 건 무리한 일이다. 그래서 이제는 각계에 흩어져 있는 사전 편찬자들이 적절한 요건을 고루 갖춘 사전 편집기로 작업할 수 있는 방안에 대해 함께 고민하고 사전 편집기에 대한 노하우를 공유할 시점에 온 게 아닌가 한다.

참고문헌

김현(2012), 『인문정보학의 모색』, 서울: 북코리아.

도원영(2011), 「〈中韓辭典〉의 뜻풀이 정보에 대한 고찰」, 『중국학논총』31, 고려대 중국학연구소.

양단희(1992), 「한국어 전자 사전 원형의 설계 및 구현」, 『사전편찬학연구』4, 연세대 언어정보개발원.

유현경·남길임(2009), 『한국어 사전 편찬학 개론』, 서울: 역락.

이기황(2007), 「구조화 문서로서의 사전의 자동 조판」, 『한국사전학』10, 한국사전학회, 93-114.

장경식(2012), 「다중매체 시대의 백과사전-'교육'의 효용을 중심으로」, 『한국사전학』19, 한국사전학회, 156-183.

정철(2011), 「웹 백과사전 개편 경험과 전망-다음백과 2007 개편을 중심으로 한 필드 스터디」, 『〈고려대 한국어대사전〉과 사전학』, 서울: 지식과교양, 271-318.

최성운(2001), 「전자사전 컴포넌트의 구현」, 『정보처리학회논문지』8(5), 한국정보처리학회, 587-592.

최용준·황도삼(2004), 「미디어 동기화를 지원하는 웹기반 멀티미디어 전자사전 시스템」, 『멀티미디어학회 논문지』7(8), 한국멀티미디어학회, 1145-1161.

최준호(2001), 「한국어 사전 편찬 도구의 설계와 구현」, 연세대학교 석사학위 논문.

______(2003), 「사전 편찬 도구 〈말꾸러미〉의 구성과 기능」, 『언어 정보와 사전 편찬』12·13, 연세대 언어정보연구원, 113-129.

최준호·안의정(2005), 「달라진 말꾸러미 II(사전 편찬 도구)의 특징에 대하여」, 『언어사실과관점』14, 연세대 언어정보연구원, 137-154.

홍종선·도원영(2011), 「〈고려대 한국어대사전〉 편찬 사업의 현황과 향후 발전 방향」, 『〈고려대 한국어대사전〉과 사전학』, 서울: 지식과교양, 13-54.

홍종선·최호철 외(2009), 『국어사전학 개론』, 서울: 제이앤씨.

국립국어원 편(2013), 『표준국어대사전』, www.korean.go.kr.

사회과학원 편(2007), 『조선말대사전』(증보판), 사회과학원출판사.

연세대학교 언어정보개발원 편(1999), 『연세한국어사전』, 두산동아.

운평어문연구소 편(1991), 『금성판 국어대사전』, 금성출판사.

한글학회 편(1991), 『우리말큰사전』, 어문각.

한글학회(1957), 『큰 사전』, 을유문화사.

온-오프라인 연계형 인물사전 연구

양창진[*]

I. 문제의 제기

우리나라에서도 다른 나라들처럼 인물사전 성격의 책들이 많이 편찬되어 왔다. 역사를 움직여 온 주체가 인간인 이상, 국가와 사회를 움직이거나, 어떤 식으로든 역사에 족적을 남긴 인물에 대한 기록은 역사의 교훈을 후세에 남긴다는 측면에서도 중시되어야 하기 때문이다. 또한 과거의 기록과 역사를 이해하고 연구하는 데 인물에 대한 이해가 필수적이기 때문에 인물에 대한 기록은 끊임없이 이어졌다. 『삼국사기(三國史記)』 열전, 『고려사(高麗史)』 열전, 『국조인물고(國朝人物考)』 등은 대표적인 인물사전 성격의 문헌들이다. 이러한 이유로 오늘날도 종합적인 인물사전은 지속적으로 편찬되고 있다.

그러나 지속되는 인물사전 편찬에도 불구하고 최근에 편찬되는 서

---

* 한국학중앙연구원 책임연구원

적형 사전은 이전과 비교되는 특징이 있거나 발전된 면을 찾아보기 힘들다. 수록된 인물이 더 많아졌다거나 사진 등 시각 자료가 더 다양하게 수록되는 것 외에 현대인들이 읽기에 편한 편집을 했다는 정도가 이전과의 차이라 할 수 있다. 조금 더 진보했다고 평가할 수 있는 경우라 해도 책으로 편찬된 사전을 정보화 시대에 맞게 인터넷으로 서비스한다는 정도이다. 앞으로도 인물사전은 계속 편찬될 것이다. 그러나 온라인 사전(on-line dictionary)과의 경쟁 속에서 이전과 같은 방식으로 오프라인 사전(off-line dictionary)[1]을 편찬할 경우 그 효용성 측면에서 한계에 이를 것이다. 이것은 최근 사전 편찬 전문 출판사들이 서서히 사전 편찬을 포기하는 사례에서 알 수 있다. 오프라인 사전의 출판은 많은 시간과 노력이 필요한 반면 판매를 통한 수익성은 지속적으로 떨어지고 있기 때문에, 수익성을 중시하는 출판사들이 사전 편찬을 포기하게 된 것이다. 우리나라 문화의 결정체라 할 수 있는 국어사전을 자체 연구를 통해 출판하고 있는 출판사가 거의 사라지고, 국가의 재정 지원을 받는 한두 개 기관만 국어사전을 편찬하고 있는 오늘의 현실은 머지않아 다가 올 사전의 미래를 짐작하게 한다.[2]

이 글은 기존에 편찬된 인물사전들의 현황을 분석하고 지식정보 시대라는 현재적 관점에서 인물사전 편찬 방향과 구체적 방법을 제시하고, 특히 인터넷 온라인 환경과의 접목을 통한 인물사전 편찬의 방안을 제시하는 데 목적이 있다. 필자가 "디지털 사전"이라는 용어를 사

---

1) "오프라인 사전"은 "책자형 사전" 또는 "서적형 사전"을 의미하는 용어로 이후 이들 용어는 같은 의미로 사용하고자 한다. 엄밀한 의미에서는 네트워크에 연결되지 않은 "CD-ROM" 사전이나 주머니에 넣고 다니면서 이용하는 "전자사전"도 오프라인 사전으로 볼 수 있다.
2) 2013년 현재, 국어사전을 편찬하는 기관은 "국립국어원"과 "고려대학교 민족문화연구원" 정도이다.

용하지 않고 "온라인 사전"이라는 용어를 사용하는 이유는 여러 사람
이 시공간을 초월하여 인터넷 네트워크에 실시간으로 연결하여 "동일
한" 정보를 검색하고 이용할 수 있는 사전을 지칭하기 위함이다.

II. 온-오프라인 인물사전의 현황 및 문제점

2.1. 오프라인 사전의 현황과 특징

우리나라에서도 이전부터 주요 시대적 국면마다 인물사전 성격의
서적들이 편찬되었다. 『삼국사기』 열전(列傳), 『고려사』 열전(列傳)
등이 대표적이며, 『조선왕조실록』에 부분적으로 많이 수록되어 있는
"졸기(卒記)"만 발췌하여 정리하여도 조선시대 인물사전이 될 수 있
을 정도이다. 조선 후기에는 『국조인물고』, 『인물고』, 『영남인물고』,
『국조인물지』 등 인물사전류의 서적들이 집중적으로 편찬되었다.

근대 이후 한국의 인물을 "인명사전"이라는 단일한 체제로 편찬한
최초의 사례는 조선총독부 중추원에서 1937년에 편찬한 『조선인명
사서』일 것이다. 여기에는 13,000여 명의 인물들이 수록되어 있는
데, 내용은 일본어로 서술하고 항목의 배열도 한자의 획순을 따름으
로써 오늘날 우리가 알고 있는 사전 체제와는 다른 형식을 취하고 있
는 것이 특징적이다.

해방 이후 우리나라 사람들의 손으로 편찬한 최초의 본격 인물사
전으로 신구문화사가 1969년에 출판한 『한국인명대사전』을 들 수
있다. 당시까지 사망한 인물 11,000여 명을 수록하였는데, 자료의 활
용성을 높이기 위해 사진 자료들도 1,000여 점 이상 수록된 것이 이
전 사전의 구성과 구분된다. 또한 수록 인물의 유형에서도, 한국에

많은 영향을 끼친 외국인과 신화·설화상의 인물, 판소리 속의 주인공인 성춘향 등을 수록한 것도 특징적이라 할 수 있다. 그러나 짧은 기간에 편찬하다 보니 상당수의 항목과 내용이 조선총독부에서 편찬한 『조선인명사서』를 근거로 하였다는 평가를 받기도 한다.

이후 30년이 지난 1999년에 한국정신문화연구원이 상고시대부터 최근 사망한 기업인에 이르기까지 역사적 인물 1만 6천여 명을 망라하여 『한국인물대사전』을 출간하였다. 보통 30년 간격으로 인물사전이 편찬되었다는 것은 인물사전 편찬을 위해서는 연구 성과가 축적될 만한 상당한 시간이 필요하다는 것을 뜻한다. 이 사전은 1991년 출간한 『한국민족문화대백과사전』의 후속으로서, 이 백과사전의 체제를 이어받아 일반 소사전과 달리 인물 관련 기록을 폭넓게 전기적(傳記的)으로 수록하였다. 따라서 어느 항목을 보든 그 인물과 관련된 역사적 사건의 맥락과 사상의 개략까지 파악할 수 있어, 인물을 통하여 한국사를 이해할 수 있도록 상세하게 구성되어 있다. 2천 8백 30쪽의 방대한 분량은 지금까지 나온 인물사전 가운데서 가장 방대하다.

최근에는 임종욱이 『한국역대인명사전』을 출간하였다. 표제 항목으로 수록된 인물이 2만 2천 명에 달하며 수록 인물 수로 보면 가장 방대하다. 특별한 경우가 아니면, 1900년 이전 출생자를 대상으로 함으로써 전근대에 활동했던 인물정보에 특화하여 수록했다. 그리고 약전 형식으로 생몰년과 자, 호 및 생애 등을 간단히 수록하였다. 그러나 1900년 이전에 출생했던 인물을 주로 수록하여, 많은 인물들의 생애를 일목요연하게 파악할 수 있도록 요약·정리하는 데 집중함으로써, 이전의 사전들을 발전적으로 넘어서는 모습을 보여주지는 못하였다.

2.2. 온라인 사전의 현황과 특징

오늘날 대부분의 지식정보는 인터넷을 통해 온라인으로 교류되고 있다. 이러한 시대적 요인으로 인해 책으로 출판되는 사전도 점점 줄고 있다. 브리태니커 백과사전을 예로 들면, "1989년 CD롬으로 백과사전을 만들었고, 1995년 '이제 디지털이다'라고 하여 전 세계 방문판매 조직을 1년 사이에 없앴다. 그리고 한국에서 종이책은 2002년 판을 마지막으로 잘 안 팔리고 있다."[3] 서적형 사전도 점차 온라인 사전으로 대체되고 있다. 이러한 시대적 조류 속에서 우리나라에서 온라인 사전 서비스를 주도하는 이는 네이버, 다음, 네이트 등과 같이 인터넷 정보 유통 플랫폼을 주도하는 주요 민간 포털들이다. 이 때문에 세계적인 백과사전으로 잘 알려진 브리태니커 백과사전이나 우리나라 민간 출판사에서 편찬한 대표적인 백과사전인 두산백과도 자체 서비스보다는 포털을 통한 서비스에 주력하고 있다. 사전은 포털이 제공하는 정보들 중에서도 비교적 신뢰성이 높아 검색 결과를 제시할 때 최상단에 제시될 정도로 포털들도 의미 있는 콘텐츠로 취급하고 있다. 포털들은 인물사전을 특화하지는 않으면서도 백과사전 서비스의 일부로 인물사전을 서비스하고 있다.

포털은 아니지만 위키백과 한국어판(http://ko.wikipedia.org)도 백과사전의 일부로 인물사전을 서비스하고 있다. 이 위키백과는 온라인이라는 장점을 살려 "전 세계 사람들이 함께 만들어가는 웹 기반의 다언어 백과사전이다. 위키백과는 중립적이고 검증 가능한 자유 콘텐츠 백과사전의 제공을 목적으로 하는 프로젝트로, 누구나 참여하여 문서를 수정하고 발전시켜 가고 있다."[4] 수많은 이용자들이 참

---

3) 「대담 : 디지털 시대, 사전의 미래를 묻다」, 『블로터(bloter.net)』, 2013년 6월 27일.

여하여 콘텐츠를 축적하기 때문에 수록 양의 측면에서 가장 방대하다. 이 위키백과의 등장으로 비전문가도 다수가 모이면 전문가가 생산하는 것 이상의 정보를 생산할 수 있다는 집단지성(collective intelligence)의 개념이 급격하게 확산되기도 했다.[5] 그런데 포털의 사전 서비스와 달리 위키백과는 지적 수준이 다양한 수많은 이용자들이 자유로이 참여하여 콘텐츠를 축적하는 관계로 축적되는 정보의 내용이 집필 수준과 신뢰도의 수위 측면에서 천차만별이다. 따라서 이를 보완하기 위해 각주 형식으로 정보의 근거와 참고문헌들을 달아 문제점을 보완하고 있다.

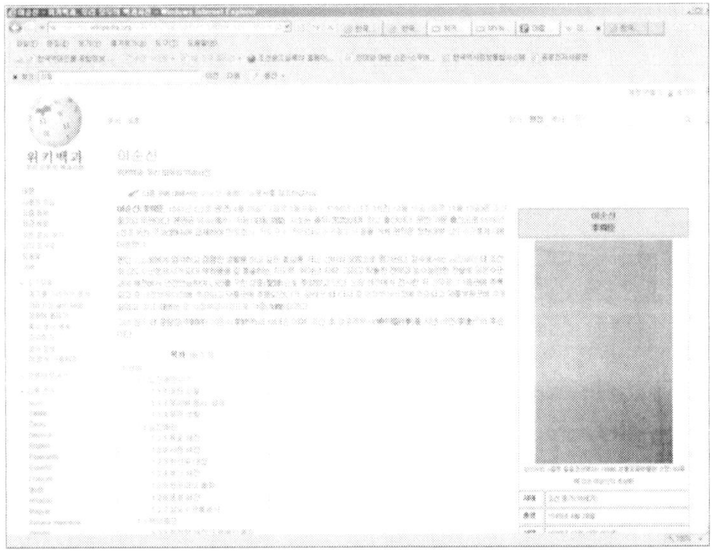

〈그림 1〉 위키피디아의 위키백과

---

4) 위키백과 한국어판(http://ko.wikipedia.org) (2013. 5. 22).
5) 정철(2006), 「온라인 서비스를 위한 디지털 사전의 조건」, 『한국사전학』 8, 7~28.

한편, 인물정보만 특화한 인터넷 사이트로는 한국학중앙연구원이 구축하고 있는 "한국역대인물종합정보시스템"(http://people.aks.ac.kr)이 있다. 이 DB는 2005년부터 행정안전부가 주관하는 국가DB 사업으로 구축되어 현재 약 12만여 명의 인물정보를 서비스하고 있다. 이 정보는 2만 5천명이 수록된 인물사전을 중심으로 고려와 조선의 문과, 무과, 사마시 과거 합격자를 통합한 방대한 DB이다. 온라인의 특성을 살려 모든 인물에 고유 식별자인 "UCI(Universal Content Identifier)"를 부여하고 이를 매개로 인명이 등장하는 외부 콘텐츠에서 쉽게 연계 활용할 수 있도록 하고 있다.[6] 이러한 연계 기능으로 인해 외부에서는 별도의 인물정보를 구축하지 않아도 손쉽게 링크하여 이용할 수 있다. 한편 인물정보는 정확성이 중요한 만큼 인물정보의 소스가 되는 전거를 바탕으로 지속적으로 수정·보완하고 이를 각주 형식으로 남기고 있으며, 수정 이력을 같이 제공하고 있는 점은 위키백과와 비슷하다.

2.3. 인물사전들의 한계와 문제점

그동안 지속적으로 인물사전들이 편찬되고 그 형식도 많은 발전을 했지만 시대적 흐름과 연관지어 볼 때 어느 정도 한계를 지니고 있다.

첫째, 온라인과 오프라인을 막론하고 약간씩의 차이는 있지만, 비슷한 체제로 이루어진 사전들이 서로를 참조하기 때문에 내용과 체제가 유사하다. 예를 들면 『인물고』와 『국조인물고』는 수록 인물이 거의 겹친다. 후대에 편찬된 『국조인물지』도 그 양상은 비슷하다.

---

6) UCI는 ISBN 같이 디지털 콘텐츠에 부여되는 "유일한 국가 표준 식별자"로, 이를 매개로 정보 유통, 저작권관리 등을 통합하려는 시도에서 국책 사업으로 추진되는 것이다. 현재 문화체육관광부 산하 한국저작권위원회에서 운영하고 있다.

이러한 문제로 인해 상당수의 인물사전들이 이전에 편찬된 사전에서 양적으로 조금씩 변화가 있을 뿐 내용상의 한계를 뛰어넘지 못하고 있다. 그동안 출판된 인물사전 중에 비교적 방대한 경우도 수록 인물이 2만 명을 넘는 사전이 거의 없는 것은 이를 잘 보여 준다.

예외적인 사례로 한국정신문화연구원에서 출판한 『한국인물대사전』은 인물 수도 16,000명 이상으로 방대하며, 내용 기술도 가장 상세하다. 이 사전에 수록된 세종대왕이나 이순신의 경우 각각 원고지가 100매가 넘는 분량이다. 최근에는 임종욱이 『한국역대인명사전』[7]을 편찬했는데 여기에는 2만 2천 명이 수록되어 있다. 그러나 개개의 인물정보는 소략하다.

김기승은 "조선조의 개인문집, 민족해방운동, 북한 등에 대한 그 동안의 학계의 연구 성과, 그리고 외국의 인명사전과 비교하여 볼 때, 현 단계의 한국인물사전은 대략 50,000항목은 되어야 한다"[8]고 주장하는데, 이 정도의 분량은 서적으로는 소화하기 힘들지만, 사전 편찬 전례로 보건대 무엇보다도 엄청난 시간과 비용이 소요될 것이다.

둘째, 최근 인터넷을 통한 정보 유통이 급속히 확산되고 있는데, 온라인 사전과 오프라인 사전이 각각의 장점을 살릴 수 있도록 서로 연계되지 못하고 독립된 별개의 사전으로 존재하는 경우가 많다. 먼저 책으로 출판되었다가 온라인 사전으로 다시 출판되는 것이 이 경우인데, 이 경우에도 단순히 내용만 디지털화하는 수준에 그치고 있다. 따라서 매체만 다를 뿐 내용은 거의 대동소이한 경우가 대부분이다.

셋째, 서적형 사전은 한 번 출판되면 개정판이 출판되기 전에는 내용 수정이 힘들다. 인물사전은 다른 사전과 달리 내용 수정이 매우

---

7) 임종욱(2009), 『한국역대인명사전』, 이회문화사.
8) 김기승(1999), 「한국 인물사전의 역사 : 한국정신문화연구원 편, 『한국인물대사전』의 역사적 의의」, 『정신문화연구』 1999년 가을호, 22(3)(통권 76호), 219~239.

빈번하게 이루어진다. 즉 시간이 지나고 연구 성과가 축적되면서 기존 내용의 오류가 발견되기도 하고 새로운 내용이 추가될 필요가 있는데 이러한 필요성이 타 사전에 비해 월등히 높다. 하지만 이러한 필요성을 서적형 사전은 적절하게 충족시켜주지 못한다.

넷째, 책이라는 한계로 인해 인물 정보의 전거를 제시하기가 힘들다. 인물 정보는 역사 연구의 토대가 되기 때문에 내용의 정확성이 무엇보다 중요하다. 따라서 정보의 출처가 되는 전거를 같이 제시해주면 정보의 신뢰성은 보다 높아질 수 있다. 이러한 점을 감안하여 『한국민족문화대백과사전』과 『한국인물대사전』에서 최초로 참고문헌 항목을 만들어 많은 참고문헌을 제시하고 있다. 그러나 내용의 어느 부분이 어떤 책의 어느 부분을 참고했는지 제시하는 수준까지는 나가지 못하고 있다.

많은 인물사전들이 온라인 서비스로 전환되고 있는 시점에서도 서적형 오프라인 인물사전은 분야별 사전 또는 소사전 형식으로 지속적으로 편찬되고 있다. 지속적으로 편찬되는 서적형 사전 사이의 차이점은 그동안의 연구 성과를 반영하여 수록 인물수가 점점 늘어난다는 정도이다. 따라서 서적이라는 한계로 인해 개별 인물에 수록할 수 있는 정보의 양과 형식이 제한될 수밖에 없다.

이러한 상황에서 위에서 제시한 문제점들을 최소화하는 한편, 한 인물에 대한 종합적인 정보를 수록하기 위해서는 모든 정보를 수록한 온라인 데이터베이스 즉, 온라인 인물사전을 구축하고 이 중 핵심적인 정보를 추려내어 서적으로 편찬한 다음 이 둘을 자연스럽게 연계시키는 방안이 연구되어야 한다.

Ⅲ. 인물사전의 미래 : 온-오프라인 연계 사전

3.1. 온-오프라인 콘텐츠 연계의 동향

이상에서 살폈듯이 이제는 오프라인과 온라인을 연계한 사전 편찬을 모색할 필요가 있다. 인터넷으로 대표되는 사이버 세계(Cyber Space)의 등장은 지식 전달은 물론 학술 연구 환경까지 혁명적으로 바꾸고 있다. 그동안 종이책 형태의 출판이 연구 활동의 중요 영역이었다면, 이제는 전자책(eBook) 형태로 만들어 사이버 공간에 발표하는 것이 새로운 학문 풍속도로 자리 잡아 가고 있다. 특히 광범위한 대중적 인지도를 중시하는 문학 분야는 이러한 환경 변화에 가장 많은 영향을 받고 있으며, 또한 변화에 가장 잘 적응하고 있으며, 다른 분야 전반으로 확산되고 있다. 하지만 이러한 변화는 최종 출판물의 형태가 종이에서 전자 매체로 바뀌었다는 점 이상의 의미를 지니기 힘들다. 디지털 환경으로의 변화는 인류가 처음 대하는 상황 변화였기 때문에 두 매체의 역할 및 관계 설정이 필요함에도 불구하고 지나치는 경우가 많았다.

이러한 이유로 온라인 DB와 오프라인 서적을 연계시키는 연구는 부족하였다. 온라인 콘텐츠와 오프라인 콘텐츠의 관계를 보완재가 아닌 대체재로 여겼기 때문이다. 즉 단순히 책 내용을 온라인으로 옮기는 것이 그동안 DB 개발의 주된 방향이었다. 이러한 이유로 교육 콘텐츠 영역에서 교재를 보면서 같은 내용의 온라인 강의를 시청하는 방법[9]이 많이 연구되었다.

---

9) 이동훈·이상곤(2009), 「온라인·오프라인 혼합형 학원수업 활성화방안을 위한 연구」, 인하대학교 교육연구소, 『교육문화연구』15-1, 5~18. ; 여중철(2010), 「영남대학교 문화인류학과의 인류학 개론 교육: 오프라인에서 온라인으로의 변화」, 『

그런데 전시 콘텐츠 개발 영역에서는 온-오프라인 연계가 일부 연구되고 있다. "오프라인에서만 보여주던 일반 전시 콘텐츠를 온라인에서 전시하여 홍보효과를 높임과 동시에 오프라인 전시에서 표현하기 어려운 추상적, 개념적 대상을 추가적으로 전시함으로써 전시의 질을 높이는 방안"[10] 등이 그것이다.

한편 진정한 온라인 콘텐츠는 어디서든 시공간에 구애받지 않고 활용할 수 있어야 한다. 최초의 인터넷 환경은 PC를 기반으로 하는 것이었다. 그런데 최근에 이르러 인터넷 환경이 급속히 시공간적인 이용 한계가 거의 없는 모바일 환경으로 전환되고 있다. 따라서 책, PC 및 모바일 기기에 적합한 형태로 연계될 수 있는 사전이 연구되어야 한다. 그렇다면 새로운 형태의 정보의 연계를 위해서는 어떤 방식으로 사전이 구성되어야 할까?

3.2. 연계의 개요

여기서는 서적형 오프라인 사전과 데이터베이스에 기반을 둔 온라인 사전과의 연계에 대하여 살펴보고자 한다. 즉 서적형 사전은 나름대로의 장점이 있기 때문에 기존의 편찬 형태를 유지하면서, 이와 연계된 온라인 사전을 이용하여 그 한계를 보완해 주면 보다 유용한 사전이 될 수 있다. 다음 그림은 필자가 구상하는 오프라인 서적형 인물사전과 온라인 인물사전을 연계시킨 화면이다.

모든 자료의 표제어에는 ■가 앞에 붙어 있다. 이것은 단순한 사각형이 아니라 QR(Quick Response) 코드[11]이다. 이 코드는 사각형의

한국문화인류학』 43(2), 161~196.
10) 정미령·이성식(2002), 「온라인과 오프라인 통합 전시이벤트 연구」, 한국인포디자인학회, 『인포디자인이슈』 1, 83~99.

격자무늬에 정보를 담고 있는 2차원 형식의 코드로, 이것을 확대한 것이 그림에 보이는 것이다. 바코드와 비슷한 형태로 보면 된다. 이 코드를 해석기로 해석하면 "http://uci.or.kr/G002+AKS-KHF_13AC15AC10CC2CB0947X0"와 같은 인터넷 주소가 수록되어 있다. 이 주소는 한국역대인물종합정보의 "강감찬" 항목을 가리키는 절대 주소이다.

이용자는 핵심적인 사항만 수록된 서적형 사전을 이용하다가, 상세한 내용을 더 알고 싶을 때는 스마트폰 등으로 이 QR 코드를 찍으면 바로 데이터베이스에 수록된 상세한 인물정보를 인터넷을 통해 실시간에 확인할 수 있다. 스마트폰 등 대부분의 모바일 기기에는 이 코드 해석기가 달려 있거나, 유명 앱 스토어에서 무료로 내려 받을 수 있기 때문에 쉽게 이용할 수 있다.

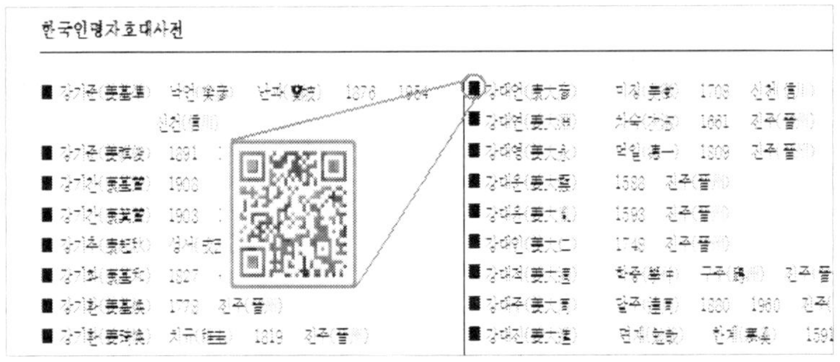

〈그림 2〉 QR코드의 자호사전 적용 사례

---

11) 사각형의 가로세로 격자무늬에 다양한 정보를 담고 있는 2차원 형식의 코드로, 1994년 일본 덴소웨이브사(社)가 개발하여 공개한 이후 다양한 분야에서 널리 활용되고 있다. (출처 : 네이버 지식백과)

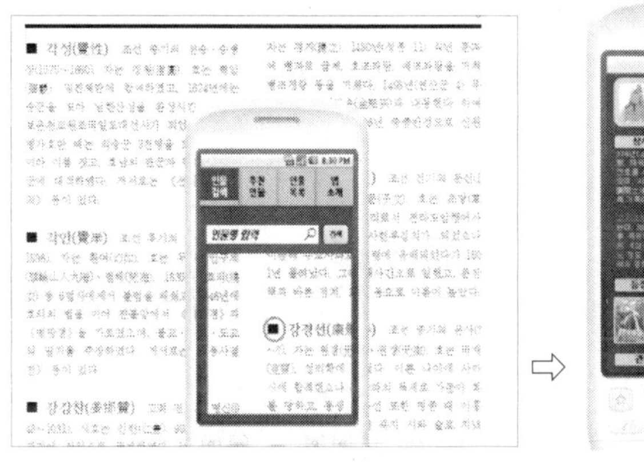

〈그림 3〉 QR코드의 인물사전 적용 및 연계 예시

최근에 이와 유사한 시도가 조금씩 이루어지고 있다. 국립중앙박물관은 진열장에 있는 전시유물 설명문에 QR 코드를 부착하고 이것을 모바일 기기로 찍으면 보다 상세한 설명정보를 열람할 수 있도록 하고 있다. 한국학중앙연구원과 전국 지방자치단체가 함께 추진하는 한국향토문화전자대전 구축사업에서도 각 지방자치단체의 관광 안내도에 수록된 주요지점(POI, Point of Interest)에 QR 코드를 부착하여 배포함으로써 관광객들이 모바일 기기를 이용하여 관광지의 위치는 물론 더 자세한 지역 문화정보까지 접근할 수 있도록 하고 있다.

〈그림 4〉 QR코드를 활용한 전시정보 서비스(출처: 뉴시스, 2010.7.29)

3.3. 연계 매개로서의 ID 최적화

사전의 연계 방법을 구체적으로 살펴보자. 온라인과 오프라인의 정보 연계는 ID를 기반으로 한다. 그리고 이 ID를 오프라인에서 활용하기 위한 방법으로 다른 방법들도 있을 수 있으나 여기서는 QR 코드를 제시하였다. QR 코드도 실상은 ID의 또 다른 표현이다. 이것을 활용하려는 이유는 서적에 인쇄할 경우 기능적으로 유용하면서 미관상으로도 아름답게 디자인할 수 있기 때문이다. 서적에 인쇄할 경우 아름다움도 중요한 요소가 되기 때문이다.

그런데 QR 코드에도 한 가지 단점이 있다. QR 코드의 크기가 작으면 수록할 수 있는 문자의 수도 줄어들고, 인식률도 떨어진다는 점이다. 한국역대인물종합정보의 인물사전을 예로 들면, 특정 인물 정보에 접근할 수 있는 완전한 웹 주소는 “http://uci.or.kr/G002+AKS-KHF_13AC15AC10CC2CB0947X0”같은 형태인데, 이 경우 전체 글자 수는 51자이다. QR 코드는 정방형의 크기에 따라 수록할 수 있는 문자의 수가 달라진다. 그리고 이 코드를 책에 인쇄했을 경우 인식률은 가변적일 수 있다. 위의 표에서 보듯이 QR 코드에 수록할 수 있는 문자의 수는 그 코드의 물리적 크기와 관계가 있다. 따라서 서적에 수록할 QR 코드는 서적 디자인 측면에서 너무 크게 보이지 않도록 적정한 크기를 유지할 필요가 있다. 따라서 이를 위해서는 두 가지가 고려되어야 한다.

첫째, QR 코드에 수록할 수 있을 정도로 사전 콘텐츠의 웹 주소의 길이를 최소화할 수 있어야 한다. 즉 전체 51자로 되어 있는 웹 주소 “http://uci.or.kr/G002+AKS-KHF_13AC15AC10CC2CB0947X0”을 “http://m.aks.ac.kr/123456”같은 식으로 축소해야 한다. 코드를 숫자와 영문자 조합으로 구성하고, 인터넷 도메인을 조정하면 자릿수를 더 축소할 수도 있다.

두 번째는 짧은 주소로 변환된 주소가 원래의 정보를 찾아갈 수 있도록 해 주는 변환 프로그램과 이 프로그램이 사용할 주소 매칭 DB 테이블을 만들어야 한다. 즉 이용자가 모바일 기기로 책이나 각종 안내 표지 등에 인쇄된 QR 코드를 모바일 기기로 스캔했을 때, 모바일 주소가 인식되고 이것이 서버에서 정식 URL로 변환해 줌으로써 온라인 사전의 정보를 서비스해 주게 된다.

ID	Mibile	URL
1	http://m.aks.ac.kr/1234567	http://uci.or.kr/G002+AKS-KHF_13AC15AC10CC2CB0947X0
2	http://m.aks.ac.kr/1234568	http://uci.or.kr/G002+AKS-KHF_13AC15AC10CC2CB0947X1
3	…	…
..	…	…

〈표 1〉 주소 변환을 위한 주소 매칭 테이블

3.4. 연계용 자료 구성의 방향

온라인 사전과 서적형 오프라인 사전을 연계시키기 위해서는 온라인 사전의 자료 구조를 목적에 적합하게 설계해야 한다. 최근에는 모든 자료가 디지털 파일로 먼저 제작되고 이를 활용하여 다양한 형식으로 출판되기 때문에 DB로 구축된 온라인 사전에서 출발하는 것이 보다 유용하다. 자료의 구성은 가능한 한 다음과 같은 기조로 이루어지면 좋다.

첫째, 인물의 특징을 가장 쉽게 드러낼 수 있으면서 잘 변경되지 않는 정보를 서적형 사전에 수록할 수 있도록 한다. 책은 한번 출간되면 수정이 어렵기 때문이다. 여기에 해당하는 부분은 주로 인명을 중심으로 생몰년, 성씨, 본관 등 메타데이터 성격의 정보들이다.

둘째, 서적형 사전에는 인물의 생애 정보를 요약한 정보를 수록한다. 서적형 사전에 수록할 수 있는 정보의 양에 한계가 있기 때문이다. "요약정보"는 인물 생애의 특정 시기와 업적을 특징지을 수 있는 포괄적인 내용으로 구성한다. "포괄적인 내용"이란 구체성을 최소화한 정보를 말한다. 예를 들면 "0000년(00왕 00년)에 문과에 장원으로 급제했다"는 식의 상세한 기술이 아니라 "00왕 때 문과에 급제하였다"는 식의 간략한 기술을 말한다. 인물의 업적과 관련된 상세한 내용은 연구 성과에 따라 지속적으로 수정·보완될 수 있기 때문이다.

한편 우리나라 사람들은 조상 숭배 의식이 매우 강하다. 따라서 인물사전에 기록된 조상의 업적에 대해 매우 민감하게 반응한다. 사람들이 많이 보는 인물사전에 기록된 정보들에 대한 수정 요구가 이용자들로부터 매우 강하게 제기될 수밖에 없는 이유이다. 특히 공공기관이 만든 인물사전에 등재된 내용은 "국가가 공인한 것이라는 잘못된 인식"이 있어 수많은 수정 요구에 시달릴 수밖에 없다. 필자가 운영하는 "한국역대인물정보"를 예로 들면, 많을 때 하루에 50여건의 수정 요청이 쇄도한 때도 있었다. 인물사전의 내용은 다른 사전에 비해 수정 빈도가 매우 높을 수밖에 없다는 점을 고려하여 향후 편찬되는 인물사전은 이러한 요구를 충족시킬 수 있어야 한다.

<그림 5> 『한국역대인물종합정보』의 정보 수정 요청 게시판

　셋째, 위와 같은 상황을 반영하여 수정, 추가, 삭제 등, 내용 변동 가능성이 많은 상세한 인물 생애 부분은 주로 온라인 사전에 수록한다. 변동 사항을 쉽게 반영할 수 있기 때문이다. 일례로『한국역대인물종합정보』 DB에서 조선의 명의로 이름난 허준(許浚, 1537~1615)을 검색해 보았다. 그 이유는 이 DB에서는 자료의 수정 이력도 같이 서비스하고 있기 때문에 인물사전에서 어느 부분에서 많은 수정이 이루어지는가를 대략적으로 확인할 수 있기 때문이다. 아래의 표는 『한국민족문화대백과사전』과『한국역대인물종합정보』의 "허준" 항목의 수정 이력이다.

수정일	수정내역	자료구분
2010-12-31	국립진주박물관 소장 태평회맹도(太平會盟圖)에 수록된 좌목을 참고하여 생년 1546을 1539로 고침.	메타정보
2011-01-22	"명나라 의사(名醫) 안광익과 함께"를 "안광익과 함께"로 수정. 名醫는 명나라 의사가 아니라 "훌륭한 의사"라는 뜻.	상세정보
2011-01-22	출생지를, 김두종은 본관 양천의 소재지였던 김포로, 이양재는 양천허씨의 집성촌이 있던 파주로 보고 있음.	상세정보
2011-01-25	허준의 이복동생일 가능성이 큰 허징(許澄)의 문과기록과, 양천허씨 족보를 참고하여 부친 이름 허론(許論)을 허론(許碖)으로 고침.	상세정보
2011-02-26	의과 합격을 확인할 수 없어 합격 내용 삭제.	상세정보

〈표 2〉 자료 부분별 수정내역 예시

여기서 보듯이 생몰년이나 본관 등의 메타데이터 성격의 정보는 변동이 별로 없고, 한 번 수정되더라도 그 후에 다시 수정되는 경우는 드물다. 하지만 자세한 생애 정보는 새로운 사실이 발견되면서 수시로 수정, 추가될 수 있다. 따라서 인물 생애의 상세한 부분은 가능한 한 책보다는 수정이 용이한 온라인 사전에 수록하는 것이 바람직할 것이다.

3.5. 연계를 위한 온라인 사전의 구성 및 자료 예시

이상의 논의에 따라 온라인 사전과 오프라인 사전의 연계를 위한 자료 구조를 정리하고 아래에 그 예시를 제시해 본다. 자료 구조 예시의 내용 전체는 온라인 사전에 수록하여 다양하게 활용할 수 있다. 이 구조를 요약하면 다음과 같다.

① 메타정보

- 〈ID〉 및 〈UCI〉

- 온·오프라인 연계 식별자. QR 코드 변환 대상

- 〈인명〉, 〈성씨〉, 〈생년〉, 〈몰년〉, 〈시대〉, 〈분류〉, 〈본관〉,

  〈시호〉 등

② 요약정보

- 책자 사전에 수록할 내용

- 화면이 작은 모바일 사전에 수록할 내용

- 〈메타정보〉의 〈성명〉, 〈본관〉 및 〈요약정보〉로 구성

③ 상세정보

- 인물에 대한 상세한 내용

④ 참고정보

- 〈참고문헌〉, 〈각주내용〉, 〈집필자〉, 〈수정이력〉 등

모든 정보는 온라인 사전에 수록하는 것을 기본으로 하고, 서적형 사전에는 이 중에서 〈메타정보〉의 〈인명〉 및 〈ID〉, 그리고 〈요약정보〉를 추출하여 수록하는 것이 대체적인 방향이다.

다음은 위의 자료구조를 기본으로 하여 사전의 실제 내용을 인물 정보를 구성하는 여러 요소로 구조화하여 XML(eXtensible Markup Language) 문서로 작성한 예시이다. 사전의 구조를 XML로 구현하는 것은 『한국민속대백과사전』이나 『한국향토문화전자대전』 편찬 사업12) 등에서 많이 논의 된 바 있으며 현재는 거의 모든 분야 콘텐츠 정보화사업에서 기본이 되고 있다. 여기서도 이러한 경험들을 수

---

12) 김진형(2009), 「한국민속대백과사전의 편찬을 위한 XML 전자문서 구조설계」, 『실천민속학연구』 13, 177~210.; 김현(2007), 「향토문화 하이퍼텍스트 구현을 위한 XML 요소 처리 방안」, 『인문콘텐츠』 9, 91~123 참고.

용하여 적용해 본다.

〈?xml version="1.0" encoding="UTF-8"?〉

〈인물〉

〈메타정보〉

〈ID〉PPL_5COa_A0948_1_0000025〈/ID〉

〈UCI〉G002+AKS-KHF_13AC15AC10CC2CB0947X0〈/UCI〉

〈인명 type="성명"〉강감찬(姜邯贊)〈/인명〉

　　〈인명 type="시호" 식별자=" "〉인헌(仁憲)〈/인명〉

　　〈인명 type="성"〉강(姜)〈/인명〉

〈시대〉고려 전기〈/시대〉

　　〈분류〉관료/명신〈/분류〉

　　〈생년〉948〈/생년〉

〈몰년〉1031〈/몰년〉

　　〈본관 〉금천(衿川)〈/본관〉

〈/메타정보〉

〈요약정보〉

〈문단〉948년(정종 3)~1031년(현종 22). 고려의 명신. 본관은 금천(衿川). 초명은 강은천(姜殷川).〈/문단〉

〈문단〉고려 성종 때 과거에 급제하여 예부시랑이 되었다. 거란의 소배압(蕭排押)이 10만 대군을 이끌고 침공하자, 총사령관이 되어 강민첨(姜民瞻) 등과 함께 귀주에서 격파하였다.〈/문단〉

〈문단〉현종 묘정에 배향되고 문종 때에 수태사 겸 중서령(守太師兼中書令)에 추증되었다. 시호는 인헌(仁憲)이다. 저서로는 『낙도교거집 樂道郊居集』과 『구선집 求善集』이 있으나 전해지지 않는다.〈/문단〉

〈/요약정보〉

〈상세내용〉

〈문단〉948년(정종 3)~1031년(현종 22). 고려의 명신. 본관은 금주(衿州). 초명은 강은천(姜殷川).〈/문단〉

〈문단〉강여청(姜餘淸)의 5대손이며, 강궁진(姜弓珍)의 아들이다.〈각주 ID="가계"/〉〈/문단〉

〈문단〉983년(성종 3) 과거에 급제한 뒤 예부시랑이 되었다. 1010년(현종 1) 거란의 성종(聖宗)이 강조(康兆)의 정변을 구실로 서경(西京)을 침공하자 전략상 일시 후퇴할 것을 주장하여 나주로 피난하여 사직을 보호하였다. 거란의 소배압(蕭排押)이 10만 대군을 이끌고 침공하자 서북면행영도통사(西北面行營都統使)로 총사령관격인 상원수가 되어 부원수 강민첨(姜民瞻) 등과 함께 거란군을 격파하였다.〈/문단〉

〈문단〉귀주 대첩은 대외항전사상 중요한 전투의 하나로 기록되고 있다. 거란의 침입에 대비하기 위해 고려의 20만 대군은 안주에서 대기하다가 적의 접근을 기다려 홍화진(興化鎭)으로 나가 정예 기병 1만 2,000명을 산기슭에 잠복시킨 뒤 큰 성 동쪽의 냇물을 막아두었다가 때를 맞추어 일시에 내려 보내 큰 전과를 거두었다. 이 전공으로 현종은 친히 영파역(迎波驛)까지 마중 나가 극진히 환영하였다. 강감찬으로 인해 거란은 침략야욕을 버리게 되고 고려와 국교를 수립하였다.〈/문단〉

〈문단〉1020년에는 특진검교태부 천수현개국자 식읍오백호(特進檢校太傅 天水縣開國子 食邑五百戶)에 봉해진 뒤 벼슬에서 물러났다.〈/문단〉

〈문단〉묘는 충청북도 청원군 옥산면 국사리에 있다. 현종묘정에 배향되고 문종 때에 수태사 겸 중서령(守太師兼中書令)에 추증되었

다. 시호는 인헌(仁憲)이다. 〈각주 ID=“시호”/〉 〈/문단〉

〈문단〉저서로는『낙도교거집 樂道郊居集』과『구선집 求善集』이 있으
나 전해지지 않는다. 〈/문단〉

〈/상세내용〉

〈참고정보〉

　〈참고문헌〉

　高麗史, 高麗史節要, 姜邯贊(姜晋哲, 韓國의 人間像 2, 新丘文化
　　社, 1980)

　〈/참고문헌〉

　〈집필자〉강진철(姜晋哲)〈/집필자〉

　〈각주내용〉

　〈각주 ID=“가계”〉『고려사』열전 참고〈/각주〉

　〈각주 ID=“시호”〉『고려사절요』참고〈/각주〉

　〈/각주내용〉

　〈수정이력〉

　〈수정내용 ID=“본관” 수정일=“2013-06-03”〉본관 금주를 현재 명
칭의 금천으로 고침.

　〈/수정내용〉

　〈/수정이력〉

〈/참고정보〉

〈/인물〉[13]

이상의 예시대로 온라인 사전을 구성하면 그에 앞서 제시한 오프
라인 사전의 한계를 보완함과 동시에 추가적인 몇 가지 이점이 있다.

---

13) 이 내용은『한국민족문화대백과사전』‘강감찬’ 항목을 요약하여 재구성한 것임.

첫째, 온라인 사전에서는 모든 내용을 이용자에게 편리한 방식으로 구성할 수 있다. 그리고 XSLT(eXtensible Stylesheet Language Transformations)를 사용하면 필요할 때 특정 부분만 분리하여 신속하게 원하는 형태의 책으로 편집하고 편찬할 수 있기 때문에 '온-오프라인 사전 간 연계'라는 이 글의 취지를 구현하는 토대가 될 수 있다.

둘째, 첫 번째의 연장선상에서 다양한 인물 관련 소사전 편찬에 도움이 된다. 인물사전과 관련된 소사전으로 제시할 수 있는 것 중에는 인명자호사전, 성씨 본관사전, 시대별 인물사전 등이 있는데 적은 시간과 비용을 들이고 이러한 사전을 편찬할 수 있는 이점이 있다.

Ⅳ. 결론

인터넷에 기반을 둔 온라인 데이터베이스형 사전이 맹위를 떨치는 반면 서적형 사전 출판이 줄어드는 현실에서 서적형 오프라인 사전이 지향해야 할 방향을 온라인 사전과의 연계라는 관점에서 시범적으로 모색해 보았다. 책은 수천 년간 인류가 축적한 지식 정보의 기록 수단이자 시대와 장소를 건너 문명을 전달하는 수단 역할을 해 왔다. 따라서 아무리 지식 정보시대라 하더라도 책은 쉽게 사라지지 않을 것이다. 그럼에도 불구하고 서적형 사전의 쇠퇴는 분명해 지고 있다. 이런 현실이 온-오프라인 연계형 인물사전을 구상하는 시도가 의미를 가지는 이유가 된다.

그럼에도 불구하고 몇 가지 고려할 점이 있다. 첫째, 온-오프라인을 연계한 인물사전을 만들 때 책에 수록할 내용과 온라인 사전에 수록할 내용을 명확히 구분하기는 쉽지 않다.

둘째, 이 글은 서적형 인물사전이 지속적으로 편찬되는 것을 전제로 한다. 연계는 상호 연계 대상이 존재해야 하기 때문이다. 비록 디지털 콘텐츠가 대세를 이루고 있음에도 불구하고 당분간 책이 사라지지는 않을 것이라는 것이 일반적인 견해이기 때문에 이러한 시도는 의미가 있다고 생각된다.

이상에서 논의된 내용과 유사한 단초는 여러 분야에서 시도되고 있어 조만간 이러한 유형의 출판 사례가 많아질 것으로 기대된다.

참고문헌

• 참고논문

구명철(2002), 「디지털사전 구현을 위한 방향 설정 및 모델링」, 『외국어 교육』9(2), 343~361.

김기승(1999), 「한국 인물사전의 역사 : 한국정신문화연구원 편 "한국인물대사전"의 역사적 의의」, 『정신문화연구』22(3), 219~239.

김진형(2009), 「한국민속대백과사전의 편찬을 위한 XML 전자문서 구조설계」, 『실천민속학연구』13, 177~210.

박소연·이준호(2006), 「국내 주요 검색 포탈들의 백과사전 서비스 비교 평가」, 『한국도서관·정보학회지』37(2), 217~230.

왕지현·김현진·장명길·장영길(2004), 「인물 백과사전 지식베이스 구축을 위한 속성패턴기반 정보추출」, 『한국정보과학회 2004년 학술발표논문집』, 793~795.

이서행 외(2008), 『한국민족문화대백과사전 수록 인물 추가 선정 방안 연구』, 한국학중앙연구원.

임준근(2010), 「디지털 백과사전 편찬시스템 설계에 대한 MVC 패턴 적용에 관한 연구」, 단국대학교 석사학위논문.

정철(2006), 「온라인 서비스를 위한 디지털 사전의 조건」, 『한국사전학』8, 7~28.

최진옥·양창진(2007), 「향토인물정보의 형식 표준화 및 종합적 연계 활용 방안」, 『인문콘텐츠』, 125~153.

• 참고사전

중앙M&B(1999), 『한국인물대사전』, 한국정신문화연구원.

신구문화사(1992), 『한국인명대사전』, 신구문화사.

임종옥(2009), 『한국역대인명사전』, 이회.

조선총독부(1937), 『조선인명사서』, 조선총독부.

• 참고사이트

네이버 지식백과(http://www.naver.com)

네이트 백과사전(http://www.nate.com)

두산백과사전 두피디아(http://www.doopedia.co.kr)

위키백과 한국어판(http://ko.wikipedia.org)

한국브리태니커(http://www.britannica.co.kr)

한국역대인물종합정보시스템(http://people.aks.ac.kr)

『통합디지털한한대사전』 DB구축과 웹서비스

윤승준·김지영·박승범·박찬규[*]

Ⅰ. 머리말

단국대학교 동양학연구원은 1996년 『韓國漢字語辭典』(전4권), 2008년 『漢韓大辭典』(전16권)을 발간하였다. 『한국한자어사전』은 우리나라 고유의 한자와 한자 어휘를 우리 고문헌에서 채록·발췌하여 주석하고, 그 예문을 수록한 최초의 사전이다. 그리고 『한한대사전』은 한자문화권에서 고대부터 사용해 온 한자와 한자어를 가능한 한 빠짐없이 수합·정리하고 체계화한 뒤, 이를 주석하고 용례를 첨부한 사전이다.

* 윤승준, 단국대학교 동양학연구원 편찬실장
  김지영, 단국대학교 동양학연구원 편찬실 편찬원
  박승범, 단국대학교 동양학연구원 편찬실 연구원
  박찬규, 단국대학교 동양학연구원 편찬실 편찬원

이 두 사전의 편찬으로 우리나라는 표제한자 54,378자, 어휘 49만 여 단어에 이르는 세계적 수준의 한자사전을 보유하게 되었다. 무엇보다도 두 사전의 편찬은 한문의 주체적 수용이라는 전통적인 어문생활의 역사성 계승과 중소(中小) 사전에 국한되었던 국내 한문사전의 한계를 극복하고 한자문화권 내에서의 문화적 위상을 확보하였다는 의의를 가진다.

그러나 두 사전이 한국학을 비롯한 인문학 공구서로서 그 기념비적 가치를 널리 인정받고는 있으나, 국내외 다른 종이사전과 마찬가지로 활용도의 제한성을 갖고 있다는 점 또한 분명하다. 무엇보다도 이용자들이 사전이 갖고 있는 다양하고 의미 있는 정보를 스스로의 이용목적에 맞게 효율적, 체계적, 종합적으로 활용할 수 있기 위해서는 이용 편의성이 확보되어야 한다. 특히 21세기 정보화 사회에서 필요한 정보 접근성 및 활용성을 제고하기 위해서는 종이사전을 인공지능적 전자사전으로 전환하는 것이 필요하다.[1]

이미 단국대학교에서는 『한한대사전』의 '전자사전화' 작업의 필요성을 인식하고,[2] 이를 위한 구체적 사업계획을 수립하였다. 즉 2009년 12월부터 2013년 11월까지 총 4년에 걸쳐 『한국한자어사전』과 『한한대사전』을 통합·수정·보완하고 디지털화하여 웹 서비스를 추진하는 『통합디지털한한대사전』 편찬 계획이 그것이다.[3] 이 사업은 첫째 『한국한자어사전』과 『한한대사전』의 데이터를 통합증보하고, 둘째 웹 폰트를 정비 개발하여 웹 기반 환경에서 구현될 수 있도록 한 뒤, 셋째 웹 서비스를 제공하는 것을 목적으로 한다.

---

1) 서정문(1999), 「한자사전의 전산화 문제」, 『東洋文化와 漢字辭典』, 단국대 동양학연구소, 34쪽.
2) 鄭載喆(2009), 「『漢韓大辭典』의 편찬 방향과 사전사적 의의」, 『東洋學』46, 단국대 동양학연구소, 330쪽.
3) 윤승준(2012), 「『漢韓大辭典』의 편찬과정과 향후 계획」, 『東洋學』52, 160~161쪽.

이 글에서는 지금까지 진행된 단국대학교 동양학연구원의 『통합디지털한한대사전』 편찬 사업의 경과와 내용을 소개하고, 앞으로 시행될 한자 사전의 웹 서비스에 따른 기대효과, 향후 과제 등을 제시하고자 한다.

II. 『통합디지털한한대사전』 DB구축 사업 추진 배경과 경과

2.1. 추진 배경

단국대학교는 1996년 『한국한자어사전』 전4권을 완간하고, 1999년 제1권을 시작으로 『漢韓大辭典』 편찬 사업이 본격화되면서 한자 사전의 디지털화 작업에 대한 필요성을 인식하고 있었다. 물론 두 사전이 한국학 및 인문학 연구 기반에 큰 공헌을 할 것이라는 점은 분명하다. 하지만 종이사전의 한계상 그 이용과 활용은 매우 제한적일 수밖에 없으며, 두 사전에 포함된 다양한 한자 및 어휘 정보를 이용하기 위해서는 디지털화가 필수적이다. 더구나 2천 년 이상 한자문화권에서 생활해 온 우리의 문화전통을 고려할 때 한자와 한문의 장벽을 넘어서고, 종이사전이 담고 있는 자의 및 어휘에 대한 다양한 정보를 연구자들이 연구목적에 따라 체계적이며 종합적으로 활용하기 위해서는 더욱 종이사전의 디지털화가 필수적일 수밖에 없다. 디지털화의 필요성은 2000년대 들어서 『한국문집총간』을 중심으로 조선왕조실록, 승정원일기 등 한문 고전적의 전산화가 본격적으로 이루어지면서 더욱 강조되었다.

국내에서 웹 서비스되고 있는 한자사전은 크게 포털 및 학습사이트와 연구기관의 것으로 나눌 수 있다. 포털 사이트와 학습사이트 등에서 제공하는 대부분의 한자사전은 국내 페이퍼 한자사전에 수록된 표제어 및 어휘에 대한 검색 자료를 제공하고 있으며, 일부 모바일 서비스도 제공하고 있다. 다음의 표[4)]는 국내 일반 포털 사이트의 웹 한자 사전 서비스 내용을 정리한 것이다.

포털 사이트	서비스 내용				
	검색 도구	검색 영역	콘텐츠	서비스 기능	자료 제공처
NATE	○ 검색어입력 ○ 부수/음/ 총획수로 찾기	음한자/ 뜻풀이/단어/ 고사성어	수준별 한자 공부 / 목록으로 찾기	연습장/ 단어장 작은사전	e한자
NAVER	○ 검색어입력 (자동완성기능) ○ 필기인식기 ○ 모양자 찾기 ○ 한자찾기 목록으로보기/ 옥편처럼찾기/ 난이도별 한자	음한자/단어/ 고사성어/ 숙어/ 모양자	오늘의 고사성어/ 같은 한자/ 다른 모양/ 한자 구성 원리 보기	내 단어장 작은창 네이버앱	오픈 마인드
DAUM	○ 검색어입력 (서제스트기능) ○ 필기인식 ○ 요소검색	주요 뜻/ 획순/구법/ 관련표현/ 다른 형태/ 단어숙어/ 예문		단어장/ 꼬마사전/ 사전앱 (카메라 인식)	금성 뉴에이스 한한사전
e.hanja[5)]	○ 검색어입력 ○ 음/부수/ 획수/모양		한자주소/ 성씨사전/ (고전)출전/	연습장	

---

4) 김정민(2013), 「한국 한자 사전의 웹정보화 현황과 미래」, 『동아시아의 사전학 (IV): 동아시아 한자사전의 웹정보화 현황과 미래』(제4회 동양학연구원 사전학 국제학술회의 발표집), 19쪽. 수정 인용.
5) e-hanja의 경우 어휘 정보를 보려면 로그인을 해야 하며, 시스템이 불안정하여

			(고전)인명/ 급수별한자/ 중·고등용 한자/ 대법원 인명용/ 이형동의자/ 유의상대자/ 중복자/ 모양 유사자/ 틀리기 쉬운 한자, 한중일 3국 한자 등	
존 한자사전	○ 검색어입력 ○ 부수색인/ 총획색인/ 자음색인/ 자훈색인		약자·속자/ 성씨와 본관/ 지방쓰기/ 고문상형문자	연습장

<표 1> 국내 주요 포털 사이트의 서비스 내용

이렇듯 국내 포털 사이트에서 제공되는 한자 정보는 부수로 찾기/음으로 찾기/총획수로 찾기 등 기본적인 검색도구와 음/뜻갈래/연관단어 등의 검색영역을 공통적으로 구성하고 있다. 그리고 각 포털마다 고사성어·한자주소·성씨·유의어·난이도별 한자 등의 부가적인 검색 정보 등 한자에 대한 기본적인 정보를 제공하는 데 주력하고 있다.

이와 같은 포털 사이트의 한자사전 서비스는 활용도의 측면에서 볼 때 기존 종이사전에 비해 크게 진전된 것이라고 할 수 있으나, 포털 이용 대상자가 주로 학생과 일반인이라는 점을 고려한[6] 것이다.

쉽게 들어가기 어렵다.

6) 정철(2013), 「인터넷 한자사전 리뷰」, 『동아시아의 사전학(IV): 동아시아 한자사전의 웹정보화 현황과 미래』(제4회 동양학연구원 사전학 국제학술회의 발표집), 5쪽.

따라서 내용 면에서는 일반 대중의 수요를 충족시킬 수는 있어도 전문 연구자나 번역자의 수요를 충족시키기에는 아직 크게 미흡하여 전문적으로 이용하기에는 한계가 있을 수밖에 없다.

　연구기관에서 서비스하는 한자정보는 한문 관련 연구기관의 한자사전 서비스와 전문 연구기관에서 서비스하는 한자에 대한 특수 정보 등으로 구분할 수 있다.[7] 전문 연구자들을 위한 서비스는 다음 표[8]에서 보듯이 한자에 대한 특수 정보, 즉 유니코드 한자 검색, 한자자형전거, 이체자 정보 등에 국한하고 있다.

기관	디렉토리	사이트 주소	서비스 내용
영남퇴계학 연구원	전자자전	http://www.toegy e.ne.kr/dic/dic_fir st.asp	○ 부수/획수/독음별 검자 기능. 표제자 검색 기능 및 표제자의 에 딸린 어휘 제공
고려대 장경연구소	지식베이스 /한자자전	http://kb.sutra.re. kr/ritk/etc/chinese /chineseBitSearch. do	○ 표제자의 부수 및 음과 한중일과 영어 의미
한국 역사분야 종합 정보센터	유니코드 한자 검색시스템	http://www.korea nhistory.or.kr/ne wchar	○ 유니코드에 등록된 한자 전체에 대한 검색
고려대학교 민족문화 연구원	유니코드 한자 검색기	https://riks.korea. ac.kr/ccrc/?pg=P_ a45dbc73a7	○ 유니코드 수준의 글자 정보를 다양한 방법으로 검색
한국학 중앙연구원	한국학 정보화 데이터 베이스/ 장서각	http://yoksa.aks.a c.kr	○ 왕실 도서관인 장서각에 소장된 자료에서 뽑은 한문용어용례 ○『新字典』,『字典釋要』등 과거에 유행한 우리나라

---

7) 김정민, 앞의 글, 8쪽.
8) 위의 글, 19~23쪽 연구기관의 서비스 내용을 정리한 것임.

	디지털 아카이브/ 사전용례/ 한문용어 용례, 한자 자형전거		자전의 전자화
한국고전 번역원	이체자 정보검색	http://db.itkc.or.k r/DCH/index.jsp	○ 우리나라 고전에서 수집된 이형자, 이체자 및 동의 이형자 유무와 상호관계

〈표 2〉 국내 연구기관의 서비스 내용

한문 관련 연구기관 중 '영남퇴계학연구원'의 경우 부수/획수/독음별 검자 기능, 표제자 검색 기능 및 표제자에 딸린 어휘를 제공한다. '고려대장경연구소'는 부수/획수/독음별 검자기능, 표제어의 한중일 및 영어 뜻갈래 등 간략한 정보만을 제공하고 있다. 이들 기관은 전문 연구자가 아닌 일반인을 대상으로 서비스한다.

전문 연구기관 중 '한국역사분야종합정보센터'와 '고려대학교 민족문화연구원'은 유니코드 한자 검색 서비스를 제공하고 있다. 현재 많은 웹 사이트에서 한문 자료가 원전 그대로 제공된다는 점을 고려할 때 이들 기관의 검색 시스템은 반드시 참고해야 하는 매우 유용한 서비스라고 평가할 수 있다. 특히 '한국고전번역원'은 이체자 정보와 이에 대한 다양한 검색 기능을 제공하고 있고, 한국학중앙연구원의 경우 왕실 도서관인 장서각에 소장된 자료에서 뽑은 한문용어용례와 『新字典』 및 『字典釋要』 등 우리나라 자전을 전산화하여 한국한자어에 대한 다양한 정보를 제공하는 등 원전 자료의 서비스에 큰 기여를 하고 있다.

국외의 경우 일본은 자국의 한자 사용에 따른 교육용 한자 정보를 제공하는 데 주력하여 대체로 교육용 국어사전의 기능에 제한되어 있고,[9] 최초의 대형사전인 『大漢和辭典』마저도 아직 웹 서비스가 제공되지 않고 있는 실정이다. 웹 사전의 경우 사전으로서보다는 '字典'의 기능에 주안점을 두고 있다. 이는 한자가 여전히 주요 표기자로서 기능하는 일본의 사정을 반영하는 것으로 판단되고, 이렇기 때문에 국어사전으로서의 기능 등 실용적 목적이 더 우선시된 것으로 여겨진다. 이러한 환경적 요소에 의해 일본 웹 한자사전은 한자능력 검정이나 일상에서 요구되는 한자 습득을 주목적으로 하고 있다. 한편 일본의 웹 한자사전은 컴퓨터 운영체제상에서의 처리가 복잡하고, 화면상에 표시되는 폰트가 정비되지 않아 웹상에서의 한자 처리가 어려운 실정이다.[10]

대만의 경우 현재까지 총 5종의 웹 사전이 제공되고 있다. 『重編國語辭典修訂本』, 『國語辭典簡編本』, 『國語小辭典』, 『成語典』, 『異體字字典』이 그것이다. 『중편국어사전수정본』은 1945년 초판된 『國語辭典』을 수정한 1981년판 『重編國語辭典』을 1994년 수정하면서 웹 정보화 편집 시스템을 활용 편찬하여 본격적인 웹 정보화를 시작하였다.[11] 이때 수정된 체제에서는 1만 1천자, 16만여 어휘가 수록되었다. 현재 이 웹 사전은 2006~2012년까지 일부 음독의 오류가 있지만, 전통적인 음독을 보존하고, 대만의 정치 지방제도의 변화상을 반영하는 수정 보완 작업이 진행되었다. 특히 글자 하나만 검색하면 해당 글자를 포함하는 관련 단어가 한꺼번에 검색될 수 있도록 하였다. 『국어사전간편본』은 초·중·고교 및 외국인의 학습을 위해 편찬된

---

9) 沖森卓也(2013), 「日本におけるWEB漢字辭典」, 『동아시아의 사전학(IV): 동아시아 한자사전의 웹정보화 현황과 미래』(제4회 동양학연구원 사전학 국제학술회의 발표집), 27 및 31쪽.

10) 위의 글, 30쪽.

11) 許學仁(2013), 「臺灣國語辭典的數位化現況和未來」, 『東洋學』54, 267쪽.

중형사전으로 1997년 웹 서비스를 실시하였다. 대만에서는 이를 언어학습을 위한 이상적인 학습 도구로 평가하고 있다.[12] 6,634개의 표제자와 45,107개의 어휘를 수록한 이 웹 서비스는 사용 빈도수에 근거하여 채택되었고, 그림 형식의 개념도와 음성 파일과 결합, 그림을 이용한 내용 검색을 가능하게 하였다. 또한『國語一字多音審訂表』에서 정한 표준음을 사용하여 언어 교육의 도구로 사용하고 있다.

　『국어소사전』은 초등학생용으로 편찬된 사전으로 2000년 8월에 웹 서비스를 실시하였다.[13] 2006~2012년 사이에 표제자 및 어휘를 기존 2,700여 개에서 4,306개로 증보하였고, 현재 모든 글자에 남녀 목소리로 녹음된 음성파일을 탑재할 예정이다. 2005년부터 제공된『성어전』은 성어의 유래를 찾는 데 중점을 두고, 음독과 뜻풀이, 유래, 書證, 판별, 용법설명 및 참고단어 등으로 이루어졌다. 이 시스템은 독자가 원하는 정보에 따라 다양한 예문을 제시하고 있다.[14]

　한편『이체자자전』의 경우,[15] 첫째 전통적인 正字의 권위를 유지하기 위해 아시아의 한자를 정자 중심으로 통합하고, 둘째 향후 중문으로 된 컴퓨터 내부코드의 확대 보급을 위한 정리 작업의 필요성, 셋째 초기 정리된 이체자의 보완을 위해 편찬되었다. 2002년 DVD판과 함께 서비스되었고, 2012년 8월 그 새로운 버전의 베타 시스템이 발표되었다. 여기서는 기본적으로『중편국어사전수정본』을 따른 정자 뜻풀이를 제시하였으나, 비상용자 및 새롭게 추가된

---

12) 위의 글, 270쪽.
13) 위의 글, 271쪽.
14) 위의 글, 272쪽.
15) 위의 글, 274~275쪽.

정자 약 2만 자는『異典』에 의거하였다. 또한 정자의 뜻풀이에『說文』에 따른 자형 해석을 추가하였고, 예문 역시 고문전적을 최대한 활용하였다.

한편 최대 사전인『중문대사전』의 경우 일부가 웹 서비스되고 있으나, 기본적인 어휘에 대한 정보가 매우 미흡하다. 예컨대 '일심(一心)'에 대한 서비스는 종이사전에서는 제공되고 있으나, 웹 사이트에서는 제외되어 있다. 전문 분야는 물론이고, 일반인의 이용 면에서도 크게 미흡한 수준이다.

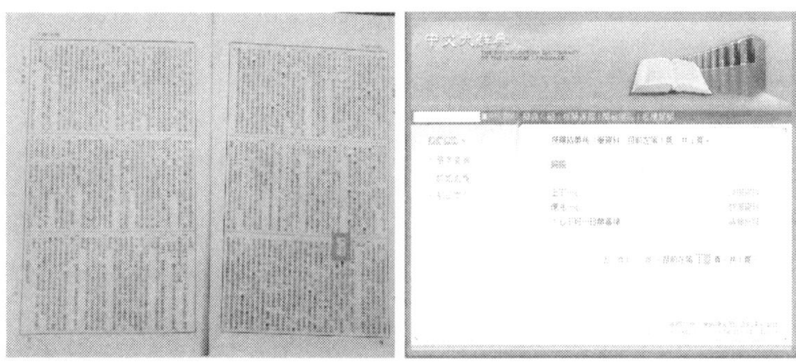

〈그림 1〉「중문대사전」과 웹 서비스 내용 예

반면, 중국의 경우『한어대사전』이 전면적으로 서비스되고 있으며, 여러 중·소형 사전이 이미 웹 서비스되고 있거나 웹 서비스를 하는 방향으로 나아가고 있다. 2005년, '상해 디지털 세기 인터넷 유한회사(上海數字世紀網絡有限公司)'에서 유료 서비스하는「한어대사전 인터넷판 2.0」은 종이사전『한어대사전』의 내용을 증보하지 않고 그대로 서비스한다. 수록 어휘는 약 375,000개이며, 번체자와 간체자 병용, 정체자(正體字)와 이체자 병용, 고유명사에 밑줄 표시 등『한어대사전』의 체제를 그대로 유지하고 있다.[16]

그 외 한전(漢典) 등 일부 웹 사이트에서 한자 서비스를 하고 있다. 한전의 경우 「한어대사전 인터넷판 2.0」에 비해 그 충실도는 낮은 편이며, 기타 웹 사이트도 주로 학습용 한자정보를 제공하는 수준이다. 기타 중국에서 각종 사전류를 살펴볼 수 있는 사이트로는 CNKI 工具書館(http://cnkicrfd.csis.com.tw)이 있다. 그러나 이 사이트의 경우 외국인은 회원등록이 불가능하여 한어사전과 분야별 전문어사전[專科辭典]에 대한 서비스를 제대로 받지 못하는 실정이다.

한편 사전으로서의 기능이 갖춰진 것은 아니지만 홍콩대학교에서는 Chinese Text Project(http://ctext.org)라 하여 선진(先秦)시대 이래 제자백가류의 문헌과 사서, 전문서적들에 대한 원문서비스와 검색 기능을 제공하고 있다. 아울러 표제자에 대한 정보와 『한어대사전』에서의 해당 내용을 제공하고 있다. 특히 표제자의 경우 이체자, 음, 어의 및 각종 운서, 자전 등의 정보(일부 해당 표제자는 운서에서의 면수와 PDF 파일도 제공)를 제공한다. 그러나 기본적으로 표제자 및 어휘에 대한 주석이 없어 사전으로서의 기능은 부족하다.

이상에서 살펴본 바와 같이 국내의 한자사전 웹 서비스는 일반인을 대상으로 하는 포털 사이트와 전문연구자용의 웹 서비스가 있으나, 한자의 다양한 정보를 보다 체계적이고 종합적으로 활용하기에는 각 서비스 체제마다 그 나름의 장점에도 불구하고 한계가 있다. 이들 기관의 서비스는 표제자를 포함한 사전으로서의 기능을 전부 제공하지 않으며, 또한 제공되는 어휘 역시 특정 분야에 한정되어 있어 이용에 많은 불편과 제약이 있다. 또한 전문 연구자가 필요로 하

---

16) 邵永海(2013), 「中國漢字辭典的數字化與未來」, 『동아시아의 사전학(Ⅳ): 동아시아 한자사전의 웹정보화 현황과 미래』(제4회 동양학연구원 사전학 국제학술회의 발표집-별지), 1쪽.

는 다양한 한자 정보를 찾기 위해서는 원하는 개별 정보를 다른 체제로 구성된 개별 사이트마다 찾아가 확인해야 하는 것은 물론 무엇보다도 각 사이트별로 제공되는 한자 정보량이 연구자용으로는 매우 부족하다는 문제가 있다.

국외의 웹 서비스 한자사전은 중국을 제외하고는 학문적 수요가 미흡한 편이다. 중국의 경우 『한어대사전』이 서비스되고 있으며, 각종 다양한 한자 정보와 고적자료를 찾아볼 수 있는 경우도 있다. 하지만 기본적으로 『한어대사전』이 우리 『한한대사전』과 비교할 때, 첫째 채록된 글자 수나 어휘 양이 부족하다는 점, 둘째 중국의 한문 전통에 의거하였기에 같은 어휘라도 우리 전통적 용례와 다른 점이 많다는 점, 셋째 중국어로 되어 있어 이용에 많은 제약이 있다는 점을 고려할 때 『한어대사전』 체제를 그대로 전재한 『한어대사전』 웹 서비스는 국내 연구자들과 일반인들이 이용하기에는 많은 제약이 있을 수밖에 없다.

국내외 웹 서비스 한자사전이 갖는 이와 같은 한계를 극복하기 위해서는 단일한 체제에서 한자에 대한 기본 정보 및 어휘, 예문 등에 대한 검색의 편의성 및 활용의 용이성을 갖춘 웹 서비스 체제의 구축이 필요하다. 또한 웹 서비스를 위한 자형표준화는 서체 난립 현상으로 인한 혼란을 해소하고 한자 학습과 검자상의 편의를 제공할 뿐 아니라 국가 차원의 표준한자 제정 논의에도 기여할 수 있을 것이다.[17]

『한국한자어사전』과 『한한대사전』은 일반 어휘는 물론 제도어와 종교어 등의 전문어와 인명·지명·동식물명·광물명 등의 고유명사도 수록하여 백과사전적 면모를 갖추고 있으며, 어휘와 함께 정확하

---

17) 정형도(2012), 「『漢韓大辭典』의 構件과 자형 정비」, 『東洋學』52, 168~169쪽.

고 풍부한 예문을 수록하고 있어 이용의 범위가 매우 넓다.[18] 그러
나 워낙 거질인 데다가 고가이고 DB구축 또한 이루어져 있지 않았
기 때문에 이용에 한계가 따른다. 그런 점에서 『한한대사전』의 웹
서비스를 통한 접근성 및 활용도의 개선은 다양한 부가 가치의 창출
을 가능하게 할 것이다.

형태 및 분량	웹 기반 사전 (서책 규모 : 전 19권 총 25,205면)
총 수록 문자 및 어휘	표제한자 54,378자, 한자어휘 493,978단어(예상 수치)
웹 서비스 예정 연도	2017년 이후
특징	○ 부수, 총획, 음순 검색 기능 및 직접 입력 검색 기능 ○ 기본 정보 및 관련 정보 검색 기능 ○ 고문자 이미지 제공 ○ copy & paste 기능 ○ 웹 폰트 표준화 ○ 시맨틱 웹(semantic web)으로의 전환 지향 ○ 지속적 편집, 수정, 증보 가능 ○ 유관 기관 및 대학, 연구소와 연계 ○ 쌍방향 소통에 기초한 개방형 지식사전 지향
의의	○ 문화강국으로서의 국가경쟁력 강화 ○ 한국학 및 인문학 연구의 기반 구축 ○ 관련 분야의 연구 및 교육 진흥 등 사회적 파급 효과 ○ 유관 기관과의 정보 공유를 통하여 국가지식정보 　인프라 구축

〈표 3〉『통합디지털한한대사전』의 기본적 성격

---

18) 鄭載喆(2009), 앞의 글, 330쪽 및 정희창, 「국어사전의 현황과 미래」, 『東洋學』
　　46, 340쪽.

2.2. 사업 경과(2009.12~2013.06)

단국대학교 동양학연구원에서는 당초 2009년 12월부터 2013년 11월까지 총 4년에 걸쳐 『한국한자어사전』과 『한한대사전』을 통합·수정·보완하고 이를 디지털화하여 웹상에서 서비스를 제공하는 계획을 수립하였다.[19] 그리고 그 첫 사업으로 2009년 12월 (주)한테크미디어와 계약을 맺고 웹 서비스를 위한 데이터 변환 및 통합DB 구축과 통합편집기 개발을 추진하여 2012년 2월 통합편집기 개발을 완료하였다. 그런데 그 중간인 2010년 6월부터 한국학진흥사업 한국학기초사전편찬 분야에 '『통합디지털한한대사전』' 과제가 선정되어 3년간 연구비를 지원받게 되었다.

그 결과 2009년의 애초 계획은 수정되어, 우선 1차로 2013년 6월까지 『한국한자어사전』 1~3권과 『한한대사전』 1~9권까지의 데이터 통합과 통합 DB 구축을 진행하여 완료하게 되었다. 또한 웹 폰트 개발과 관련하여 단국대학교 동양학연구원은 '(주)한글과컴퓨터'와 제휴하여[20] 이 업체가 보유한 함초롬 글꼴을 대상으로 290개의 구건(構件)[21]을 확정하고, 19,780개의 수정자를 추출하여 자형정비를 진행하였다. 이로써 기존 한자 자형의 오류 및 일본이나 중국식 자형으로 잘못 등록된 한자 자형의 정비, 음훈 정보가 없는 2만여 한자에 대한 정비 사업을 진행해 일반 이용자는 물론, 연구자와 학계를 위한 보다 전문화된 서비스를 제공할 수 있게 되었다. 더불어 폰트개발업체인 '서울시스템주식회사'와도 제휴하여 "Neo-Ext 폰트에 기반한

---

19) 윤승준, 앞의 글, 160~161쪽.
20) 「아시아경제」 2012.04.13일자.
21) '구건(構件)'이란 현대 한자학의 한 분야인 구형학(構形學)에서 사용하는 용어로, 한자를 구성하는 요소 중 한 부분을 일컫는 말이다.

웹폰트"의 온라인상에서의 사용권과 배포권을 확보하는 계약을 맺어 『한한대사전』 조판용 서체에 기반한 온라인용 웹폰트인 "서울시스템단국대체(이하 서울단국대체로 약칭)"를 확보하였다.[22]

데이터 통합 편집은 『한한대사전』 체제에 『한국한자어사전』을 통합하는 체제이며, 증보매뉴얼을 수립하여 『한한대사전』에서 수록하지 못했던 국내 예문을 증보하였다. 특히 교비로 통합사전편집기를 2012년 개발 완료하여 편집작업의 정확성과 신속성을 가질 수 있게 되었다.[23] 웹 서비스는 지난 1차 사업기간에 완료한 기본적인 설계에 따라 2017년 본격적인 서비스를 목표로 다양한 지원체제를 구축할 예정이다.

한편 당초 4년 계획으로 추진되었던 본 사업의 기간이 한국학진흥사업단의 과제 선정과정에서 3년으로 축소되면서 『한국한자어사전』과 『한한대사전』 일부만 통합 편집되었고, 웹 폰트 자형 정비 역시 완결을 짓지 못하고, 2차 사업으로 연기할 수밖에 없었다. 2차 사업에서는 잔여분의 조판용 코드의 변환 등 데이터 통합 완료 및 예문 증보 등 통합편집과 웹폰트 자형(字形) 정비, 웹 서비스를 위한 시범 시스템 구축 등을 추진할 예정이다.

Ⅲ. 『통합디지털한한대사전』 DB구축과 편찬 과정

『통합디지털한한대사전』은 기존 종이사전과 달리 사전 내의 모든 정보를 종합하고, 형식과 내용을 체계적으로 통일시켜 이용자의 목적에 따라 신속 정확하고 원활하게 서비스되어야 한다. 이러한 점에

---

22) 김지영(2013), 「『통합디지털한한대사전』의 DB구축과 온라인 사전편집기」, 『東洋學』54, 237~238쪽.
23) 위의 글, 226쪽.

서 단순한 검색기능만을 제공하는 기존 웹 사전과 달리『통합디지털
한한대사전』은 어떤 의미에서는 인공지능을 갖춘 전자사전이 되어
야 한다.[24] 이러한 기준에 부합하기 위해서는 웹 환경에서 원활하게
구현될 수 있도록 사전의 데이터 파일을 변환하고 자료를 체계적으
로 필드화하는 작업이 요구된다. 이와 같은 과정을 거친 통합 데이터
는 적절한 웹 폰트로 웹상에서 구현될 수 있어야 한다. 이와 같은 조
건이 충족되면, 통합편집기를 활용하여『한국한자어사전』와『한한
대사전』의 내용을 통일된 체계에 맞춰 통합편집하고, 내용을 증보한
뒤 다시 이를 검수하여 웹 서비스 시스템에 등록한다. 이러한 과정을
도표로 표시하면 다음의 그림과 같다.

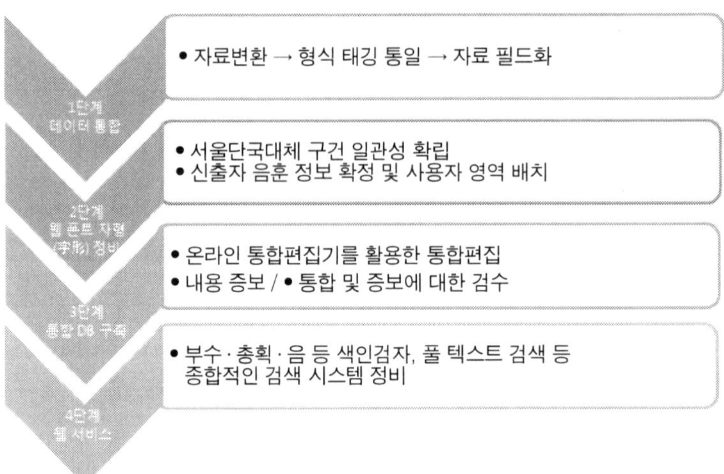

<그림 2>『통합디지털한한대사전』편찬 과정

---

24) 서정문, 앞의 글, 34쪽 참조.

3.1. 1단계 : 데이터 통합

　데이터의 변환과 통합은 다음과 같은 이유에서 필요하다. 『한국한자어사전』과 『한한대사전』은 1980년대 사용된 조판 프로그램(네오메인)과 2000년대 초기의 조판 프로그램인 페이지스타, 네오유니 등으로 입력되었다. 이때 입력된 한자·한글고어·특수문자 등의 데이터 파일들은 표준 폰트 체계 없이 만들어졌다.

　따라서 이들 데이터 파일은 현재 웹 환경에서 구현되지 않거나, 정보가 확인되지 않는 문제가 발생한다. 이에 다음과 같은 과정을 거쳐 자료를 변환시켜야 한다. 먼저 데이터 파일을 텍스트로 1차 변환한 뒤 구현되지 않는 문자에 대한 사용자 코드값을 출력하고, 코드값에 대한 사전 원문을 확인하여 그에 대한 unicode 문자 정보를 DB에 반입·재변환(2차 변환)하여 다시 사전 원문과 대조한다. 자료 변환의 상세 내역은 다음과 같다.[25]

구분	세부단계	상세내역
자료 변환	자료 변환 방법 설계	○ 조판용 Text 자료 분석 ○ 조판용 부호/한자 코드를 유니코드로 　변환하기 위한 코드테이블 구성
	자료 기계 일괄 변환	○ 상기 분석자료를 기반으로 　일괄 변환 프로그램 제작 ○ 변환 프로그램을 통한 일괄 작업 ○ 미변환 코드 추출/검증
	신출자 통합 목록 작성	○ 미변환된(유니코드 비매칭) 자료 　총 신출자(한자/부호)에 대한 통합 목록작성
	변환 결과 검증 작업	○ 미변환 코드(깨짐 또는 변형) 자료 추출 ○ 이미지 파일 매칭

〈표 4〉『통합디지털한한대사전』 자료 변환 상세 내역

---

25) 김지영, 앞의 글, 216쪽 표 인용.

3.2. 2단계 : 웹폰트 자형(字形) 정비

한자의 기초 구성요소는 『강희자전』 부수자 214자를 포함해 대체로 500여 개에 이르며 이들이 상호 조합되어 5만 개의 한자를 구성한다고 한다.[26] 그리고 한·중·일 등 한자문화권에서 오랜 세월 동안 수많은 사람들이 써 오면서 많은 이체자가 존재하고 있다. 결국 동일한 글자라도 필획의 미세한 차이로 인해 여러 글꼴이 있을 수 있으며, 사전마다 동일 글자의 다른 글꼴이 발생할 수밖에 없다. 이처럼 특정 부수나 구건이 글자마다 모양이 다르고 획수까지 달라진다면, 사전 이용자는 부수(部首)·획수에 따른 검색 시 이곳저곳 중복검색을 해야 하는 불편이 생긴다. 따라서 통일성을 중시하는 사전의 특성상 반드시 구건(構件)의 일관성 유지 등 자형 정비는 필요하다.

이와 같은 이유에서 한자를 구성하는 부수나 구건에 대한 일관성과 사전 체제의 통일성을 확립하기 위해서는 특정 부수나 구건을 모든 한자에 일관되게 적용하고, 그 부수·획수도 정확하게 배치함으로써 중복검색의 불편을 최소화하고 검색의 효율성을 제고할 필요가 있는 것이다. 이러한 사정을 고려하여, 지난 1차 사업에서는 『한한대사전』의 표제한자를 모두 검토한 후, IRG(국제한자특별위원회)에서 정리한 「구건분석표」를 참조하여 『한한대사전』에서 누락된 구건을 추가하여 224개의 구건을 추출하였다.[27]

현재 『통합디지털한한대사전』에 적용될 자형 중 「함초롬체」는 자형 정비가 완료되었고 2013년 10월 출시된 '함컴오피스 2014년판'에 반영되었다. 「서울단국대체」는 지금이라도 자유로운 사용에는 문제

---

26) 정형도, 앞의 글, 183쪽.
27) 이에 대한 자세한 목록은 정형도, 앞의 글 참조.

가 없지만, 아직 자형 정비와 신출자의 폰트 내 영역배치 등의 작업이 남아 있다. 따라서 2차 사업에서는 국제표준의 유니코드 번호가 부여되지 않은 신출자 86자에 대하여 웹상에서의 폰트 구현 및 독음 검색, 부수 검색을 위해 사용자 영역의 자리배치가 이루어져야 하고, 이를 위해 자음과 자의를 확정해 부수순 배열을 한 후 실제 운용상의 이상 여부를 점검해야 한다. 추가적으로 발견되는 신출자 역시 지속적으로 개발, 관리할 것이다.

3.3. 3단계 : 통합 DB 구축

『한국한자어사전』과 『한한대사전』은 편찬 방향과 수록 자료의 범주가 다르고, 오랜 기간의 시차를 두고 편찬되었다. 따라서 웹 기반에서 하나의 사전으로서 체계를 갖추고 통일성을 유지하면서 이용되기 위해서는 두 사전의 한자 및 한자 어휘의 항목을 통합해야 한다.

이를 위해 현재 통합매뉴얼을 만들어 표제자와 표제어휘의 주석 및 용례, 고유명사 등의 통합·재편집, 사전 내용의 증보, 각종 부호와 형식의 통일을 갖추는 작업을 진행 중이다.[28] 통합 DB구축은 통합편집, 내용증보, 검수의 3과정을 거친다.

3.3.1. '온라인 통합편집기'를 활용한 통합편집

온라인 통합편집기는 『한한대사전』과 『한국한자어사전』의 통합, 사전의 증보, 차후 웹 서비스를 위해 단국대학교에서 교비를 투입하여 2009년 12월에 시작하여 2012년 2월에 제작을 완료한 프로그램

---

28) 2013년 6월말 현재, 『한한대사전』을 기준으로 9권까지 진행하였다.

이다. 이에 따라 통합 편집과 내용 증보, 그리고 이에 대한 검수 역시 온라인 통합편집기를 통해 진행된다.

통합 편집은 먼저 프로그램을 통해 온라인 통합편집기에 『한국한자어사전』의 데이터를 『한한대사전』 동일항목의 데이터 뒤로 배열하고, 이것을 편집자가 통합 지침에 따라 온라인 편집기를 통해 음, 뜻갈래, 주석, 예문을 적절히 배치하는 것이다.

〈그림 3〉 통합 편집 사례 '＼'(음1 불에 해당하는 뜻갈래 주석과 예문은 『한한대사전』의 데이터, 음2 뺌에 해당하는 뜻갈래 주석과 예문은 『한국한자어사전』 데이터)

3.3.2. 내용 증보

내용 증보는 크게 표제자 증보, 표제어휘 증보, 뜻갈래 증보, 예문 증보로 나누어 진행한다. 현재 동양학연구원 편찬실에서는 예문증보에 중점을 두어 작업을 진행 중이다. 이는 기존에 채록된 표제자와 표제어휘를 기본으로 정확한 주석과 이를 방증하기 위한 적절한 예문을 증보함으로써 이용자들이 좀 더 많은 용례를 확인하여 어휘에 대한 정확한 이해를 돕도록 하기 위해서이다. 물론『한국한자어사전』이『한한대사전』에 통합됨으로써 한국자료가 많이 반영될 것이지만,『한한대사전』은 한자문화권에서 보편적으로 사용된 자료 위주로 편찬되었고,『한국한자어사전』은 우리나라 고유의 표제자나 어휘를 대상으로 하였기에『한한대사전』에 있는 표제자나 어휘에는 한국 문헌 자료가 거의 들어갈 수가 없었다.

따라서 현재 진행하고 있는 증보작업은『한한대사전』수록 어휘의 예문 증보를 우선순위로 하고 있는 것이다. 먼저 증보할 어휘를 선정하여 목록을 만들고, 선정된 어휘에 대한 예문 증보를 진행한다. 선정된 어휘에 대한 예문 증보는 한국 자료를 중심으로 하고, 경·사·자·집(經史子集) 가운데 주로 '史'와 '集'에 중점을 두고 있다.

3.3.3. 통합 및 증보에 대한 검수

검수는 통합지침에 따라 음, 뜻갈래, 주석, 예문이 적절히 배치되었는지 여부를 확인하는 작업이다. 검수는 통합편집에 대한 검수와 증보에 대한 검수로 나뉜다. 통합 편집에 대한 검수는 통합이 끝난 뒤에 온라인 통합편집기를 통해 편집기상의 '수정'이나 '보류'로 표시된 것을 대상으로 한다. 예문 증보에 대한 검수는 1차 검수와 2차 검수로 나누어 진행한다. 1차 검수는 온라인 통합편집기에 입력하기 전에 증보자가 작성한 파일을 대상으로 진행하고, 2차 검수는 온라인 통합편집기에 입력한 후 편집기상에 '신규'라고 표시된 것을 대상으로 진행한다.

〈그림 4〉 내용 증보 사례(1번 뜻갈래의 두 번째 예문과 2번 뜻갈래의 주석 및 두 번
째와 세 번째 예문은 새로 추가된 것임. 2번 뜻갈래의 첫 번째 예문은 수
정된 것임.)

3.4. 4단계 : 웹 서비스

동양학연구원은 단국대학교 교비 지원으로 2012년 웹 서비스를
위한 서버를 도입하여 교내 정보통신원 내에 설치하고, 시범 웹 서비
스를 위한 검색 기능을 갖춘 웹 디자인을 설계한 바 있다. 그 기본적
인 구축방안은 다음의 표와 같다.[29]

---

29) 이 웹 서비스 설계의 기본 구축방안은 임시적인 것으로, 완성된 것은 아니다.
추후 입력 및 출력에 관한 것은 물론 다양한 서비스 체제는 2차 사업기간 내에
시범 설계체제를 운용하면서 나타난 문제점과 학술회의 등을 개최하여 다양한
지원 체제를 연구·검토하여 보완할 계획이다.

웹 표준 준수	○ 공개 소프트웨어 기반으로 구현 ○ 향후 증보판 편찬 및 전문사전편찬 등 지속적인 사전편찬 및 수정을 시스템의 재설계 없이 지원할 수 있도록 설계 ○ 유지보수가 수월하게 진행될 수 있도록 개발 ○ 국제표준문자코드(유니코드)기반으로 개발 (BMP영역, EXT-A영역, EXT-B영역 까지 지원)
입/출력 방안 마련	○ 『한한대사전』에서 사용된 모든 문자(일부 약물 제외)를 검색에 사용할 경우 입력할 수 있는 방안을 마련 ○ 『한한대사전』에서 사용된 모든 문자(일부 약물 제외)가 웹 상에 표현 되어야 함
웹 서비스 기능	○ 부수 색인 검자, 총획 색인 검자, 자음 색인 검자 등을 지원하는 검자(檢字) 서비스 ○ 풀텍스트 검색, 분류별 검색을 지원하는 검색 서비스 ○ 이체자·동의어·참고어 링크 지원 ○ 고문자 및 삽도 등 이미지 활용 서비스

〈표 5〉『통합디지털한한대사전』웹 서비스 기본 구축방안

현재 개발된 시범 웹 서비스 초기 화면과 검색 결과 화면은 다음과 같이 구성되어 있다.

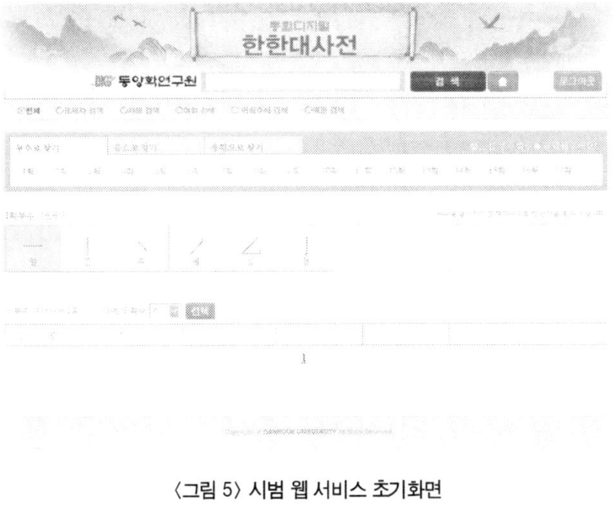

〈그림 5〉 시범 웹 서비스 초기화면

〈그림 6〉 시범 웹 서비스 표제자 검색 예

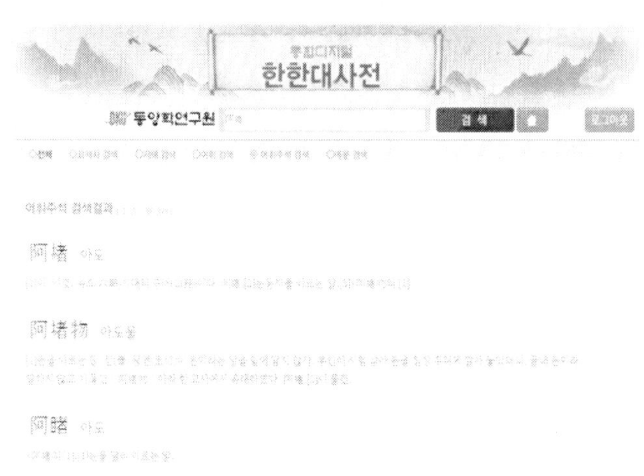

〈그림 7〉 시범 웹 서비스 어휘주석 검색의 예

〈그림 8〉 시범 웹 서비스 예문 검색의 예

앞으로 이와 같은 시범 웹 서비스 시스템을 운용하여 드러나는 문제점을 수정·보완하고, 2017년 단국대학교 개교 70주년에 맞추어 『통합디지털한한대사전』 웹 서비스를 정식 개통하도록 할 예정이다.

향후 실시될 웹 서비스의 기본 방향은 다음과 같다.[30]

① 방대한 종이사전의 성과를 웹 기반에서 입체적으로 이용

② 검색단계의 최소화로 관련 정보까지 연속 검색

③ 한자의 생성과정을 보여주는 고문자 이미지로 다양한 이용 가능

④ 하나의 정보에서 연결정보까지 이용이 용이하며 시멘틱 웹(semantic web)으로 이용 가능

⑤ 다양한 분야의 어휘 및 원전자료를 이용하여 관련 전문사전과 비교 참고 가능

---

[30] 이하 김지영, 앞의 글, 243쪽 참조하여 재정리하였다.

⑥ 표준화된 한자 이용으로, 고전자료 처리와 국제적 정보소통 용이

⑦ 웹 기반에서 실시간 편집과 수정, 증보 및 새로운 자료의 탑재와 편집 가능

⑧ 한적 전산화를 위한 학술기관간 협력과 정보 이용 및 새로운 콘텐츠 개발 수단 가능

⑨ 국제표준문자코드를 기반으로 다국어 지원 시스템 개발

⑩ '위키피디아' 형태의 양방향 커뮤니티 사전으로 발전시켜 미래지향적 사전 지향

IV. 『통합디지털한한대사전』의 기대 효과

『통합디지털한한대사전』의 웹 서비스는 단국대학교 개교 70주년을 맞이하는 2017년에 개시할 예정이다. 이 웹 서비스는 적어도 한자문화권에서 한국을 문화강국으로서의 위상을 높여 줄 것이며, 한국학 및 인문학 연구의 기반을 구축하는 계기가 됨으로써 학문 발전에 커다란 기여를 할 것이다. 또한 지식정보사회의 사회적·문화적·지적 기반을 확충하는 결과가 된다는 점에서 우리 사회 전반의 지적·문화적 수준을 한 단계 향상시키는 결과를 가져올 것이다.

4.1. 학문적·사회적 기여

『통합디지털한한대사전』 DB는 다양한 갈래사전의 편찬을 위해서 사용될 수 있다. 이 사전은 『한국한자어사전』과 『한한대사전』의 정보를 통합한 것으로서 『한국한자어사전』은 국어학·국문학·한문학·역사학·한의학·미술사·국악·민속학 등 한국학 전 분야에 필수적

인 사전이며, 『한한대사전』은 동양 고전의 해독과 연구에 필요한 일
반 어휘는 물론, 인명·지명·제도명·서명 등 전 분야에 걸쳐 광범위
한 어휘를 수록하고 있다. 따라서 이 두 사전을 통합한 DB의 구축은
각 분야별 전문 갈래 사전을 편찬하는 데 커다란 기여를 할 것이다.
『통합디지털한한대사전』과 이를 토대로 추가될 수 있는 전문갈래사
전은 각종 소프트웨어나 모바일, 애플리케이션 등에 그 일부 혹은 전
부가 활용됨으로써 사회의 다양한 요구를 충족시킬 수 있다.

　또한 동양학연구원은 『한한대사전』 완간 이후 4차례에 걸쳐 사전
학학술회의를 개최하여 이 분야의 국내외 연구자들과 폭넓은 네트워
크를 구축하고 연구 역량을 강화해 왔다.[31] 즉 이 학술회의를 통하
여 종이 및 웹 사전의 연구 성과와 경험을 집대성할 수 있었던 것이
다. 나아가 이러한 학술회의의 결과물을 동양학연구원 사전학총서
로 묶어내는 작업을 진행하고 있다.[32] 이 역시 향후 각종 다양한 사
전편찬과 웹 서비스 구축에 중요한 지침이 될 것이다.

　한편 웹 서비스를 위하여 개발 확정한 웹 폰트는 『통합디지털한한
대사전』의 웹 서비스에만 아니라 국내 폰트 표준화를 위한 시안으로
쓰일 수 있다. 이 과정에서 정리된 신출자들은 유니코드 신출자로 등
록하여 활용할 수도 있을 것이다. 『통합디지털한한대사전』의 DB 구
축에 중요한 역할을 하는 통합편집기는 웹 서비스 운영과정에서도
사전 내용의 지속적인 수정과 보완을 위하여 계속 운용될 것이다. 그

---

31) 이제까지 개최되었던 사전학 학술회의의 공동주제를 소개하면 다음과 같다.
　　제1회 "東아시아 辭典의 歷史와 未來"(2008. 12. 17)
　　제2회 "東아시아 漢字辭典의 現況과 課題"(2011. 2. 18)
　　제3회 "東아시아 固有漢字의 國際標準化와 辭典編纂"(2012. 2. 10)
　　제4회 "東아시아 漢字辭典의 웹정보화 現況과 未來"(2013. 2. 1)
32) "사전학총서" 제1권 『동아시아 한자사전과 한한대사전』이 단국대학교출판부
　　의 간행으로 2013년 1월 출판되었다.

리고 웹 서비스를 위하여 개발한 웹 디자인과 웹 플랫폼 역시 서비스 과정에서 필요에 따라 새롭게 디자인하고 구축하는 과정을 거쳐 이용에 편의를 도모할 수 있다.

2000년대 들어서 세계 최고의 인터넷 보급률 및 속도, 국내 IT 기술의 발전, 인문학에 대한 사회적 관심은 일반인들에게서도 한국학 및 인문학 원전 자료에 대한 욕구를 증대시키고 있다. 다양한 지식과 정보에 대한 욕구를 충족시킬 수 있는 지적 자산에 대한 접근의 용이성은 21세기 지식정보사회가 갖추어야 할 필수 요건이다. 그런 점에서 『한한대사전』의 웹 서비스는 지식정보사회에 진입한 우리 사회가 갖추어야 할 사회적·문화적·지적 기반 가운데 하나가 될 것이다. 예컨대 『도덕경, 노자 웃으시다』[33]와 같은 저작이 우리 사회에 등장할 수 있었던 것은 『한한대사전』이라는 양질의 콘텐츠에 접근할 수 있었기 때문이다. 따라서 『한한대사전』의 웹 서비스는 지식정보사회에서 제기되는 이와 같은 지적·문화적 수요를 충족시키기 위해 필요한 작업이며 새로운 문화 창조에도 적극 대응하는 길이 될 것이다.

4.2. 『통합디지털한한대사전』 편찬 경험의 전수

동양학연구원은 30여 년에 걸쳐 『한국한자어사전』과 『한한대사전』을 편찬하면서 이 분야의 전문 인력을 배출하였으며, 적지 않은 학문적 성과도 축적하였다. 사전 편찬사업은 본래 오랜 시간과 많은

---

33) 이 책은 도덕경을 번역한 책으로 『한한대사전』을 주요 공구서로 삼았다. 이 책의 서문에서 역자는 "지난 10년간 역자는 도덕경을 연구해 왔으나 수많은 번역본이 이해하기 어려웠다. 그런데 …… 『한한대사전』 덕분에 풍부하고 바른 뜻을 찾아내게 되었다."라고 『한한대사전』에 대한 소회를 피력하고 있다.(설희순(2011), 『도덕경, 노자 웃으시다』, ㈜디에스 이 트레이드, 5쪽.)

노력을 요하는 작업이다. 따라서 편찬 작업을 통해 얻은 경험과 인력은 그 어떤 것보다 큰 자산이 된다. 작업일지와 기구 및 조직, 추진체계, 작업 지침, 인적 구성, 자료 목록, 예산 등 편찬 과정에서 획득한 경험과 정보, 문제점은 앞으로 이루어질 다양한 사전 편찬을 위해 매우 중요한 지침이 될 것이다.[34]

특히 『통합디지털한한대사전』 편찬작업은 종이사전의 한계를 넘어 세계적 수준의 웹 한자사전으로서 기능을 서비스한다는 점에서 작업과정에서 축적된 경험은 큰 자산이라고 할 수 있다. 예컨대 각기 다른 형태로 입력된 『한국한자어사전』과 『한한대사전』 자료를 '한한대사전' DB구축을 위한 형태로 변환한 뒤 각종 정보에 대한 태깅 작업, ERD 설계와 필드화 변환 작업을 거쳐 주석문과 예문의 항목을 통합하는 일련의 작업 방식은 종이사전을 웹 사전으로 변환하고자 할 때 공통적으로 거쳐야 하는 과정이다. 『표준국어대사전』을 인터넷으로 서비스하기 위하여 기획되었던 '개방형 한국어 지식 대사전' 사업의 경우에도 이 과정을 동일하게 거쳐야 했다.[35] 『통합디지털한한대사전』은 종이로 된 한자사전을 웹 사전으로 변화시키는 작업이기 때문에, 작업 과정에서 국어사전과는 또 다른 특수한 노하우를 축적하게 될 것이다. 이와 같은 작업에서 정리된 경험과 지식을 백서와 같은 형태로 정리하여 출간한다면, 차후에 있을 또 다른 사전 편찬에 훌륭한 참고 자료가 되리라 본다.

---

34) 윤승준, 앞의 글, 148쪽.
35) 이승재(2013), 「『개방형 한국어 지식 대사전』과 웹 서비스 정보」, 『동아시아의 사전학(IV): 동아시아 한자사전의 웹정보화 현황과 미래』(제4회 동양학연구원 사전학 국제학술회의 발표집), 94~95쪽.

4.3. 유관 기관 및 대학과의 제휴를 통한 시너지 효과 창출

『통합디지털한한대사전』DB는 한자정보가 많이 활용되는 대법원이나 국회 등의 공공기관에 제공하거나, 국립국어원·한국고전번역원·한국학중앙연구원·국사편찬위원회·규장각·고려대학교 민족문화연구원 문자코드연구센터 등 관련 기관의 홈페이지 또는 한국역사정보통합시스템 홈페이지와 연계시켜 콘텐츠의 질적 향상과 문화적 가치를 높일 수 있다. 또한 대학을 포함한 교육기관에 풍부한 예문이 포함된 한자 정보를 제공하여 교육발전 및 인재 개발에 기여할 수 있을 것이다.

그 밖에도 유니코드 표준 폰트 기반의 『통합디지털한한대사전』DB는 색인 엔진을 활용한 효율적 사전 검색 기능을 제공할 수 있을 것이며, WIKI와 접목시켜 학술 연구자들 사이의 협업에 의한 사용자 참여형 사전 구축도 가능할 것이다. WEB 3.0의 RSS와 AJAX, 시멘틱 웹 기술을 적용하여 다양한 서비스를 제공할 수도 있을 것이다.

Ⅴ. 맺음말 : 향후 과제

현재 진행중인 『통합디지털한한대사전』DB구축과 웹 서비스 사업은 기본적인 서비스 내용과 이를 실현하기 위한 DB구축에 주안점을 두고 있다. 『한국한자어사전』과 『한한대사전』이 갖고 있는 방대한 정보량과 그에 대한 통합 및 증보, 그리고 웹상에서의 실현이라는 과제를 고려할 때 사용자의 모든 욕구를 반영한다는 것은 현실적으로 어려운 일이다. 다만 현재 구축한 시범 웹 서비스 설계는 시험적인 설계에 불과한 것으로 시범 운용을 통해 문제점과 개선방향을 모색하고, 학술회의나 여론조사 등을 통해 이용자의 요구수준을 면밀히 조사하여 정식 서비스 시스템을 설계할 계획이다.

그러나 세계 최고 수준의 한자 웹 사전을 지향하고, 우리나라를 문화강국으로서 자리매김한다는 목표를 염두에 둔다면 현 단계보다 완성도 높은 시스템의 구축은 반드시 갖춰져야 할 것이다. 이를 위한 몇 가지 과제를 제시하면 다음과 같다.

5.1. 수준별 정보 제공

아무리 좋은 콘텐츠라고 하더라도 이용자들의 욕구를 충족시킬 수 없다면 무용지물이라고 해도 지나친 말은 아니다. 현 작업단계에서는 아직 한자에 대한 수준별 정보 제공을 위한 시스템 구축은 제외되어 있다. 물론 막대한 분량의 『한국한자어사전』과 『한한대사전』을 통합하고 유효적절한 증보 작업이 아직은 완료된 상황은 아니지만, 모바일 기기의 다양화와 보급률 및 사용률을 고려할 때 한자사전의 사용에 있어 난이도나 분야별 태그 등 시스템의 구축에 대한 논의가 필요하다.

5.2. 이용자 환경에 대한 고려

웹 환경의 특징은 기본적인 조건만 갖춘다면 시간과 공간, 연령과 성별, 국적과 관계없이 언제나 이용이 가능하다는 점이다. 이용자만큼 다양한 이용 환경이 발생할 수 있다. 모든 환경을 미리 고려할 수는 없지만, 예측 가능하거나 국내외 포털 및 기관에서 제공하는 웹 서비스에 대한 충분한 조사와 검토를 통해 이용자의 편의성을 제고할 수 있는 방안을 마련할 필요가 있다. 예컨대 국내 주요 포털에서 서비스하고 있는 필기 인식기, 입력 시 미리 결과를 보여 주어 검색 시간을 단축하는 자동완성 기능, 이용자들의 다양한 표기 형태나 오타 등에도 대응할 수 있는 언어처리, 다국어 지원시스템 등의 기능은 충분히 고려할 수 있는 것이다.

5.3. 지속 가능한 운영체제 확립

DB 구축과 이에 대한 서비스를 제공하는 것이 1차적 목적이고, 이어 '위키피디아' 형식의 양방향 커뮤니케이션 체제를 지향한다면, 서비스에 대한 실시간 유지 보수 및 대응이 필요하다. 이를 위해서 적절한 수준의 인력과 예산을 고려하는 것은 물론, 보다 근원적으로는 전문 인력의 양성과 확보가 장기적으로 고려되어야 한다. 대만의 경우 웹 사전의 편집 수준을 일정하게 유지하기 위한 방안 중의 하나로 사전편찬 전문 인력 양성을 기획하고 있는 만큼,[36] 일개 사립학교 차원이 아니라, 범국가적 차원에서의 접근을 유도하기 위한 노력도 있어야 할 것이다.

5.4. 동아시아 한자 문화권 정보 확대

『통합디지털한한대사전』은 현재 우리나라 및 중국 전근대 고적자료를 중심으로 DB가 구축되고 있다. 그러나 '한자문화권'은 일본과 베트남 등 제3국가들을 포함하는 개념이다. 특히 일본 고전문헌에 대한 추가적인 증보작업을 대비할 필요가 있다. 중세 이후 일본의 역사와 학문 수준, 그리고 무엇보다도 서구 학술어의 한문 번역어에 있

---

36) 許學仁, 앞의 글, 65쪽.

어 일본의 중요성을 고려할 때 기존 정보의 수정과 증보만큼 일본 고
적자료에서의 한자 정보에 대한 채록은『통합디지털한한대사전』이
명실상부한 국제적 위상을 갖추는 데 매우 중요한 작업이라고 할 수
있다.

참고문헌

「아시아경제」 2012.04.13일자.

김정민(2013), 「한국 한자 사전의 웹정보화 현황과 미래」, 『동아시아의 사전학(Ⅳ): 동아시아 한자사전의 웹정보화 현황과 미래』(제4회 동양학연구원 사전학 국제학술회의 발표집).

김지영(2013), 「『통합디지털한한대사전』의 DB구축과 온라인 사전편집기」, 『東洋學』54, 단국대 동양학연구원.

서정문(1999), 「한자사전의 전산화 문제」, 『東洋文化와 漢字辭典』, 단국대 동양학연구소.

설희순(2011), 『도덕경, 노자 웃으시다』, ㈜디에스 이 트레이드.

邵永海(2013), 「中國漢字辭典的數字化與未來」, 『동아시아의 사전학(Ⅳ): 동아시아 한자사전의 웹정보화 현황과 미래』, 제4회 동양학연구원 사전학 국제학술회의 발표집-별지.

윤승준(2012), 「『漢韓大辭典』의 편찬과정과 향후 계획」, 『東洋學』52, 단국대 동양학연구원.

이승재(2013), 「『개방형 한국어 지식 대사전』과 웹 서비스 정보」, 『동아시아의 사전학(Ⅳ): 동아시아 한자사전의 웹정보화 현황과 미래』, 제4회 동양학연구원 사전학 국제학술회의 발표집.

鄭載喆(2009), 「『漢韓大辭典』의 편찬 방향과 사전사적 의의」, 『東洋學』46, 단국대 동양학연구소.

정 철(2013), 「인터넷 한자사전 리뷰」, 『동아시아의 사전학(Ⅳ): 동아시아 한자사전의 웹정보화 현황과 미래』, 제4회 동양학연구원 사전학 국제학술회의 발표집.

정형도(2012), 「『漢韓大辭典』의 構件과 자형 정비」, 『東洋學』52, 단국대 동양학연구원.

정희창(2009), 「국어사전의 현황과 미래」, 『東洋學』46, 단국대 동양학연구원.

沖森卓也(2013), 「日本におけるWEB漢字辭典」, 『동아시아의 사전학(Ⅳ): 동아시아 한자사전의 웹정보화 현황과 미래』, 제4회 동양학연구원 사전학 국제학술회의 발표집.

許學仁(2013), 「臺灣國語辭典的數位化現況和未來」, 『東洋學』54, 단국대 동양학연구원.

내가 만들고 싶은 웹 사전[*]

― 웹 사전 편찬 시론 ―

정 철[**]

Ⅰ. 들어가며

웹 사전을 십 년 넘게 만들면서 이런저런 생각을 해왔다. 나름 변화의 최전선에 선 탓에 앞으로 사전이 어때야 한다는 나름의 기준을 세워보고 싶었다. 결론부터 말하면 사전이 어떤 식으로 흘러갈지 나는 잘 모르겠다. 내 생각에는 검색과 인터넷이 이미 사전이기 때문에 그쪽의 미래를 고려하는 게 더 현실적일 듯싶다. 어차피 표제어와 표제항만 있으면 모든 것이 다 사전이다. 블로그도 사전이고 카페도 사전이고 데이터베이스(database, DB)는 다 사전이다. 나는 세상 모든 DB를 사전으로 본다. 이럴 땐 질문을 바꿔보는 게 나을 것 같다. 내

---

* 이 글은 학술적인 내용을 담고 있지 않다.
** 다음커뮤니케이션 지식서비스 기획팀장

가 만들고 싶은 사전이 뭘까 정도로.

이 글에서는 먼저 검색이 사전을 어떻게 바꿔나갔는가를 간단히 짚고, 다음에 내가 만들고 싶은 사전에 대해 적어보려 한다.

II. 사전과 검색

2.1. 검색이 사전을 어떻게 바꿨는가

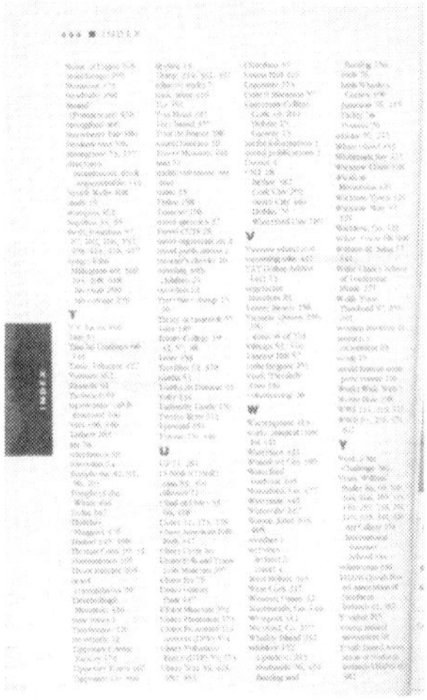

〈그림 1〉 전형적인 단행본의 색인

검색 서비스는 색인과 랭킹을 이용해 검색어를 입력한 사용자에게 최적의 목록을 제시하는 것이다.

색인단계까지는 사전이나 검색이나 같다. 색인은 어떤 정보가 어디에 있느냐를 정리해놓은 책이기 때문이다. 사전 자체가 색인이라 해도 좋을 정도이다. 사전이 색인이기 때문에 사전은 검색의 초기형태이자 원형질이다. 〈그림 1〉

종이사전과 검색의 첫 번째 차이점은 자료 접근 방법이 둘러보기(browsing)인가 검색어 입력(query searching)인가에서 드러난다. 종이사전은 표제어를 가나다순으로 정리해놓고 사람이 적당히 해당 페이지를 펼쳐서 찾아가는 방식이다. 하지만 검색은 검색어를 입력하면 해당 검색어에 연결되어 있는 색인정보를 이용해 결과를 끌어낸다. 이 검색어 입력방식이 보편적으로 사용되면서 사전 찾기의 근본적인 혁신이 생겼다.

예를 두세 개 들어본다.

1) 사용자가 철자의 일부만 입력해도 사용자의 행동을 분석해 예
측되는 검색어를 자동으로 추천해준다. 〈그림 2〉

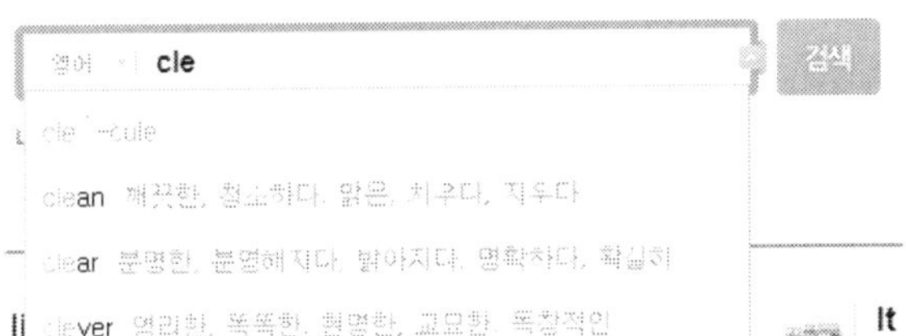

〈그림 2〉 다음 영어사전의 검색어 추천

2) 웹문서 본문에 있는 단어를 클릭하거나 마우스를 대면 주변 단
어와의 일치도를 자동으로 측정하여 최장 일치된 단어/숙어를
찾아준다. 〈그림 3〉

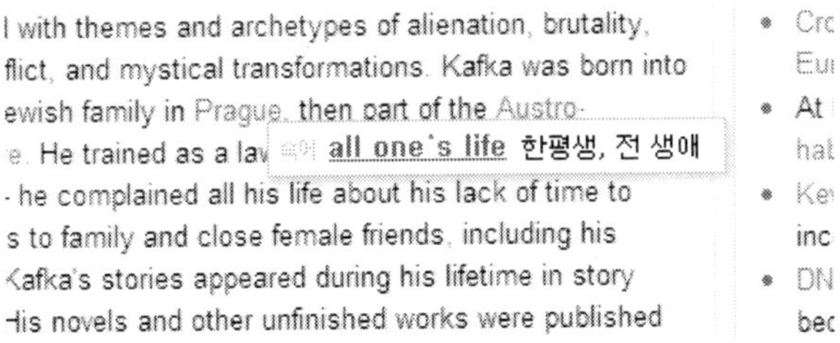

〈그림 3〉 다음 꼬마사전의 마우스 올리기로 숙어 검색

3) 핸드폰에서 찾고 싶은 단어를 복사만 해도 곧바로 검색창에 넣어준다. 〈그림 4〉

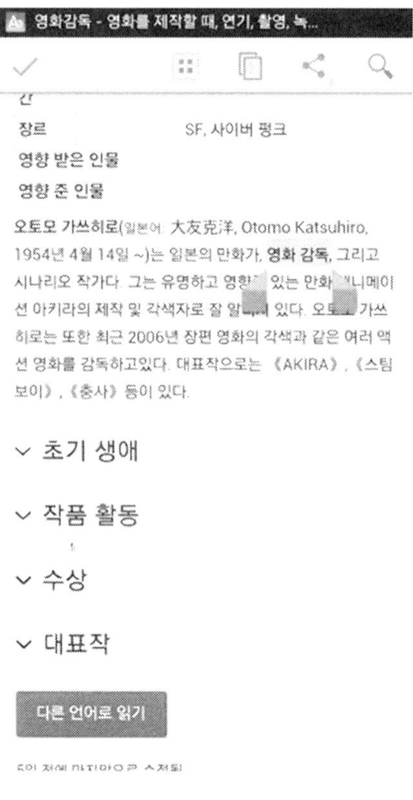

〈그림 4〉 다음 사전 앱의 글자복사로 단어 검색

이렇듯 검색어 단순입력을 넘어 검색편의성을 높여주는 기술과 아이디어가 계속 나오고 있어 검색어 입력방식의 위상은 둘러보기와는 비교할 수 없을 만큼 높아졌다. 이제 둘러보기 방식은 도서관에서 어떤 책이 있는지 살펴본다거나 정보를 우연하게 발견하기 위한 방식,

혹은 여유로움을 느끼기 위한 고전적인 풍취의 방식 정도로 남게 되었다.

종이사전과 검색의 두 번째 차이점은 랭킹(ranking)이다. 종이사전에서 랭킹은 어깨번호라는 형태로 이루어졌다. 사전의 일러두기를 살펴보면 어떤 원칙으로 동음이의어를 나열했는지 설명되어있다. 검색에서는 문서 내 어휘의 검색빈도, 문서 간의 피인용도 등을 조합해 문서의 중요도와 정확도를 산출하고, 그 점수 순서대로 결과를 배치한다. 정보를 발견한 뒤 무엇을 먼저 보아야 하는가에 대해서 일차적으로 검색엔진이 판단해주는 것이다. 이것이 검색의 경쟁력이다. 〈그림 5〉

〈그림 5〉 다음 국어사전과 『표준국어대사전』 웹 사전의 표제어 랭킹

사전과 검색은 유사한 속성을 가졌기 때문에 검색이 가장 먼저 적용된 웹 서비스 중 하나가 바로 웹 사전이다. CD롬 사전과 전자사전

을 거쳐 웹 사전이 만들어지면서 사전은 종이사전의 시대에 비해 월등히 나은 성능을 가지고 사용자들을 만나게 되었다.

2.2. 사전 내부구조의 변화

검색은 사용자가 활용하는 부분(user interface, UI)뿐 아니라 사전 내용의 관리 방식도 바꾸었다.

종이사전의 시대에서는 원고-(조판-교정)*10 정도의 단계를 밟아서 작업했다. 엄밀함을 위해 교정을 십여 차례에 걸쳐 진행한 것이다. 결국 최종 교정쇄가 가장 마지막 버전이 되었다. 이 상태에서

〈그림 6〉 민중서림 『한중사전』의 교정본
출처 : 〈KBS 다큐멘터리 3일〉 책이 아픕니다
- 파주 출판도시 (방송일 : 20120923)

뭔가 추가삭제를 진행한다는 것은 처음부터 다시 작업한다는 것에 가까웠다.

사전편집자를 주인공으로 삼은 미우라 시온의 소설 『배를 엮다』(舟を編む, 2011)를 보면 교정 중에 표제어 하나가 누락된 것을 편집자가 발견한 사건이 나온다. 이 경우 해당 표제어 누락 정도는 다른 표제어의 분량을 조절해서 넣을 수 있는 문제였지만, 이 구멍처럼 다른 표제어도 누락되었을 수 있었다. 결국 편집팀은 1개월간 합숙을 하면서 원고 전체를 교정쇄와 비교하는 작업을 진행한다. 이 에피소드는 종이사전 만들기의 지난함을 단적으로 보여준다.

　나는 작업의 방대함이 종이사전의 보수성에 일조한 면이 분명히 있다고 생각한다. 민중서림의『엣센스 불한사전』2판 1쇄(1999)의 경우 1판의 판형을 결국 건드리지 못하고 신조어와 추가한 표제어를 사전 뒤에 첨부하는 방식으로 출간되었을 정도이니 말이다.

　컴퓨터의 시대가 되었어도 사전 출간에 컴퓨터가 본격적으로 적용되기까지는 시간이 걸렸다. 한동안 컴퓨터는 필자들의 원고를 모아서 정리하는 용도였다. 분명 원고의 최종단계까지는 워드프로세서로 작업되었지만, 조판하고 교정 보는 작업은 종이로 하던 방식 그대로였고 결국 최종본은 워드로 작업된 원고가 아니라 최종교정쇄가 되었다.

　CD롬이나 PDA용 사전이 등장하면서 기본적인 데이터베이스가 만들어졌다. ID / 표제어 / 발음기호 / 본문 정도가 구분되어 있는 초보적인 DB였다. 이 DB는 원고에서 추출된 경우보다는 최종교정쇄의 텍스트를 역으로 변환해서 만드는 경우가 많았다. 원고 파일이 최종본이 아니고 인쇄본이 최종본이어서 그러했다. 사진식자회사인 모리사와(森澤)나 샤켄(寫研) 등의 시스템을 사용하던 출판사들이 원고를 그 시스템으로만 가지고 있었던 경우는 데이터를 뽑아내기가 힘들어서 다시 사전 전체를 타이핑하는 일도 있었다. 10년 전에도 있었던 얘기니, 그리 먼 이야기도 아니다. 일본에서는 EPWING이라는 단순하면서도 강력한 포맷이 전자사전계의 사실상 표준이 되었다. 지금도 EPWING으로 만들어진 사전은 쉽게 PC나 스마트폰에서 로딩해 사용할 수 있다. 〈그림 7〉

```
*****************************************************************************************
〈HeadWord〉        あ
〈Sense/No/2〉      [0_1] 모음의 하나. 입을 크게 벌리고 혓몸을 입천장으로부터 많이 떨어뜨리
며, 혀뿌리를 뒤로 당겨 인두벽에 가깝게 접근시키고 조음한다. 이 때 혀끝을 아랫니의 잇몸에
닿을 정도로 위치시키며, 성대를 진동시켜서 발음한다. [a].
〈Sense/No/2〉      [0_2] 平仮名(ひらがな)「あ」는「安」의 초서체. 片仮名(かたかな)「ア」는「阿」
字(じ)를 구성하는 좌 부(阜, β)의 약자체.
*****************************************************************************************
〈HeadWord〉        あ
〈HeadWord_Pron/ORG〉        【足】
다리.
〈Example〉         万葉集14「ーの音せず行かむ駒もが 발소리 없이 걷는 말은 없을까?」
*****************************************************************************************
〈HeadWord〉        あ
〈HeadWord_Pron/ORG〉        【畔·畦】
논두렁.
〈Example〉         古事記、上「営田(つくだ)のーを離ち 누나인 아마테라스오미카미의 논두렁을
헤치고」
*****************************************************************************************
〈HeadWord〉        あ
〈HeadWord_Pron/ORG〉        【網】
그물.「網子(あご)」「網代(あじろ)」등, 다른 단어의 접두사로 쓰여서 복합어를 만든다.
〈Example〉         万葉集3「ー引きすとー子調ふる海人(あま)の呼び声 후릿그물을 당기려고 그물
 당기는 사람들에게 구령을 외치는 어부들의 목소리」
*****************************************************************************************
```

〈그림 7〉 XML로 가공 중인 코지엔 일한사전 6판 데이터

현재 사전 DB의 최종 형태는 XML이 되었다. XML은 요소의 주변을 〈tag〉 〈/tag〉와 같은 태그 형태로 감싸서 표현하는 방식이다. 사전뿐 아니라 컴퓨터와 인터넷에서 다루는 대부분의 DB는 XML 형태로 입출력이 가능해졌다. DB를 만들 때는 품이 많이 들어가지만 결국 호환성에서 가장 안정적인 형태이기 때문에 선택되었다. 사람이 판단하는 종이사전에서 기계가 판단할 수 있는(machine readable) 형태의 자료구조로 바뀐 것이다. 〈그림 8〉

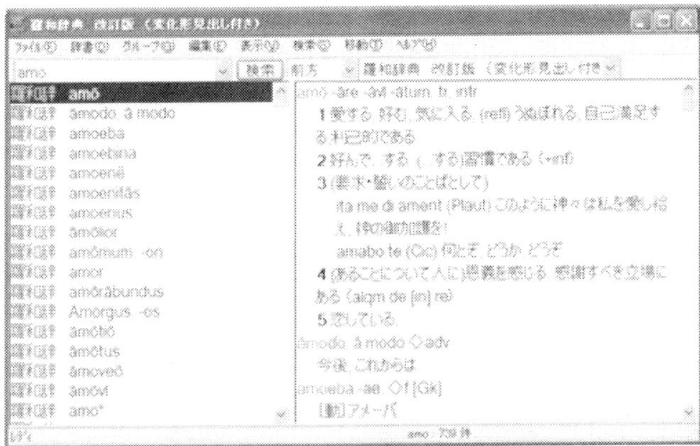

〈그림 8〉 EPWING으로 만들어진 일본의 러일사전

2.3. 검색의 등장으로 붕괴된 사전의 사업모델

사전의 사업모델은 전통적으로 서적 판매였다. 디드로[1]가 『백과
전서』를 만들 때는 왕족들의 후원도 있고 그랬겠지만, 근대적 저작
권 개념이 생긴 이후 오랫동안 서적 판매가 핵심 모델이었다. 한국브
리태니커회사가 영어판 브리태니커도 잘 팔아서 그 수익으로 한국어
판까지 만들 정도였다. 이희승의 『국어대사전』은 당대의 다른 국어
사전들을 누르고 80년대까지 가정필수품으로 자리잡을 정도였다.

컴퓨터 시대로 들어오면서 전자사전이 붐을 이루었다. 전자사전은
수십 종의 사전을 하나의 작은 단말기에 담을 수 있었기 때문에 수십
만 원이었음에도 잘 팔려나갔고, 종이사전의 편의를 아주 대체하지

---

1) 드니 디드로(Denis Diderot, 1713.10.5~1784.7.31)는 프랑스의 백과사전파를
대표하는 계몽주의 철학자이자 작가이다. 그는 프랑스 철학자로 달랑베르와 함
께 18세기 계몽철학 사상을 집대성한 기념비적 저작 『백과전서』 편집자이자 철
학, 소설, 희곡, 미술비평 등 다방면에서 수많은 저작을 남긴 계몽주의의 대표적
인 문필가이다. 〈위키백과〉

는 못해서 종이사전 판매와 공존이 가능했다. 전자사전이 종이사전의 매출을 잠식했지만 어느 정도 감당이 가능한 수준이었다. 2013년 현재 한국에서는 전자사전 시장이 완전히 죽었지만 일본에서는 여전히 팔려나가는 상품이기도 하다.

전자사전 이후 포털 서비스에 웹 사전을 제공하면서 받는 라이센스비와 스마트폰 앱을 직접 만들어서 1~2만 원 선의 비용을 받는 앱사전 직접 판매 등이 사전출판사의 부가적인 수익으로 자리잡았다. 하지만 이것은 종이사전의 매출을 크게 잠식하면서도 전자사전만큼의 비용보전을 해주지 못했다. 통신망 속도가 좋아지면서 무겁고 비싼 앱사전은 가볍고 무료인 포털 사전 앱에 점차 밀리고 있다. 출판사들이 유료 앱사전으로 년 수억 원의 매출을 만들던 시기는 3년 정도(2009~2012)에 그쳤다.

반면에 검색이 만들어낸 상업적 가치는 놀라운 수준이다. 2000년 이전에 한국 온라인 광고시장은 100억 원이 채 안되었지만 10년 만에 2조원을 넘겼다. (IMCK 발표자료) 배너광고를 게재하는 디스플레이 광고(DA, display ad.)를 넘어 검색광고(SA, search ad.)로 검색시장이 확장되면서 포털 서비스의 주요 수입원으로 자리잡았다. 〈그림 9〉 〈그림 10〉

〈그림 9〉 흔히 배너광고라고도 말하는 DA의 한 예

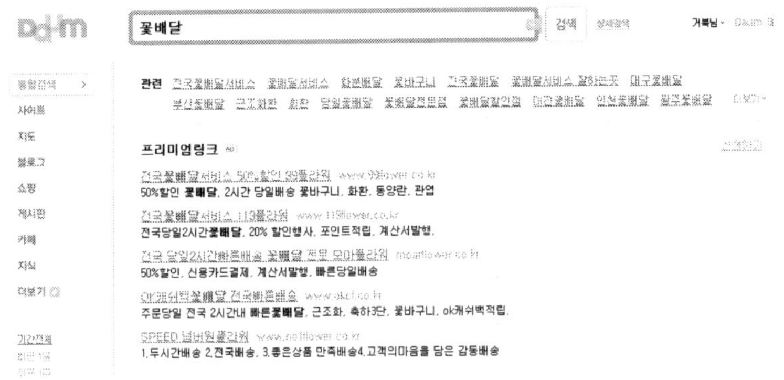

〈그림 10〉 상업적 키워드에 반응하는 SA의 한 예

그러니까 사전의 사업모델이 붕괴되면서 검색이 엄청난 수익을 창출했다. 사전 입장에서는 박탈감을 느낄 수 있다. 하지만 검색은 사전 말고도 다양한 업계의 매출을 진작했고, 단지 시대가 바뀌었던 것뿐이다.

지금 온라인에서 사전을 가장 잘 활용하는 곳이 포털이라고 해서 포털업체에게 사전 제작 비용을 내놓으라고 해야 할 것인가? 사실 포털의 수익에 사전이 기여하는 바는 미미한 편이다. 포털이 사전을 안 만들어도 매출에는 전혀 지장이 없으며 실제로 사전 없는 포털도 꽤 많다. 단지 검색에 일부 도움을 주고, 또 사전이 검색에 나오면 모양새가 좋아 보이기 때문에 서비스하는 것이다. 포털은 언제든지 사전 서비스를 접을 수 있는 곳이다.

그렇다면 포털에 사전 출간 비용을 요구하기보다는 좀 더 큰 범위에서 사전의 재생산구조에 대해 얘기하는 것이 옳다. 대신 포털에는 사전을 올바로 이용하게끔 서비스 개선을 요구하는 것이 그것이다. 이 얘기는 뒤에 더 이어가 보겠다.

Ⅲ. (2013년 현재) 웹 사전의 만족도

3.1. 종이사전의 내용이 웹에 적합한가

현재 웹 사전을 들여다보면 종이사전을 충실하게 웹으로 옮겨두었다. 기존에 종이사전을 옹호하며 웹 사전을 비판했던 분들이 말했던 눈이 아프다, 한눈에 여러 인접 항목들을 볼 수 없다 등의 단점들은 더 이상 나오지 않는다. 시대에 안 맞는 요구이기도 하고 또 웹 사전이 상당 부분 소화했기 때문이다. 하지만 나는 웹 사전을 보면 아직도 뭐랄까 마음이 편하지 않다. 그것은 현재 웹 사전의 내용이 웹에 최적화된 것이 아니기 때문이다. 종이사전을 웹으로 옮긴 것이지 웹이라는 매체를 먼저 고민한 콘텐츠가 아니다. 뭔가 부자연스러운 느낌의 원인은 이것이다.

어쩌면 좀 더 다른 곳에 원인이 있는지도 모른다. 종이는 좀 더 무거운 내용도 제공할 수 있는 매체이지만 웹은 무거운 내용을 전달하기에 적합하지 않을 수도 있다. 『삼국지』까지는 핸드폰으로 읽는 것이 가능했을지 몰라도 『태백산맥』(조정래, 1983~1989)이나 『칠조어론』(박상륭, 1990~1994) 같은 책을 핸드폰으로 읽기는 어렵다는 것이 개인적인 생각이다. 좀 더 고민이 필요하겠지만 하이퍼텍스트라는 오래된 표현이 전하는 것처럼 어디론가 가볍게 움직이는 매체에서 차분하게 오랜 시간 동안 한 가지 주제를 읽어나가는 것 자체가 안 어울리는 것이다. 물론 어떤 인간은 핸드폰으로 무거운 내용의 책을 볼 수 있다. 하지만 평균적인 인간은 그런 행동을 하지 않는다. 사전 항목은 종종 과도하게 길고 보통 극도로 건조한 문체를 가지고 있다(이다, 가다 등과 같은 항목들을 보라). 웹 사전의 사용자 행동을 조사해보면 대부분의 사용자들은 한 줄짜리 뜻풀이 요약만 읽고 떠난다. 사전은 가볍지 않은 내용을 다루지 않은 책이며 웹은 가벼운 매체이다. 이 점을 염두에 두어야 한다. 웹에 적합한 사전을 고민하려면 종이사전에서 본격적으로 멀어질 필요가 있다.

3.2. 웹 사전을 사용하며 느낀 몇 가지 불편한 점

어쨌거나 좀 더 구체적으로 웹 사전에 대한 불만을 짚어보자면, 일단 어원이 부족하다. 어원은 논란이 많은 내용이라서 학술적으로 엄밀하지 않은 경우가 많지만, 비록 그것이 민간어원설이라 하더라도 그것들이 주는 재미 혹은 교육적인 효과가 있다. 사전을 보면서 어원을 보고 싶을 때가 많이 있었다.

한눈에 유관항목들이 다 들어오지 않는다는 것도 불편한 점 중 하나다. 갈래사전이나 유의어사전 등이 기존에도 있었지만 뭔가 부족하다. 사용빈도를 고려하지 않은 경우가 많고 정작 나와야 하지만 속어이거나 형태적 유사성이 떨어져서 안 나오는 경우도 더러 보이고 그랬다. 유의어는 아니지만 동일어근을 가진 파생어들도 한 번에 보였으면 좋겠고 또 의미상으로 유사한 다른 관용표현들까지 노출되면 좋겠다.

의미번호와 어깨번호를 보면 뭔가 답답한 느낌이 든다. 내가 찾는 정보가 위에 있지 않기 때문이다. 의미번호와 어깨번호의 부여방법은 종이사전의 일러두기에 자세히 나와 있는데 요지는 빈도순이 아니라는 거다. 나는 이 점이 답답하다. 먼저 기본의미를 알려주고 뒤쪽에 파생의미를 알려주는 것이 주는 교육효과를 부정하는 것이 아니다. 하지만 실용성을 생각해본다면 가장 주요하게 사용되는 의미를 먼저 풀어줬을 때 당연히 사용자가 느끼는 쾌감이라는 것이 있을 것이다. 나는 사전편찬에서 최우선으로 빈도를 고려하는 빈도주의 자라서 특별한 예외가 없으면 대부분의 배열 기준으로 빈도를 사용하고 있다. 지금의 의미번호와 어깨번호가 불편해 보이는 것도 빈도순이 아니기 때문이다.(〈그림 5〉 참조)

한국어사전은 대체로 자상하지 않다. 자국민을 대상으로 한 대사전이 주를 이루고 있기 때문이다. 우리가 영어사전을 볼 때 영어 학습자 사전(OALD와 같은)을 주로 보는 것처럼 학습자를 위한 사전을 좀 더 잘 보여줄 필요가 있고 특히 기초어휘일수록 그러하다. 꼭 학습자에게만 필요한 것이 아니고 자국민에게도 충분히 유용한 내용이다. 한국어세계화재단에서 만든 『한국어 학습 사전』은 책으로만 보기엔 아까운 내용이다. 다른 국어사전과 함께 웹 사전으로 본다면 상승 효과가 있으리라 생각한다. 〈그림 11〉

〈그림 11〉 외국인을 위한 한국어 학습사전 (2006)

웹 사전의 특화된 검색 기능은 조금씩 독특한 것들이 나오고 있다. 국어원의 『표준국어대사전』 웹 버전은 음소별로 검색이 가능하고, 네이버 사전에서는 검색창에서 파라미터(?, * 등)를 지원한다. 〈그림 12〉

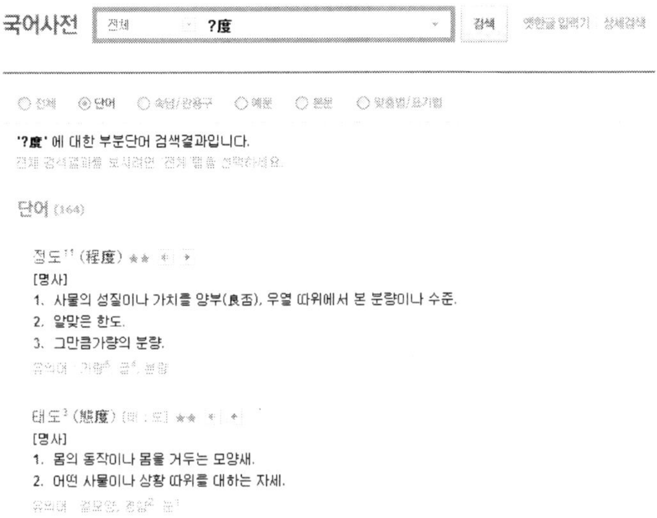

〈그림 12〉 네이버 국어사전의 파라미터 검색

다음 한자사전에서는 한자 요소검색(multi radical Chinese search, 다중부수 검색, 파자검색)을 제공하고 있다. 〈그림 13〉

〈그림 13〉 다음 한자사전의 요소검색(파자검색)

검색기능에서는 어느 정도 완비되었다고 보아도 좋다. 이젠 검색 편의성에 대해 좀 더 고민이 필요하다. 예를 들어 '-ism'으로 끝나는 파생어들의 묶음이라거나 예문들을 문형별, 연어별로 묶어서 보여준다거나 하는 것이다. 검색보다는 데이터의 전처리에 대한 일일 수도 있고 기능보다는 인터페이스의 문제일 수도 있다. 엄밀히 말하면 그렇지만 사용자들에게는 모두 검색이다. 사용자들에게 인지될 수 있는 방식으로 서비스의 편의성을 구현해나가는 것이 핵심이다. 내가 한 얘기가 아니다. 사업가 이전에 사용자 인터페이스의 천재로 기억될 스티브 잡스가 입만 열면 했던 얘기가 '쉬워야 한다'는 것이다.

3.3. 예문의 중요성

사전편찬자들 상당수는 아마 표제어의 의미를 어떻게 상세하게 기술할 것인가에 중점을 두고 작업할 것이다. 하지만 이것은 어떤 면에서 공급자적인 생각이다. 열심히 미시적으로 분석해서 규명하는 것이 서구 구조주의 방법론이고 이것은 분명 유효한 방법이지만 모든 것이 수학처럼 미분한 뒤 적분한다고 본모습이 복원되지는 않는다. 적어도 웹 사전은 학술용이 아니고 사용자들에게 제공하는 서비스라는 것을 잊으면 안 된다. (심지어 수학에서도 상수를 미분하면 그 상수는 사라진다!)

그렇다면 어학사전에서 가장 중요한 것은 예문이라 주장하고 싶다. 표제어를 설명하기보다는 표제어가 예문 내에서 어떤 식으로 사용되었는지를 보여주는 것이 해당 표현을 가장 적확하게 전달할 수 있다. 사용자는 예문을 읽고 자기 식으로 소화하여 그 어휘를 자신이 만들어내는 문장 속에 응용한다. 이 과정에서 의미를 너무 미시적으로 설명하는 것은 큰 도움이 안 된다. 사용자의 지적 호기심을 충족시켜줄 수는 있지만 말이다.

　가끔 보면 사전기술을 너무 미시적으로 나누어서 7번 의미와 8번 의미가 정말 다른 것인지 의아스러울 때가 있다. 누군가와 내기를 한다면 해당 항목을 작성한 편찬자조차 사전을 보지 않고 1년 뒤에 똑같이 의미를 나눌 순 없다 쪽에 돈을 걸겠다. 나는 '돈은 얼마나 가졌니?'와 '주운 돈을 가지다'의 가지다가 서로 다른 의미를 '가졌다'고 생각하지 않는다. 그 두 개의 '가지다'를 구분할 수는 있다. 영어로 대역어를 찾는다면 hold와 have 정도로 나뉠 것이다. 그렇다고 hold 대신 have를 못 쓰는 것은 아니다. 즉 보는 입장에서 얼마든지 다른 의미로 받아들일 수도 있는 것이다. 나는 이견이 있는 의미 구분이라면 그건 '구분'이 아니라는 견해를 가지고 있다. 〈그림 14〉

〈그림 14〉 『표준국어대사전』의 '가지다' 항목

그리고 핸드폰 화면은 매우 한정적이다. 종이사전에서 지면의 한계가 있었던 것처럼 웹 사전도 핸드폰에서 뭔가를 읽을 때는 화면 사이즈라는 물리적 제약이 있다. 그리고 사람 머리의 크기와 손의 크기를 생각해 봤을 때 지금 시판중인 핸드폰의 화면보다 더 커지기는 어렵다. 이런 화면에서 예문을 수만 개씩 줘 봐야 의미가 없고 좋은 예문 5개 정도가 사용자의 눈에 노출된다. 즉 좋은 예문 5개를 선정하는 것이 핵심이다.

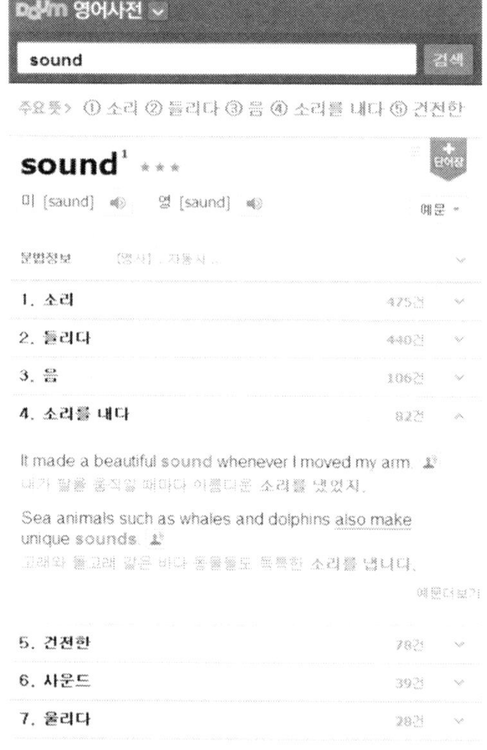

〈그림 15〉 다음 영어사전.
예문을 대역어별로 묶어 보여주는 것으로 사전
역할을 하게 구성.

이제 문제는 어떻게 자동으로 좋은 예문 5개를 뽑느냐로 좁혀진다. 나는 사람이 고르는 것을 아주 좋다고 여기지 않는다. 몇 가지 이유가 있는데 그만큼의 인건비를 감당하기 어려운 시대이기도 하고, 사람은 그때그때 일관성 없이 행동하며, 사람이 수십만 개의 예문을 검토할 수는 없기 때문이다. 그리고 사람이 고르는 것은 전통적인 사전편찬자들이 이미 충분히 고민을 했기 때문에 내 할일은 아닌 것 같다.

자동으로 좋은 예문을 꼽는 것은 꽤 큰 도전이다. 정답이 없기 때문이다. 어차피 검색도 정답이 없는 것이니까 좋아 보이는 로직을 채택해보는 수밖에 없다. 지금 고민하고 있는 것으로는 1) 20어절을 넘는 긴 예문은 배제한다, 2) 동일 유형의 연어나 문형이 많이 사용된 예문에서 고른다, 3) 기본어휘 위주로 사용된 예문을 고른다, 4) 새로운 예문을 계속 볼 수 있도록 1개월 이상 노출한 것은 제외하는 등이 있다. 가설일 뿐이고 아직 제대로 적용은 못해봤다. 그나마 이런 방법론은 예문병렬말뭉치가 있는 언어, 다시 말해 영한사전의 예문에서나 가능한 것이며 다른 언어로 넘어가면 이런 고민 자체가 사치이다.

3.4. 규범 제공이라는 사전의 사회적 역할

신어채집이라는 영역에서 사전은 다른 웹 사이트에 밀리고 있다. 위키백과나 엔하위키뿐 아니라 네이버 오픈국어 등 신조어를 정리하는 곳들이 훨씬 빨리 대응 중이다. 신어채집에도 여러 방법론이 있고, 국립국어원에서 언론 출현 신어들을 중심으로 매년 조사를 하고 있지만 엔하위키 등에 수록되는, 불특정 다수의 무차별적 편집에 비해 속도감은 늦다. 신어는 다양한 변이형을 보이며 사용되기 때문에 사전에 붙잡아두기가 더 어렵다.

그 외에 각종 외래어나 외국어 고유명사들의 표기 문제 또한 남는데, 사람들이 표준적인 어형을 찾고자 하지만 사전에는 반영되지 않은 경우가 많기 때문이다. 여기서 발생하는 또 하나의 문제는 사실상 표준과 국어원 표준에 차이가 있다는 점이다. 국어원에서 표준 표기를 정해 발표하곤 하지만 이미 널리 쓰이는 표기와 다른 것들이 많아 외려 혼선을 초래하는 경우들이 있다. 국어원 표기는 언론출판에서 참고하는 표기이므로 두 가지 표준이 큰 혼란을 가져오는 것이다. 국어원이나 다른 사전이 표준을 발표하는 것은 있을 수 있는 일이지만 '사실상 표기'도 함께 보여줄 필요가 있으며 한 가지 방향으로 일관성 있게 사용자들을 유도할 필요가 있다.

그렇게 정리된 국어원 표준과 사실상 표준은 사전에 함께 포함되어 검색되어야 한다. 사람들이 사전을 찾는 이유 중 큰 부분이 규범성 확인이기 때문이다. 마찬가지로 띄어쓰기와 맞춤법 등도 사전에서 최대한 자연스럽게 해결 가능해야 한다. 국립국어원 외에도 부산대학교의 우리말배움터가 이러한 역할을 비교적 충실히 도와주고 있다.

IV. 내가 만들고 싶은 웹 사전

사전 만들기는 돈이 많이 드는 작업이다. 인건비, 서비스 개발비, 데이터 가공비 등 모든 게 다 돈이다. 따라서 돈의 형편에 맞춰서 사전 만드는 방법론은 달라진다. 언어학의 다른 분야에 비해 사전학 부분은 예산을 어떻게 확보하고 그것에 맞춰 어떤 사전을 만드는가가 중요하다. 양혜왕이 맹자를 만나 '기왕 오셨으니 우리나라에 어떤 도움을 주실 수 있겠습니까.' 하고 말을 꺼내자 맹자는 곧바로 '당신은 보자마자 돈 얘기를 하는가!'(何必曰利)라고 했지만, 사전은 돈 얘기부터 시작해야 한다.

4.1. 한국어사전 / 예산 무제한

이 경우 나는 한국어 역사 말뭉치를 만들고 싶다. 15세기 한국어 문헌, 16세기 한국어 문헌, …1920년대, …2010년대 등으로 나누어서 말뭉치를 만드는 것이다. 만들게 되면 아마 조선시대까지의 문헌은 전체를, 이후 문헌은 균형성을 고려하여 입력을 하게 될 것이다.

역사 말뭉치가 있으면 해당 표현의 최초출현형이 어떠했으며 이후 어떤 식으로 변해갔는지 추적이 가능해진다. 우리말 본래의 의미를 실증적 자료와 함께 살펴볼 수 있는 것이다. 기존 학계가 이러한 역사적 접근을 안 해왔던 것은 아니지만 항상 일부의 자료를 활용해 중세한국어 연구자들에 의존한 기술 이상의 것을 하긴 어려웠다. 뭔가 완결된 형태로 사전 작업을 하려면 그 원천자료인 말뭉치를 치밀하게 확보하는 것이 필수적이다.

마찬가지 이유로 한문 말뭉치와 한문 형태분석기를 만들고 싶다는 소망도 있다. 한문을 전산언어학적 방법론으로 해석했을 때 어디까지 자동으로 어디부터 수동으로 작업해야 사전 속에서 한문 어휘들을 기술할 수 있을지를 테스트해보고 싶다. 언제까지 모든 것을 수동으로 할 수는 없을 것 아닌가. 사전은 가능하면 반자동 반수동으로 작업하는 게 좋다는 생각을 한다.

이건 예산보다는 정치적인 문제가 있는 것인데, 북한의 『조선말대사전』을 웹으로 보고 싶다. 지금 남북의 사전편찬자들이 모여 『겨레말큰사전』을 만들고 있고 이건 매우 상징성이 큰 작업이다. 하지만 그 이전에 우리가 북한을 알기 원한다면 『조선말대사전』의 표제어와 예문을 살펴볼 필요가 있다. 그래야 남북의 이질감을 조금이라도 덜 수 있지 않을까.

4.2. 한국어사전 / 예산 한정

제한적인 예산 속에서 한국어사전을 살찌운다면 가장 하고 싶은 것은 한국어사전도 편집자의 개입을 최소화해서 예문으로 재구성해 보는 것이다. 가능성이 조금은 있는 것이, 일단 최근의 한국어 형태 분석기는 정확하지는 않지만 어느 정도 의미 태깅을 해준다. 문장에서 어떤 것은 사과(과일)로, 어떤 것은 사과(행위)로 구분해주는 것이다. 그리고 개별 어휘는 연어관계만 잘 추적해도 비슷한 유형으로 모아볼 수 있는 여지가 있다. 따라서 이런 실험을 해보면 아주 고품질은 아니어도 어느 정도는 자동으로 문장이 분류되는 사전을 만들어 볼 수 있을 것이란 생각이 든다. 또 한국어는 활용형이 무척 다양하게 만들어지지만 실제로 고빈도 활용형은 한정적이다. 그 고빈도 활용형의 용례를 묶어 보여주기만 해도 상당히 효율적일 것이다.

이것은 영어사전이나 일본어사전 등 다른 언어로도 응용이 가능하다. 모두 일국어사전이기 때문이다. 얼마만큼 해당 언어의 자연어처리 기술을 높일 것인가가 관건이다.

다른 방식으로 가장 쉽게 생각할 수 있는 것은, 사용자 참여형이다. 허나 사용자 참여형으로 만든다는 것은 사실 콘텐츠 생산비용이 덜 들어간다는 말일 뿐 서비스 개발비용은 더 들어간다. 또 사용자의 흥미를 붙잡은 상태로 어느 정도 궤도에 올려놓기 위해서는 여러 가지 마케팅이나 프로그램 개발이 필요하다. 사용자 참여형은 장기적으로 봐서 비용이 덜 들어가는 것뿐, 절대 서비스를 싸게 만들 수 있는 방법이 아니다. 어설프게 준비한 사용자 참여형 서비스들은 대부분 금방 망해버린다.

4.3. 외국어사전 / 예산 무제한

사전은 유료콘텐츠였지만 초기부터 수요가 많아 불법으로 입력된 자료가 많았다. 이것은 중국의 전자사전 포맷인 stardict나 일본의 전자사전 포맷인 EPWING 등으로 많이 만들어져 있다. 이런 사전 콘텐츠가 불법으로 풀렸기 때문에 쓰는 사람은 불법으로 사용하고 웹 서비스로는 볼 수 없는 그런 상태가 지속된 지 오래다. 그중에는 북한에서 만든 로조-조로사전이라거나 일본에서 만든 한일사전 등 외부인의 시각으로 만든 정평 있는 한국어사전들도 존재한다. 이런 다양한 사전들의 저작권을 해결하여 합법적인 경로로 웹 서비스를 하면 좋겠다.

사전을 만들면서 가장 많이 참조하는 대상은 바로 기 출간된 사전들이다. 사전 만들기는 거인의 어깨에 올라서서 더 먼 곳을 바라보는 것이기 때문이다. 그렇다면 기존에 나와 있던 사전들은 일단 웹에서 참고할 수 있어야 한다. 사전 내용 편집 시 여러 사전들을 웹상에서 참고할 수 있도록 얼른 이런저런 사전들을 웹상에 올리고 싶다.

4.4. 외국어사전 / 예산 한정

2013년 현재 다음 영어사전의 예문 분류 기준은 번역어이다. 그 외에 활용형과 연어 관계 등을 활용하면 다른 기준으로 예문을 묶을 수 있다. 이것은 한국어사전 쪽에 대략 설명했으니 여기서는 넘어가기로 하자.

다른 예문을 집어넣으면 다른 사전이 될 수 있다. 예를 들어 문학 예문과 기술문서 예문은 다를 수밖에 없다. 지금 다음 영어사전이 주로 교육 문서와 언론 문서를 바탕으로 만들어져 있는데 여기에 기술

문서와 문학 문서를 다수 포함하면 인문학도를 위한 영어사전과 이공계를 위한 영어사전 등으로 나누어서 서비스가 가능하다. 즉 좀 더 사용자에게 특화시킨 사전을 만들어 볼 수 있다.

다음 영어사전에서 구현한 예문사전의 방법론을 다른 언어까지 확장하고픈 생각도 있다. 중국어와 일본어는 한국어 대역문서를 어느 정도 확보할 수 있을 것이다. 하지만 독어나 불어까지 가면 번역문이 부족해서 이 방법론을 쓰긴 어려울 듯싶다.

4.5. 백과사전 / 예산 무제한

백과사전에서는 위키백과의 대항마가 하나쯤 필요하지 않은가 하는 생각이 든다. 일당제보다는 양당제가 건강하기 때문이다. 대안이 있어야 고립되지 않고 서로 비판이 가능해진다. 위키백과의 모든 항목에 대해 대안 백과가 필요한 것은 아니지만 개념어라면 위키백과와 다른 관점으로 서술하는 것은 반드시 필요하다.

개념어를 전문가의 관점으로 서술하고 다른 전문가들이 상호리뷰를 해서 정리하고, 또 시간이 지나면 새로운 학자가 새롭게 정의하게 만드는 것은 그것 자체로도 학문적 토론의 장이 될 수 있다. 18세기에 디드로의 『백과전서』가 그랬던 것처럼.

전문용어사전을 백과사전의 일종으로 본다면 전문용어의 기술도 문제이지만 전문용어는 역시 표준화가 핵심 문제이다. 해당 업계에서 표준이 정의되지 않거나 정의되어도 지켜지지 않는 경우가 태반이다. 이를 위해서는 지금처럼 개별 업계 협회에서 일방적으로 정리해서 이것이 표준이다 이렇게 배포하는 방식으로는 더 이상 되지 않는다. 먼저 해당 개념의 표기가 어떤 역사적인 과정을 거쳤는지 밝혀야 하고 현재 가장 많이 쓰이는 것이 무엇인지 적어야 한다. 그 뒤에 현재 권장되는 표기는 무엇이며 허용되는 표기는 무엇인지 보여줄 필요가 있다. 논란이 있는 표기는 토론을 거쳐 하나씩 천천히 고쳐나가야 한다. 일관성을 유지한다고 갑자기 독일어 기반으로 쓰던 화합물 표기를 모두 영어 기반으로 바꾼다는 등의 과격한 방식으로 밀어붙이면 전문용어 표준화의 길은 멀다.

전문용어의 표준화 문제를 본격적으로 해소하기 위해서는 해당 학회에서 논문을 받을 때 개별 표기들을 규정에 맞게 일관되게 고쳐야 한다. 그리고 글을 넣고 표준 용어에 맞게 구사했는지를 검사할 수 있는 확인도구를 웹으로 제공할 필요가 있다. 가장 중요한 것은 정책의 일관성이며, 장기간 동안 그것을 유지하는 것이다. 이는 돈보다도 시간이 필요하다.

4.6. 백과사전 / 예산 한정

전통적인 백과사전이나 위키백과나 모두 항목의 서술에 집중하고 있다. 하지만 항목을 집필하는 것은 시간과 비용이 엄청나게 소요되는 일이다. 그렇다면 나는 메타 백과사전을 한번 만들어보고 싶다.

웹상에는 여러 사전들이 있으며 그것들은 여기저기에 산재해 있다. 이 중 어떤 항목이 더 상세하고, 어떤 항목이 어떤 분야를 서술하고 있는지 등을 한꺼번에 파악하긴 쉽지 않다. '세포'라는 항목이 20개의 사전에 올라가 있다고 할 때 무엇이 정치학 용어이고, 무엇이 생물학 용어이고, 무엇이 국어사전에 실린 것인지를 읽는 이가 일일이 걸러서 읽어야 하는 것이다. 즉 정보가 많기 때문에 원하는 정보를 거르는 작업이 필요해졌다. 이러한 노이즈 제거 문제는 웹 전반에 걸쳐 해결해야 하는 과제이기도 하다.

간단하게 말하면 백과사전의 스크랩북이다. 세포라는 항목이 20

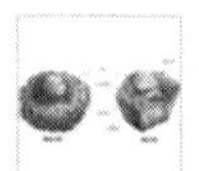

〈그림 16〉 네이버 지식백과 내의 '세포' 항목

개쯤 있다면 가장 좋은데 2-3개를 정리해두고 나머지 중 읽을 만한 것들을 적절히 분류해놓고 나머지는 기타에 넣어버리는 것이다. 이렇게 하면 사전 이용자가 눈으로 정보를 거르는 작업이 물 흐르듯 쉬워진다. 현재 네이버 지식백과를 보면 사전이 많아서 그만큼 중복항목이 많다. 이런 문제를 해소하는 방식으로 메타 백과사전이 필요한 것이다.〈그림 16〉

여기서 더 나아갈 수도 있다. 백과사전 항목뿐 아니라 연관된 설명들을 좀 더 체계적으로 스크랩해줄 수 있다. 정보는 백과사전 말고도 신문, 블로그, 카페 등에 산재해 있다. 그것들까지 포함해서 정보를 분류해주면 그것은 일종의 가이드북이 된다. 이런 가이드북을 위키방식으로 만들 때 위키백과나 기존 백과사전류를 보완해주는 메타 백과사전이 만들어질 수 있다.

V. 나가며

5.1. 사전은 공동저작물

사전은 여러 사람의 저작물이다. 한두 사람이 십만 개 이상의 항목을 기술한다는 것은 무모하거나 긴 시간이 소요되는 일이기 때문이다. 근대 이전에 가장 마음 놓고 서로 베끼던 분야가 바로 사전집필이었고 상업 출판물의 시대가 되어도 맨땅에서 사전을 만들 수 없기 때문에 항상 선배 사전을 참조하여 온고지신의 방법을 통해 사전을 만들어왔다. 즉 사전은 공동저작물이면서 다른 장르에 비해서도 표절을 입증하기 어려운 저작물이다. 그래서 저술보다는 편저 혹은 편찬이라는 말을 쓰는 것이다.

웹에서 성장 중인 위키백과의 저작권 정책은 CC(creative commons)를 따르고 있는데 그중 동일조건 변경허락(share alike)이 핵심이다. 위키백과를 변경하여 내용을 갱신했으면 해당 저작물 역시 같은 저작권으로 공개해야 하는 것이다. 개인저작권을 인정하지 않으며 기여한 사람은 자신의 기여물이 다른 형태로 이용되어도 괜찮다는 것을 알아야 사용할 수 있는 저작권이며 이것은 개방성이 증폭되는 형태의 저작권이다. 위키백과 편집자들은 자신의 기여가 공공의 이익에 작은 돌 하나를 쌓는 것이라는 것을 알고 기여한다. 그래서 참여자들이 지속적으로 기여하는 것이며, 이권이 개입되지 않기 때문에 중립적 시각을 확보할 수 있는 것이다.

공동저작물이라는 특성에 우리는 다시 주목해야 한다. 사전은 주관적인 내용보다는 사실의 논리적 기술에 가깝기 때문에 개인성이 최소화되고 다른 사람도 그 정도의 객관성만 유지하면 집필이 가능하다. 사실 이전의 종이사전은 해당 편찬팀의 '소유'였기 때문에 다른 출판업자가 새로 만들려고 하면 대동소이한 내용임에도 다르게 적으려는 어쩌면 불필요한 노력을 해야 했다. 이런 한계가 인터넷이라는 환경을 만나서 사라지고 사전은 공동저작물이라는 본연의 특성을 살려나갈 수 있게 되었다.

5.2. 사전은 공공재

사전을 만들기 위해서는 돈이 든다. 허나 인터넷이 일상에서 쓰이기 시작한 90년대 중반 이후 사전의 매출액은 줄어들기만 해서 지금은 사전업계 전반이 붕괴되기 직전이거나 붕괴상태이다. 그러니 새로운 사전이 나오기 힘든 게 당연하다. 이후 사전을 새로 만들지 않겠다면야 모를까 학문을 위해서는 전문 사전이 필수적이다. 학문은 개념을 다루는 것이며 개념은 용어에 응축되는 것이고 용어를 정리한 것이 사전이기 때문이다.

사전이 죽어가고 있다. 업체가 여럿 난립해있던 영한사전이나 중한, 일한사전 쪽은 백과사전에 비해 상황이 훨씬 나쁘다. 이미 국내 출판사들 대부분은 사전편찬팀을 해체해서 더 이상의 개정판이 나오지 않는다. 경쟁 콘텐츠가 여러 개 있으니까 가격하락이 심해서 정말 커피 한 잔 가격이 안 되는 비용으로 핸드폰에 탑재되는 형편이다. 이전에 비해 전자사전 시장이 없어졌기 때문에 상황은 더 안 좋다. 새로운 사전을 만들거나 개정할 수 있는 형편은 아니며, 가끔 영어권 사전이 번역되어 나오는 것도 신기할 지경이다.

이 시점에서 우리가 계속 갱신되는 사전을 보고 싶으면 사전을 공공재로 만들어야 한다. 사전은 기업의 후원이나 대학의 노력, 국가의 지원 등이 결합해서 계속 발전시켜야 하는 대상이 되었다.

공공재라는 것을 우리가 인식시키려면 수없이 떠들어야 한다. 왜

사전이 더 좋아지지 않는가, 좋은 사전이란 무엇인가 등에 대해 신문이든 방송이든 웹이든 여기저기서 계속 발언을 해야 공공재가 될 수 있다. 정부도 국민에게 서비스하는 곳이기 때문에 칭찬을 듣기 위해서라도 국민들이 원하는 것을 가끔 하지 않는가. 사회적 책임을 묻고 싶으면 그것의 중요성에 대해 꾸준히 언급하는 것이 필요하다. 특히 사전을 많이 사용하고 사전을 연구하는 학자들이 지속적으로 여론을 환기시킬 필요가 있다. 또 사전을 계속 만들어야 교수들이 은퇴한 뒤에도 계속 그들의 노고를 축적할 수 있다. 단행본 저술과 사전 저술은 또 다른 문제이기 때문이다. 이를 위해서는 사전에 글을 실어야 석학 대접을 해주는 문화 또한 만들어질 필요가 있다.

사전을 공공재로 만들려면 사전을 먼저 읽어야 한다. 읽고, 내용에 문제가 있다면 제안하고, 더 필요한 내용이 있다면 요구하고, 내용을 인용해야 한다. 우리가 가질 수 있는 사전은 우리의 수준에 따라갈 것이다. 일본과 독일의 사전이 양과 질에서 왜 압도적인가 하면 그들이 그런 사전을 원하기 때문이다. 일본 서점에 가서 사전코너를 보면 겁날 지경이다. 그들과 우리의 학문 수준 차이가 너무 많이 느껴지니까. 일본어를 몰라도 압도될 수 있으니까 기회 되면 서점에 한번 가보시면 좋겠다.

5.3. 변화하는 사전

내가 만들고 싶은 사전을 짧게 말하자면 '변화하는 사전'인 것 같다. 위키백과가 기존 백과사전의 대체재가 될 수 있었던 것은 기존 백과사전이 판을 바꿀 때까지 내용이 새로워지지 못하는 반면 위키백과는 끊임없이 내용이 달라졌기 때문이다. 외부 수혈을 최대한 줄이고 스스로 성장해나가는 사전, 나는 그런 것을 만들고 싶다.

　출판사가 만드는 어학사전도 백과사전과 마찬가지로 달라져야 했고, 그 한 가지 방식으로 내가 시도한 것이 다음영어사전의 예문사전 기능이었다. 이것이 기존 종이사전 기반의 웹 사전을 대체한 것은 아니지만 이전과 다른 정보를 보여주는 대안사전으로서의 가능성을 보여준 것은 맞다. 웹 사전이 종이사전과 달라야 했다면 형식뿐 아니라 내용까지도 달라져야 한다.

　앞으로 얼마나 종이사전과 다른 웹 사전이 나올지는 모르겠지만, 웹 사전은 그럭저럭 적절한 방향으로 흘러가는 것 같다. 나도 그 배가 잘 나아갈 수 있도록 노를 더 저어 보려고 한다.

찾아보기

필자 소개

강용중   성균관대학교 현대중국연구소 책임연구원
김기혁   부산대학교 지리교육과 교수
김종혁   고려대학교 민족문화연구원 한국근대역사지도편찬실 연구교수
김지영   단국대학교 동양학연구원 편찬실 편찬원
김 현   한국학중앙연구원 한국학대학원 인문정보학 교수
도원영   고려대학교 민족문화연구원 연구교수
박승범   단국대학교 동양학연구원 편찬실 연구원
박재연   선문대학교 중어중국학과 교수
박찬규   단국대학교 동양학연구원 편찬실 편찬원
신상현   고려대학교 민족문화연구원 선임연구원
양창진   한국학중앙연구원 책임연구원
윤승준   단국대학교 동양학연구원 편찬실장
장선우   고려대학교 민족문화연구원 선임연구원
정명현   임원경제연구소 소장
정 철   다음커뮤니케이션 지식서비스 기획팀장

고려대학교 민족문화연구원 사전과 언어학 총서 4

한국학 사전 편찬 방법론 모색

초판 인쇄 | 2013년 12월 11일
초판 발행 | 2013년 12월 21일

저　　자　강용중·김기혁·김종혁·김지영·김현·도원영·박승범·박재연·
　　　　　　박찬규·신상현·양창진·윤승준·장선우·정명현·정철

책임편집　윤예미

발 행 처　도서출판 지식과교양
등록번호　제 2010-19호
주소　서울시 도봉구 창5동 262-3번지 3층
전화　(02) 900-4520 (대표)/ 편집부 (02) 900-4521
팩스　(02) 900-1541
전자우편　kncbook@hanmail.net

ISBN 978-89-6764-037-8 93710　　　　　　　　　　　정가 33,000원